"一带一路"倡议融入策略研究
——以重庆市为例

黄 波 著

本书受文化名家暨"四个一批"人才项目"三大国家经济战略下的区域经济合作机制研究"（编号：中宣干字［2016］133 号），以及重庆市社会科学规划重点项目"重庆市融入国家'一带一路'战略的思路及对策研究"（编号：2015ZDJJ04）的资助

科 学 出 版 社

北 京

内 容 简 介

本书融国际贸易学、区域经济学、计量经济学、博弈论等理论、方法与应用为一体，结合"一带一路"倡议发展现状，提出重庆市与沿线国家及国内其他省份的区域经贸合作策略和政策建议。全书形成一个独具特色的内容体系。本书分别从现状篇、贸易篇、外经篇、国内合作篇和政策篇详细介绍重庆市融入"一带一路"倡议的现状、国内外区域经济合作和政策建议，厘清中国及重庆市与"一带一路"沿线国家的贸易合作现状和特征，分别运用引力模型、因子分析、聚类分析、博弈论模型和相对价格法等方法，研究重庆市与沿线国家间的进出口贸易潜力、对外直接投资环境评价和决策、区域市场分割和地方政府间经济合作等，并为重庆融入"一带一路"倡议提出政策建议。

本书不仅为政府相关部门管理者和企业管理者提供决策理论依据与参考，还为区域经济学和机制设计领域研究人员、教师和学生的相关研究提供新思路与新方法。

图书在版编目（CIP）数据

"一带一路"倡议融入策略研究：以重庆市为例 / 黄波著. —北京：科学出版社，2022.2

　ISBN 978-7-03-070371-2

　Ⅰ. ①一… Ⅱ. ①黄… Ⅲ. ①区域经济合作-国际合作-研究-重庆

Ⅳ. ①F127.719

中国版本图书馆 CIP 数据核字（2021）第 219692 号

责任编辑：王丹妮 / 责任校对：王晓茜

责任印制：张　伟 / 封面设计：无极书装

科 学 出 版 社 出版

北京东黄城根北街 16 号

邮政编码：100717

http://www.sciencep.com

北京建宏印刷有限公司 印刷

科学出版社发行　各地新华书店经销

*

2022 年 2 月第 一 版　开本：720×1 000　B5

2022 年 2 月第一次印刷　印张：12 3/4

字数：260 000

定价：142.00 元

（如有印装质量问题，我社负责调换）

前　言

　　本书是文化名家暨"四个一批"人才项目"三大国家经济战略下的区域经济合作机制研究"（编号：中宣干字［2016］133 号）的阶段性研究成果，以及重庆市社会科学规划重点项目"重庆市融入国家'一带一路'战略的思路及对策研究"（编号：2015ZDJJ04）的最终研究成果。

　　习近平在 2013 年 9 月和 10 月分别提出了建设"丝绸之路经济带"以及"21世纪海上丝绸之路"的倡议（简称"一带一路"倡议）。"一带一路"倡议通过相关各国创建经济合作伙伴关系，打造利益共同体。"长江经济带"发展战略则是我国一项国家经济战略。

　　重庆市是内陆地区唯一的直辖市。在成为直辖市之初就承担着作为西部大开发的重要战略支点，充分发挥中心城市的作用，带动长江上游和西南地区经济发展的重要使命。此外，重庆市位于长江上游，处在丝绸之路经济带与中国—中南半岛经济走廊和长江经济带"Y"字形大通道的重要战略节点，还是海上丝绸之路重要战略腹地，因此，重庆市在"一带一路"倡议中被定位为西部开发开放重要支撑。优越的地理位置使重庆市在"一带一路"倡议中扮演重要角色，为重庆市经济社会发展提供重大机遇，也带来重大挑战。

　　本书在分析中国及重庆市与"一带一路"沿线国家经贸合作现状的基础上，找出重庆市与这些国家及地区的合作重心，挖掘新的合作领域，并研究重庆市如何通过与国内其他区域的合作，加强与"一带一路"沿线国家的经济和贸易合作，融入国家"一带一路"倡议。

　　本书分为五篇，共九章。

　　第一篇为现状篇，包括第 1 章"'一带一路'倡议发展现状"，探讨"一带一路"倡议的实施情况，包括该倡议的提出背景、发展历程、框架思路及合作重点、路线及覆盖范围、沿线国家，并在介绍"一带一路"沿线国家基本情况的基础上，着重介绍沿线国家的经济规模、人均 GDP、经济增速、人口红利及基础设施关键数据。

第二篇为贸易篇，包括第 2 章"中国与'一带一路'国家贸易合作概况"和第 3 章"基于引力模型的重庆市与'一带一路'贸易合作研究"，研究重庆市与"一带一路"沿线国家贸易合作测量。其中，第 2 章分析中国及重庆市与"一带一路"沿线国家贸易合作现状和特征，第 3 章运用引力模型研究重庆市与"一带一路"沿线国家贸易合作策略，重点分析重庆市与这些国家的进出口贸易合作潜力，分别按进出口贸易合作潜力将这些国家进行分类，并提出贸易合作对策。

第三篇为外经篇，包括第 4 章"国内与'一带一路'国家外经合作概况"、第 5 章"基于制度距离的'一带一路'直接投资的国家选择研究"和第 6 章"基于实物期权的对外直接投资决策研究"，研究重庆市与"一带一路"沿线国家经济合作策略。其中，第 4 章分析中国及重庆市与"一带一路"沿线国家经济合作现状和特征。第 5 章运用因子分析和聚类分析等方法，基于制度距离对"一带一路"沿线国家的直接投资环境进行评价分析，并对这些国家进行选择。第 6 章通过分别建立垄断和竞争环境下的企业对外直接投资实物期权模型，研究企业对外直接投资决策。

第四篇为国内合作篇，包括第 7 章"基于价格指数法的重庆市与其他区域市场分割研究"和第 8 章"地方政府间经济合作分析"，研究重庆市与国内其他区域的合作策略。其中，第 7 章运用价格指数法研究重庆市与"一带一路"倡议国内各区域市场分割情况。第 8 章通过构建区域经济合作中利益相关者间的协调模型，研究国内区域经济合作的机理和机制。

第五篇为政策篇，包括第 9 章"政策建议"，基于理论及实证研究结论，就重庆市如何通过与国内其他区域的合作，加强与"一带一路"沿线国家的经济和贸易合作，融入国家"一带一路"倡议提出政策建议。

目　　录

第一篇　现　状　篇

第二篇　贸　易　篇

第三篇　外　经　篇

第四篇　国内合作篇

第五篇　政　策　篇

第一篇 现 状 篇

第1章 "一带一路"倡议发展现状

1.1 "一带一路"提出背景

1.1.1 历史背景

丝绸之路是连接亚、非、欧的古代商贸路线，在中国古代，其作用是运输中国生产的丝绸等产品，逐渐发展成东西方在政治、经济和文化等方面的交流通道。

按照运输方式，可将丝绸之路分为陆上和海上丝绸之路。

陆上丝绸之路以西安为起点，途经凉州、瓜州、中亚、阿富汗、叙利亚等，最终到达罗马，全长 6 440 千米。陆上丝绸之路连接古代东西方文明，丝绸代表货物。

海上丝绸之路是古代中国与世界开展交流的海上通道，始于广州、宁波、泉州等沿海城市，远达非洲东海岸。

1.1.2 时代背景

随着世界多极化、社会信息化及经济全球化等的发展，区域合作成为解决各国发展问题的重要手段。建设"一带一路"，促进全球资源和要素的无壁垒自由流动高效配置，以及各类市场的融合，促进沿线各国大范围、高水平和深层次的区域政经合作，实现区域互惠合作。"一带一路"倡议是国际全方位合作新模式的有效探索。

1.1.3 中国背景

一是国内对外改革开放进入深水区，面临调整开放转向，经济处于换挡期、阵痛期和消化期的新阶段，社会改革和发展到了矛盾集聚、风险积压、需要攻坚克难和爬坡过坎的关键期。

二是中国油气和矿产等自然资源过于依赖进口。近年来，经济快速发展使中国成为能源进口和消费大国。但是，中国原油进口存在来源过于集中和运输渠道单一的问题。随着南海局势的变化，我国能源安全形势日益严峻。

三是中国产能过剩、外汇资产过剩。一方面，国内的钢铁、造船、房地产、机械制造等绝大部分基础制造业的产能严重过剩；另一方面，中国外汇储备余额已突破3万亿美元。同时，中国外汇储备投资经营和保值增值难度越来越大。

1.2　"一带一路"发展历程

1.2.1　首次提出"一带一路"

2013年9月，习近平总书记在哈萨克斯坦首次提出"丝绸之路经济带"设想。2013年10月，习近平总书记在印度尼西亚提出建设"21世纪海上丝绸之路"的构想。

1.2.2　上升到国家层面

2013年11月，十八届三中全会通过《中共中央关于全面深化改革若干重大问题的决定》。该决定提出"建立开发性金融机构，加快同周边国家和区域基础设施互联互通建设，推进丝绸之路经济带、海上丝绸之路建设，形成全方位开放新格局"。"一带一路"上升到国家层面。

1.2.3　成立领导小组

2015年2月，推进"一带一路"建设工作领导小组成立，领导小组涵盖了发展、改革、政策、外贸、金融、外事和国务院各部门。

1.2.4　顶层规划设计出台

2015年3月，国家发展改革委、外交部和商务部发布《推动共建丝绸之路经济带和21世纪海上丝绸之路的愿景与行动》，就框架思路、合作重点和合作机制,以及中国各地方开放态势等方面予以明确说明。

1.2.5 基本完成 31 个省、自治区、直辖市对接方案

2015 年 11 月,基本完成我国 31 个省、自治区、直辖市和新疆生产建设兵团参与"一带一路"建设的对接方案。各地结合自身比较优势和地方特色,提出本地区在参与"一带一路"建设中的定位,并以政策沟通、设施联通、贸易畅通、资金融通、民心相通为主要内容,谋划建设格局,明确重点任务。

1.2.6 亚洲基础设施投资银行成立

2015 年 12 月 25 日,亚洲基础设施投资银行正式成立。亚洲基础设施投资银行的主要任务是为亚洲基础设施和"一带一路"提供建设资金,推动亚洲地区国家的基础设施和生产设施建设,包括能源、交通、通信、农业基础设施、水利和水环境、环境保护、城市发展及物流设施等方面。截至 2020 年底,亚洲基础设施投资银行成员已从最初创立时的 57 个扩大到 103 个。

1.2.7 "一带一路"列入"十三五"规划

2016 年 3 月,《国民经济和社会发展第十三个五年规划纲要》中,"一带一路"倡议成为我国"十三五"时期的主要目标任务和重大举措。

1.2.8 中国与国际组织签署首份"一带一路"合作文件

2016 年 4 月 11 日,中国与联合国亚洲及太平洋经济社会委员会签署《中华人民共和国外交部与联合国亚洲及太平洋经济社会委员会关于推进地区互联互通和"一带一路"倡议的意向书》。双方将共同规划促进互联互通和"一带一路"的行动方案,推动沿线国家的务实合作。

1.2.9 "一带一路"倡议首次写入联合国大会决议

2016 年 11 月 17 日,第 71 届联合国大会通过第 A/71/9 号决议,决议首次写入"一带一路"倡议,体现了国际社会对推进"一带一路"倡议的支持。

1.2.10　"一带一路"国际合作高峰论坛在北京举行

2017年5月14日至15日，"一带一路"国际合作高峰论坛在北京举行。29位外国的国家元首和政府首脑，以及联合国秘书长出席论坛领导人圆桌峰会等活动；来自130多个国家和70多个国际组织的约1 500名各界贵宾作为正式代表出席论坛。这次论坛重点打造了五个方面的成果：凝聚了广泛国际共识，明确了共同努力方向，推动了更多合作项目落地，构筑了完善支撑体系，拓展了全球伙伴关系网络。

1.3　"一带一路"框架思路及合作重点

1.3.1　框架思路

秉持和平合作、开放包容、互学互鉴、互利共赢理念，全方位推进务实合作，打造政治互信、经济融合、文化包容的利益共同体、命运共同体和责任共同体。

陆上丝绸之路依托国际通道，以国内外沿线中心城市为节点，以经贸产业园区为合作平台，打造新亚欧大陆桥、中蒙俄、中国—中南半岛、中国—中亚—西亚等合作走廊；海上丝绸之路以重点港口为支撑，建设高效安全的运输大通道。推动中巴、孟中印缅两个经济走廊的密切合作，取得更大进展。

沿线各国完善区域基础设施，形成高效安全的陆海空通道网络，推进互联互通；提高投资贸易便利程度，基本形成高标准自由贸易区网络；加强经济联系、政治互信和文化交流，不同文明共荣，人民相知友好。

1.3.2　合作重点

以政策沟通、设施联通、贸易畅通、资金融通、民心相通等五通为主要内容，加强合作。

1. 政策沟通

加强政府间合作，建设多层次政府间宏观政策沟通机制，促进利益融合和政治互信。

2. 设施联通

在尊重国家主权和安全的基础上，加强基础设施建设和技术标准对接，推进通道建设，形成连接亚洲各区域以及欧亚非的基础设施网络。

3. 贸易畅通

重点解决投资贸易便利化，破除投资和贸易壁垒，建设良好的营商环境，共建自由贸易区，激发合作潜力，增加合作收益。

4. 资金融通

加强金融合作，推进亚洲货币稳定、投融资和信用等体系的建设。

5. 民心相通

秉持丝绸之路合作精神，开展文化和人才交流、学术往来、媒体合作和志愿者服务等。

1.4 "一带一路"路线及覆盖范围

1.4.1 "一带一路"路线

截至 2018 年 3 月，已有 71 个国家[①]纳入"一带一路"倡议。丝绸之路经济带与 21 世纪海上丝绸之路相连，以欧洲经济圈为首端，中亚地区为中心，东亚经济圈为尾端，形成联通欧亚非海陆环形经济带。

陆上以经贸产业园区为平台，发达城市为节点，依托陆上大通道连接。主轴带以新疆为起点，途经中亚五国，终点为波斯湾、阿拉伯半岛和地中海沿岸；两条副轴带为中国—俄罗斯—欧洲，以及中国—中亚—西亚—地中海。

21 世纪海上丝绸之路以沿海城市和港口为支撑，依托国际海上航线连接，通过沿海城市群和港口向内陆延伸。以中国环渤海和东南沿海地区为起点，经马六甲海峡至南亚沿岸，经阿拉伯海和红海沿岸，至地中海，在欧洲与陆上丝绸之路汇合。

---

① 2018 年 3 月，国家一带一路官方网站——中国一带一路网（www.yidaiyilu.gov.cn）上"各国概况"栏目中共列出 71 个"一带一路"沿线国家。

1.4.2 "一带一路"覆盖国家

截至 2018 年 3 月, 国家一带一路官方网站——中国一带一路网 (www.yidaiyilu.gov.cn) 上 "各国概况" 栏目中列出了 71 个 "一带一路" 沿线国家。参照已有研究, 将 71 个国家按区域划分如下:

亚洲大洋洲地区: 14 个国家, 包括蒙古国、韩国、新西兰、东帝汶和东盟 10 国 (新加坡、马来西亚、印度尼西亚、缅甸、泰国、老挝、柬埔寨、越南、文莱、菲律宾)。

西亚地区: 18 个国家, 包括伊朗、伊拉克、土耳其、叙利亚、约旦、黎巴嫩、以色列、巴勒斯坦、沙特阿拉伯、也门、阿曼、阿拉伯联合酋长国、卡塔尔、科威特、巴林、格鲁吉亚、阿塞拜疆和亚美尼亚。

南亚地区: 8 个国家, 包括印度、巴基斯坦、孟加拉国、阿富汗、斯里兰卡、马尔代夫、尼泊尔和不丹。

中亚地区: 5 个国家, 包括哈萨克斯坦、乌兹别克斯坦、土库曼斯坦、塔吉克斯坦和吉尔吉斯斯坦。

中东欧地区: 20 个国家, 包括俄罗斯、乌克兰、白俄罗斯、摩尔多瓦、波兰、立陶宛、爱沙尼亚、拉脱维亚、捷克、斯洛伐克、匈牙利、斯洛文尼亚、克罗地亚、波黑、黑山、塞尔维亚、阿尔巴尼亚、罗马尼亚、保加利亚和北马其顿。

非洲及拉美地区: 6 个国家, 包括南非、摩洛哥、埃塞俄比亚、马达加斯加、巴拿马和埃及。

1.4.3 "一带一路"覆盖国内地区及其定位

1. 覆盖国内地区

"一带一路" 倡议共覆盖中国 18 个省、自治区、直辖市。

丝绸之路经济带覆盖: 重庆、新疆、陕西、宁夏、甘肃、内蒙古、青海、黑龙江、辽宁、吉林、云南、广西、西藏 13 个省、自治区、直辖市。

21 世纪海上丝绸之路覆盖: 上海、浙江、福建、广东、海南 5 个省、直辖市。

2. 各地定位

《推动共建丝绸之路经济带和 21 世纪海上丝绸之路的愿景与行动》(国家发展改革委等, 2015) 将 "一带一路" 倡议所覆盖的 18 个省、自治区、直辖市划分为西北、东北地区，西南地区，沿海地区，内陆地区。各个省、自治区、直辖市的定位如下。

1）西北、东北地区

a. 新疆。丝绸之路经济带上重要的交通枢纽、商贸物流和文化科教中心，*丝绸之路经济带核心区*。

b. 甘肃、宁夏、青海和陕西。西安：内陆型改革开放新高地，宁夏：内陆开放型经济试验区。形成面向中亚、南亚、西亚国家的通道、商贸物流枢纽、重要产业和人文交流基地。

c. 黑龙江、吉林、辽宁和内蒙古。向北开放的重要窗口。

2）西南地区

a. 广西：面向东盟的国际通道，西南和中南地区开放发展新的战略支点，21世纪海上丝绸之路与丝绸之路经济带有机衔接的重要门户。

b. 云南：大湄公河次区域经济合作新高地，面向南亚、东南亚的辐射中心。

c. 西藏：推进与尼泊尔等国家边境贸易和旅游文化合作。

3）沿海地区

上海、福建、广东、浙江、海南："一带一路"特别是 21 世纪海上丝绸之路建设的排头兵和主力军。

4）内陆地区

a. 重庆：西部开发开放重要支撑。

b. 四川、河南、湖北、湖南、江西和安徽。成都、郑州、武汉、长沙、南昌和合肥为内陆开放型经济高地。

1.5 "一带一路" 沿线国家

1.5.1 "一带一路" 沿线国家概况

1. 亚洲大洋洲地区

（1）蒙古国。位于中国和俄罗斯之间，首都为乌兰巴托。国土面积约为156.65 万平方千米，人口约为 330 万人（截至 2021 年 3 月）[①]，以蒙古族为主。主要语言为喀尔喀蒙古语。居民主要信奉喇嘛教。2020 年 GDP（gross domestic

---

① 数据来源于中国外交部官方数据（www.fmprc.gov.cn），下同。

product，国内生产总值）为131.37亿美元，人均GDP为4 007.31美元①。

经济以畜牧业和采矿业为主，其铁、铜、钼金、稀土等矿产资源丰富。畜牧业是蒙古国传统产业，也是国民经济基础，主要饲养牛、羊、马和骆驼，以"畜牧业王国"著称。工业以肉、乳、皮革等畜产品加工为主，农业主要种植麦类、薯类、蔬菜和饲料作物。木材加工、纺织、电力、缝纫和采矿业达一定规模。出口以矿产品、纺织品和畜产品等为主。进口以矿产品、食品、机器设备等为主。

（2）韩国。位于亚洲大陆东北部朝鲜半岛南半部，首都为首尔。国土面积约为10.329万平方千米，人口约为5 200万人，96.25%为朝鲜族。通用韩国语。50%左右的人口信奉基督教、佛教和天主教。2020年GDP为1.63万亿美元，人均GDP为3.18万美元。

经济以制造业和服务业为主，电子、半导体、汽车、造船、钢铁、机械、化工、化妆品等产业产量排名世界前十。出口产品以汽车及零部件、半导体、通信器材、船舶、石油制品、液晶显示器、个人电脑和影视器材等为主。进口以原油、半导体及其零部件、天然气、石油制品、钢板、煤炭和通信器材等为主。大企业集团在韩国经济中占重要地位，主要的大企业集团有三星、现代和LG等。

（3）新西兰。位于太平洋西南部，首都为惠灵顿。国土面积约为27万平方千米，人口约为511.6万人（截至2021年3月），70%为欧洲移民后裔。官方语言为英语和毛利语。近一半居民信奉基督教。2020年GDP约为3 220亿新元，人均GDP约为6.3万新元。

新西兰是工业化自由市场经济体，但经济过于依赖外贸。农牧产品出口约占出口总量的50%，鹿茸、羊肉和奶制品的出口值世界第一，羊毛出口量世界第三。进口以石油、电子设备、机电产品、汽车、纺织品等为主，出口以乳制品、肉类、林产品、水果和鱼类等为主。

（4）东帝汶。位于努沙登加拉群岛东端，首都为帝力。国土面积约为15 007平方千米，人口约为132万人（截至2020年），78%为土著人（2021年数据）。官方语言为德顿语和葡萄牙语。约91.4%的人口信奉天主教（2021年数据）。2019年GDP为17亿美元，人均GDP为1 238美元。

东帝汶经济发展落后，结构失衡，依赖油气收入和外国援助。出口以咖啡、木材、橡胶、椰子等为主，进口以燃油、谷物、车辆、机电设备等为主。

（5）新加坡。位于马来半岛南端，马六甲海峡出入口，首都为新加坡。国土面积约为728.6平方千米（2021年数据），人口约为568.6万人（2021年数据），华人约占74%（2021年数据）。官方语言为英语、华语、马来语和泰米尔

---

① 数据来源于世界银行官方数据。

语。33.19%人口信奉佛教，18.81%信奉新教和天主教，14.04%信奉伊斯兰教①。2020 年 GDP 为 3 400 亿美元，人均 GDP 为 5.98 万美元。

新加坡是第四大国际金融中心，亚洲重要的服务和航运中心之一。新加坡属外贸驱动型经济，以石油化工、电子、航运、金融和服务业为主。出口以成品油、电子元器件、化工品和工业机械等为主，进口以电子真空管、原油、加工石油产品、办公及数据处理机零件等为主。

（6）马来西亚。东南亚国家，首都为吉隆坡。国土面积约为 33 万平方千米，人口约为 3 270 万人，69.1%为马来人（2021 年第二季度数据）。马来语为国语。伊斯兰教为国教。2020 年 GDP 为 13 420 亿林吉特，人均 GDP 为 40 989 林吉特。

马来西亚是农产品和自然资源出口国，世界上最大的棕榈油生产国，最大的磁盘驱动器生产国。胶乳和橡胶工业是马来西亚国民经济的重要组成部分，旅游业是其第三大外汇收入来源。进口以机械运输设备、食品、烟草和燃料等为主。

（7）印度尼西亚。东南亚国家，首都为雅加达。国土面积约为 1 913 578.68 平方千米，人口约为 2.71 亿人（2020 年 12 月数据），爪哇族人口占 45%（2020 年 12 月数据）。官方语言为印尼语。约 87%的人口信奉伊斯兰教（2020 年 12 月数据）。2020 年 GDP 为 1.058 万亿美元，人均 GDP 为 3 869.59 美元②。

印度尼西亚的石油、天然气、锡和镍的储量位于世界前列；金刚石储量位于亚洲前列；铀、铜、铅和矾土等储量也很丰富。外贸在该国经济中占重要地位，政府鼓励非油气产品出口。出口以石油、天然气、纺织品、木材、藤制品、手工艺品、铜、煤、纸浆和纸制品等为主，进口以机械运输设备、钢铁、汽车及零配件、发电设备、化工产品、塑料及塑料制品、棉花等为主。

（8）缅甸。位于中南半岛西部，首都为内比都。国土面积约为 676 578 平方千米，人口约为 5 458 万人（截至 2020 年 4 月），缅族约占总人口的 65%。官方语言为缅甸语。85%以上人口信奉佛教。2020 年 GDP 为 761.86 亿美元，人均 GDP 为 1 400.22 美元②。

缅甸出口以天然气、玉石、大米等为主，进口以石油与汽油、商业用机械、汽车零配件等为主。近年来，中缅经贸合作长足发展，从单纯的贸易和经援发展为工程承包、投资和多边合作。中国对缅甸出口以成套设备和机电产品、摩托车配件等为主，进口以原木、农产品和矿产品等为主。

（9）泰国。位于中南半岛中南部，首都为曼谷。国土面积约为 51.3 万平方

---

① 数据来源于中华人民共和国驻新加坡共和国大使馆经济商务处：http://sg.mofcom.gov.cn/。

② 数据来源于世界银行。

千米，人口约为 6 619 万人，泰族占 40%（2020 年数据）。泰语为国语。90%以上的民众信仰佛教。2020 年 GDP 为 5 017.95 亿美元，人均 GDP 为 7 189.04 美元[①]。

泰国经济以制造业、农业和旅游业为主。汽车制造是泰国支柱产业之一，泰国已成为东南亚汽车制造中心。泰国是世界天然橡胶最大出口国，世界五大农产品出口国之一。出口以汽车及零配件、电脑及零配件、集成电路板、化学制品和珠宝首饰等为主，进口以机电产品及零配件、工业机械、电子产品零配件和汽车零配件等为主。

（10）老挝。位于中南半岛北部，首都为万象。国土面积约为 23.68 万平方千米，人口约为 727 万人（截至 2020 年）。通用老挝语。居民多信奉佛教。2019 年 GDP 约为 190 亿美元，人均 GDP 约为 2 765 美元。

老挝以农业为主，水利资源丰富，产柚木、花梨等名贵木材，工业和服务业基础薄弱。进口以燃油（汽油、柴油）、陆路交通工具（不包括拖拉机及摩托车）、各类零配件和机械设备等为主，出口以铜矿、木薯、香蕉、咖啡和白糖等为主。

（11）柬埔寨。位于中南半岛南部，首都为金边。国土面积约为 18 万平方千米，人口约为 1 600 万人，80%为高棉族（2021 年数据）。官方语言为柬埔寨语。佛教为国教，超 93%人口信奉佛教。2020 年 GDP 为 267.05 亿美元，人均 GDP 为 1 683 美元。

柬埔寨是传统农业国，工业基础薄弱，世界上最不发达国家之一。实行自由经济政策，所有行业对外开放。出口以服装、鞋类、橡胶、大米和木薯等为主，进口以燃油、建材、手机、食品、药品和化妆品等为主。

（12）越南。位于中南半岛东部，首都为河内。国土面积约为 329 556 平方千米，人口约为 9 826 万人（截至 2021 年），京族占 86%。官方语言为越南语。主要宗教有佛教、天主教等。2020 年 GDP 为 3 430 亿美元，人均 GDP 为 3 521 美元。

越南基本形成了以国有经济为主，多种经济成分共同发展的格局。出口以原油、服装纺织品、水产品、鞋类、大米、木材、电子产品和咖啡为主，进口以汽车、机械设备及零件、成品油、纺织原料和电子产品等为主。

（13）文莱。位于加里曼丹岛西北部，首都为斯里巴加湾市。国土面积约为 5 765 平方千米，人口约为 45.36 万人（截至 2020 年），65.8%为马来人。马来语为国语，通用英语。伊斯兰教为国教。2019 年 GDP 约为 184.4 亿文币（约合 136 亿美元），人均 GDP 约为 2.9 万美元。

文莱的经济支柱是石油和天然气出口，石油和天然气产值占 GDP 的 56%

---

① 数据来源于世界银行。

（2019 年）①。文莱非油气产业占 GDP 的比重越来越大，建筑业发展快速，是仅次于油气产业的重要产业。服装业则成为继油气业之后的第二大出口收入来源。出口以原油、液化天然气和甲醇等为主，进口以机器和运输设备、工业品和化学品等为主。

（14）菲律宾。位于亚洲东南部，首都为大马尼拉市。国土面积约为 29.97 万平方千米，人口约为 1.1 亿，85%以上为马来族（2021 年数据）。官方语言为英语。国民约 85%信奉天主教。2020 年 GDP 约为 3 622.4 亿美元，人均 GDP 约为 3 300 美元。

菲律宾为出口导向型经济，第三产业在经济中地位突出，农业和制造业比重很大，旅游业是其外汇收入重要来源。出口以电子产品、服装和电解铜等为主，进口以电子产品、矿产、交通和工业设备等为主。

2. 西亚地区

（1）伊朗。位于亚洲西南部，首都为德黑兰。国土面积约为 164.5 万平方千米，人口约 8 165 万人，波斯人占 66%（2021 年数据）。官方语言为波斯语。伊斯兰教为国教，98.8%人口信奉伊斯兰教。2020 年 GDP 约为 6 106 亿美元，人均 GDP 约为 7 527 美元。

石油产业是伊朗经济支柱产业，也是其外汇收入的主要来源之一，石油收入占其外汇总收入的一半以上。炼油、钢铁、电力、汽车制造、机械制造、食品加工、建材、化工、冶金和造纸等基础工业较为齐全，但大部分原材料和零配件依赖进口。出口以油气、金属矿石、皮革、水果及鱼子酱等为主，进口以粮油食品、药品、运输工具、机械设备、牲畜和化工原料等为主。中国是伊朗在亚洲最大、世界第三的贸易伙伴。

（2）伊拉克。位于亚洲西南部，阿拉伯半岛东北部，首都为巴格达。国土面积约为 43.83 万平方千米，人口约为 4 022 万人（截至 2020 年），阿拉伯民族约占 78%。官方语言为阿拉伯语和库尔德语。95%以上人口信奉伊斯兰教。2020 年 GDP 约为 1 639 亿美元，人均 GDP 约为 5 361 美元。

伊拉克的石油和天然气资源十分丰富，油气产业在国民经济中处于主导地位，包括石油开采、提炼和天然气开采等。出口以原油、天然气、椰枣和化肥等为主，进口以各种生产资料和粮食等生活必需品为主。

（3）土耳其。地跨亚、欧两洲，首都为安卡拉。国土面积约为 78.36 万平方千米，人口约为 8 315.5 万人（截至 2020 年 12 月），80%以上为土耳其族。官方语言为土耳其语。99%的人口信奉伊斯兰教。2020 年 GDP 约为 7 171 亿美元，人

---

① 数据来源于中华人民共和国驻文莱达鲁萨兰国大使馆经济商务处：http://bn.mofcom.gov.cn/。

均 GDP 约为 8 599 美元。

土耳其工业基础雄厚，矿产资源丰富，主要有硼矿、铬和钍等。三氧化二硼和铬矿储量居世界前列。农产品、纺织、汽车、船舶及其他运输工具的生产皆居领导地位。出口以农产品、食品、纺织品、服装、金属产品、车辆及零配件等为主，进口以原油、天然气、化工产品、机械设备和钢铁等为主。

（4）叙利亚。位于亚洲大陆西部，地中海东岸，首都为大马士革。国土面积约为 185 180 平方千米（包括被以色列占领的戈兰高地约 1 200 平方千米），人口约为 1 707 万人（截至 2019 年），80%以上为阿拉伯人。官方语言为阿拉伯语。85%的人口信奉伊斯兰教。2019 年 GDP 约为 240 亿美元，人均 GDP 约为 870美元。

叙利亚工业基础薄弱，经济来源主要是农业、石油和旅游业。农业在其经济中占重要位置，石油面临枯竭。出口以石油及其产品、棉花及其制品、磷酸盐和香料等为主，进口以机械、钢材、纺织品、燃料、粮食和化工原料等为主。

（5）约旦。位于亚洲西部，阿拉伯半岛西北，首都为安曼。国土面积约为8.9 万平方千米，人口约为 1 023 万人（含巴勒斯坦、叙利亚、伊拉克难民，2021年 7 月数据），98%为阿拉伯人。官方语言为阿拉伯语。伊斯兰教为国教。2020年 GDP 约为 437.45 亿美元，人均 GDP 约为 4 282.8 美元。

约旦经济基础薄弱，资源贫乏，耕地少，依赖进口。经济支柱为侨汇、外援和旅游。进口以原油、机械设备、电子电器、钢材、化学制品和粮食等为主，出口以服装、磷酸盐、钾盐、蔬菜和化肥等为主。中国对约旦出口以机械设备、电器及电子产品、纺织服装等为主，进口以钾肥为主。

（6）黎巴嫩。位于亚洲西南部地中海东岸，首都为贝鲁特。国土面积约为10 452 平方千米，人口约为 607 万人（截至 2020 年），绝大多数为阿拉伯人。官方语言为阿拉伯语。54%的人口信奉伊斯兰教。2019 年 GDP 约为 533 亿美元，人均 GDP 约为 8 780 美元。

黎巴嫩工业基础薄弱，主要行业有非金属制造、金属制造、家具、服装和纺织等。外贸在其国民经济中占重要地位，出口以蔬菜、水果、金属制品、纺织品、化工产品、玻璃制品和水泥等为主。中国对黎巴嫩出口以机电类产品、纺织品、电子设备、汽车和家具等为主，进口以废金属为主。

（7）以色列。位于亚洲西部。以色列立法认定耶路撒冷是该国首都，但多数国家将大使馆设在特拉维夫。国土面积约为 2.5 万平方千米，人口约为 926 万人（截至 2020 年 10 月），犹太人约占 74.4%。官方语言为希伯来语。犹太人多信奉犹太教。2020 年 GDP 约为 3 854.5 亿美元，人均 GDP 约为 4.57 万美元。

以色列工业化程度高，以知识密集型产业为主，其高新技术产业举世闻名，在军事科技、电子、通信、计算机软件、医疗器械、生物技术工程和航空等领域技术水平高。国内市场狭小，经济对外依存度高。出口以工业制品尤其是高科技产品为主，进口以原材料和投资产品，包括机械设备及车辆等为主。

（8）巴勒斯坦。位于亚洲西部，首都为耶路撒冷。人口约为 1 350 万人（2020 年 11 月数据），绝大多数为阿拉伯人。官方语言为阿拉伯语。主要信奉伊斯兰教。2020 年 GDP 约为 155.6 亿美元，人均 GDP 约为 3 239 美元。

巴勒斯坦的经济支柱是农业。截至 2018 年 12 月，水果、蔬菜和橄榄（油）占出口产品的 25%。巴勒斯坦工业水平很低，规模较小，截至 2013 年底，共有各种工业企业 5 400 余家①，主要是加工业，如制革、塑料、橡胶、食品、石材、制药、造纸、印刷、建筑、纺织和家具等。

（9）沙特阿拉伯。位于阿拉伯半岛，首都为利雅得。国土面积约为 225 万平方千米，人口约为 3 481 万人（2021 年数据），绝大多数为阿拉伯人。官方语言为阿拉伯语。伊斯兰教为国教。2020 年 GDP 约为 7 210 亿美元，人均 GDP 约为 2.05 万美元。

沙特阿拉伯是世界上石油储、产和销量最多的国家之一。出口以石油及其制品为主，占出口额的 90%，进口以大麦为主，是世界上最大的大麦进口国，年均约为 850 万吨（2017 年）。

（10）也门。位于阿拉伯半岛西南端，首都为萨那。国土面积约为 52.8 万平方千米，人口约为 2 980 万人（2021 年数据），绝大多数为阿拉伯人。官方语言为阿拉伯语。伊斯兰教为国教，99%人口信奉伊斯兰教。2020 年 GDP 约为 201 亿美元，人均 GDP 约为 1 871 美元。

也门是世界上经济最不发达的国家之一，经济依赖石油出口。2021 年已探明的石油可采储量约为 40 亿桶，已探明天然气储量约为 18.5 亿立方英尺（约 5 238.6 万立方米）。进口以运输工具、机械设备和大量轻工产品为主，出口以石油、棉花、咖啡、烟叶和海产品等为主。

（11）阿曼。位于阿拉伯半岛东南部，首都为马斯喀特。国土面积约为 30.95 万平方千米，人口约为 462 万人（2019 年数据），85.9%的人口为穆斯林。官方语言为阿拉伯语。伊斯兰教为国教。2020 年 GDP 约为 763 亿美元，人均 GDP 约为 1.6 万美元。

阿曼的支柱产业是石油和天然气，油气收入占 GDP 的 41%。工业以石油开采为主。出口以石油和天然气为主，进口以机械、运输工具和工业制成品等为主。

（12）阿拉伯联合酋长国。位于阿拉伯半岛东部，首都为阿布扎比。国土面积约为 83 600 平方千米，人口约为 950 万人（2019 年数据），外籍人约占

---

① 数据来源于中国人民代表大会官网：http://www.npc.gov.cn/zgrdw/npc/wyzzy/cfhgjhy/2016-09/23/content_1998230.htm。

88.5%。官方语言为阿拉伯语。居民大多信奉伊斯兰教。2020 年 GDP 约为 3 606 亿美元，人均 GDP 约为 3.8 万美元。

阿拉伯联合酋长国的石油和天然气丰富，以石油和石油化工工业为主。已探明石油储量约为 150 亿吨，天然气储量约为 7.7 万亿立方米，均居世界第六位。出口以石油及石化产品、天然气和铝锭等为主，进口以机械、粮食和消费品等为主。

（13）卡塔尔。位于波斯湾西南岸的卡塔尔半岛上，首都为多哈。国土面积约为 11 521 平方千米，人口约为 288 万人（2021 年数据），外籍人约占 85%。官方语言为阿拉伯语。居民大多信奉伊斯兰教。2020 年 GDP 约为 1 491 亿美元，人均 GDP 约为 6.17 万美元①。

经济支柱是石油和天然气，是世界第一大液化天然气生产和出口国。出口以液化气、石油、尿素、凝析油合成氨和乙烯等为主，进口以机械和运输设备、工业原材料、轻工产品、食品和药品等为主。

（14）科威特。位于亚洲西部波斯湾西北岸，首都为科威特城。国土面积约为 17 818 平方千米，人口约为 477.6 万人，外籍人约占 70%。官方语言为阿拉伯语。居民中 85%信奉伊斯兰教。2020 年 GDP 约为 1 250 亿美元，人均 GDP 约为 2.7 万美元。

石油和天然气储量丰富，2021 年已探明的石油储量约为 140 亿吨，居世界第七位。天然气储量为 1.78 亿立方米，居世界第十八位。近年来，政府着力发展金融、贸易、旅游和会展等非油气行业。出口以石油和化工产品等为主，石油出口占出口总额的 95%，进口以机械、运输设备、工业制品和粮食等为主。

（15）巴林。位于波斯湾西南部，首都为麦纳麦。国土面积约为 779.95 平方千米，人口约为 150 万人（2021 年数据），外籍人约占 55%。官方语言为阿拉伯语。85%的居民信奉伊斯兰教。2020 年 GDP 约为 366 亿美元，人均 GDP 约为 4.89 万美元①。

巴林是海湾地区最早开采石油的国家，建立了炼油、石化和铝制品工业。同时，巴林大力推动金融业发展，成为海湾地区银行和金融中心。出口以石油产品、天然气和铝锭等为主，进口以粮食为主。

（16）格鲁吉亚。位于南高加索中西部，首都为第比利斯。国土面积约为 6.97 万平方千米，人口约为 372.86 万人（2020 年 1 月数据），86.8%为格鲁吉亚族。官方语言为格鲁吉亚语。主要信奉东正教。2020 年 GDP 约为 158.92 亿美元，人均 GDP 约为 4 278.86 美元①。

致力于建立自由市场经济，利用国际援款和贷款加快基础设施建设，拉动经

---

① 数据来源于世界银行。

济发展。出口以铜矿石及其精矿、坚果、铁矿石、小汽车、葡萄酒和药品等为主，进口以药品、原油、小汽车、天然气和手机等为主。

（17）阿塞拜疆。位于外高加索东南部，首都为巴库。国土面积约为 8.66 万平方千米，人口约为 1 012.34 万人（2020 年 12 月数据），阿塞拜疆族约占 91.6%。官方语言为阿塞拜疆语。主要信奉伊斯兰教。2020 年 GDP 约为 426.07 亿美元，人均 GDP 约为 4 214.31 美元[①]。

阿塞拜疆实施"石油兴国"战略。石油年产量约为 5 000 万吨，2020 年天然气产量约为 300 亿立方米。同时，大力发展农业和旅游业等非石油产业。出口以石油和石油产品、天然气和化工产品等为主，进口以机械设备、食品、交通工具及配件和黑色金属及制品等为主。

（18）亚美尼亚。位于亚洲与欧洲交界处的外高加索南部，首都为埃里温。国土面积约为 2.97 万平方千米，人口约为 296.4 万人（截至 2021 年 1 月），亚美尼亚族约占 96%。官方语言为亚美尼亚语。主要信奉基督教。2020 年 GDP 约为 126.45 亿美元，人均 GDP 约为 4 267.45 美元[①]。

主要经济来源是农牧业，农业生产集中在首都。主要工业部门有机器制造、化学生物工程、有机合成、有色金属冶炼等。出口以食品、非贵重金属及其制品、宝石及其半加工品等为主，进口以矿产品和化工产品等为主。

3. 南亚地区

（1）印度。南亚次大陆最大国家，首都为新德里。国土面积约为 298 万平方千米（不包括中印边境印占区和克什米尔印度实际控制区等），人口约为 13.9 亿人（2021 年数据），印度斯坦族约占总人口的 46.3%。官方语言为印地语和英语。信奉印度教、伊斯兰教、锡克教和佛教。2020/2021 财年 GDP 约为 2.7 万亿美元，人均 GDP 约为 1 965 美元。

印度经济涵盖农业、手工艺、纺织和服务业，以耕种、现代农业和现代工业为主。近年来，成为全球软件、金融等服务业最重要出口国，世界最大的非专利药出口国。出口以纺织品、珠宝、机械产品、化工产品、皮革和手工艺品等为主，进口以石油产品、电子产品、金银和机械等为主。

（2）巴基斯坦。位于南亚次大陆西北部，首都为伊斯兰堡。国土面积约为 796 095 平方千米（不包括巴控克什米尔地区），人口约为 2.08 亿人（2021 年数据），旁遮普族约占 63%。官方语言为乌尔都语和英语。95%以上的居民信奉伊斯兰教。2019 年 7 月至 2020 年 6 月 GDP 约为 2 782.2 亿美元，人均 GDP 约为 1 363 美元。

---

① 数据来源于世界银行。

经济结构由以农业为主转变为以服务业为主,服务业贡献 GDP 的 61.52%[1]。最大的工业部门是纺织业。进口以石油及其制品、化肥、钢铁产品和交通设备等为主,出口以大米、棉花、皮革制品和纺织品等为主。

(3)孟加拉国。位于南亚次大陆东北部,首都为达卡。国土面积约为 147 570 平方千米,人口约为 1.6 亿人(2021 年数据),孟加拉族占 98%。官方语言为英语。伊斯兰教为国教。2018/2019 财年(2018 年 7 月 1 日~2019 年 6 月 30 日)GDP 约为 3 024 亿美元,人均 GDP 约为 1 827 美元。

世界上最不发达国家之一,经济基础薄弱,主要依靠农业。孟加拉国是世界第二大黄麻生产国和世界第一大黄麻出口国。进口以生产资料、纺织品、石油及石油相关产品、钢铁等基础金属、食用油、棉花等为主,出口以黄麻及其制品、皮革、茶品、水产和服装等为主。

(4)阿富汗。位于亚洲中西部的内陆国家,首都为喀布尔。国土面积约为 64.75 万平方千米,人口约为 3 220 万人(阿富汗中央统计局,2020 年数据),普什图族占 40%,塔吉克族占 25%。官方语言为普什图语和达里语。99%[2]的人口信奉伊斯兰教。2019/2020 财年 GDP 约为 198 亿美元,人均 GDP 约为 508 美元。

阿富汗是世界上最不发达的国家之一。历经多年战乱,经济和基础设施破坏严重,生活和生产物资短缺。出口以天然气、地毯、干鲜果品、羊毛、棉花等为主,进口以各种食品、机动车辆、石油产品和纺织品等为主。

(5)斯里兰卡。位于南亚次大陆以南印度洋上的岛国,首都为科伦坡。国土面积约为 65 610 平方千米,人口约为 2 167 万人(截至 2018 年),僧伽罗族占 74.9%。官方语言为僧伽罗语和泰米尔语。居民中 70.1%信奉佛教。2020 年 GDP 约为 807 亿美元,人均 GDP 约为 3 682 美元。

工业基础薄弱,以农产品和服装加工业为主。主要作物有茶叶、橡胶和椰子,为世界三大产茶国之一,锡兰红茶最出名;世界前五名的宝石生产大国,宝石年出口额达 5 亿美元。实行自由外贸政策,石油之外的商品均可自由进口。出口以纺织品、服装、茶叶、橡胶及其制品、珠宝产品为主,进口以矿产品、机电产品、纺织品及原料和运输设备等为主。

(6)马尔代夫。印度洋上群岛国家,首都为马累。总面积约为 11.53 万平方千米(含领海面积),陆地面积 298 平方千米,人口约为 55.7 万人(2021 年数据),(其中马尔代夫籍公民为 37.9 万人,均为马尔代夫族)。官方语言为迪维希语。伊斯兰教为国教。2020 年 GDP 约为 37.57 亿美元,人均 GDP 约为 6 745 美元(测算含在马常住外国居民)。

---

① 数据来源于中华人民共和国驻巴基斯坦伊斯兰共和国大使馆经济商务处:http://pk.mofcom.gov.cn/。

② 数据来源于中华人民共和国驻阿富汗伊斯兰共和国大使馆经济商务处:http://af.mofcom.gov.cn/。

旅游业、船运业和渔业是马尔代夫经济三大支柱。在保护环境的基础上，发挥自身资源优势，吸收国外资金与援助。出口以海产品和成衣等为主，进口以食品、石油产品、纺织品和生活用品等为主。

（7）尼泊尔。位于喜马拉雅山脉南麓，首都为加德满都。国土面积约为14.7万平方千米，人口约为 3 000 万人（截至 2020 年），民族众多。官方语言为尼泊尔语。86.2%人口信奉印度教。2018/2019 财年 GDP 约为 304 亿美元，人均 GDP 约为 1 049 美元。

尼泊尔是世界上最不发达国家之一，经济落后，农业人口约占总人口的70%，农业增加值占 GDP 的比重为 22.34%[①]。进口以煤、石油制品、羊毛、药品、机械、电器、化肥等为主，出口以蔬菜油、铜线、羊绒制品、地毯、成衣、皮革、农产品、手工艺品为主。

（8）不丹。位于喜马拉雅山脉东段南坡，首都为廷布。国土面积约为 3.8 万平方千米，人口约为 74.9 万人（2020 年数据），不丹族约占总人口的 50%，尼泊尔族约占 35%。官方语言为不丹语"宗卡"。藏传佛教（噶举派）为国教，尼泊尔族居民信奉印度教。2019 年 GDP 约为 25.46 亿美元，人均 GDP 约为 3 432 美元。

不丹是世界上最不发达的国家之一。水电资源丰富并向印度出口，水电及相关建筑业是其经济增长的主要动力。出口以电力、化学制品、木材、加工食品、矿产品等为主，进口以燃料、谷物、汽车、机械、金属、熟料等为主。

4. 中亚地区

（1）哈萨克斯坦。位于亚洲中部，首都为努尔苏丹。国土面积约为 272.49万平方千米，人口约为 1 913.36 万人（截至 2021 年 7 月），哈萨克族约占 68%，俄罗斯族约占 20%。官方语言为哈萨克语和俄语。多数居民信奉伊斯兰教（逊尼派）。2020 年 GDP 约为 1 698.37 亿美元，人均 GDP 约为 9 055.75 美元[①]。

经济以石油、天然气、采矿和煤炭为主。钨储量世界第一，铬、磷储量世界第二，铜、铅、锌和钼储量亚洲第一。工业基础薄弱，大部分日用品依靠进口。出口以矿产品、金属及其制品、化学制品和动植物产品等为主，进口以机械、设备、交通工具和仪器等为主。

（2）乌兹别克斯坦。位于中亚腹地的"双内陆国"，首都为塔什干。国土面积约为 44.89 万平方千米，人口约为 3 486 万人（截至 2021 年 6 月），乌兹别克族约占 80%。官方语言为乌兹别克语。多数居民信奉伊斯兰教（逊尼派）。2020 年 GDP 约为 576.99 亿美元，人均 GDP 约为 1 685.5 美元。

① 数据来源于世界银行。

自然资源丰富,黄金探明储量约为 3 350 吨(世界第四),铀储量世界第七。黄金、"黑金"(石油)、"白金"(棉花)和"蓝金"(天然气)等"四金"为其支柱产业。出口以天然气、油类、电力、棉花、黄金和矿物肥料等为主,进口以电力、机器及设备、食品和化学制品等为主。

(3)土库曼斯坦。位于中亚西南部,首都为阿什哈巴德。国土面积约为49.12 万平方千米,人口约为 572 万人(截至 2020 年 6 月),土库曼族约占94.7%。官方语言为土库曼语。绝大多数居民信奉伊斯兰教(逊尼派)。2020 年GDP 约为 452.31 亿美元,人均 GDP 约为 7 612.04 美元[1]。

石油天然气储量丰富,石油天然气工业为该国的支柱产业,石油远景储量约为 120 亿吨,天然气远景储量约为 50 万亿立方米,天然气储量居世界第四位。出口以天然气和石油制品等为主,进口以粮食、肉类和轻工业品等为主。

(4)塔吉克斯坦。位于中亚东南部,首都为杜尚别。国土面积约为 14.31 万平方千米,人口约为 960 万人(截至 2021 年 3 月),塔吉克族约占 80%。官方语言为塔吉克语。多数居民信奉伊斯兰教。2020 年 GDP 约为 825 亿索莫尼(约合73 亿美元),人均 GDP 约为 773 美元。

水力和矿产资源丰富。水力资源蕴藏量世界第八,人均水资源蕴藏量世界第一。经济基础薄弱,结构单一。出口以非贵重金属及其制品等为主,进口以矿产品、化工品和交通机械设备等为主。

(5)吉尔吉斯斯坦。位于中亚东北部,首都为比什凯克。国土面积约为19.99 万平方千米,常住人口登记数量约为 664.54 万人(2021 年 7 月数据),吉尔吉斯族约占 73.6%。官方语言为俄语。80%以上居民信仰伊斯兰教。2020 年GDP 约为 77.36 亿美元,人均 GDP 约为 1 173.61 美元[1]。

国民经济以多种所有制为基础,农牧业为主,工业基础薄弱。实行对外贸易自由化,所有自然人和法人都有权从事贸易。出口以化学物品、贵重金属和农产品等为主,进口以石油产品、化工产品和天然气等为主。

5. 中东欧地区

(1)俄罗斯。位于欧亚大陆北部,首都为莫斯科。国土面积约为 1 709.82 万平方千米,人口约为 1.46 亿人(2021 年数据),俄罗斯族约占 77.7%。官方语言为俄语。基督教以东正教流传最广,教徒人数最多,约有 5 000 万[2]。2020 年GDP约为 1.483 万亿美元,人均 GDP 约为 1.01 万美元[1]。

工业和科技基础雄厚,航空航天和核工业处于世界先进水平。矿产资源丰

---

[1] 数据来源于世界银行。

[2] 数据来源于中华人民共和国驻俄罗斯联邦大使馆经济商务处:http://ru.mofcom.gov.cn/。

富，石油、煤炭和天然气的产储量位于世界前列。出口以天然气、石油、化工产品和金属及其制品等为主，进口以交通工具、食品和农业原料产品等为主。

（2）乌克兰。位于欧洲东部，首都为基辅。国土面积约为 60.37 万平方千米，人口约为 4 141 万人（2021 年 6 月数据，不含克里米亚地区），乌克兰族约占 77%，俄罗斯族约占 17%。官方语言为乌克兰语。主要信奉东正教和天主教。2019 年 GDP 约为 1 420 亿美元，人均 GDP 约为 3 378 美元[1]。

工业、农业和交通运输业等是乌克兰的主导产业。出口以黑色金属及其制品、化肥、木材、铝制品和纺织品等为主，进口以天然气、石油和陆上交通设备等为主。

（3）白俄罗斯。位于东欧平原西部，首都为明斯克。国土面积约为 20.76 万平方千米，人口约为 939.78 万人（截至 2020 年 4 月），白俄罗斯族约占 81.2%。官方语言为白俄罗斯语和俄语。70% 以上人口信奉东正教。2020 年 GDP 约为 603.7 亿美元，人均 GDP 约为 6 411.23 美元[1]。

工业基础较好，机械制造、冶金加工、激光技术发达。畜牧业和农业较为发达。出口以矿产品、机械设备、交通运输工具和化工产品等为主，进口以矿产品、黑色金属及其制品和农副产品等为主。

（4）摩尔多瓦。位于东南欧北部的内陆国，首都为基希讷乌。国土面积约为 3.38 万平方千米，人口约为 354 万人（截至 2020 年 1 月），摩尔多瓦族约占 75.8%。官方语言为摩尔多瓦语。主要信仰东正教。2020 年 GDP 约为 119.14 亿美元，人均 GDP 约为 4 551.13 美元[1]。

传统农业国家，葡萄种植和葡萄酒酿造业发达。国土面积的 80% 是黑土高产田，盛产葡萄、食糖和食用油等。出口以食品、纺织品、机械等为主，进口以矿产品和燃料等为主。

（5）波兰。位于欧洲中部，首都为华沙。国土面积约为 32.26 万平方千米，人口约为 3 816.9 万人（截至 2021 年 5 月），波兰族约占 97.1%。官方语言为波兰语。约 87% 的居民信奉罗马天主教。2020 年 GDP 约为 5 230 亿欧元，人均 GDP 约为 13 640 欧元。

工业发达，煤炭储量居欧洲前列，采矿业以煤及褐煤为主。琥珀储量丰富，是世界琥珀生产大国。进口以石油、钢铁和合成材料等为主，出口以汽车、内燃机和橡胶制品等为主。

（6）立陶宛。位于波罗的海东岸，首都为维尔纽斯。国土面积约为 6.53 万平方千米，人口约为 279.5 万人（2021 年数据），立陶宛族约占 84.2%。官方语言为立陶宛语。主要信奉罗马天主教。2020 年 GDP 约为 488 亿欧元，人均 GDP 约

---

① 数据来源于世界银行。

为 17 460 欧元。

工农业发达，工业是支柱产业，食品加工、木材加工和交通物流为优势产业。工业由矿业、加工制造业和能源工业组成。出口以矿产品、高精度机床、电气设备和木材等为主，进口以化工产品、蔬菜及水果等为主。

（7）爱沙尼亚。位于波罗的海东岸，首都为塔林。国土面积约为 45 339 平方千米，人口约为 133 万人（截至 2021 年 1 月），爱沙尼亚族约占 68.5%[①]。官方语言为爱沙尼亚语。主要信奉基督教路德教派、东正教和天主教。2020 年 GDP 约为 271.6 亿欧元，人均 GDP 约为 20 442 欧元。

进口以机械设备、电子产品及其零部件、矿产品和车辆等为主，出口以木材及木制品、五金及其制品、航空及船舶等为主。

（8）拉脱维亚。位于波罗的海东岸，首都为里加。国土面积约为 64 589 平方千米，人口约为 189.37 万人（2021 年数据），拉脱维亚族约占 62%，俄罗斯族约占 25.4%。官方语言为拉脱维亚语，通用俄语。主要信奉基督教路德教派和东正教。2020 年 GDP 约为 293 亿欧元，人均 GDP 约为 15 431 欧元。

主要工业门类有电子产品、机器制造、食品和轻工等。支柱产业为采矿和加工制造等。出口以木材、木制品及木炭、钢铁和矿物燃料等为主，进口以矿物燃料、机械用具及零配件等为主。

（9）捷克。位于欧洲中部，首都为布拉格。国土面积约为 78 866 平方千米，人口约为 1 070 万人（截至 2020 年），90% 以上为捷克族。官方语言为捷克语。大部分人信奉罗马天主教。2019 年 GDP 约为 2 465 亿美元，2018 年人均 GDP 约为 22 973 美元[①]。

工业基础雄厚，有冶金、化工、机械制造、玻璃制造、木材加工和啤酒酿造等部门。外贸在捷克经济中很重要，GDP 的 85% 依靠出口实现。进口以石油、天然气、轿车及配件、电信设备和机械设备等为主，出口以轿车及配件、电力、钢材、木材和玻璃制品等为主。

（10）斯洛伐克。欧洲中部的内陆国，首都为布拉迪斯拉发。国土面积约为 4.9 万平方千米，人口约为 545.7 万人（2021 年数据），斯洛伐克族约占 81.15%。官方语言为斯洛伐克语。约 62% 的人口信奉罗马天主教。2020 年 GDP 约为 911 亿欧元，人均 GDP 约为 1.67 万欧元。

斯洛伐克形成了以汽车和电子产业为支柱，以出口为导向的外向型经济。主要工业部门有食品、烟草加工、汽车和钢铁等。出口以钢材、电子产品、交通工具、机械产品、化工品和矿物燃料等为主，进口以石油、天然气、机械设备和原材料等为主。

---

① 数据来源于中华人民共和国驻爱沙尼亚共和国大使馆经济商务处：http://ee.mofcom.gov.cn/。

（11）匈牙利。中欧内陆国，首都为布达佩斯。国土面积约为 93 023 平方千米，人口约为 973.0 万人（截至 2021 年 1 月），匈牙利（马扎尔）族约占 90%。官方语言为匈牙利语。66.2% 的居民信奉天主教。2020 年 GDP 约为 1 581 亿美元，人均 GDP 约为 1.69 万美元。

工业和农业的基础都较好。旅游业发达。进口以石油、天然气、计算机和汽车零部件等为主，出口以交通工具（不含铁路）、机械设备和电子产品等为主。

（12）斯洛文尼亚。位于欧洲中南部，首都为卢布尔雅那。国土面积约为 2.03 万平方千米，人口约为 211 万人（截至 2020 年），斯洛文尼亚族约占 83%。官方语言为斯洛文尼亚语。主要宗教为天主教。2020 年 GDP 约为 463 亿欧元，人均 GDP 约为 2.2 万欧元。

有非常好的工业和科技基础。工业以黑色冶金、造纸、制药、家具制造和食品加工等为主。出口产值占 GDP 的一半。出口以汽车和运输设备、医药、电子机械和设备等为主，进口以石油化工、工业机械和钢铁产品等为主。

（13）克罗地亚。位于欧洲中南部，巴尔干半岛西北部，首都为萨格勒布。国土面积约为 5.66 万平方千米，人口约为 404.7 万人（截至 2020 年），克罗地亚族约占 90.4%。官方语言为克罗地亚语。主要宗教是天主教。2020 年 GDP 约为 493.2 亿欧元，人均 GDP 约为 1.2 万欧元。

旅游、建筑和造船等产业水平较高。旅游业是外汇收入的主要来源。工业以造船、食品加工和制药等为主。出口以石油产品、矿物燃料、药品和电力设备等为主，进口以原油、天然气和机床设备等为主。

（14）波黑。位于巴尔干半岛中西部，首都为萨拉热窝。国土面积约为 5.12 万平方千米，人口约为 353 万人（截至 2016 年），波什尼亚克族约占 50.1%，塞尔维亚族约占 30.8%，克罗地亚族约占 15.4%。官方语言为波斯尼亚语、塞尔维亚语和克罗地亚语。三族分别信奉伊斯兰教、东正教和天主教。2020 年 GDP 约为 199.46 亿美元，人均 GDP 约为 5 740 美元。

出口以铝锭、矿产品、木材和机械产品等为主，进口以机械、食品、石油和化工产品等为主。

（15）黑山。位于巴尔干半岛中西部，首都为波德戈里察。国土面积约为 1.39 万平方千米，人口约为 62.2 万人（截至 2020 年 1 月），黑山族约占 45%、塞尔维亚族约占 29%。官方语言为黑山语。信奉东正教。2020 年 GDP 约为 41.9 亿欧元，人均 GDP 约为 6 736 美元。

旅游业和制铝工业为其支柱产业，制造业薄弱。出口以金属、粮食、石油和电等为主，进口以工业产品、能源及日用消费品等为主。

（16）塞尔维亚。位于巴尔干半岛中北部，首都为贝尔格莱德。国土面积约为 8.85 万平方千米（科索沃地区 1.09 万平方千米），人口约为 692 万人（不含科索沃地区，截至 2020 年），83.3%[①]是塞尔维亚族。官方语言为塞尔维亚语。主要宗教为东正教。2020 年 GDP 约为 464.67 亿欧元，人均 GDP 约为 6 708 欧元。

经济支柱为服务业，约占 GDP 的 68.8%[①]。出口以钢铁、有色金属、水果和蔬菜等为主，进口以石油及其制成品、汽车和机床等为主。

（17）阿尔巴尼亚。位于东南欧巴尔干半岛西部，首都为地拉那。国土面积约为 2.87 万平方千米，人口约为 285 万人（截至 2020 年），阿尔巴尼亚族约占 82.6%。官方语言为阿尔巴尼亚语。56.7%的居民信奉伊斯兰教。2020 年 GDP 约为 153 亿美元，人均 GDP 约为 5 276 美元。

工业以食品、轻纺、机械和化学为主，出口以纺织品、矿产品、金属和食品等为主，进口以机械产品及零配件、烟草和化工产品等为主。

（18）罗马尼亚。位于东南欧巴尔干半岛北部，首都为布加勒斯特。国土面积约为 23.8 万平方千米，人口约为 1 932 万人（截至 2020 年 1 月），罗马尼亚族约占 88.6%。官方语言为罗马尼亚语。86.5%人口信奉东正教。2020 年 GDP 约为 2 131 亿欧元，人均 GDP 约为 1.1 万欧元。

经济以工业为主，机械制造、石油提炼及化工、钢铁和轻纺工业等工业体系完善。出口以石油装备、石化产品、拖拉机和卡车等为主，进口以天然橡胶、焦炭和有色金属等工业原料、机器设备等为主。

（19）保加利亚。位于东南欧巴尔干半岛东部，首都为索非亚。国土面积约为 11.1 万平方千米，人口约为 695 万人（截至 2019 年），保加利亚族约占 84%。官方语言为保加利亚语。居民中 85%信奉东正教。2020 年 GDP 约为 606.4 亿欧元，人均 GDP 约为 8 748 欧元。

农业国，玫瑰、酸奶和葡萄酒国际知名。工业以食品加工和纺织业为主。进口以能源、化工和电子等为主，出口以轻工产品、化工、食品和机械等为主。

（20）北马其顿。位于欧洲巴尔干半岛中部，首都为斯科普里。国土面积约为 2.57 万平方千米，人口约为 206.8 万人（截至 2020 年），马其顿族约占 64.18%。官方语言为马其顿语。居民多信奉东正教。2020 年 GDP 约为 122.7 亿美元，人均 GDP 约为 5 926 美元。

北马其顿是欧洲经济欠发达的国家之一。外贸约占 GDP 的 54%[②]。进口以电力、原油、金属、机动车和食品等为主，出口以钢铁、服装、石油产品和金属矿石等为主。

---

① 数据来源于中华人民共和国驻塞尔维亚共和国大使馆经济商务处：http://yu.mofcom.gov.cn/。
② 数据来源于商务部网站：http://mk.mofcom.gov.cn/article/jmxw/202103/20210303044309.shtml。

6. 非洲及拉美地区

（1）南非。位于非洲大陆最南端，行政首都为比勒陀利亚。国土面积约为
1 219 090 平方千米，人口约为 5 962 万人（南非统计局 2020 年中估计数），黑人
约占 80.8%。有 11 种官方语言，英语和阿非利卡语为通用语言。约 80% 的人口信
奉基督教。2020 年 GDP 约为 3 020 亿美元，人均 GDP 约为 5 092 美元。

自然资源丰富；金融和法律体系完善；基础设施完备；支柱产业为制造业、矿
业、农业和服务业，深井采矿等技术处于领先地位。出口以黄金、金属及其制品、
钻石、食品和交通运输设备等为主，进口以机械设备、化工产品和石油等为主。

（2）摩洛哥。位于非洲西北端，首都为拉巴特。国土面积约为 45.9 万平方
千米（不含西撒哈拉 26.6 万平方千米），人口约为 3 621 万人（截至 2021 年），
阿拉伯人约占 80%。国语为阿拉伯语。99.8% 的人口信奉伊斯兰教[①]。2020 年
GDP 约为 1 122.2 亿美元，人均 GDP 约为 3 120 美元。

经济支柱包括磷酸盐出口、旅游业和侨汇。出口以机电产品、运输设备、服
装和肥料等为主，进口以矿物燃料、机电产品、机械和运输设备等为主。

（3）埃塞俄比亚。非洲东北部内陆国，首都为亚的斯亚贝巴。国土面积约
为 110.36 万平方千米，人口约为 1.12 亿人（2021 年数据），奥罗莫族约占 40%，
阿姆哈拉族约占 30%。居民中 45% 信奉埃塞正教，40%~45% 信奉伊斯兰教。联
邦工作语言为阿姆哈拉语。2020 年 GDP 约为 1 076.45 亿美元，人均 GDP 约为
936.34 美元[②]。

世界最不发达国家之一。工业基础薄弱，以农牧业为主。出口以咖啡、油籽、
恰特草、皮革和黄金等为主，进口以机械、汽车、石油产品和化学品等为主。

（4）马达加斯加。位于非洲大陆以东、印度洋西部，首都为塔那那利佛。
国土面积约为 590 750 万平方千米（包括周围岛屿），人口约为 2 770 万人（截至
2020 年），伊麦利那族约占 26.1%、贝希米扎拉卡族约占 14.1%、贝希略族约占
12%。官方语言为法语。人口中 52% 信奉传统宗教，41% 信奉基督教（天主教和
新教）。2020 年 GDP 约为 135 亿美元，人均 GDP 约为 503 美元。

世界最不发达国家之一。工业基础薄弱，经济以农业为主，依赖外援。进口
以石油、车辆、机械设备、药品和日用品等为主，出口以咖啡、虾、铬矿石、香
草和纺织品等为主。

（5）巴拿马。位于中美洲地峡，首都为巴拿马城。国土面积约为 7.55 万平
方千米，人口约为 436 万人（截至 2020 年），65% 为印欧混血。官方语言为西班

---

① 数据来源于中华人民共和国驻摩洛哥王国大使馆经济商务处：http://ma.mofc+om.gov.cn/。
② 数据来源于世界银行。

牙语。85%的居民信奉天主教。2020 年 GDP 约为 529 亿美元，人均 GDP 约为 12 373 美元。

支柱产业包括运河航运、金融服务和旅游业。出口以香蕉、虾、蔗糖和鱼粉等为主，进口以石油产品、汽车和机电产品等为主。

（6）埃及。跨亚、非两大洲，首都为开罗。国土面积约为 100.1 万平方千米，人口约为 1 亿人（2021 年数据）。官方语言为阿拉伯语。伊斯兰教为国教。2020 年 GDP 约为 3 630.7 亿美元，人均 GDP 约为 3 547.87 美元。

拥有较完整的工业、农业和服务业体系。服务业占 GDP 的 50%。工业以纺织和食品加工等为主。进口以机械设备、谷物、电气设备和矿物燃料等为主，出口以原油及其制品、棉花、陶瓷和服装等为主（国家信息中心"一带一路"大数据中心和大连瀚闻资讯有限公司，2018）。

1.5.2 "一带一路"沿线国家分析

1. 经济规模

"一带一路"沿线国家多为发展中国家和新兴经济体，在 71 个国家中只有新加坡、捷克、以色列、爱沙尼亚、拉脱维亚和斯洛文尼亚属于国际货币基金组织（International Monetary Fund，IMF）定义下的发达经济体。2017 年"一带一路"沿线国家 GDP 总值为 15.75 万亿美元[①]，均值为 2 218.48 亿美元，低于世界各国均值（4 012.35 亿美元）。沿线仅俄罗斯、印度、印度尼西亚、韩国、土耳其、波兰、沙特阿拉伯、泰国和伊朗 9 个国家处于世界各国平均水平以上，有 29 个国家的 GDP 总量超过 1 000 亿美元，7 个国家的 GDP 总量超过 5 000 亿美元，4 个国家的 GDP 总量超过 1 万亿美元，分别为印度、俄罗斯、韩国、印度尼西亚。

2. 人均 GDP

2017 年，沿线国家人均 GDP 为 1.09 万美元，略高于 1.07 万美元的世界人均 GDP。其中有 23 个国家高于该平均线，有 25 个国家人均 GDP 超过 1 万美元，主要在西亚和中东欧地区，12 个国家人均 GDP 超过 2 万美元，按从大到小排列分别如下：卡塔尔、新加坡、新西兰、阿拉伯联合酋长国、以色列、韩国、文莱、科威特、巴林、斯洛文尼亚、沙特阿拉伯、捷克。人均 GDP 最少的 5 个国家按从小到大排列分别是马达加斯加、阿富汗、埃塞俄比亚、塔吉克斯坦、尼泊尔。

---

① 数据来源于一带一路网（www.yidaiyilu.gov.cn），下同。

3. 经济增速

2017 年，沿线国家 GDP 平均增速为 3.5%，高于 3.15%的世界平均增长率。其中有 45 个国家超过该平均增速，有 23 个国家 GDP 增速超过 5%，有 8 个国家 GDP 增速超过 7%（中国为 6.9%），按 GDP 增速从快到慢排列分别为埃塞俄比亚、卡塔尔、马尔代夫、尼泊尔、亚美尼亚、土耳其、孟加拉国、塔吉克斯坦。此外，罗马尼亚的 GDP 增速为 6.95%，也高于中国。也门、东帝汶、科威特、伊拉克、沙特阿拉伯、阿曼 6 个国家 GDP 增速最慢且均为负增长（按 GDP 增速从慢到快排列）。

4. 人口红利

沿线国家共有人口 36.16 亿人，占不含中国的全球总人口的 60.14%。其中，1 亿人以上的人口大国有印度、印度尼西亚、巴基斯坦、孟加拉国、俄罗斯、埃塞俄比亚、菲律宾 7 个国家。除上述 7 个国家外，还有埃及、越南、伊朗、土耳其、泰国、南非、缅甸、韩国 8 个国家人口超过 5 000 万人。从劳动力情况来看，沿线国家劳动力充沛。2017 年，15~64 岁人数占比均值为 66.53%，其中，15 个国家的劳动力人数占比超过 70%。

5. 基础设施

沿线国家基础设施处于全球中下水平。由世界银行物流绩效指数中的基础设施指标可知，2016 年沿线国家的平均基础设施指数为 2.71，略低于同年度世界平均基础设施指数（2.75）。共有 29 个国家的基础设施指数高于世界平均基础设施指数；新加坡、阿拉伯联合酋长国、韩国、南非 4 国的得分高于中国（3.75）；得分超过 3 分的有 24 个国家，主要分布在西亚和中东欧地区，南亚和中亚的沿线国家基础设施相对较弱。

表 1.1 展示了"一带一路"沿线 71 个国家的主要数据。

表 1.1 "一带一路"沿线 71 个国家的主要数据

国家	GDP 总计/亿美元	人均 GDP/美元	GDP 增长率	人口/万人	15~64 岁人口/万人	15~64 岁人口占总人口比例	基础设施指数（2016 年）
蒙古国	114.88	3 735	5.88%	307.56	203.92	66.30%	2.05
韩国	15 310.00	29 743	3.06%	5 146.62	3 737.09	72.61%	3.79
新西兰	2 058.53	42 941	3.03%	479.00	311.18	64.97%	3.55
东帝汶	29.54	2 279	−8.00%	129.63	68.50	52.84%	1.67
新加坡	3 239.07	57 714	3.62%	561.00	404.63	72.13%	4.20
马来西亚	3 145.00	9 945	5.90%	3 162.40	2 194.53	69.39%	3.45

续表

国家	GDP 总计/亿美元	人均 GDP/美元	GDP 增长率	人口/万人	15~64 岁人口/万人	15~64 岁人口占总人口比例	基础设施指数（2016 年）
印度尼西亚	10 160.00	3 847	5.07%	26 400.00	17 773.00	67.32%	2.65
缅甸	693.22	1 298	6.37%	5 288.50	3 599.17	68.06%	2.33
泰国	4 552.21	6 594	3.90%	6 903.70	4 922.93	71.31%	3.12
老挝	168.53	2 457	6.89%	685.80	432.65	63.09%	1.76
柬埔寨	221.58	1 384	6.81%	1 600.00	1 029.29	64.33%	2.36
越南	2 238.64	2 343	6.81%	9 554.00	6 667.74	69.79%	2.70
文莱	121.28	28 291	1.33%	42.87	31.03	72.38%	2.75
菲律宾	3 135.95	2 989	6.68%	10 490.00	6 660.37	63.49%	2.55
伊朗	4 395.14	5 415	4.30%	8 116.20	5 752.15	70.87%	2.67
伊拉克	1 977.15	5 166	−0.78%	3 827.46	2 159.29	56.42%	1.87
土耳其	8 511.02	10 541	7.42%	8 074.50	5 401.05	66.89%	3.49
叙利亚	404.05	2 192		1 843.00	1 079.38	58.57%	1.24
约旦	400.68	4 129	1.97%	970.23	588.79	60.69%	2.77
黎巴嫩	518.44	8 523	2.02%	608.23	416.01	68.40%	2.64
以色列	3 508.51	40 270	3.33%	871.00	526.27	60.42%	3.49
巴勒斯坦	144.98	3 095	3.14%	468.40	268.83	57.39%	2.39
沙特阿拉伯	6 838.27	20 761	−0.74%	3 293.80	2 356.39	71.54%	3.24
也门	256.73	856	−34.34%	2 999.00	1 614.79	53.84%	1.87
阿曼	726.43	15 668	−0.27%	464.00	351.58	75.77%	3.44
阿拉伯联合酋长国	3 825.75	40 698	0.79%	940.00	798.64	84.96%	4.07
卡塔尔	1 676.05	63 506	9.94%	264.00	223.85	84.79%	3.57
科威特	1 182.71	27 237	−2.87%	434.00	316.71	72.97%	2.92
巴林	353.07	23 655	3.88%	149.00	116.28	78.04%	3.10
格鲁吉亚	151.59	4 078	4.99%	371.90	245.16	65.92%	2.17
阿塞拜疆	392.07	4 098	0.10%	957.00	697.32	72.87%	2.71
亚美尼亚	115.37	3 937	7.50%	293.00	201.50	68.77%	2.22
印度	25 970.00	1 940	6.62%	139 300.00	88 691.62	63.67%	3.34
巴基斯坦	3 049.52	1 548	5.70%	19 700.00	11 964.18	60.73%	2.70
孟加拉国	2 497.24	1 517	7.28%	16 470.00	10 955.78	66.52%	2.48
阿富汗	208.15	585	2.60%	3 553.00	1 924.84	54.18%	1.84
斯里兰卡	871.75	4 065	3.11%	2 144.40	1 413.56	65.92%	2.23
马尔代夫	45.97	10 535	8.83%	43.63	31.62	72.48%	2.57
尼泊尔	244.72	835	7.50%	2 930.50	1 854.94	63.30%	2.27
不丹	25.12	3 110	6.82%	80.76	55.37	68.57%	1.96

续表

国家	GDP 总计/亿美元	人均 GDP/美元	GDP 增长率	人口/万人	15~64 岁人口/万人	15~64 岁人口占总人口比例	基础设施指数（2016 年）
哈萨克斯坦	1 594.07	8 838	4.00%	1 803.76	1 173.90	65.08%	2.76
乌兹别克斯坦	487.18	1 504	5.30%	3 238.70	2 187.65	67.55%	2.45
土库曼斯坦	423.55	7 356	6.50%	575.80	373.19	64.81%	2.34
塔吉克斯坦	72.34	819	7.10%	892.13	546.72	61.28%	2.13
吉尔吉斯斯坦	75.65	1 220	4.58%	620.15	394.83	63.67%	1.96
俄罗斯	15 780.00	10 743	1.55%	14 449.50	9 856.89	68.22%	2.43
乌克兰	1 121.54	2 640	2.50%	4 483.00	3 050.55	68.05%	2.49
白俄罗斯	544.42	5 726	2.42%	950.78	650.90	68.46%	2.10
摩尔多瓦	81.28	2 290	4.50%	355.76	260.54	73.23%	2.35
波兰	5 245.10	13 811	4.55%	3 797.58	2 598.30	68.42%	3.17
立陶宛	466.66	16 443	3.83%	282.77	187.12	66.17%	3.57
爱沙尼亚	259.21	19 704	4.85%	131.55	84.43	64.18%	3.18
拉脱维亚	302.64	15 594	4.55%	194.07	125.84	64.84%	3.24
捷克	2 157.26	20 368	4.29%	1 059.13	694.78	65.60%	3.36
斯洛伐克	957.69	17 605	3.40%	543.99	378.40	69.56%	3.24
匈牙利	1 391.35	14 225	3.99%	978.11	656.37	67.11%	3.48
斯洛文尼亚	487.70	23 597	5.00%	206.67	136.36	65.98%	3.19
克罗地亚	548.49	13 295	2.78%	412.57	270.59	65.59%	2.99
波黑	181.69	5 180	3.03%	350.70	243.04	69.30%	2.61
黑山	47.74	7 669	4.30%	62.25	41.78	67.12%	2.07
塞尔维亚	414.32	5 900	1.87%	702.23	464.73	66.18%	2.49
阿尔巴尼亚	130.01	4 520	3.84%	287.35	199.46	69.41%	1.98
罗马尼亚	2 113.14	10 708	6.95%	1 970.50	1 310.06	66.48%	2.88
保加利亚	568.32	8 032	3.56%	707.60	459.67	64.96%	2.35
北马其顿	113.38	5 474	0.02%	208.32	145.92	70.05%	2.58
南非	3 494.19	6 161	1.32%	5 671.71	3 724.65	65.67%	3.78
摩洛哥	1 091.39	3 007	4.10%	3 573.96	2 353.03	65.84%	2.46
埃塞俄比亚	805.62	768	10.25%	10 495.74	5 869.23	55.92%	2.12
马达加斯加	105.57	412	4.17%	2 557.09	1 434.55	56.10%	2.12
巴拿马	618.38	15 088	5.36%	409.86	265.15	64.69%	3.28
埃及	2 353.60	2 412	4.18%	9 755.32	5 986.81	61.37%	3.07

注：叙利亚的 GDP 和人均 GDP 为 2015 年数据；在基础设施指数中，斯里兰卡和也门为 2014 年数据，东帝汶为 2007 年数据，其他国家的 GDP、人均 GDP、GDP 增长率及各人口数据均为 2017 年数据

资料来源：国家一带一路官方网站——中国一带一路网和世界银行数据库

第二篇　贸　易　篇

第2章 中国与"一带一路"沿线国家贸易合作概况

2.1 合作概况

2.1.1 进出口增长较快，进口增速创五年新高

2017 年，中国与沿线国家贸易总额重新增长，达 1.44 万亿美元[①]。其中，出口贸易额约为 7 742.6 亿美元，进口贸易额约为 6 660.5 亿美元，分别占中国贸易总额、出口总额和进口总额的 36.2%、34.1%和 39.0%；分别比 2016 年增长13.4%、8.5%和 19.8%。2013~2017 年进口额增速首超出口。

2.1.2 亚洲大洋洲地区与中国贸易额比重占五成以上

1. 韩国、越南、马来西亚、印度、俄罗斯是"一带一路"主要贸易国

2017 年，中国与沿线国家贸易总额最高的前 10 位国家分别是韩国、越南、马来西亚、印度、俄罗斯、新加坡、印度尼西亚、泰国、菲律宾和沙特阿拉伯，占"一带一路"沿线国家总额的 68.9%。贸易总额增速最快的是黑山、卡塔尔、蒙古国和哈萨克斯坦，增速均超 35%；降幅最大的是塔吉克斯坦、东帝汶和埃塞俄比亚，降幅均在 15%以上。

2017年，中国出口额前10位的沿线国家分别是韩国、越南、印度、俄罗斯、新加坡、马来西亚、印度尼西亚、泰国、菲律宾和阿拉伯联合酋长国，中国对其出口额占中国对"一带一路"沿线国家出口总额的 65.6%。出口额增速最快的前

---

① 资料来源：国家一带一路官方网站（www.yidaiyilu.gov.cn），下同。

10 位国家分别是老挝、哈萨克斯坦、乌兹别克斯坦、摩尔多瓦、斯洛文尼亚、不丹、塞尔维亚、亚美尼亚、蒙古国和阿富汗，增速均超 20%；出口额降幅最大的是塔吉克斯坦、东帝汶、埃塞俄比亚、白俄罗斯、北马其顿和阿尔巴尼亚，其降幅均超 10%。

2017 年，中国进口额前 10 位的沿线国家分别是韩国、越南、马来西亚、泰国、俄罗斯、沙特阿拉伯、新加坡、印度尼西亚、南非和菲律宾，中国自其进口额占中国自"一带一路"沿线国家进口总额的 75.5%。进口额增速最快的是东帝汶、也门、马尔代夫、埃及和黑山，增速均在 100%以上；进口额降幅最大的是巴勒斯坦和叙利亚，降幅均在 55%以上。

2. 亚洲大洋洲地区贸易额最大，中亚地区增速最快

2017 年，中国在"一带一路"的最大贸易区是亚洲大洋洲地区，中国与其贸易总额约为 8 178.6 亿美元，占中国与沿线国家贸易总额的 56.8%；其次为西亚地区，贸易总额约为 2 332.4 亿美元，占比 16.2%；中东欧、南亚、非洲及拉美地区分别为 1 611.7 亿美元、1 271.8 亿美元、648.7 亿美元，分别占比 11.2%、8.8%、4.5%；中亚地区贸易额最低，仅 360.0 亿美元，占比 2.5%。贸易额增速最快的是中亚地区，增长 19.8%，其次是中东欧、西亚、南亚、亚洲大洋洲，分别为17.8%、14.3%、14.1%、12.7%，非洲及拉美地区增速最慢，为 5.5%。

出口额比重最大的是亚洲大洋洲地区。2017 年，中国对其出口额约为 3 900.6 亿美元，占中国对沿线国家出口总额的 50.4%，其次是西亚、南亚、中东欧、中亚、非洲及拉美地区，分别为 15.3%、13.9%、12.7%、2.8%、4.9%。从区域出口额增速看，出口额增速最快的则是中亚地区，比 2016 年增长 19.4%，其次是中东欧、南亚、亚洲大洋洲、西亚、非洲及拉美地区，分别为 13.7%、11.5%、8.5%、2.6%、2.0%。

进口额比重最大的是亚洲大洋洲地区。2017 年，中国自其进口额为 4 278.0 亿美元，占中国自"一带一路"沿线国家进口总额的 64.2%，其次是西亚、中东欧、非洲及拉美地区、南亚、中亚，分别为 17.2%、9.4%、4.0%、2.9%、2.2%。进口额增速最快的则是南亚地区，比 2016 年增长 30.6%，其次是西亚、中东欧、中亚、亚洲大洋洲、非洲及拉美地区，分别为 29.4%、25.0%、20.4%、16.8%、10.9%。

2.1.3 国内东部地区贸易额最大，西部、东北地区进口增速快

1. 广东、江苏、浙江、山东和上海与"一带一路"沿线国家贸易额分列前五

2017 年，广东、江苏、浙江、山东和上海与"一带一路"沿线国家贸易额分

列前五，分别占贸易总额的 24.4%、15.5%、10.1%、9.0%和 8.8%，占比总计 67.8%；新疆、河北、四川和山东的贸易额增速超 35%；青海和北京降幅超 70%。

2017 年，对"一带一路"沿线国家出口额最高的是广东、江苏、浙江、山东和上海，分别占出口总额的 25.9%、15.1%、14.1%、8.3%和 5.8%，占比总计 69.2%；海南、四川、山西和河北出口额增速超 45%；青海、甘肃和广西降幅均超 60%。

2017 年，自"一带一路"沿线国家进口额最高的是广东、江苏、上海、山东和浙江，分别占进口总额的 22.8%、16.1%、12.2%、9.7%和 5.5%，占比总计 66.3%；新疆、贵州和河北进口额增速最快，均在 100%以上；北京和青海降幅最大，超过 70%。

2. 东部地区外贸额最大，沿线国家是西部地区主要外贸国，东北地区增速最快

2017 年，与沿线国家贸易额最大的是东部地区，达 11 494.1 亿美元，占中国与"一带一路"贸易总额的 79.8%。西部、中部和东北地区分别为 10.0%、6.0%和 4.3%。地区与"一带一路"贸易额占本地区外贸总额比重最大的是西部地区，贸易额约为 1 434.2 亿美元，占该地区外贸总额的 48.1%。东北、东部和中部地区分别为 41.7%、35.1%和 33.3%。东北地区与沿线国家贸易总额增速最快，比 2016 年增长 22.0%，西部、东部和中部地区分别为 15.6%、13.1%和 9.4%。

2017 年，东部地区对"一带一路"沿线国家出口 6 224.9 亿美元，占中国对"一带一路"沿线国家出口总额的 80.4%，西部、中部和东北地区分别为 8.9%、7.5%和 3.2%。西部地区对"一带一路"沿线国家出口 687.9 亿美元，占该地区出口总额的 44.5%，东北、中部和东部地区分别为 41.3%、35.1%和 32.9%。东部地区对"一带一路"沿线国家出口增速达 11.2%，东北、中部和西部地区分别为 7.7%、5.6%和-8.7%。

2017 年，东部地区自"一带一路"沿线国家进口 5 269.2 亿美元，占中国自"一带一路"沿线国家进口总额的 79.1%，西部、东北和西部地区分别为 11.2%、5.5%和4.1%。西部地区进口 746.3 亿美元，占该地区进口总额的 51.9%，东北、东部和中部地区分别为 42.0%、38.1%和 30.2%。西部地区增幅最大，达 53.3%，东北、中部和东部地区分别为 33.9%、18.4%和15.4%。

2.1.4 商品种类集中，机电设备出口和矿物燃料进口增速明显

1. 机电类商品占出口主导地位，其中电机电气设备出口明显增加

2017 年中国对"一带一路"沿线国家出口商品集中 HS 编码（海关编码，全

称为《商品名称及编码协调制度的国际公约》，International Convention for Harmonized Commodity Description and Coding System）。第84章（简称HS84，包括核反应堆、锅炉、机器、机械器具及零件），以及第85章（简称HS85，包括电机、电气设备及其零件；电视图像、声音录制、录音机及放声机、重放设备及其零件和附件），分别占出口总额的15.0%和23.2%，合计38.2%。HS84出口1 158.6亿美元，增长9.1%；HS85出口1 798.8亿美元，增长15.8%。HS84中第8471目（自动数据处理设备及其部件；未列名其他品目的磁性或光学阅读机、将数据以代码复制到数据记录媒体和处理这些数据的机器）出口占HS84比重最大，达21.5%；HS85中中8517目（电话机；接收或发送声音、图像或其他数据的其他设备）出口占HS85比重最大，达36.1%，第8542目（集成电路）为12.6%。

2. 矿物燃料、电机电气设备等占进口主导，矿物燃料进口显著增长

2017年，中国自沿线国家进口商品主要集中在HS商品编码HS85和第27章（简称HS27，包括矿物燃料、矿物油及其蒸馏产品，沥青物质，矿物蜡），分别占中国自"一带一路"沿线国家进口总额的26.7%和23.6%，合计50.3%。其中HS85进口1 781.6亿美元，增长17.7%；HS27进口1 573.3亿美元，比2016年增长34.1%。HS27中，第2709目（石油原油及自沥青矿物提取的原油）比重最大，为64.8%；HS85中，第8542目（集成电路）比重最大，为64.0%，其次是第8517目（电话机；接收或发送声音、图像或其他数据的其他设备），达10.8%。

2.1.5 贸易主体以民营企业为主，国有企业增幅明显

民营企业与沿线国家贸易总额占比最大。2017年外贸总额约为6 199.8亿美元，占中国与沿线国家贸易总额的43.0%，外资企业、国企和其他企业分别占比36.6%、19.4%和1.0%。外贸总额增速最快的是国有企业，2017年外贸总额约为2 795.9亿美元，比2016年增长了24.5%，民营企业、外资企业和其他企业分别为12.1%、10.2%和1.2%。

民营企业对沿线国家出口额占比最大。2017年出口总额约为4 325.4亿美元，占中国对"一带一路"沿线国家出口额的55.9%，外资企业、国企和其他企业分别占比31.3%、12.6%和0.3%。民营企业出口额增速也最快，比2016年增长了8.9%，国企、外资企业和其他企业分别为8.3%、8.2%和-15.2%。

外资企业自"一带一路"沿线国家进口额占比最大。2017年进口额达2 845.5亿美元，占中国自"一带一路"沿线国家进口额的42.7%，民营企业、国企和其他企业分别占比28.1%、27.3%和1.8%。国有企业进口额增速最快，2017年进口

额约为 1 818.8 亿美元,增长 35.4%,民营企业、外资企业和其他企业进口额增长分别为 20.3%、11.9%和 4.5%。

2.1.6　一般贸易是主要交易方式,一般贸易与边境小额贸易增速快

中国与沿线国家贸易中一般贸易额占比最高。2017 年贸易额为 8 407.6 亿美元,占中国与沿线国家贸易总额的 58.4%,进料加工贸易、其他贸易、来料加工装配贸易和边境小额贸易分别占比 2.6%、19.5%、14.5%和 5.0%。边境小额贸易额增速最快。2017 年贸易额约为 379.5 亿美元,增长 17.3%,一般贸易、进料加工贸易、其他贸易和来料加工装配贸易分别为 16.1%、12.9%、10.3%和-4.5%。

中国对"一带一路"沿线国家出口中一般贸易出口额占比最高。2017 年出口 4 751.5 亿美元,占比 61.4%,进料加工贸易、其他贸易、来料加工装配贸易和边境小额贸易分别占比 19.1%、11.9%、3.9%和 3.8%。边境小额贸易出口额增速最快。2017 年出口 293.1 亿美元,比 2016 年增长 14.6%。来料加工装配贸易、其他贸易、一般贸易和进料加工贸易分别为 14.3%、10.6%、8.0%和 6.7%。

中国自"一带一路"沿线国家的进口额中一般贸易进口额占比最高。2017 年一般贸易进口额 3 656.1 亿美元,占比 54.9%,进料加工贸易、其他贸易、来料加工装配贸易和边境小额贸易分别占比 19.9%、17.5%、6.3%和 1.3%。一般贸易进口额增速最快,2017 年比 2016 年增长 28.7%。边境小额贸易、进料加工贸易、其他贸易和来料加工装配贸易分别为 27.7%、20.8%、10.2%和-14.5%。

2.1.7　水运为主要运输方式,铁运出口及空运进口增速明显

中国对"一带一路"沿线国家出口中水运出口额占比最高。2017 年,水运出口 5 702.1 亿美元,占比 73.7%,空运、陆运和铁运分别占比 12.4%、11.9%和 2.0%。铁运出口额增速最快。2017 年,铁运出口 155.4 亿美元,比 2016 年增长 34.4%。空运、陆运和水运分别为 23.7%、15.0%和 4.9%。

中国自"一带一路"沿线国家进口中仍然是水运占比最高。2017 年,水运进口 4 052.6 亿美元,占比 59.9%,空运、陆运、铁运和管道运输分别占比 20.6%、13.8%、2.2%和 1.6%。水运进口额增速最快,2017 年比 2016 年增长 21.8%。空运、陆运和铁运分别为 21.0%、13.8%和-2.7%。管道运输虽然进口额增速为 54.8%,但主要是原油价格上涨所致,原油运输量仅上涨 10.2%。

2.2 中国与"一带一路"各区域贸易合作

2.2.1 亚洲大洋洲地区

1. 中国与亚洲大洋洲地区贸易结束2连降,贸易总额创5年新高

中国在"一带一路"的最大贸易合作区域是亚洲大洋洲地区。2017年,中国与其贸易总额为8 178.6亿美元,创5年新高,比2016年增长12.7%,占中国与"一带一路"贸易总额的56.8%;其中出口额约为3 900.6亿美元,比2016年增长8.5%,占中国对"一带一路"出口总额的50.4%;进口额约为4 278.0亿美元,比2016年增长16.8%,占中国自"一带一路"进口总额的64.2%。

中国在"一带一路"的前10大贸易国中有7个在亚洲大洋洲地区,分别为韩国、新加坡、马来西亚、泰国、越南、印度尼西亚和菲律宾,其中,韩国贸易额最大,达2 803.8亿美元,占中国与该地区贸易总额的34.3%。中国与蒙古国、文莱、老挝、越南、新西兰和柬埔寨等的贸易额增幅较大,均在20%以上;与东帝汶的贸易总额则下降了19.5%。

2017年中国在亚洲大洋洲地区出口国的前5位为韩国、越南、新加坡、马来西亚和泰国,中国对其出口额占对亚洲大洋洲地区出口总额的77.1%。对老挝、蒙古国、柬埔寨、文莱和越南的出口增速较快,均在10%以上;对东帝汶的出口则下降了20.3%。

2017年中国在亚洲大洋洲地区进口国的前5位为韩国、马来西亚、越南、泰国和新加坡,中国自其进口额占中国自该地区进口总额的83.7%。对东帝汶的进口增幅最大,超过400%,文莱、蒙古国、越南、印度尼西亚、新加坡和新西兰的增幅都超过30%;其他国家也都有一定的增幅。

2. 电机电气设备是主要贸易商品,与韩国、马来西亚的电机电气设备贸易进口高于出口

2017年中国对亚洲大洋洲地区"一带一路"沿线国家出口商品主要集中于HS85和HS84,分别占中国对亚洲大洋洲地区国家出口额的25.7%和12.9%,合计38.6%。HS85出口额约为1 001.9亿美元,比2016年增长15.9%;HS84出口额约为503.5亿美元,比2016年增长8.1%。韩国是中国在该地区HS85和HS84的最大出口国,其中,HS85出口额约为356.6亿美元,比2016年增长5.5%,占HS85

在该地区出口总额的 35.6%；HS84 出口额约为 115.1 亿美元，比 2016 年增长 16.8%，占比 22.9%。

2017 年中国自亚洲大洋洲地区"一带一路"沿线国家进口商品主要集中在 HS85，进口 1 713.9 亿美元，占中国自该地区进口总额的 40.1%，比 2016 年增长 17.2%。韩国是中国在该地区 HS85 的最大进口国，进口 870.6 亿美元，比 2016 年增长 17.9%，占 HS85 在该地区进口总额的 50.8%。作为最大进出口商品，中国与韩国和马来西亚的电机电气设备贸易中进口远超出口，逆差分别为 514 亿美元和 204.7 亿美元。

3. 民营企业为出口贸易主体，外资企业为进口贸易主体

民营企业和外资企业是中国对亚洲大洋洲地区出口的贸易主体，分别占所有贸易主体出口额的 48.9% 和 38.3%，合计 87.2%。2017 年，民营企业出口 1 907.3 亿美元，比 2016 年增长 7.0%；外资企业出口 1 493.4 亿美元，比 2016 年增长 8.9%。外资企业和民营企业是中国在该地区的进口贸易主体，分别占所有贸易主体进口额的 54.1% 和 30.7%，合计 84.8%。2017 年，外资企业进口 2 314.8 亿美元，比 2016 年增长 11.6%；民营企业进口 1 311.6 亿美元，比 2016 年增长 21.6%。

4. 一般贸易为主要贸易方式，且进出口占比均呈上升趋势

一般贸易是中国与亚洲大洋洲地区国家进出口的主要贸易方式。2017 年一般贸易出口额约为 2 207.5 亿美元，比 2016 年增长 8.3%，占出口总额的 56.6%；进料加工贸易出口额排名第二，为 880.4 亿美元，比 2016 年增长 7.7%，占比 22.6%。2017 年一般贸易进口额约为 1 971.8 亿美元，比 2016 年增长 23.4%，占进口总额的 46.1%；进料加工贸易进口额紧随其后，约为 1 189.4 亿美元，增长 23.0%，占比 27.8%。

2.2.2　西亚地区

1. 中国与西亚地区贸易回稳向好，2015 年起一直是贸易顺差

2017 年，中国与"一带一路"沿线的西亚地区国家贸易总额约为 2 332.4 亿美元，较 2016 年增长 14.3%，占中国与沿线国家贸易总额的 16.2%；其中，出口 1 183.8 亿美元，比 2016 年增长 2.6%，占比 15.3%；进口 1 148.6 亿美元，比 2016 年增长 29.4%，占比 17.2%。中国与西亚地区的贸易逆差在 2015 年变为贸易顺差，2017 年的顺差为 35.1 亿美元。

2017 年，中国在西亚地区的前 10 大贸易国分别为沙特阿拉伯、阿拉伯联合

酋长国、伊拉克、伊朗、以色列、土耳其、阿曼、科威特、卡塔尔和约旦，其中，沙特阿拉伯最高，为500.4亿美元，占中国与西亚地区贸易总额的21.5%。与卡塔尔、阿塞拜疆、也门、科威特、格鲁吉亚、伊拉克的贸易增速均超20%，与黎巴嫩和约旦的贸易额分别下降5.3%和3.6%。

2017年中国在西亚地区的前5位出口国分别是阿拉伯联合酋长国、伊朗、沙特阿拉伯、土耳其、以色列，中国对其出口额占中国对西亚地区出口额的78.5%。对亚美尼亚、格鲁吉亚、叙利亚、巴勒斯坦、伊朗、巴林和阿塞拜疆的出口增速在10%以上；对约旦、黎巴嫩、阿拉伯联合酋长国、沙特阿拉伯和也门的出口出现下降。

2017年中国在西亚地区的前5位进口国分别是沙特阿拉伯、伊朗、伊拉克、阿曼、阿拉伯联合酋长国，中国自其进口额占中国自西亚地区进口额的77.9%。对也门的进口增长最快，增幅近3倍，巴林、卡塔尔、科威特、阿塞拜疆也在40%以上；对巴勒斯坦和叙利亚进口大幅下降，分别下降了62.0%和59.1%。

2. 出口商品种类多元，以电机电气设备为主，进口商品集中，以矿物燃料为主

2017年中国对西亚地区"一带一路"国家出口商品主要集中于HS85和HS84，分别占中国对西亚地区国家出口额的17.8%和16.4%，合计34.2%。其中，HS85出口210.9亿美元，比2016年增长9.2%；HS84出口193.6亿美元，比2016年增长4.1%。阿拉伯联合酋长国是中国在西亚地区HS85和HS84的最主要出口国，其中，HS85出口68.4亿美元，比2016年增长6.7%，占HS85总出口额的32.4%；HS84出口49.6亿美元，比2016年下降0.5%，占HS84总出口额的25.6%。

2017年中国自西亚地区"一带一路"国家进口商品主要集中在HS27，进口826.5亿美元，比2016年增长29.1%，占中国自西亚地区国家进口总额的72%。沙特阿拉伯是中国在西亚地区HS27的最主要进口国，2017年进口额约为214.4亿美元，比2016年增长31.2%，占HS27总进口额的25.9%。相比2016年，2017年中国在西亚地区前十大进口商品贸易量均增长了10%以上。

3. 民营企业和外资企业为出口贸易主体，国有企业为进口贸易主体

民营企业和外资企业是对西亚地区出口主要的贸易主体，分别占所有贸易主体出口额的65.7%和22.0%。其中，民营企业2017年出口额为777.4亿美元，比2016年增长2.4%；外资企业2017年出口额为260.8亿美元，比2016年增长3.2%。

国有企业是对西亚地区最大进口的贸易主体，民营企业是第二大进口贸易主体，分别占所有贸易主体进口额的63.3%和18.9%。其中，国有企业2017年进口

额为 726.9 亿美元，比 2016 年增长 36.8%；民营企业 2017 年进口额为 217.3 亿美元，增长 25.7%。

4. 一般贸易是进口和出口的主要贸易方式，但出口占比不断下降

一般贸易是中国与西亚地区国家进出口的主要贸易方式。2014 年起，一般贸易出口额及占比均呈下降趋势。2017 年一般贸易出口 796.4 亿美元，占所有贸易方式出口额的 67.3%。2017 年一般贸易进口 807.8 亿美元，比 2016 年增长 41.6%，占所有贸易方式进口额的 70.3%；来料加工装配贸易进口额为 156.3 亿美元，下降 6.0%，占所有贸易方式进口额的 13.6%。

2.2.3　南亚地区

1. 与南亚地区贸易额逐年递增，维持贸易顺差且持续增大

2017 年中国与"一带一路"沿线南亚地区国家贸易总额约为 1 271.8 亿美元，比 2016 年增长 14.1%，占中国与沿线国家贸易总额的 8.8%；贸易顺差为 884.2 亿美元，比 2013 年扩大 63.1%。其中，出口 1 078.0 亿美元，增长 11.5%，占中国对"一带一路"沿线国家出口额的 13.9%；进口 193.8 亿美元，增长 30.6%，占中国对"一带一路"沿线国家进口额的 2.9%。

印度是中国在"一带一路"沿线中南亚地区最大贸易国，2017 年，与印度的贸易总额约为 847.2 亿美元，占中国与南亚地区贸易额的 66.6%；孟加拉国和巴基斯坦分别占比 15.8% 和 12.6%。不丹、阿富汗和印度的贸易额增速最快，均超过 20%；马尔代夫和斯里兰卡的贸易额则分别下降 9.4% 和 4.1%。

印度、巴基斯坦和孟加拉国是 2017 年中国在南亚地区前 3 大出口国，出口额占中国对南亚地区出口总额的 94.5%。不丹、阿富汗、印度和尼泊尔的出口额增长超过 10%；马尔代夫和斯里兰卡的出口额则分别下降 9.5% 和 5.2%。

印度、巴基斯坦和孟加拉国是 2017 年中国在南亚地区前 3 大进口国，进口额占中国自南亚地区进口总额的 98.3%。马尔代夫进口额增长最快，超过一倍，不丹和印度增幅超过 30%；阿富汗、尼泊尔和巴基斯坦出现下降，其中阿富汗降幅最大，达 24.4%。

2. 进出口商品均较为分散，主要出口电机电气设备，钢铁、铜及其制品进口增幅显著

2017 年中国对南亚地区"一带一路"沿线国家出口商品最多的是 HS85 和 HS84，分别占中国对南亚地区国家出口额的 26% 和 17%，合计 43%。其中，

HS85 出口 279.9 亿美元，比 2016 年增长 23.5%；HS84 出口 183.0 亿美元，比 2016 年增长 13.7%。印度是中国在南亚地区 HS85 和 HS84 的最大出口国，HS85 出口 220.9 亿美元，比 2016 年增长 30.5%，占 HS85 总出口额的 78.9%；HS84 出口 121.0 亿美元，比 2016 年增长 16.4%，占 HS84 总出口额的 66.1%。

2017 年中国自南亚地区"一带一路"沿线国家进口商品最多的是 HS 商品编码第 71 章（简称 HS71，包括天然或养殖珍珠、宝石或半宝石、贵金属、包贵金属及制品；硬币；仿首饰）、第 74 章（简称 HS74，包括铜及其制品）、第 26 章（简称 HS26，包括矿砂、矿渣及矿灰）、第 52 章（简称 HS52，包括棉花），以上四种商品在中国自南亚地区国家进口额的占比均超过 10%，合计达 48.4%。印度是中国在南亚地区进口这四种商品的主要国家，进口 HS71 为 26.0 亿美元，比 2016 年增长 4.4%，占 HS71 总进口额的 99.6%；进口 HS74 为 21.5 亿美元，增长超过 100%，占 HS74 总进口额的 94.2%；进口 HS26 为 20.5 亿美元，增长 62.9%，占 HS26 总进口额的 90.9%；进口 HS52 为 13.0 亿美元，增长 1.7%，占 HS52 总进口额的 57.8%。2017 年钢铁（HS72）、HS74 和有机化学品（HS29）进口增速最高，分别为 171.5%、107.3% 和 90.3%。

3. 民营企业为出口贸易主体且其占比逐年上升，进口则是外资企业、民营企业、国有企业三足鼎立

民营企业是中国对南亚地区出口的主要贸易主体，出口额及占比逐年上升；外资企业、国有企业出口额上升但占比下降。2017 年民营企业出口 652.6 亿美元，比 2016 年增长 15.8%，占所有贸易主体出口额的 60.5%。2017 年进口形成外资企业、民营企业、国有企业三足鼎立的格局，三类贸易主体的进口占比分别为 36.5%、35.6%、27.8%，进口额增速分别为 15.2%、31.3%、58.1%。

4. 一般贸易是中国在南亚地区的主要贸易方式，且进口占比不断上升

2017 年各贸易方式出口额比 2016 年均有所增加，其中一般贸易出口 765.5 亿美元，增长 11.6%，占所有贸易方式出口额的 71.0%。2017 年一般贸易进口 134.6 亿美元，增长 42.1%，占所有贸易方式进口额的 69.5%，且占比自 2014 年起逐年上升；进料加工贸易和来料加工装配贸易占比则逐年下降。

2.2.4 中亚地区

1. 与中亚地区贸易额逐年回稳，增速排名第一，贸易顺差持续增大

2017 年，中国与 "一带一路"沿线中亚地区国家贸易总额约为 360 亿美元，

较 2016 年增长 19.8%,是"一带一路"贸易增长最快的区域,占中国与沿线国家贸易总额的 2.5%。其中,出口 214.7 亿美元,增长 19.4%,占比 2.8%;进口 145.3 亿美元,增长 20.4%,占比 2.2%。自 2014 年起,中国与该地区贸易顺差持续增大。

中亚地区的最大贸易国是哈萨克斯坦,2017 年贸易额约为 180 亿美元,占中国在中亚地区贸易总额的 50%,土库曼斯坦和吉尔吉斯斯坦的贸易额占比均超过 15%。哈萨克斯坦、土库曼斯坦和乌兹别克斯坦的贸易额增速最快,分别为 37.9%、17.6% 和 16.2%,塔吉克斯坦和吉尔吉斯斯坦则下降了 21.2% 和 4.5%。

2017 年,中国对中亚地区国家出口排名为哈萨克斯坦、吉尔吉斯斯坦、乌兹别克斯坦、塔吉克斯坦和土库曼斯坦,出口额分别为 116.5 亿美元、53.6 亿美元、27.6 亿美元、13.2 亿美元和 3.7 亿美元,占比分别为 54.3%、25.0%、12.9%、6.2% 和 1.7%。其中,哈萨克斯坦和乌兹别克斯坦出口额大幅增长 41.1% 和 35.7%,土库曼斯坦出口额小幅增长,塔吉克斯坦和吉尔吉斯斯坦的出口则分别下降 22.5% 和 4.8%。

2017 年,中国自中亚地区进口排名为土库曼斯坦、哈萨克斯坦、乌兹别克斯坦、吉尔吉斯斯坦和塔吉克斯坦,分别为 65.8 亿美元、63.5 亿美元、14.7 亿美元、0.9 亿美元和 0.5 亿美元,分别占比 45.3%、43.7%、10.1%、0.6% 和 0.3%。其中,中国与土库曼斯坦长期处于贸易逆差。2017 年中国对塔吉克斯坦、哈萨克斯坦、吉尔吉斯斯坦和土库曼斯坦的进口均增长 18% 以上;对乌兹别克斯坦的进口则下降 8.4%。

2. 出口商品分散,以鞋靴和类似品为主,进口商品集中,以矿物燃料为主

2017 年中国对中亚地区"一带一路"沿线国家出口商品主要集中在 HS 商品编码第 64 章(简称 HS64,包括鞋靴、护腿和类似品及其零件)、第 62 章(简称 HS62,包括非针织或非钩编的服装及衣着附件)和 HS84,分别占中国对该地区国家出口的 13.1%、12.8% 和 11.2%,合计 37.1%。其中,HS64 出口 28.1 亿美元,比 2016 年增长 23.4%;HS62 出口 27.6 亿美元,增长 23.4%;HS84 出口 23.9 亿美元,增长 23.1%。哈萨克斯坦是中国在该地区 HS64 和 HS84 的最大出口国,HS64 出口 16.9 亿美元,增长 42.2%,占 HS64 总出口额的 60.1%;HS84 出口 12.4 亿美元,增长 22.3%,占比 51.9%。吉尔吉斯斯坦是中国在该地区 HS62 的最大出口国,出口 17.7 亿美元,增长 13.5%,占比 64.1%。2017 年中国对中亚地区出口玩具、游戏运动用品及其零附件增幅超 300%,主要国家为哈萨克斯坦、吉尔吉斯斯坦。

2017 年中国对中亚地区"一带一路"沿线国家进口商品主要集中在 HS27,进口额约为 83.6 亿美元,比 2016 年增长 17%,占中国在中亚地区国家进口总额的

57.5%。土库曼斯坦是中国在中亚 HS27 的最大进口国，进口 65.4 亿美元，增长 19.3%，占 HS27 总进口额的 78.2%。2017 年中国对中亚地区进口铅及其制品的增幅最高。

3. 民营企业是主要出口贸易主体且占比上升，国有企业的进口占比超九成

2017 年民营企业出口额约为 181.4 亿美元，比 2016 年增长 19.9%，且自 2013 年起民营企业出口占所有贸易主体出口的比重持续上升，从 2013 年的 72.2% 上升至 2017 年的 84.5%。2017 年国有企业出口额约为 21.9 亿美元，比 2016 年增长 9.1%，占所有贸易主体出口额的 10.2%，占比持续下降。

国有企业是中国在中亚地区进口的绝对主力。2017 年国有企业进口 132.5 亿美元，比 2016 年增长 25.1%，占所有贸易主体进口额的 91.2%，且占比有扩大趋势。

4. 出口以边境小额贸易为主，进口以一般贸易为主

2017 年边境小额贸易出口 122.9 亿美元，比 2016 年增长 30.8%，且占所有贸易方式出口额的比重由 2015 年的 47.0% 持续上升至 2017 年的 57.2%；一般贸易出口 69.7 亿美元，比 2016 年增长 5.9%，占所有贸易方式出口额的 32.5%。2017 年一般贸易进口 126.8 亿美元，比 2016 年增长 18.5%，占所有贸易方式进口额的 87.3%，进料加工贸易占比由 2013 年的 2.6% 持续上升至 2017 年的 6.8%。

2.2.5　中东欧地区

1. 与中东欧贸易持续增长且保持贸易顺差，俄罗斯是最大贸易国

2017 年中国与"一带一路"沿线中东欧地区国家贸易额约为 1 611.6 亿美元，较 2016 年增长 17.8%，占中国与沿线国家贸易总额的 11.2%，贸易顺差为 361.0 亿美元。其中，出口 986.3 亿美元，年增长 13.7%，占中国对沿线国家出口总额的 12.7%；进口 625.3 亿美元，比 2016 年增长 25.0%，占中国对沿线国家进口总额的 9.4%。

俄罗斯是中东欧地区的最大贸易国，2017 年贸易额约为 841.9 亿美元，占中国与中东欧地区贸易总额的 52.2%。波兰、捷克、匈牙利和乌克兰的贸易比重分别为 13.2%、7.7%、6.3% 和 4.6%。2017 年，中国与黑山和摩尔多瓦的贸易增速最快，超过 30%；保加利亚、塞尔维亚、立陶宛、波黑、斯洛文尼亚、北马其顿、俄罗斯和波兰增速也超过 20%。只有与白俄罗斯的贸易总额出现下降，降幅为 5%。

2017 年中国在中东欧地区的前 5 位出口国分别是俄罗斯、波兰、捷克、匈牙利和乌克兰。其中，出口俄罗斯 430.2 亿美元，比 2016 年增长 14.8%，占中国对中东欧地区出口额的 43.6%；出口波兰 179.2 亿美元，增长 18.6%，占比 18.2%。对摩尔多瓦、斯洛文尼亚、塞尔维亚、立陶宛、波黑和黑山的出口增速在 20%以上。对斯洛伐克、阿尔巴尼亚、北马其顿和白俄罗斯的出口则分别下降 4.7%、11.3%、13.5%和 14.4%。

2017 年中国在中东欧地区的前 5 位进口国分别是俄罗斯、匈牙利、捷克、波兰和斯洛伐克。其中，对俄罗斯进口 413.9 亿美元[①]，比 2016 年增长 27.8%，占中国自中东欧地区进口额的 66.2%。对黑山的进口增长最快，增幅超一倍，对北马其顿、保加利亚、立陶宛和阿尔巴尼亚的进口增幅均超过 50%，对乌克兰的进口则下降 5.7%。

2. 出口商品分散，以电机电气设备为主，进口商品集中，以矿物燃料为主

2017 年中国对中东欧地区"一带一路"沿线国家出口商品主要集中在 HS85 和 HS84，分别占中国对中东欧地区国家出口额的 23.0%和 20.3%，合计 43.3%。其中，HS85 出口 226.6 亿美元，比 2016 年增长 16.8%；HS84 出口 200.0 亿美元，比 2016 年增长 13.1%。俄罗斯是中国在该地区 HS85 和 HS84 的最大出口国，其中，HS85 出口 74.4 亿美元，比 2016 年增长 36.5%，占 HS85 总出口额的 32.8%；HS84 出口 87.0 亿美元，增长 11.9%，占比 43.5%。2017 年中国对中东欧地区出口前十商品均比 2016 年有一定增长。

2017 年中国自中东欧地区"一带一路"沿线国家进口商品主要集中在 HS27，进口额约为 273.1 亿美元，比 2016 年增长 43.4%，占中国自该地区国家进口额的 43.7%。中国自该地区进口的 HS27 几乎全部来自俄罗斯。2017 年对俄罗斯的 HS27 进口额约为 272.5 亿美元，比 2016 年增长 43.5%，占 HS27 总进口额的 99.8%。

3. 民营企业为出口贸易主体，国有企业为进口贸易主体

2017 年各贸易主体出口额比 2016 年均有所增加。其中，民营企业出口 566.7 亿美元，比 2016 年增长 18.2%，占所有贸易主体出口额的 57.5%；外资企业出口 321.3 亿美元，增长 9.6%，占比 32.6%。

2017 年各贸易主体进口额均有所增长。其中，国有企业进口 281.0 亿美元，比 2016 年增长 34.7%，占所有贸易主体进口额的 44.9%；民营企业进口 177.8 亿美元，增长 16.6%，占比 28.4%；外资企业进口 164.4 亿美元，增长 19.8%，占比 26.3%。

---

① 数据来源于 2018 年中国统计年鉴。

4. 一般贸易为进出口主要贸易方式,且占比均持续增长

2017 年一般贸易出口 654.1 亿美元,比 2016 年增长 19.0%,占所有贸易方式出口额的 66.3%;其他贸易、边境小额贸易和进料加工贸易均有小幅增长,只有来料加工装配贸易下降 0.5%;2013 年和 2014 年中国在该地区只对俄罗斯有边境小额贸易出口,2015~2017 年对白俄罗斯也有了边境小额贸易出口。

2017 年一般贸易进口额约为 452.1 亿美元,比 2016 年增长 31.1%,占所有贸易方式进口额的 72.3%;其他贸易、边境小额贸易和进料加工贸易增速均超 15%,只有来料加工装配贸易下降 11.5%。

2.2.6 非洲及拉美地区

1. 与非洲及拉美地区贸易额出现上升,南非是最大贸易国

2017 年,中国与"一带一路"沿线非洲及拉美地区国家的贸易总额约为 648.7 亿美元,比 2016 年增长 5.5%,占中国与沿线国家贸易总额的 4.5%。其中,出口 379.3 亿美元,比 2016 年增长 2.0%,占中国对"一带一路"沿线国家出口额的 4.9%;2017 年进口额出现增长,金额约为 269.4 亿美元,增长 10.9%,占比 4.0%。

南非是中国在非洲及拉美地区的最大贸易国,2017 年贸易额约为 392.1 亿美元,占中国在该地区贸易总额的 60.4%;埃及和巴拿马的贸易额排名第 2 和第 3。马达加斯加和南非的贸易额增速最快,均在 10% 以上;埃塞俄比亚和埃及出现下降,其中埃塞俄比亚降幅达 17.4%。

2017 年中国在非洲及拉美地区的前 3 位出口国分别是南非、埃及和巴拿马,中国对其出口额占中国在非洲及拉美地区出口额的 81.9%。对南非的出口增长最快,增幅为 15.3%,埃塞俄比亚和埃及则分别下降 17.7% 和 9.9%。

2017 年中国在非洲及拉美地区的前 3 位进口国分别是南非、埃及和摩洛哥,中国对其进口额占中国自该地区进口额的 97.6%。对埃及的进口额增长最快,增幅超过一倍,巴拿马和马达加斯加也增长 40% 以上;只有埃塞俄比亚下降 15.1%。

2. 进出口商品分散,出口以电机电气设备为主,进口以矿砂、矿渣及矿灰为主

2017 年中国对"一带一路"非洲及拉美地区出口商品集中在 HS85 和 HS84,分别占中国对该地区出口的 16.1% 和 14.4%,合计 30.5%。其中,HS85 出口 61.0

亿美元，增长 1.8%；HS84 出口 54.6 亿美元，增长 3.6%。南非是中国对该地区出口 HS85 和 HS84 的最大国，对南非的 HS85 出口 28.1 亿美元，增长 14.7%，占 HS85 总出口额的 46.1%；HS84 出口 20.6 亿美元，增长 8.1%，占比 37.7%。

2017 年中国自"一带一路"非洲及拉美地区进口商品集中在 HS26（矿砂、矿渣及矿灰）、HS98（特殊交易品及未分类商品）和 HS71，分别占中国对该地区进口额的 31.0%、26.3% 和 20.3%，合计 77.6%。其中，HS26 进口 83.5 亿美元，比 2016 年增长 63.4%；HS98 进口 70.7 亿美元；HS71 进口 54.7 亿美元，降低 62.1%。南非是中国在该地区 HS26、HS98 和 HS71 的最大进口国，其中，HS26 进口 80.4 亿美元，比 2016 年增长 63.1%，占 HS26 总进口额的 96.3%；HS98 进口 70.7 亿美元，占比几乎为 100%；HS71 进口 54.6 亿美元，降低 62.1%，占比为 99.8%。

3. 民营企业为出口贸易主体，进口则是国有企业、民营企业、外资企业三足鼎立

2013~2017 年民营企业一直是中国对非洲及拉美地区出口主要的贸易主体。2017 年出口 240.0 亿美元，比 2016 年增长 1.6%，占所有贸易主体出口额的 63.3%。

2015 年起，国有企业、民营企业和外资企业成为中国自非洲及拉美地区进口主要的贸易主体，且比重十分接近。2017 年国有企业进口 92.3 亿美元，比 2016 年增长 34.9%，占所有贸易主体进口额的 34.3%；民营企业进口 88.6 亿美元，下降 1.9%，占比 32.9%；外资企业进口 88.5 亿美元，增长 5.2%，占比 32.9%。

4. 一般贸易是进出口的主要贸易方式，出口占比下降，进口占比上升

2017 年一般贸易出口 258.3 亿美元，较 2016 年增加 1.4%，占所有贸易方式出口额的 68.1%。进口额为 163.0 亿美元，比 2016 年增长 29.3%，占所有贸易方式进口额的 60.5%。进料加工贸易进口占比从 2013 年的 45.6% 下降至 2017 年的 13.4%，其中对南非进料加工贸易进口下降最为明显。

2.3　中国各区域与"一带一路"沿线国家贸易合作

2.3.1　东部地区

1. 东部地区与"一带一路"沿线国家贸易占比近八成，出口创 5 年新高

东部地区与沿线国家贸易止跌，2017 年与沿线国家贸易额约为 11 494.1 亿美元,增长 13.1%,占全国与沿线国家贸易总额的 79.8%,占该地区对外贸易总额的 35.1%。出口 6 224.9 亿美元,为 2013~2017 年最高,占中国对沿线国家出口额的比重由 2013 年的 74.5%上升为 2017 年的 80.4%;进口额约为 5 269.2 亿美元,占中国自沿线国家进口额的比重由 2013 年的 85.1%下降为 2017 年的 79.1%。由 2015 年起,东部地区对沿线国家保持贸易顺差,2017 年为 955.7 亿美元。

东部地区中的广东、江苏、浙江三省位列 2017 年我国与"一带一路"沿线国家贸易总额前 3 名。其中,广东与"一带一路"沿线国家的贸易总额为 3 512.4 亿美元,占东部地区与"一带一路"沿线国家贸易总额的 30.56%,占全国与"一带一路"沿线国家贸易总额的 24.39%;江苏与"一带一路"沿线国家的贸易总额为 2 238.1 亿美元,占地区比重的 19.47%,占全国比重的 15.54%。除北京、福建外,东部地区其余各省、直辖市对"一带一路"沿线国家贸易总额均比 2016 年有所增加,其中河北增幅最大,为 63.4%。

2017 年,广东、江苏、浙江、山东和上海位列东部地区对沿线国家出口排名前五,合计占东部地区对"一带一路"沿线国家出口的 86.0%。海南、河北和广东的出口增幅最大,分别为 74.1%、47.0%和 26.8%,北京则下降 48.8%。

2017 年,广东、江苏、上海、山东和浙江位列东部地区自沿线国家进口排名前五,合计占东部地区自"一带一路"沿线国家进口额的 83.8%。除北京进口额下降 76.5%,东部地区其余 9 个省、直辖市均高速增长,其中河北增幅超过一倍。

2. 亚洲大洋洲和西亚地区是东部地区的主要外贸市场,广东与其贸易最多

亚洲大洋洲和西亚地区是东部地区的"一带一路"主要外贸市场。2017 年东部地区分别对这两个地区出口 3 124.6 亿美元和 998.4 亿美元,比 2016 年增长 12.8%和 3.5%,占东部地区对"一带一路"沿线国家出口贸易总额的 50.2%和 16.0%,占中国对这两个地区出口的 80.1%和 84.3%,且 2013~2017 年占比逐年上升。广东是东部地区中对这两个地区出口最多的省,出口分别为 1 073 亿美元和 318.3 亿美元,占东部地区对这两个地区出口总额的 34.3%和 31.9%,占中国对这两个地区出口的 27.5%和 26.9%。

2017 年,中国东部地区分别自亚洲大洋洲地区和西亚地区进口 3 523.5 亿美元和 956.7 亿美元,分别增长 16.8%和 22.5%,占东部地区自沿线国家进口的 66.9%和 18.2%,占中国自这两个地区进口的 82.4%和 83.3%。广东是东部地区自这两个地区进口最多的省,进口额分别为 1 166.2 亿美元和 169.3 亿美元,占东部地区自这两个地区进口总额的 33.1%和 17.7%。

3. 电机电气设备是主要的进出口商品，特殊交易品及未分类商品进口暴增

2017 年东部地区对"一带一路"沿线国家出口商品集中在 HS85 和 HS84，分别占东部地区对"一带一路"沿线国家出口的 23.9% 和 15.0%，合计 38.9%。其中，HS85 出口 1 486.9 亿美元，比 2016 年增长 13.5%；HS84 出口 933.8 亿美元，增长 9.4%。广东是东部地区 HS85 最主要的出口省份，出口额为 719.4 亿美元，比 2016 年增长 16.5%，占东部地区对"一带一路"沿线国家出口 HS85 总额的 48.4%；江苏和广东是 HS84 最主要的出口省份，分别出口 237.4 亿美元和 236.2 亿美元，分别占东部地区对"一带一路"沿线国家出口 HS84 的 25.4% 和 25.3%。东部地区对"一带一路"沿线国家出口额排名前十名的产品中，除 HS72 出现下降，其余商品均快速增长。

2017 年东部地区进口商品集中在 HS85 和 HS27，分别占东部地区自"一带一路"沿线国家进口的 28.5% 和 21.7%，合计 50.2%。其中，HS85 进口 1 501.1 亿美元，增长 18.3%；HS27 进口 1 144.1 亿美元，增长 15.9%。广东是 HS85 最主要的进口省份，进口 647.9 亿美元，增长 13.5%，占东部地区进口 HS85 总进口额的 43.2%；山东是 HS27 最主要的进口省份，进口 294.2 亿美元，增长 185.1%，占东部地区 HS27 总进口额的 25.7%。进口额前十名的产品中，除 HS90 下降外，其余商品均高速增长，特别是 HS98，暴涨 56 倍，其中，福建、北京增长最显著。

4. 民营企业是出口主力且优势日增，进口以外资企业为主，但民营企业增势强劲

民营企业一直是东部地区对"一带一路"沿线国家出口的主要贸易主体，2013~2017 年出口额及占比逐年攀升，2017 年达 3 572.6 亿美元，占所有贸易主体出口额的 57.4%。外资企业排名第二，2017 年出口 1 985.2 亿美元，比 2016 年增长 4.0%，但占所有贸易主体出口比重逐年下降，由 2013 年的 40.9% 下降到 2017 年的 31.9%。

外资企业是东部地区自"一带一路"沿线国家进口的主要贸易主体，2017 年进口 2 418.3 亿美元，比 2016 年增长 9.5%，占所有贸易主体进口额的 45.9%。民营企业排名第二，2017 年进口 1 545.8 亿美元，比 2016 年增长 22.6%，占比由 2013 年的 20.8% 逐年上升至 2017 年的 29.3%；2013~2016 年国有企业进口大幅下降，2017 年才止降回升，进口占比由 2013 年的 32.5% 下降至 2017 年的 24.6%；其他企业进口额从 2015 年起呈断崖式下降，相比 2014 年，已大幅下降 99.3%。

5. 一般贸易是主要贸易方式，边境小额贸易出口在 2017 年出现猛增

2013~2017 年一般贸易出口额呈上升趋势，占东部地区对沿线国家出口总额

的比重一直保持在60%以上，2017年出口额达 3 912.1 亿美元。进料加工贸易是第二大出口贸易方式，但占比逐年下降，由 2013 年的 26.1%下降至 2017 年的19.0%。其他贸易出口额以每年 10%以上的增速上升。边境小额贸易在 2016 年之前每年出口额不到 100 万美元，2017 年猛增至 125.4 亿美元。

进口的贸易方式结构与出口基本相同。2013~2016 年，一般贸易、进料加工贸易和其他贸易的进口额在二连降后出现增长。其中，2017 年一般贸易进口2 936.9 亿美元，比 2016 年增长 19.7%，占所有贸易方式进口额的 55.7%。

2.3.2　中部地区

1. 中部地区与"一带一路"沿线国家贸易额创五年新高

2017 年，中部地区与"一带一路"沿线国家贸易额创五年新高，达 858 亿美元，比 2016 年增长 9.4%，占全国与"一带一路"沿线国家贸易总额的 6.0%。其中，出口 582.0 亿美元，增长 5.6%，占比 7.5%；进口 276.0 亿美元，增长 18.4%，占比 4.1%。2017 年，中部地区贸易顺差为 306 亿美元，缩小 11.9 亿美元，降幅3.7%。

2017 年中部地区与"一带一路"沿线国家贸易额最多的是河南，为 238.2 亿美元，在我国 31 个省、自治区、直辖市中排名 13，占中部地区与"一带一路"沿线国家贸易总额的 27.8%，安徽、湖北、江西和湖南的占比也达到 10%以上。相比 2016 年，除江西下降 15.6%，其余各省份与"一带一路"沿线国家贸易总额均上升，山西增幅最大，为 31.4%。

河南、安徽、湖北、江西、湖南为 2017 年中部地区对沿线国家出口排名前5。山西出口额增速最大，达 57.2%；只有江西下降，降幅为 18.55%。

河南、湖北、安徽、湖南、山西为2017 年中部地区对"一带一路"沿线国家进口排名前 5。江西和山西进口分别下降 2.4%和 1.1%。

2. 亚洲大洋洲地区是中部地区的主要贸易市场，中部地区自亚洲大洋洲地区进口占比 76.5%

亚洲大洋洲地区是中部地区的主要贸易市场。2017 年中部地区对该地区出口250.9 亿美元，比 2016 年略有上升，占中国对亚洲大洋洲地区出口总额的 6.4%。亚洲大洋洲、西亚、南亚和中东欧地区，分别占中部地区对"一带一路"沿线国家出口总额的 43.1%、19.7%、17.7%和 12.6%。河南和江西对亚洲大洋洲地区出口最多，分别为 57.9 亿美元、56.0 亿美元，分别占中部地区对该地区出口的23.1%和 22.3%。

2017 年中部地区自亚洲大洋洲地区进口 211.1 亿美元，增长 19.2%，占中部地区自沿线国家进口总额的 76.5%，占中国自亚洲大洋洲地区进口总额的 4.9%。河南对亚洲大洋洲地区的进口额最大，为 88.3 亿美元，占中部地区自亚洲大洋洲地区进口总额的 41.8%，但占比自 2013 年起逐年下降。

3. 与"一带一路"沿线国家进出口均以电机电气设备等为主

2017 年中部地区对"一带一路"沿线国家出口商品集中在 HS85 和 HS84，分别占中部地区对"一带一路"出口总额的 21.0% 和 12.1%，合计 33.1%。其中，HS85 出口 122.3 亿美元，增长 4.1%；HS84 出口 70.2 亿美元，增长 6.1%。河南是 HS85 的最主要出口省，出口 50.2 亿美元，比 2016 年增长 6.5%，占中部地区对"一带一路"沿线国家出口 HS85 总额的 41.0%；安徽是 HS84 的最大出口省，出口 28.9 亿美元，增长 19.9%，占比 41.2%。除 HS72 和 HS73（钢铁制品）出口下降外，出口额排名前十的其余商品均出现增长。其中，HS28（无机化学品；贵金属、稀土金属、放射性元素及其同位素的有机及无机化合物）的增速最快，为 52.1%。

2017 年中部地区 HS85 进口额为 121.2 亿美元，增长 2.9%，占中部地区对沿线国家进口总额的 43.9%。河南是 HS85 的最主要进口省份，进口额为 71.2 亿美元，增长 7.4%，占比 58.7%。进口额前十名的商品比 2016 年均有所增长，HS84 增幅超 10.5%，其中河南、湖北和安徽增速最快。

4. 民营企业是中部地区出口主力，但占比逐年下降，进口以外资企业为主

2013~2017 年民营企业出口先增后减，2014 年达到最高 366.7 亿美元，占所有贸易主体出口总额的 63.0%；2017 年降为 320.8 亿美元，占比 55.1%。外资企业出口排名第二，且自 2013 年起持续增长，2017 年出口 143.4 亿美元，比 2013 年增长 49.0%，占比由 2013 年的 19.5% 上升至 2017 年的 24.6%。

2013~2017 年外资企业进口额占所有贸易主体进口额比重一直在 50% 左右，2016 年有所下降，2017 年回升到 138.0 亿美元，与五年最高值（2015 年）基本持平。民营企业进口额小幅上涨，达 74.4 亿美元，占比 27.0%。国有企业进口在 2013~2016 年四连降后，2017 年急剧上涨，达 63.5 亿美元，比 2016 年增长 41.5%。

5. 一般贸易是主要出口贸易方式，但占比逐年下降，进口中一般贸易与进料加工贸易平分秋色

2017 年一般贸易出口 426.9 亿美元，连续两年下降后小幅上涨 2.7%，占比由 2013 年的 80% 下降至 2017 年的 73.4%。进料加工贸易是第二大出口贸易方式，

2013~2017 年出口额及占比均稳步上升。边境小额贸易出口额大幅上涨，由 2016
年之前的每年不足 50 万美元，猛增至 2017 年的 4.8 亿美元。

中部地区进口贸易方式以进料加工贸易和一般贸易为主，两种贸易方式长期
处于平分秋色的态势，一般贸易自 2016 年起超过进料加工贸易，成为中部地区最
大的进口贸易方式，2017 年一般贸易和进料加工贸易方式占所有贸易方式进口总
额的比重分别为 49.6%和 42.0%，一般贸易进口额创五年最高，为 137 亿美元。

2.3.3　西部地区

1. 西部地区对"一带一路"沿线国家进口增长明显，出口有所下降

2017 年西部地区与"一带一路"沿线国家贸易扭转连续两年下降局面，贸易
额为 1 434.2 亿美元，增长 15.6%，占全国与沿线国家贸易总额的 10.0%。出口
687.9 亿美元，下降 8.7%，占比 8.9%；进口 746.3 亿美元，增长 53.3%，占比
11.2%。2013~2016 年西部地区对沿线国家持续贸易顺差，但在 2017 年变为贸易
逆差，额度为 58.5 亿美元。

2017 年新疆成为西部地区与"一带一路"沿线国家贸易额最大的省区，达到
284.2 亿美元，较 2016 年剧增 91.9%，占西部地区与沿线国家贸易总额的 19.8%；
广西、四川、云南和重庆的占比也超过 10%。同时，新疆与"一带一路"沿线国
家贸易额占其外贸总额的 93.3%。新疆、四川、内蒙古、陕西和宁夏与"一带一
路"沿线国家贸易总额增长均超 20%；青海则下降高达 87.3%。

2017 年，西部地区对"一带一路"沿线国家出口前 5 分别为新疆、四川、重
庆、陕西和云南，合计占西部地区对"一带一路"沿线国家出口额的 80.8%。5 个
省区市出口额出现增长，四川增幅最大，达到 66.5%；青海、甘肃、广西、贵
州、西藏、重庆和云南下降超 10%，其中，青海、甘肃和广西下降超 60%。

2017 年，西部地区对"一带一路"沿线国家进口前 5 分别为广西、新疆、重
庆、四川和云南，合计占西部地区自"一带一路"沿线国家进口额的 80.4%。新
疆、宁夏、西藏、贵州、甘肃和四川进口增速超 50%，其中新疆进口增幅超过
900%；只有青海和重庆进口额下降，其中青海降幅为 74.5%。

2. 亚洲大洋洲和中亚地区是西部地区的主要贸易市场，新疆与中亚贸易紧密

2017 年西部地区对亚洲大洋洲和中亚地区分别出口 371.3 亿美元和 134.9 亿美
元，比 2016 年增长-14.7%和 13.8%，分别占西部地区对"一带一路"沿线国家出
口总额的 54.0%和 19.6%，分别占中国对这两个地区出口总额的 9.5%和 62.8%。四
川是西部地区对亚洲大洋洲地区出口最多的省份，出口 102.7 亿美元，占比

27.7%；新疆是对中亚地区出口最多的省区，出口 130.0 亿美元，占比 96.4%。

2017 年西部地区自亚洲大洋洲和中亚地区分别进口 437.9 亿美元和 104.6 亿美元，比 2016 年增长 11.6% 和 6 倍以上，分别占西部地区自"一带一路"沿线国家进口总额的 58.7% 和 14.0%，占中国自这两个地区进口总额的 10.2% 和 72.0%。其中，广西是西部地区自亚洲大洋洲进口最多的省区，进口 131.2 亿美元，占比 30.0%；新疆是西部地区自中亚地区进口最多的省区，进口 93.9 亿美元，占比 89.8%。

3. 出口以电机电气设备为主，进口较为多元，主要商品为矿物燃料等

2017 年西部地区对"一带一路"沿线国家出口商品集中在 HS85 和 HS84，分别占西部地区对"一带一路"出口额的 24.3% 和 19.2%，合计 43.5%。其中，HS85 出口 167.0 亿美元，比 2016 年增长 52.4%；HS84 出口 131.9 亿美元，增长 11.2%。四川是西部地区出口 HS85 的最主要省份，出口 81.7 亿美元，增长 180.4%，占比 48.9%；重庆市是西部地区出口 HS84 的最主要省市，出口 56.5 亿美元，增长 14.9%，占比 42.8%。

2017 年西部地区自"一带一路"沿线国家进口商品多元，集中在 HS85、HS27、HS98 及 HS26，分别占西部地区自"一带一路"沿线国家进口比重的 31.6%、18.8%、15.3% 及 10.7%。新疆、四川、广西和内蒙古分别是西部地区进口 HS85、HS27、HS98 及 HS26 最主要的省区。

4. 民营企业是出口贸易主体，但占比不断下降，国有企业进口增势强劲

2017 年民营企业出口"一带一路"沿线国家 349.4 亿美元，但占所有贸易主体出口比重由 2014 年的 75.3% 下降至 2017 年的 50.8%。外资企业出口排名第二，2017 年出口 226.8 亿美元，比 2016 年增长 60.1%，占所有贸易主体出口额的 33.0%。

西部地区各贸易主体自"一带一路"沿线国家的进口额波动较大，2017 年国有企业进口额猛增近 2 倍至 294.3 亿美元，占所有贸易主体进口额的 39.4%，其中新疆、宁夏国有企业进口增速最显著。外资企业、民营企业和其他企业则分别占比 24.0%、21.4% 和 15.2%。

5. 西部地区出口贸易方式较为分散，一般贸易迅速成为主要进口贸易方式

在西部地区出口中，一般贸易、边境小额贸易、进料加工贸易、来料加工装配贸易和其他贸易都占有一席之地，2017 年占比分别为 37.3%、22.2%、19.0%、12.1% 和 9.3%。一般贸易和边境小额贸易自 2013 年起出口额和占比呈下降趋势，2017 年一般贸易出口额跌至 256.6 亿美元，比 2013 年下降 42.5%；边境小额贸易出口额跌至 152.8 亿美元,比 2013 年下降 39.5%。2017 年来料加工装配贸易出口额猛增 2 倍至 83.5 亿美元,其中云南和四川增速最为显著。

进口贸易以一般贸易和其他贸易为主,各贸易方式进口额波动较大。2017 年一般贸易大涨近 2 倍至 347.6 亿美元,占所有贸易方式进口额的 46.6%,成为主要进口贸易方式;2017 年其他贸易进口额为 204.0 亿美元,下降 7.1%,占比 27.3%。

2.3.4 东北地区

1. 东北地区与"一带一路"沿线国家贸易逆差逐年扩大

2017 年东北地区与"一带一路"沿线国家贸易扭转连续两年下降局面,贸易额为 616.9 亿美元,增长 22.0%,占全国与沿线国家贸易总额的 4.3%。出口 247.9 亿美元,增长 7.7%,占比 3.2%;进口额为 369.0 亿美元,增长 33.9%,占比 5.5%。东北地区与沿线国家贸易长期处于贸易逆差,且持续增大,2017 年贸易逆差为 121.1 亿美元,增加 75.6 亿美元。

2017 年辽宁对"一带一路"沿线国家贸易额最大且增速最快,贸易额在 31 个省、自治区、直辖市中排名第 7 位,为 429.0 亿美元,比 2016 年增长 29.6%,占东北地区与"一带一路"贸易总额的 69.5%。"一带一路"是黑龙江最重要的贸易区域,2017 年与"一带一路"贸易额占其外贸总额的 75.1%。

2017 年东北地区对"一带一路"出口排名为辽宁、黑龙江和吉林,其中辽宁占总额的 79.3%。相比 2016 年,吉林和辽宁出口增加超 10%,黑龙江下降 12.9%。

2017 年东北地区自"一带一路"进口排名为辽宁、黑龙江和吉林,其中辽宁占总额的 63.0%。相比 2016 年,各省均有增长,分别为 51.0%、13.1%和 11.9%。

2. 亚洲大洋洲和中东欧地区是东北地区的主要贸易市场

2017 年东北地区分别对亚洲大洋洲和中东欧地区出口 153.8 亿美元和 35.0 亿美元,比 2016 年增长 9.0%和 1.3%,占东北地区对"一带一路"出口总额的 62.0%和 14.1%,分别占中国对这两个地区出口总额的 3.9%和 3.6%。辽宁是东北地区对这两个地区出口最多的省份,分别出口 138.2 亿美元和 16.2 亿美元,占东北地区对这两个地区出口总额的 89.9%和 46.3%。

2017 年东北地区分别自中东欧和亚洲大洋洲地区进口 175.9 亿美元和 105.5 亿美元,比 2016 年增长 28.1%和 40.5%,占东北地区自"一带一路"进口总额的 47.7%和 28.6%,占中国自这两个地区进口总额的 28.1%和 2.5%。黑龙江是东北地区自中东欧地区进口最多的省份,进口 89.8 亿美元,占东北地区自中东欧地区进口总额的 51.1%。辽宁是东北地区自亚洲大洋洲地区进口最多的省份，进口 89.6 亿美元，占比 84.9%。

3. 进出口均以矿物燃料等为主，且进口额远高于出口额

2017 年东北地区对"一带一路"沿线国家出口商品集中在 HS27 和 HS72，分别占东北地区对"一带一路"出口额的 18.1% 和 14.4%，合计 32.5%。其中，HS27 出口 44.9 亿美元，增长 80.2%；HS72 出口 35.8 亿美元，增长 12.3%。其中，辽宁是这两类商品的最主要出口省份，其中，HS27 出口 44.5 亿美元，增长 94.3%，占比 99.1%；HS72 出口 35.1 亿美元，增长 13.8%，占比 98.0%。

2017 年东北地区自"一带一路"沿线国家进口商品集中在 HS27 和 HS29，分别占东北地区自"一带一路"沿线国家进口额的 50.7% 和 11.3%，合计 62.0%。2017 年 HS27 进口增长 42.1%，达 187.2 亿美元，远高于出口的 44.9 亿美元；HS29 进口 41.8 亿美元，增长 63.2%。辽宁是这两类商品的最主要进口省份，HS27 进口 116.0 亿美元，增长 72.1%，占比 62.0%；HS29 进口 41.7 亿美元，增长 63.4%，占比 99.8%。

4. 国有企业逐渐成为贸易主力军

2017 年国有企业出口 99.9 亿美元，占所有贸易主体出口总额的比重由 2013 年的 22.2% 逐年上升至 2017 年的 40.3%。同时，民营企业出口额逐年走低，2017 年民营企业出口 82.6 亿美元，占所有贸易主体出口额的比重由 2013 年的 59.1% 下降至 2017 年的 33.3%。国有企业成为东北地区对"一带一路"沿线国家出口最大贸易主体。2017 年外资企业出口 65.1 亿美元，占比由 2013 年的 18.4% 逐年上升至 2017 年的 26.3%；其他企业出口占比仅为约 0.1%，但增长最快，比 2016 年增长 40.7%。

2017 年国有企业进口 162.7 亿美元，比 2016 年增长 52.6%，占进口总额的 44.1%，稳居第一。2017 年外资企业进口 110.1 亿美元，增长 22.6%，占比 29.8%；民营企业进口 94.4 亿美元，增长 22.1%，占比 25.6%。

5. 一般贸易是进出口主要贸易方式

2017 年一般贸易出口额为 155.9 亿美元，比 2016 年增长 28.5%，占所有贸易方式出口额的 62.9%。进料加工贸易、来料加工装配贸易、其他贸易和边境小额贸易自 2013 年起出口额呈下降趋势，2017 年进料加工贸易出口 39.8 亿美元，较 2013 年减少 13.0%；来料加工装配贸易出口 21.8 亿美元，下降 40.4%；其他贸易出口 20.3 亿美元，下降 53.8%；边境小额贸易出口 10.1 亿美元，下降 78.4%。

2017 年一般贸易进口增长迅猛，达 234.5 亿美元，比 2016 年增长 47.6%，占

所有贸易方式进口额的 63.6%；2013 年以来其他贸易总体呈上升趋势，2017 年进口 56.7 亿美元，比 2013 年增长 120.1%，是第二大进口贸易方式，占比 15.4%。

2.4　重庆市参与"一带一路"贸易合作概况

2.4.1　重庆市外贸概况

2017 年，重庆市进出口总值为 667.7 亿美元[①]，较 2016 年（下同）增长 6.4%。其中，出口 427.1 亿美元，增长 5.0%，进口 240.6 亿美元，增长 9.0%。2017 年重庆市进出口主要特点如下。

1. 12 月出口增幅收窄，进口降幅扩大

2017 年，重庆市进出口除 1 月下降 8% 之外，其余各月保持增势。12 月进出口 65.6 亿美元，增长 2%，增幅较 11 月收窄 9.3 个百分点。其中，出口 45.7 亿美元，环比增长 4.8%，同比增长 22.8%，增幅较 11 月收窄 3.3 个百分点；进口 19.9 亿美元，环比下降 9.4%，同比下降 26.4%，降幅较 11 月扩大 16.8 个百分点。

2. 加工贸易进出口快速增长，一般贸易出口下降进口大幅增长

2017 年，重庆市加工贸易进出口 307.2 亿美元，增长 25%，占同期重庆市外贸总值的 46%，比重较 2016 年提升 5.5 个百分点。其中，出口 268.7 亿美元，比 2016 年增长 25.7%；进口 38.5 亿美元，比 2016 年增长 20.6%。同期，一般贸易进出口 271.0 亿美元，增长 1.3%，占比 40.6%，比重下降 2.5 个百分点。以海关特殊监管方式进出口 86.7 亿美元，下降 10.7%，降幅较前 11 月小幅收窄 0.6 个百分点，占比 13%，比重下降 3 个百分点。

3. 外商投资企业主导地位进一步巩固

2017 年，重庆市外商投资企业进出口 389.3 亿美元，增长 19.3%，占同期重庆市外贸总值的 58.3%，比重较 2016 年上升 4.8 个百分点；民营企业进出口 185.3 亿美元，下降 9.9%，占比 27.8%，比重下降 5.4 个百分点；国有企业进出口 93.1 亿美元，增长 14.8%，占比 13.9%。

---

① 统计数据以人民币为单位，为了报告的统一，按国家统计局颁布的2017年全年人民币平均汇率为1美元兑 6.751 8 元进行折算。

4. 对主要贸易伙伴进出口增长迅速, 对沿线国家进出口持续增长

2017 年, 重庆市对美国、欧盟、东盟和韩国分别进出口 127.9 亿美元、125.0 亿美元、117.6 亿美元和 54.0 亿美元, 分别增长 16.1%、16.1%、6.5%和 25.9%, 合计占重庆外贸总值的 63.6%。同年, 重庆市对沿线国家合计进出口 241.0 亿美元, 增长 6.9%。

5. 中欧 (重庆) 班列对陆运和空运的替代作用增强, 对外辐射带动效应显现

2017 年, 重庆市通过中欧 (重庆) 班列进出口 26.5 亿美元, 比 2016 年增长 39.7%。其中, 进口 3.0 亿美元, 增长 24%, 主要商品为乳品、汽车及零配件、钢铁制标准紧固件等; 出口 23.5 亿美元, 比 2016 年增长 42%, 主要商品为笔记本电脑、平板电脑、微型电脑等自动数据处理设备和打印机等, 其中便携式电脑公路运输和空运出口量分别下降 62.9%和 2.8%, 基本被中欧 (重庆) 班列物流通道替代。同期, 广东、江苏和上海等省市企业通过中欧班列进出口 12.3 亿美元, 增长 89.3%, 其中华为、中兴等企业移动通信设备及零件出口规模放量增长。

2.4.2 重庆市与 "一带一路" 外贸概况

1. 进出口总额止跌回升, 占与全球进出口总额的比重维持在 3 成以上

2017 年, 重庆市与 "一带一路" 沿线国家进出口总值止住了 2015 年和 2016 年的二连跌, 比 2016 年增长 10.1%, 上涨至 241.03 亿美元。2013~2017 年, 重庆市与 "一带一路" 沿线国家的进出口额 (详细数据见表 2.1、表 2.2 和表 2.3) 占重庆市与全球进出口总额的比重一直维持在 30%以上, 分别为 33.2%、38.0%、36.5%、34.9%和 36.1%。

表 2.1　2013~2017 年重庆市进出口额　　　　　　　单位: 亿美元

地区	2013 年	2014 年	2015 年	2016 年	2017 年
亚洲大洋洲地区	141.81	266.09	182.66	155.24	174.90
西亚地区	32.64	37.02	33.96	22.69	21.93
南亚地区	24.15	21.80	26.39	16.52	16.68
中亚地区			0.49	0.57	0.74
中东欧地区	16.48	20.74	18.82	17.10	18.67
非洲及拉美地区	12.97	17.28	9.20	6.75	8.11
"一带一路" 地区	228.05	362.93	271.52	218.87	241.03
全球	687.04	954.50	744.77	627.71	667.70

资料来源: 中国一带一路网

表 2.2　2013~2017 年重庆市出口额　　　　　　　单位：亿美元

地区	2013 年	2014 年	2015 年	2016 年	2017 年
亚洲大洋洲地区	72.45	175.48	105.96	63.86	69.22
西亚地区	1.36	2.47	31.88	18.66	18.45
南亚地区	0.75	0.57	26.05	16.27	15.78
中亚地区			0.49	0.57	0.73
中东欧地区	2.03	2.02	17.59	15.01	15.74
非洲及拉美地区	5.39	11.20	8.89	6.12	6.25
"一带一路"地区	81.98	191.74	190.86	120.49	126.17
全球	219.07	320.41	551.90	406.94	427.08

资料来源：中国一带一路网

表 2.3　2013~2017 年重庆市进口额　　　　　　　单位：亿美元

地区	2013 年	2014 年	2015 年	2016 年	2017 年
亚洲大洋洲地区	69.36	90.61	76.70	91.38	105.68
西亚地区	31.28	34.55	2.08	4.03	3.48
南亚地区	23.40	21.23	0.34	0.25	0.90
中亚地区					0.01
中东欧地区	14.45	18.72	1.23	2.09	2.93
非洲及拉美地区	7.58	6.08	0.31	0.63	1.86
"一带一路"地区	146.07	171.19	80.66	98.38	114.86
全球	467.97	634.09	192.87	220.77	240.62

资料来源：中国一带一路网

2. 出口止跌回升，且整体呈上升趋势；进口二连涨，但整体呈下降趋势

2017 年，重庆市向"一带一路"沿线国家出口额同样止住了 2015 年和 2016 年的二连跌，比 2016 年增长 4.7%，比 2013 年增长 53.9%，涨至 126.17 亿美元。2017 年，重庆市自"一带一路"沿线国家的进口额在 2016 年增长 22.0%的基础上，再次增长 16.8%，涨至 114.86 亿美元，但相比 2013 年却下跌了 21.4%。

3. 亚洲大洋洲地区进出口总额占比最高，进口占比超 9 成，中亚地区增长最多

2017 年，重庆市与"一带一路"沿线亚洲大洋洲地区的进出口总额为 174.90 亿美元，占与"一带一路"所有地区进出口总额的 72.6%，占与全球进出口总额的 26.2%；其中，进口额为 105.68 亿美元，占比 92.0%。2017 年，重庆市与"一带一路"中亚地区进出口总额实现二连涨，在 2016 年上涨 16.3%的基础上，再次上涨 29.8%，涨至 0.74 亿美元；其出口额也是分别上涨 16.3%和 28.1%。

2.4.3　重庆市与"一带一路"各区域贸易合作

1. 亚洲大洋洲地区

1）与韩国和马来西亚的进出口总额最大，蒙古国增速最快

2017 年，重庆市与韩国的进出口总额为 53.97 亿美元，占重庆市与"一带一路"亚洲大洋洲地区的进出口总额的 30.9%，占重庆市与"一带一路"所有地区进出口总额的 22.4%，增速为 25.9%；与马来西亚的进出口总额为 35.10 亿美元，占重庆市与"一带一路"亚洲大洋洲地区的进口总额的 20.1%，占重庆市与"一带一路"所有地区进出口总额的 14.6%，增速为 12.6%。2017 年，重庆市与蒙古国的进出口总额增长 81.7%，至 0.17 亿美元；重庆市与泰国的进出口总额增长 56.2%，至 26.31 亿美元，详细数据见表 2.4。

表 2.4　2017 年重庆市与"一带一路"亚洲大洋洲地区贸易数据

国家	进出口			出口			进口		
	金额/亿美元	占比	增速	金额/亿美元	占比	增速	金额/亿美元	占比	增速
蒙古国	0.17	0.1%	81.7%	0.11	0.2%	20.3%	0.06	0.1%	
韩国	53.97	30.9%	25.9%	20.35	29.4%	21.8%	33.62	31.8%	28.5%
新西兰	3.11	1.8%	73.3%	1.55	2.2%	22.9%	1.56	1.5%	193.5%
东帝汶	0.02	0.01%		0.02	0.03%		0.002	0.002%	
新加坡	12.34	7.1%	−16.5%	8.75	12.6%	−23.5%	3.59	3.4%	7.4%
马来西亚	35.10	20.1%	12.6%	11.47	16.6%	63.3%	23.63	22.4%	−2.2%
印度尼西亚	10.22	5.8%	38.1%	7.70	11.1%	30.8%	2.52	2.4%	66.4%
缅甸	2.54	1.5%	−40.8%	2.51	3.6%	−41.5%	0.03	0.03%	5 266.7%
泰国	26.31	15.0%	56.2%	5.57	8.0%	2.7%	20.74	19.6%	81.7%
老挝	0.24	0.1%	−6.9%	0.24	0.4%	−6.9%	0.000 1	0.000 1%	−40.0%
柬埔寨	0.48	0.3%	25.3%	0.47	0.7%	23.9%	0.01	0.01%	258.3%
越南	18.27	10.4%	−20.2%	5.24	7.6%	−13.0%	13.03	12.3%	−22.8%
文莱	0.05	0.0%	−88.2%	0.05	0.1%	−88.2%			
菲律宾	12.08	6.9%	0.4%	5.18	7.5%	11.3%	6.90	6.5%	−6.4%

资料来源：中国一带一路网

2）向韩国的出口额最大，马来西亚的增速最快

2017 年，重庆市向韩国出口总额为 20.35 亿美元，占重庆市向"一带一路"亚洲大洋洲地区出口总额的 29.4%，占重庆市向"一带一路"所有地区出口总额的 16.1%，增速为 21.8%。2017 年，重庆市向马来西亚的出口增长 63.3%，至 11.47 亿美元，占重庆市向"一带一路"亚洲大洋洲地区出口总额的 16.6%，占重

庆市向"一带一路"所有地区出口总额的 9.1%（表 2.4）。

3）自韩国的进口额最大，缅甸和柬埔寨的增速最快

2017 年，重庆市自韩国进口 33.62 亿美元，占重庆市自"一带一路"亚洲大洋洲地区的进口总额的 31.8%，占重庆市自"一带一路"所有地区进口总额的 29.3%，增速为 28.5%。2017 年，重庆市自缅甸的进口额增长 5 266.7%，至 0.03 亿美元；自柬埔寨进口额增长 258.3%，至 0.01 亿美元（表 2.4）。

2. 西亚地区

1）与阿拉伯联合酋长国的进出口总额最大，巴勒斯坦和格鲁吉亚增速最快

2017 年，重庆市与阿拉伯联合酋长国的进出口总额为 8.14 亿美元，占重庆市与"一带一路"西亚地区的进出口总额的 37.1%，占重庆市与"一带一路"所有地区进出口总额的 3.4%，增速为 8.3%。2017 年，重庆市与巴勒斯坦的进出口总额增长 100.0%，至 0.02 亿美元；重庆市与格鲁吉亚的进出口总额增长 69.2%，至 0.22 亿美元，详细数据见表 2.5。

表 2.5　2017 年重庆市与"一带一路"西亚地区贸易数据

国家	进出口			出口			进口		
	金额/亿美元	占比	增速	金额/亿美元	占比	增速	金额/亿美元	占比	增速
伊朗	3.32	15.1%	-9.3%	3.27	17.7%	16.0%	0.05	1.4%	-94.0%
伊拉克	0.28	1.3%	-54.1%	0.28	1.5%	-54.1%			
土耳其	3.42	15.6%	5.9%	3.24	17.6%	5.5%	0.18	5.2%	12.5%
叙利亚	0.05	0.2%	-44.4%	0.05	0.3%	-44.4%			
约旦	0.13	0.6%	-51.9%	0.13	0.7%	-51.9%			
黎巴嫩	0.14	0.6%	-41.7%	0.14	0.8%	-41.7%			
以色列	1.1	5.0%	0.9%	0.97	5.3%	3.2%	0.13	3.7%	-18.8%
巴勒斯坦	0.02	0.1%	100.0%	0.02	0.1%	100.0%			
沙特阿拉伯	4.37	19.9%	0.0%	1.85	10.0%	-17.4%	2.52	72.4%	18.3%
也门	0.09	0.4%	-55.0%	0.09	0.5%	-55.0%			
阿曼	0.09	0.4%	-50.0%	0.09	0.5%	-35.7%			-100.0%
阿拉伯联合酋长国	8.14	37.1%	8.3%	7.65	41.5%	8.4%	0.49	14.1%	8.9%
卡塔尔	0.16	0.7%	0.0%	0.1	0.5%	-9.1%	0.06	1.7%	20.0%
科威特	0.19	0.8%	-50.0%	0.14	0.8%	-30.0%	0.05	1.4%	-68.8%
巴林	0.16	0.7%	-66.0%	0.15	0.8%	-68.1%	0.01	0.3%	
格鲁吉亚	0.22	1.0%	69.2%	0.22	1.2%	69.2%			
阿塞拜疆	0.06	0.3%	20.0%	0.06	0.3%	20.0%			
亚美尼亚	0.01	0.0%	-80.0%				0.01	6.5%	-6.4%

资料来源：中国一带一路网

2）向阿拉伯联合酋长国的出口额最大，巴勒斯坦和格鲁吉亚增速最快

2017 年，重庆市向阿拉伯联合酋长国出口 7.65 亿美元，占重庆市向"一带一路"西亚地区出口总额的 41.5%，占重庆市向"一带一路"所有地区出口总额的 6.1%，增速为 8.4%。2017 年，重庆市向巴勒斯坦的出口总额增长 100.0%，至 0.02 亿美元；重庆市向格鲁吉亚的出口总额增长 69.2%，至 0.22 亿美元（表 2.5）。

3）自沙特阿拉伯的进口额最大，卡塔尔增速最快

2017 年，重庆市自沙特阿拉伯进口 2.52 亿美元，占重庆市自"一带一路"西亚地区进口总额的 72.4%，占重庆市自"一带一路"所有地区进口总额的 2.2%，增速为 18.3%。2017 年，重庆市自卡塔尔进口额增长 20.0%，至 0.06 亿美元（表 2.5）。

3. 南亚地区

1）与印度的进出口总额最大，且增速最快

2017 年，重庆市与印度的进出口总额为 12.34 亿美元，占重庆市与"一带一路"南亚地区的进出口总额的 74.0%，占重庆市与"一带一路"所有地区进出口总额的 5.1%，增速为 10.2%，详细数据见表 2.6。

表 2.6　2017 年重庆市与"一带一路"南亚地区贸易数据

国家	进出口			出口			进口		
	金额/亿美元	占比	增速	金额/亿美元	占比	增速	金额/亿美元	占比	增速
印度	12.34	74.0%	10.2%	11.44	72.5%	4.3%	0.898 8	99.87%	289.9%
巴基斯坦	3.06	18.3%	-11.1%	3.06	19.4%	-10.6%			
孟加拉国	0.86	5.2%	-29.6%	0.86	5.5%	-29.5%	0.000 4	0.04%	-69.2%
阿富汗	0.03	0.2%		0.03	0.2%				
斯里兰卡	0.35	2.1%	-35.0%	0.35	2.2%	-35.1%	0.000 8	0.09%	
马尔代夫	0.02	0.1%	-53.4%	0.02	0.1%	-53.4%			
尼泊尔	0.02	0.1%	-75.5%	0.02	0.1%	-75.5%			
不丹	0.000 5	0.003%		0.000 5	0.003%				

资料来源：中国一带一路网

2）向印度的出口额最大，且增速最快

2017 年，重庆市向印度出口 11.44 亿美元，占重庆市向"一带一路"南亚地区出口总额的 72.5%，占重庆市向"一带一路"所有地区出口总额的 9.1%，增速为 4.3%（表 2.6）。

3）自印度的进口额最大，且增速最快

2017 年，重庆市自印度进口 0.898 8 亿美元，占重庆市自"一带一路"南亚地

区进口总额的 99.87%，占重庆市自"一带一路"所有地区进口总额的 0.8%，增速为 289.9%（表 2.6）。

4. 中亚地区

1）与哈萨克斯坦的进出口总额最大，且增速最快

2017 年，重庆市与哈萨克斯坦的进出口总额为 0.61 亿美元，占重庆市与"一带一路"中亚地区的进出口总额的 81.9%，占重庆市与"一带一路"所有地区进出口总额的 0.253%，增速为 46.4%，详细数据见表 2.7。

表 2.7　2017 年重庆市与"一带一路"中亚地区贸易数据

国家	进出口			出口			进口		
	金额/亿美元	占比	增速	金额/亿美元	占比	增速	金额/亿美元	占比	增速
哈萨克斯坦	0.61	81.9%	46.4%	0.61	83.0%	46.4%			
乌兹别克斯坦	0.09	11.7%		0.08	10.4%		0.01	100%	
土库曼斯坦	0.01	0.7%		0.01	0.7%				
塔吉克斯坦	0.04	4.7%		0.04	4.8%				
吉尔吉斯斯坦	0.01	1.5%	-92.6%	0.01	1.6%	-92.6%			

资料来源：中国一带一路网

2）向哈萨克斯坦的出口额最大，且增速最快

2017 年，重庆市向哈萨克斯坦出口 0.61 亿美元，占重庆市向"一带一路"中亚地区出口总额的 83.0%，占重庆市向"一带一路"所有地区出口总额的 0.48%，增速为 46.4%（表 2.7）。

3）仅自乌兹别克斯坦有进口

2017 年，重庆市自乌兹别克斯坦进口 0.01 亿美元，占重庆市自"一带一路"中亚地区进口总额的 100%（表 2.7）。

5. 中东欧地区

1）与俄罗斯的进出口总额最大，乌克兰和波兰增速最快

2017 年，重庆市与俄罗斯的进出口总额为 6.05 亿美元，占重庆市与"一带一路"中东欧地区的进出口总额的 32.4%，占重庆市与"一带一路"所有地区进出口总额的 2.5%，增速为-6.6%。2017 年，重庆市与乌克兰的进出口总额增长 58.6%，至 0.768 3 亿美元；重庆市与波兰的进出口总额增长 52.3%，至 3.586 1 亿美元，详细数据见表 2.8。

表 2.8　2017 年重庆市与"一带一路"中东欧地区贸易数据

国家	进出口			出口			进口		
	金额/亿美元	占比	增速	金额/亿美元	占比	增速	金额/亿美元	占比	增速
俄罗斯	6.05	32.4%	-6.6%	5.448 1	34.6%	-11.5%	0.601 9	20.6%	85.6%
乌克兰	0.768 3	4.1%	58.6%	0.588 3	3.7%	29.7%	0.18	6.1%	484.4%
白俄罗斯	0.056 6	0.3%		0.048 6	0.3%		0.008	0.3%	
摩尔多瓦	0.008 2	0.04%		0.008 1	0.1%		0.000 1	0.003%	
波兰	3.586 1	19.2%	52.3%	2.759 6	17.5%	40.1%	0.826 5	28.2%	114.8%
立陶宛	0.222 8	1.2%	37.2%	0.222 6	1.4%	37.9%	0.000 2	0.01%	-81.8%
爱沙尼亚	0.037 1	0.2%	-74.1%	0.030 6	0.2%	-78.3%	0.006 5	0.2%	182.6%
拉脱维亚	0.094 8	0.5%	-2.7%	0.092 1	0.6%	-4.2%	0.002 7	0.1%	107.7%
捷克	3.889 4	20.8%	3.4%	3.232 4	20.5%	3.1%	0.657	22.4%	4.6%
斯洛伐克	0.544 2	2.9%	14.0%	0.412	2.6%	96.8%	0.132 2	4.5%	-50.7%
匈牙利	1.827 2	9.8%	9.3%	1.562 9	9.9%	10.5%	0.264 3	9.0%	2.5%
斯洛文尼亚	0.244 2	1.3%	-10.1%	0.233 1	1.5%	-8.3%	0.011 1	0.4%	-36.2%
克罗地亚	0.170 1	0.9%	-7.5%	0.169 1	1.1%	-7.4%	0.001	0.03%	-16.7%
波黑	0.014	0.1%		0.011	0.1%		0.003	0.1%	
黑山	0.004	0.02%		0.004	0.03%				
塞尔维亚	0.053 3	0.3%	10.3%	0.051 9	0.3%	7.5%	0.001 4	0.05%	1 300.0%
阿尔巴尼亚	0.034 9	0.2%	-52.5%	0.031 6	0.2%	-48.6%	0.003 3	0.1%	-72.3%
罗马尼亚	0.853	4.6%	13.2%	0.708 6	4.5%	14.7%	0.144 4	4.9%	6.7%
保加利亚	0.208 1	1.1%	47.5%	0.123	0.8%	6.3%	0.085 1	2.9%	235.0%
北马其顿	0.003 2	0.02%		0.003 2	0.02%				

资料来源：中国一带一路网

2）向俄罗斯的出口额最大，斯洛伐克和波兰增速最快

2017 年，重庆市向俄罗斯出口 5.448 1 亿美元，占重庆市向"一带一路"中东欧地区出口总额的 34.6%，占重庆市向"一带一路"所有地区出口总额的 4.3%，增速为-11.5%。2017 年，重庆市向斯洛伐克的出口总额增长 96.8%，至 0.412 亿美元；重庆市向波兰的出口总额增长 40.1%，至 2.759 6 亿美元（表 2.8）。

3）自波兰的进口额最大，塞尔维亚的增速最快

2017 年，重庆市自波兰进口 0.826 5 亿美元，占重庆市与"一带一路"中东欧地区进口总额的 28.2%，占重庆市自"一带一路"所有地区进口总额的 0.7%，增速为 114.8%。2017 年，重庆市自塞尔维亚进口额增长 1 300.0%，至 0.001 4 亿美元（表 2.8）。

6. 非洲及拉美地区

1）与南非和巴拿马的进出口总额最大，埃塞俄比亚增速最快

2017 年，重庆市与南非的进出口总额为 3.785 4 亿美元，占重庆市与"一带一路"非洲及拉美地区的进出口总额的 46.6%，占重庆市与"一带一路"所有地区进出口总额的 1.6%，增速为 58.3%；重庆市与巴拿马的进出口总额为 2.562 5 亿美元，占重庆市与"一带一路"非洲及拉美地区的进出口总额的 31.6%，占重庆市与"一带一路"所有地区进出口总额的 1.1%，增速为 15.1%。2017 年，重庆市与埃塞俄比亚的进出口总额增长 132.9%，至 0.478 8 亿美元，占比 5.9%，详细数据见表 2.9。

表 2.9　2017 年重庆市与"一带一路"非洲及拉美地区贸易数据

国家	进出口			出口			进口		
	金额/亿美元	占比	增速	金额/亿美元	占比	增速	金额/亿美元	占比	增速
南非	3.785 4	46.6%	58.3%	1.976 9	31.6%	7.7%	1.808 5	97.1%	226.2%
摩洛哥	0.352 2	4.3%	−13.3%	0.351 8	5.6%	−10.8%	0.000 4	0.0%	−96.5%
埃塞俄比亚	0.478 8	5.9%	132.9%	0.465 5	7.4%	153.7%	0.013 3	0.7%	−39.8%
马达加斯加	0.174 2	2.1%	1.0%	0.154 9	2.5%	1.6%	0.019 3	1.0%	−4.0%
巴拿马	2.562 5	31.6%	15.1%	2.562 5	41.0%	15.1%			
埃及	0.761 8	9.4%	−43.5%	0.740 9	11.8%	−44.1%	0.020 9	1.1%	−2.3%

资料来源：中国一带一路网

2）向巴拿马和南非的出口额最大，埃塞俄比亚增速最快

2017年，重庆市向巴拿马出口 2.562 5 亿美元，占重庆市向"一带一路"非洲及拉美地区出口总额的 41.0%，占重庆市向"一带一路"所有地区出口总额的 2.0%增速为 15.1%；重庆市向南非出口 1.976 9 亿美元，占重庆市向"一带一路"非洲及拉美地区出口总额的 31.6%，占重庆市向"一带一路"所有地区出口总额的 1.6%，增速为 7.7%。2017 年，重庆市向埃塞俄比亚的出口总额增长 153.7%，至 0.465 5 亿美元（表 2.9）。

3）自南非的进口额最大，且只有南非实现增长

2017年，重庆市自南非进口 1.808 5 亿美元，占重庆市自"一带一路"非洲及拉美地区进口总额的 97.1%，占重庆市自"一带一路"所有地区进口总额的 1.6%，增速为 226.2%。2017 年，重庆市自"一带一路"非洲及拉美地区的进口只有南非实现增长，自摩洛哥的进口降幅最大，达 96.5%（表 2.9）。

第3章 基于引力模型的重庆市与"一带一路"贸易合作研究

3.1 重庆市与"一带一路"沿线国家贸易合作的引力模型研究

3.1.1 模型修正和变量选择

构建重庆市与"一带一路"沿线国家贸易合作的引力模型,首先需要确定贸易引力模型基本形式。在大多数情况下,对贸易流的分析就是分析平均贸易流,即贸易双方贸易流的几何平均数。由此可知,贸易引力模型的基本形式如下:

$$\ln X_{ijt} = \ln C + \beta_1 \ln Y_{it} + \beta_2 \ln Y_{jt} + \beta_3 \ln D_{ij} + \sum \beta_k Z_k + \varepsilon_{ij} \qquad (3.1)$$

式中,i 为重庆市;j 为贸易国;t 为年份;X_{ijt} 为重庆市与贸易国 j 的进出口流的几何平均数;C 为常数;Y_{it} 和 Y_{jt} 分别为重庆市和贸易国 j 在第 t 年的 GDP;D_{ij} 为重庆市与贸易国首都的地理直线距离;Z_k 为影响重庆市与贸易国贸易流的其他哑变量;ε_{ij} 为误差项。

在贸易引力模型的研究中,正确选择变量是得出正确分析结果,以及达到研究目的的前提。本章首先通过贸易引力模型的基本形式分析不同因素对重庆市参与"一带一路"贸易合作的影响;其次通过回归分析,探讨重庆市进出口潜力。因此,需要尽量选择对重庆市对外贸易影响大的因素。贸易引力方程[式(3.1)]的基本形式中仅有 GDP 和重庆市与贸易国首都的地理直线距离两个变量。哑变量的选择对模型分析预测的准确性至关重要。

一般而言,哑变量主要有社会变量(人口、种族、文化和宗教等)、制度变量(政策法律、制度环境和贸易组织等)、自然变量(共有的陆地和海洋边界等）。其中，自然变量和贸易组织对贸易的影响最直接。考虑到"一带一路"沿线 71 个国家在人口、种族、历史人文和宗教信仰等方面没有显著的共同点，故本章不考虑难以衡量的社会变量和难以量化的制度变量，选择自然变量（即重庆市与贸易国首都的地理直线距离）和贸易组织变量（CAFTA[①]、APEC[②]等）。

贸易引力模型的拓展形式为

$$\ln \text{Trade}_{ijt} = \beta_0 + \beta_1 \ln Y_{it} + \beta_2 \ln Y_{jt} + \beta_3 \ln \text{Distance}_{ij} \\ + \beta_4 \text{CAFTA}_{ijt} + \beta_5 \text{APEC}_{ijt} + \varepsilon_{ij} \tag{3.2}$$

式中，Trade_{ijt} 为重庆市与贸易国 j 的平均贸易流；Y_{it} 和 Y_{jt} 分别为重庆市和贸易国 j 在第 t 年的 GDP；Distance_{ij} 为重庆市与贸易国首都的地理直线距离；CAFTA_{ijt} 和 APEC_{ijt} 分别为中国（重庆）在 t 年时是否与贸易国同属 CAFTA 或 APEC，若同属取 1，否则取 0；ε_{ij} 为误差项。

3.1.2　样本选择

《重庆统计年鉴 2017》报告中显示，重庆市的外贸伙伴国家和地区广泛分布在全球 140 多个国家（地区）间，其中包含 41 个亚洲国家或地区、35 个非洲国家或地区、36 个欧洲国家或地区、22 个拉丁美洲国家或地区、2 个北美洲国家或地区、4 个大洋洲国家或地区等。综合考虑重庆市与沿线国家间的贸易发展情况，本书预选取目前"一带一路"倡议沿线的 71 个国家作为基础研究样本。

本章预选取 71 个"一带一路"倡议沿线贸易国家作为研究样本，考虑到各个变量数据的可获得性，剔除变量数据不完整的贸易伙伴国年度数据，为了详尽地表现出重庆市对"一带一路"沿线国家的对外贸易流量和外贸流向，所有样本的考察时间是 2013~2017 年，计量统计分析的面板数据中有 $T=5$，$n=355$，即构成短面板样本数据。基础研究样本组成情况见表 3.1。

表 3.1　基础研究样本组成情况

样本分布名称	样本容量/个	样本
亚洲国家	44	印度、土库曼斯坦（无数据）、巴勒斯坦（无数据）、巴林、阿富汗（无数据）、巴基斯坦、黎巴嫩、阿曼、也门、约旦、叙利亚（无数据）、印度尼西亚、菲律宾、缅甸、文莱、东帝汶（无数据）、不丹（无数据）、阿拉伯联合酋长国、泰国、越南、新加坡、以色列、阿塞拜疆、亚美尼亚（无数据）、孟加拉国、柬埔寨、斯里兰卡、韩国、土耳其、乌兹别克斯坦（无数据）、蒙古国（无数据）、马来西亚、老挝、伊拉克、沙特阿拉伯、伊朗、尼泊尔（无数据）、科威特、格鲁吉亚、马尔代夫（无数据）、哈萨克斯坦（无数据）、塔吉克斯坦（无数据）、吉尔吉斯斯坦（无数据）、卡塔尔

① CAFTA：China-ASEAN Free Trade Area，中国–东盟自由贸易区。
② APEC：Asia-Pacific Economic Cooperation，亚洲太平洋经济合作组织。

续表

样本分布名称	样本容量/个	样本
非洲国家	5	马达加斯加、摩洛哥、埃塞俄比亚、埃及、南非
欧洲国家	20	波黑（无数据）、立陶宛、拉脱维亚、阿尔巴尼亚、爱沙尼亚、斯洛文尼亚、克罗地亚、捷克、白俄罗斯（无数据）、俄罗斯、乌克兰、摩尔多瓦（无数据）、斯洛伐克、匈牙利、罗马尼亚、黑山（无数据）、塞尔维亚、波兰、保加利亚、北马其顿（无数据）
其他国家	2	巴拿马（中美洲）、新西兰（大洋洲）
CAFTA 国家	10	马来西亚、新加坡、印度尼西亚、菲律宾、泰国、文莱、越南、老挝、缅甸、柬埔寨
APEC 国家	10	新西兰、韩国、菲律宾、马来西亚、新加坡、文莱、泰国、印度尼西亚、俄罗斯、越南

资料来源：中国一带一路网

3.1.3　数据来源

本章所收集到的数据资料主要包括七个方面的内容，即 exports$_{ijt}$ 表示重庆市 i 对"一带一路"沿线贸易伙伴国 j 在 t 年的出口额、imports$_{ijt}$ 表示重庆市 i 对"一带一路"沿线贸易伙伴国 j 在 t 年的进口额、Y_{it} 表示重庆市 i 在 t 年的名义地区生产总值、Y_{jt} 表示贸易伙伴国 j 在 t 年的名义 GDP、Distance$_{ijt}$ 表示重庆市 i 到贸易伙伴国 j 首都的地理直线距离，CAFTA$_{ijt}$ 和 APEC$_{ijt}$ 表示中国（重庆市 i）与贸易伙伴国 j 在 t 年是否同属于中国—东盟自由贸易区和亚洲太平洋经济合作组织，t=2013,…,2017。其中哑变量 CAFTA 和 APEC 均为虚拟变量。各解释变量的含义、取值、预期符号及数据来源的详细解释可参见表3.2。表3.2中所涉及的预期符号"+"、"−"和无分别代表正相关、负相关和无明显联系。

表 3.2　变量来源及说明

解释变量	含义及取值	预期符号	数据来源
exports$_{ijt}$	重庆市 i 对"一带一路"沿线贸易伙伴国 j 在 t 年的出口额（万美元）	无	《重庆统计年鉴》（2013~2017 年）
imports$_{ijt}$	重庆市 i 对"一带一路"沿线贸易伙伴国 j 在 t 年的进口额（万美元）	无	《重庆统计年鉴》（2013~2017 年）
Y_{it}	重庆市 i 在 t 年的名义地区生产总值（亿美元）	+	《重庆统计年鉴》（2013~2017 年）
Y_{jt}	贸易伙伴国 j 在 t 年的名义地区生产总值（亿美元）	+	联合国 Comtrade 数据库
Distance$_{ijt}$	重庆市 i 到贸易伙伴国 j 首都的地理直线距离（千米）	−	CEPII 国际经济地图数据库的 Gravity 数据库
CAFTA$_{ijt}$	中国（重庆市 i）与贸易伙伴国 j 在 t 年是否同属于中国—东盟自由贸易区成员国，"是"取值为1，"否"取值为0	+	http://fta.mofcom.gov.cn
APEC$_{ijt}$	中国（重庆市 i）与贸易伙伴国 j 在 t 年是否同属亚洲太平洋经济合作组织，"是"取值为1，"否"取值为0	+	http://www.china.com.cn

3.2　贸易引力模型的回归及结果分析

3.2.1　普通最小二乘法

在选定研究变量并收集各变量数据后，本节先对收集到的 exports_{ijt}、imports_{ijt}、Y_{it}、Y_{jt} 和 Distance_{ijt} 变量数据进行对数化，再对各解释变量的对数化数据和虚拟变量进行简单相关系数检验，检验分析结果见表 3.3。

表 3.3　贸易引力模型中各解释变量的相关系数

因变量	$\ln Y_{it}$	$\ln Y_{jt}$	$\ln \text{Distance}_{ijt}$	CAFTA_{ijt}	APEC_{ijt}
$\ln Y_{it}$	1.000 0	−0.007 137	2.31×10^{-18}	1.17×10^{-18}	1.17×10^{-18}
$\ln Y_{jt}$	−0.007 137	1.000 0	−0.160 808	−0.004 174	0.368 881
$\ln \text{Distance}_{ijt}$	2.31×10^{-18}	−0.160 808	1.000 0	−0.755 578	−0.502 999
CAFTA_{ijt}	1.17×10^{-18}	−0.004 174	−0.755 578	1.000 0	0.628 571
APEC_{ijt}	1.17×10^{-18}	0.368 881	−0.502 999	0.628 571	1.000 0

由表 3.3 中各相关系数可以发现，各解释变量间没有显著的相关性。

随机效应（random effect，RE）是指各种可能出现的允许不随时间改变而变化的解释变量对面板数据模型的影响，即假设全部的包含个体随机影响的回归变量都外生给定。从本节中所选的研究样本中，从截面上来看，共有 71 个截面；从时间维度上来看，仅包含 5 个时间点，换言之，样本数据为短面板数据。若采用时间固定效应模型，会导致贸易引力模型自由度的很大损失，容易忽略模型中的关键因素不随时间改变而变化；若采用随机效应模型，则可以适度避免这个问题。

通过豪斯曼（Hausman）统计量检验判别选择固定效应模型还是随机效应模型。

模型中原假设和备选假设分别如下：

H_0：个体效应与各回归变量无关，建立随机效应回归模型；

H_1：个体效应与各回归变量相关，建立固定效应回归模型。

运用 EViews 8.0，对面板数据进行的检验结果如表 3.4 所示。

表 3.4　相关随机效应——豪斯曼检验结果

检验结果	卡方统计量	卡方自由度	p 值
横截面随机效应	0.034 1	2	0.983 1
调整 R^2	0.903 8	F 统计量	44.500

从表 3.4 中可以看出，豪斯曼检验统计量的值是 0.034 1，相对应的概率是 0.983 1，即接受原假设，应建立个体随机效应回归模型。

通过对重庆市与"一带一路"沿线贸易伙伴国的贸易引力模型进行随机效应估计，发现某些个体的虚拟变量显著。最后，通过所有年度虚拟变量的联合显著性检验，确定应该在模型中选择个体随机效应。

为了更好地克服贸易引力模型中各解释变量间的多重共线性问题，本节采用逐步回归分析法对贸易引力模型进行普通最小二乘法（ordinary least square，OLS）分析，以估计各解释变量对重庆市与"一带一路"沿线国家间的进出口贸易的影响。具体过程如下：首先，通过贸易引力模型对 $\ln Y_{it}$、$\ln Y_{jt}$ 和 $\ln \text{Distance}_{ij}$ 变量进行 OLS 分析，确定其对重庆市与沿线贸易国间的进出口贸易的影响。其次，分别加入 CAFTA 和 APEC 这两个虚拟变量，准确检验各解释变量对双边贸易合作所产生的影响及其程度。具体结果见表 3.5。

表 3.5　2013~2017 年重庆市与沿线贸易国面板数据引力回归结果

因变量	平均贸易流随机效应模型（1）	平均贸易流随机效应模型（2）	平均贸易流随机效应模型（3）
$\ln Y_{it}$	−1.143 8*** （−3.02）	−0.949 9** （−2.90）	−0.964 8** （−2.97）
$\ln Y_{jt}$	1.009 0*** （25.89）	1.020 3*** （30.34）	0.985 4*** （26.27）
$\ln \text{Distance}_{ij}$	−1.064 9*** （−10.82）	−0.228 5* （−1.90）	−0.231 6* （−1.93）
CAFTA$_{ijt}$		1.723 2*** （9.76）	1.491 6*** （7.15）
APEC$_{ijt}$			0.368 4** （2.06）
C	22.224 2*** （5.82）	12.877 6*** （3.75）	13.265 9*** （3.88）
调整 R^2	0.756 5	0.818 8	0.820 9
F 统计量	287.79	313.96	254.99

*表示变量在 10%显著性水平上显著；**表示变量在 5%显著性水平上显著；***表示变量在 1%显著性水平上显著

通过采用逐步回归分析法对贸易引力模型的 OLS 结果分析可知：

从平均贸易流随机效应模型（1）的回归结果中可以看出：重庆市地区生产总值的弹性系数是−1.143 8、贸易伙伴国 GDP 的系数是 1.009 0、距离 Distance 的弹性系数为−1.064 9，这说明，重庆市地区生产总值水平和贸易伙伴国的地理距离每增加 1%，其双边贸易总额就会相应地下降 1.143 8%和 1.064 9%；而贸易国的 GDP 水平每增加 1%，重庆市与沿线国家间的双边贸易量便会增加 1.009 0%。

此外，平均贸易流随机效应模型（1）中三个解释变量 $\ln Y_{it}$ 、$\ln Y_{jt}$ 和 $\ln \text{Distance}_{ijt}$ 均在 1%的显著性水平上显著，且模型（1）的调整 R^2 为 0.756 5，则表明平均贸易流随机效应模型（1）对双边贸易引力模型中各个变量数据的拟合效果较好。"一带一路"沿线贸易国的 GDP 水平和空间距离 Distance 变量的回归系数分别为"+"和"－"，符合重庆市与贸易国间贸易合作的预期情况；而重庆市地区生产总值水平的回归系数显著为负，与预期相反，可能存在的原因如下：整体而言，根据最近几年重庆市各年度统计年鉴数据，重庆市地区生产总值逐年增加，并且与沿线各国的进出口贸易水平也在逐年增加，并且在重庆市地区生产总值增长中，相当大的增长占比来源于对化工、橡胶、塑料、纺织原料及制品、机器及机械器具、电气设备、车辆、船舶及运输设备等制造业方面的出口，而对矿产品、化工、橡胶、电气设备、车辆、机械器具、光学、医疗仪器及设备精密仪器等为主的进口，重庆市作为主要的出口导向型地区，其出口规模远大于进口规模；并且"一带一路"沿线国家大部分为发展中国家，在主要产品出口贸易中与重庆市形成竞争关系，因此，重庆市地区生产总值的变化对"一带一路"沿线各国的对外贸易呈负相关关系。

在平均贸易流随机效应模型（1）的基础上逐步加上 CAFTA 和 APEC 两个虚拟变量，可得到平均贸易流随机效应模型（2）和平均贸易流随机效应模型（3）。从回归结果可以看出 CAFTA 和 APEC 虚拟变量对双边贸易流量均产生显著正向促进作用，且 CAFTA 的作用比 APEC 更加明显。从平均贸易流随机效应模型（2）的回归结果可知，各个解释变量均有较好的显著性水平，若沿线贸易国和中国（重庆市）同属 CAFTA，则重庆市和贸易国的贸易总量将显著增长 1.723 2%左右；由平均贸易流随机效应模型（3）的回归结果可以发现，若沿线贸易国和中国（重庆市）同属 CAFTA，则重庆市和贸易国的贸易总量将会增长 1.491 6%左右，而 APEC 将带来 0.368 4%左右的贸易流量增长，CAFTA 对重庆市和贸易国间的贸易合作的促进作用更显著，且符合预期的符号假设。

平均贸易流随机效应模型（2）和平均贸易流随机效应模型（3）的调整 R^2 分别为 0.818 8 和 0.820 9，表明平均贸易流随机效应模型（3）对贸易引力模型中各变量数据的拟合效果更好，且各解释变量都在不同显著性水平上有良好的显著性。

所以，在本节后续分析中，均对重庆市与"一带一路"沿线国家间进出口贸易、出口贸易和进口贸易的引力模型进行个体随机效应的 OLS 回归分析。

重庆市贸易引力方程的最终形式为

$$\ln \text{Trade}_{ijt} = \gamma_0 + \gamma_1 \ln Y_{it} + \gamma_2 \ln Y_{jt} + \gamma_3 \ln \text{Distance}_{ij} + \gamma_4 \text{CAFTA}_{ijt} + \gamma_5 \text{APEC}_{ijt} + \vartheta_{ij}$$

3.2.2　贸易引力模型回归的总样本分析

由于政治、地理、宗教和文化等方面的差异，加上经济发展阶段、贸易类型和产品结构等因素的影响，故重庆市与这些国家的贸易发展潜力不同。本节将 71 个"一带一路"沿线国家样本又细分为 CAFTA 国家和 APEC 国家，分析重庆市对沿线国家的贸易发展状况。因此，本节的国家样本包括总样本、CAFTA 样本、APEC 样本。

将总进出口贸易引力模型方程定为

$$\ln \text{Trade}_{ijt} = \gamma_0 + \gamma_1 \ln Y_{it} + \gamma_2 \ln Y_{jt} + \gamma_3 \ln \text{Distance}_{ij} + \gamma_4 \text{CAFTA}_{ijt} + \gamma_5 \text{APEC}_{ijt} + \vartheta_{ij}$$

基于上述对进出口贸易引力模型的分析，以及"一带一路"沿线贸易国 2013~2017 年各年度贸易数据，采用样本随机选择模型和 OLS 回归方法进行总样本统计分析，加入个体随机效应，可得新的统计回归分析结果，如表 3.6 所示。

表 3.6　总样本的随机效应结果分析

统计量	C	$\ln Y_{it}$	$\ln Y_{jt}$	$\ln \text{Distance}_{ij}$	CAFTA_{ijt}	APEC_{ijt}
标准差	3.425 8	0.325 4	0.037 5	0.119 9	0.208 5	0.179 1
t 值	3.88	−2.97	26.27	−1.93	7.15	2.06
p 值	0.000	0.003	0.000	0.054	0.000	0.041
系数	13.265 9	−0.964 8	0.985 4	−0.231 6	1.491 6	0.368 4

由此可得贸易引力模型的回归方程如下：

$$\ln \text{Trade}_{ijt} = 13.265\,9 - 0.964\,8 \ln Y_{it} + 0.985\,4 \ln Y_{jt} - 0.231\,6 \ln \text{Distance}_{ij}$$
$$+ 1.491\,6 \text{CAFTA}_{ijt} + 0.368\,4 \text{APEC}_{ijt} + \vartheta_{ij}$$

由表 3.6 中总样本随机效应的回归结果可知：上述 5 个解释变量均通过变量 t 检验，即显著性检验，并且除了重庆市地区生产总值水平变量 $\ln Y_{it}$ 的回归参数符号显著为负外，其余各变量的回归参数符号均达到预期效果。

首先，模型回归结果显示，重庆市地区生产总值的变量参数符号为负，即重庆市地区生产总值的增长对重庆市与贸易伙伴国之间的进出口贸易合作有显著的抑制作用；而"一带一路"沿线贸易伙伴国的 GDP 变量参数符号为正，说明这些国家的 GDP 增长对其与重庆市双边贸易合作存在显著的推动作用。

其次，中国（重庆市）与贸易国首都间的空间距离显著影响双边贸易。一般来说，贸易双边国家间的空间距离越远，两国在经贸合作中往往需要花费越多物流成本和贸易总成本，因此，贸易额相对距离较近国家间要少一些。由本节的重庆市与"一带一路"沿线贸易伙伴国间的进出口贸易分析可以看出，空间距离变量 $\ln \text{Distance}_{ij}$ 在进出口贸易引力模型中显著为负，与我们认知相符，即距离对双边贸易存在显著抑制作用,贸易伙伴国双边距离每增加 1%,贸易总额就会下降 0.231 6%。

最后,贸易国是否与中国同属 CAFTA 和 APEC 对中国(重庆)与贸易国间的双边贸易存在显著正向影响,并且,同属 CAFTA 的影响程度大于同属 APEC。一般而言,随着贸易全球化和经济一体化的发展,世界各国间的贸易合作加深,区域合作组织可以在相当大的程度上减少双边或多边贸易中的贸易壁垒,显著提高全球贸易合作。从上述的进出口贸易模型的回归结果可知,CAFTA 和 APEC 都通过了 t 检验,且弹性系数均为正,说明中国(重庆市)与贸易国同属区域经济合作组织对双方贸易合作有非常大的促进作用;CAFTA 变量的系数为 1.491 6,APEC 变量的系数为 0.368 4,说明 CAFTA 对双边经贸合作的影响程度更大。"一带一路"倡议的宗旨是建立政治互信、经济互融和文化相容的利益共同体,共商投资、共建基础设施、共享合作成果,实现全球再平衡、探寻经济增长、开创地区新型合作,将给重庆市和其沿线的各个贸易伙伴国间的贸易合作带来新增长。

综上可知,本章构建的总进出口贸易引力模型的解释力强,各解释变量的显著性好,回归分析结果与理论预期吻合度高,说明本章构建的进出口贸易引力模型能够很好地分析重庆市与"一带一路"沿线国家间的双边贸易潜力。

3.3 重庆市参与"一带一路"贸易合作的潜力分析

3.3.1 出口潜力分析

利用 Stata 13.1 软件,设定重庆市的出口贸易引力模型如下:

$$\ln \text{EXP}_{ijt} = \gamma_0 + \gamma_1 \ln Y_{it} + \gamma_2 \ln Y_{jt} + \gamma_3 \ln \text{Distance}_{ij} + \gamma_4 \text{CAFTA}_{ijt} + \gamma_5 \text{APEC}_{ijt} + \vartheta_{ij}$$

通过对总贸易引力模型的分析可知,可以采取相同的方法构建重庆市的出口潜力模型,基于重庆市对"一带一路"沿线 71 个贸易伙伴国 2013~2017 年的出口贸易数据,采用 OLS 分析,加入个体随机效应影响,得到随机效应模型进行回归分析,样本回归结果如表 3.7 所示。

表 3.7 重庆市出口样本的随机效应结果分析

统计量	C	$\ln Y_{it}$	$\ln Y_{jt}$	$\ln \text{Distance}_{ij}$	CAFTA_{ijt}	APEC_{ijt}
标准差	6.280 2	0.613 2	0.079 1	0.253 0	0.415 6	0.330 4
t 值	8.72	−8.34	9.78	−1.48	3.18	3.40
p 值	0.000	0.000	0.000	0.140	0.002	0.001
系数	54.748 2	−5.113 2	0.772 9	−0.375 3	1.322 3	1.125 1

根据表 3.7 得到的出口贸易回归方程如下：

$$\ln \text{EXP}_{ijt} = 54.748\,2 - 5.113\,2 \ln Y_{it} + 0.772\,9 \ln Y_{jt} - 0.375\,3 \ln \text{Distance}_{ij}$$
$$+ 1.322\,3 \text{CAFTA}_{ijt} + 1.125\,1 \text{APEC}_{ijt} + \vartheta_{ij}$$

从表 3.7 中出口贸易引力模型的回归分析中可以看出：除了空间距离变量 $\ln \text{Distance}_{ij}$ 没有通过 t 检验外，其余 4 个解释变量均通过显著性检验，$p<0.01$ 且均在 1%的显著性水平上显著。此外，除了重庆市地区生产总值水平变量 $\ln Y_{it}$ 的回归参数符号显著为负外，其余各变量的回归参数符号均达到预期效果。在重庆市地区生产总值增长中，出口贸易占比远大于进口占比，重庆市出口产品主要分布在化学工业、塑料、橡胶、纺织原料及纺织制品、机器、机械器具、电气设备、车辆、航空器、船舶及运输设备等制造业方面，而"一带一路"沿线国家由于发展层次不同，进口需求主要如下：原油、半导体、天然气、石油制品、钢板、煤炭、通信器材、电缆、机械运输设备、化工产品、汽车及零配件等。显然，重庆市地区生产总值增长水平与双边进出口贸易的供需不对称性抑制了重庆市发展水平对沿线各个国家进口贸易的发展。

本书选取重庆市与"一带一路"沿线 71 个贸易伙伴国的出口贸易数据进行回归分析，由于其样本数据量大，故此处仅选择 2013~2017 年，与重庆市出口贸易总额前 20 个国家和地区进行预测分析。根据各沿线国家 5 年间的出口贸易数据，最终仅选择分析重庆市与马来西亚、韩国、越南、泰国、印度、新加坡、阿拉伯联合酋长国、印度尼西亚、菲律宾、俄罗斯、沙特阿拉伯、南非、缅甸、伊朗、土耳其、巴基斯坦、波兰、新西兰、捷克、孟加拉国 20 个贸易伙伴国间的出口潜力预测。

基于上述出口贸易引力模型回归结果，对上述 20 个贸易伙伴国进行出口预测，得到表 3.8 中的预测结果。

表 3.8　重庆市出口"一带一路"沿线主要贸易国的实际值与预测值

单位：万美元

年份	马来西亚		韩国		越南		泰国		印度	
	实际值	预测值	实际值	预测值	实际值	预测值	实际值	预测值	实际值	预测值
2013	140 308.0	169 566.4	65 614.0	152 634.3	57 903.0	160 990.4	66 719.0	247 657.0	188 763.0	57 382.8
2014	176 235.0	100 448.5	111 585.0	91 821.3	134 225.0	97 596.8	68 296.0	137 943.6	156 006.0	35 055.9
2015	271 483.0	56 937.0	234 945.0	57 085.2	85 963.0	63 544.8	43 942.0	86 422.2	3 175.0	22 649.7
2016	241 604.0	32 454.7	261 652.0	33 299.6	168 728.0	37 933.9	114 127.0	50 026.1	2 305.0	13 730.8
2017	236 336.3	19 374.2	336 198.4	20 187.1	130 295.8	22 996.6	207 366.6	30 797.8	8 987.5	8 650.7

续表

年份	新加坡		阿拉伯联合酋长国		印度尼西亚		菲律宾		俄罗斯	
	实际值	预测值	实际值	预测值	实际值	预测值	实际值	预测值	实际值	预测值
2013	114 902.0	158 260.9	159 435.0	13 743.2	134 689.0	398 315.6	40 636.0	166 092.5	70 561.0	156 435.6
2014	135 867.0	91 610.4	177 252.0	8 016.8	151 284.0	221 859.6	44 780.0	97 635.8	109 739.0	81 928.3
2015	31 735.0	56 954.0	257.0	4 614.7	8 860.0	136 871.8	84 958.0	63 082.6	1 197.0	37 722.1
2016	33 394.0	32 968.2	4 458.0	2 630.4	15 153.0	82 975.4	73 768.0	37 082.5	3 243.0	20 531.2
2017	35 860.0	19 380.1	4 862.4	1 582.4	25 215.2	50 690.8	69 015.9	21 631.4	6 018.8	13 757.0

年份	沙特阿拉伯		南非		缅甸		伊朗		土耳其	
	实际值	预测值	实际值	预测值	实际值	预测值	实际值	预测值	实际值	预测值
2013	33 031.0	21 577.4	42 905.0	11 358.3	43 921.0	19 453.8	21 750.0	15 846.4	37 844.0	24 800.0
2014	30 391.0	12 394.4	30 716.0	6 229.8	45 987.0	11 793.5	50 658.0	8 558.7	39 145.0	13 920.3
2015	4 804.0	7 025.5	1 459.0	3 641.7	706.0	6 947.2	7 829.0	4 926.6	2 942.0	8 263.5
2016	21 295.0	3 943.4	5 544.0	1 966.9	6.0	4 147.2	8 445.0	2 986.6	1 596.0	4 710.3
2017	25 185.0	2 354.1	18 084.6	1 277.9	322.0	2 533.6	497.1	1 769.2	1 797.3	2 664.3

年份	巴基斯坦		波兰		新西兰		捷克		孟加拉国	
	实际值	预测值	实际值	预测值	实际值	预测值	实际值	预测值	实际值	预测值
2013	30 480.0	11 051.3	24 236.0	15 156.7	8 870.0	22 909.3	10 496.0	7 323.9	10 260.0	9 929.8
2014	34 196.0	6 546.6	22 336.0	8 909.7	15 028.0	13 676.0	16 172.0	4 142.7	15 859.0	6 353.1
2015	98.0	4 464.0	2 418.0	5 089.3	4 339.0	7 811.9	5 236.0	2 403.1	61.0	4 399.3
2016	208.0	2 604.0	3 847.0	2 878.7	5 299.0	4 699.4	6 283.0	1 423.5	13.0	2 750.4
2017	0.4	1 590.8	8 265.0	1 785.9	15 555.2	2 848.9	6 570.1	876.4	4.1	1 719.5

　　从表 3.8 中的预测结果可以发现，重庆市贸易引力模型的出口预测基本上是合理的，符合实际变化趋势，虽有部分国家的年度预测值与实际值存在很大差距，但预测值仍在误差允许范围之内。并且模型仅列出影响出口贸易的 5 个解释变量，随机扰动项中可能存在其他影响双边出口贸易的关键因素，因此表 3.8 中的各个国家不同年度的预测数据对后面的出口贸易潜力分析具有参考价值。

　　下面，我们用出口潜力指数来衡量重庆市与贸易伙伴国之间的贸易潜力，即在贸易引力方程的基础上加入各贸易伙伴国的个体效应值，获得被解释变量的预测值，并将其作为中国与沿线国家间双边贸易下应该达到的自然值，再求得其预测值与实际值的比值，比值越大，表示其双边国家间的出口潜力越大。如果这个比值大于 1，表示重庆市对其贸易伙伴国的出口潜力远未发挥，需要双边国家深化开放合作，更大程度地提高双边贸易合作水平；如果该比值趋近于 1，表明预测值和实际值基本一致，重庆市与贸易伙伴国间的双边贸易的出口潜力越来越趋于合理；如果该比值小于 1，说明重庆市与沿线贸易国间的出口贸易潜力相对较小，需要培养开拓新的经济因素，再创造贸易潜力。

　　由于总的样本国家数据量大，本书仅测算上述重庆市前 20 个主要的出口贸易国的潜力预测，表 3.9 显示了重庆市与主要出口贸易国的出口潜力指数结果。

表 3.9　重庆市与主要出口贸易国的出口潜力指数结果

年份	马来西亚	韩国	越南	泰国	印度	新加坡	阿拉伯联合酋长国	印度尼西亚	菲律宾	俄罗斯
2013	1.209	2.326	2.780	3.712	0.304	1.377	0.086	2.957	4.087	2.217
2014	0.570	0.823	0.727	2.020	0.225	0.674	0.045	1.467	2.180	0.747
2015	0.210	0.243	0.739	1.967	7.134	1.795	17.956	15.448	0.743	31.514
2016	0.134	0.127	0.225	0.438	5.957	0.987	0.590	5.476	0.503	6.331
2017	0.082	0.060	0.176	0.149	0.963	0.540	0.325	2.010	0.313	2.286
年份	沙特阿拉伯	南非	缅甸	伊朗	土耳其	巴基斯坦	波兰	新西兰	捷克	孟加拉国
2013	0.653	0.265	0.443	0.729	0.655	0.363	0.625	2.583	0.698	0.968
2014	0.408	0.203	0.256	0.169	0.356	0.191	0.399	0.910	0.256	0.401
2015	1.462	2.496	9.840	0.629	2.809	45.551	2.105	1.800	0.459	72.120
2016	0.185	0.355	691.208	0.354	2.951	12.519	0.748	0.887	0.227	211.569
2017	0.093	0.071	7.868	3.559	1.482	3 977.031	0.216	0.183	0.133	419.395

　　从表 3.9 中出口潜力指数结果可以看出，重庆市与"一带一路"沿线各贸易国间的出口潜力程度不同，存在明显的国别差异和时间差异。整体上来看，重庆市与沿线国家间的出口贸易潜力指数在 2013 年和 2014 年偏小，说明重庆市与"一带一路"沿线各国间的贸易潜力较小，存在很大的开放合作空间。其中，重庆市与马来西亚、韩国、越南、泰国、菲律宾等国家间的出口潜力随着时间的推移逐渐减小，表明重庆市对上述国家的出口贸易有很大的发展潜力，出口贸易潜力有待提升，应该进一步深化贸易合作。此外，2015~2017 年重庆市与缅甸、土耳其、巴基斯坦、孟加拉国等国家间的出口潜力随着时间的推移波动幅度增大，并远大于 1，说明其间的双边贸易合作增长空间非常大，重庆市需要积极寻找出口增长产生的原因，基于自身的国内外发展条件，结合"一带一路"沿线各国家间的比较优势，培养新的经济因素，再创造新的贸易增长点。

3.3.2 进口潜力分析

设定进口贸易引力模型如下：

$$\ln \mathrm{IMP}_{ijt} = \gamma_0 + \gamma_1 \ln Y_{it} + \gamma_2 \ln Y_{jt} + \gamma_3 \ln \mathrm{Distance}_{ij} + \gamma_4 \mathrm{CAFTA}_{ijt} + \gamma_5 \mathrm{APEC}_{ijt} + \vartheta_{ij}$$

在 OLS 分析的基础上，加入个体随机效应，对重庆市进口潜力进行回归分析，结果如表 3.10 所示。

表 3.10 重庆市进口样本的随机效应结果

因变量	C	$\ln Y_{it}$	$\ln Y_{jt}$	$\ln \mathrm{Distance}_{ij}$	CAFTA_{ijt}	APEC_{ijt}
标准差	6.231 0	0.604 3	0.060 2	0.187 9	0.321 3	0.284 7
t 值	−1.76	2.26	15.40	−0.29	5.24	0.43
p 值	0.080	0.025	0.000	0.771	0.000	0.665
系数	−10.950 3	1.364 2	0.926 8	−0.054 8	1.685 1	0.123 4

根据表 3.10 得到的回归方程如下：

$$\ln \mathrm{IMP}_{ijt} = -10.950\,3 + 1.364\,2 \ln Y_{it} + 0.926\,8 \ln Y_{jt} - 0.054\,8 \ln \mathrm{Distance}_{ij}$$
$$+ 1.685\,1 \mathrm{CAFTA}_{ijt} + 0.123\,4 \mathrm{APEC}_{ijt} + \vartheta_{ij}$$

从表 3.10 中进口贸易引力模型的回归分析中可以看出：除了空间距离变量 $\ln \mathrm{Distance}_{ij}$ 和区域经济组织变量 APEC_{ijt} 没有通过 t 检验外，其他 3 个解释变量通过了显著性检验，各个解释变量的回归参数符号均为预期效果。

为了降低重庆市与"一带一路"沿线各贸易伙伴国进口贸易数据的收集复杂度，故此处仅选择 2013~2017 年，与重庆市进口贸易总额前 20 个国家进行预测分析。根据各个沿线国家 5 年间的出口贸易数据，最终仅选择分析重庆市与韩国、马来西亚、新加坡、印度、越南、泰国、印度尼西亚、阿拉伯联合酋长国、菲律宾、南非、俄罗斯、巴基斯坦、土耳其、伊朗、捷克、沙特阿拉伯、波兰、孟加拉国、新西兰、匈牙利 20 个贸易伙伴国间的进口潜力预测。

基于上述进口贸易引力模型回归结果，对上述 20 个贸易伙伴国进行进口预测，得到表 3.11 中的预测结果。

表 3.11 重庆市进口"一带一路"沿线主要贸易国的实际值与预测值

单位：万美元

年份	韩国		马来西亚		新加坡		印度		越南	
	实际值	预测值	实际值	预测值	实际值	预测值	实际值	预测值	实际值	预测值
2013	124 458.0	35 362.2	389 374.0	51 195.1	51 019.0	48 271.7	6 489.0	42 616.6	20 886.0	30 166.9
2014	638 438.0	43 831.1	378 103.0	62 286.5	38 582.0	57 113.7	5 215.0	53 814.6	116 766.0	37 740.9
2015	225 710.0	48 625.3	193 233.0	61 802.6	181 822.0	63 360.8	154 524.0	62 542.4	98 212.0	44 271.7

续表

年份	韩国		马来西亚		新加坡		印度		越南	
	实际值	预测值	实际值	预测值	实际值	预测值	实际值	预测值	实际值	预测值
2016	167 081.0	58 069.7	70 264.0	71 775.6	114 339.0	74 966.8	109 683.0	78 245.0	60 289.0	54 366.3
2017	203 450.3	72 649.4	114 733.2	88 141.6	87 515.6	90 363.9	114 409.9	102 549.4	52 432.8	68 016.1

年份	泰国		印度尼西亚		阿拉伯联合酋长国		菲律宾		南非	
	实际值	预测值	实际值	预测值	实际值	预测值	实际值	预测值	实际值	预测值
2013	46 311.0	66 749.4	10 473.0	135 618.4	21.0	9 693.4	80 638.0	44 347.0	53 439.0	8 994.8
2014	75 797.0	75 387.7	5 682.0	153 169.4	275.0	11 576.1	122 547.0	53 455.2	110 937.0	9 971.6
2015	89 674.0	84 415.0	129 456.0	168 349.9	125 346.0	11 701.8	56 300.0	62 124.8	42 048.0	10 269.2
2016	54 224.0	99 877.5	58 896.0	210 617.7	70 602.0	13 590.1	46 505.0	74 884.3	18 363.0	11 174.6
2017	55 674.2	127 299.8	77 049.7	265 959.7	76 458.3	16 844.8	51 761.4	89 429.0	19 768.9	15 200.7

年份	俄罗斯		巴基斯坦		土耳其		伊朗		捷克	
	实际值	预测值	实际值	预测值	实际值	预测值	实际值	预测值	实际值	预测值
2013	2 015.0	56 426.8	2.0	6 121.7	1 706.0	21 903.5	2 811.0	11 465.5	6 230.0	5 338.0
2014	2 240.0	59 159.9	86.0	7 448.0	3 106.0	24 969.2	2 826.0	12 476.5	6 291.0	6 142.0
2015	82 577.0	45 665.6	59 152.0	9 238.2	41 231.0	26 197.0	41 201.0	12 611.9	30 353.0	6 266.7
2016	61 544.0	50 156.3	34 196.0	11 032.5	30 720.0	30 424.4	28 204.0	15 778.4	31 341.0	7 624.3
2017	54 481.3	70 813.2	30 586.1	13 931.4	32 420.4	35 006.9	32 690.3	19 196.8	32 323.7	9 717.7

年份	沙特阿拉伯		波兰		孟加拉国		新西兰		匈牙利	
	实际值	预测值	实际值	预测值	实际值	预测值	实际值	预测值	实际值	预测值
2013	5 206.0	17 627.2	1 824.0	12 486.5	997.0	4 191.9	1 211.0	5 566.4	1 015.0	3 550.7
2014	12 493.0	20 663.0	2 653.0	15 051.0	220.0	5 597.1	353.0	6 835.6	1 008.0	4 280.0
2015	42 941.0	20 502.5	24 504.0	15 073.6	37 305.0	7 072.7	18 387.0	6 845.9	9 466.0	4 246.7
2016	22 428.0	23 372.1	19 700.0	17 344.0	12 246.0	9 183.8	12 646.0	8 485.4	14 146.0	5 071.5
2017	18 473.3	28 701.4	27 595.7	22 312.4	8 630.1	11 925.1	15 544.8	10 615.8	15 629.4	6 464.0

从表 3.11 中可以看出,重庆市贸易引力模型的进口预测基本上是合理的,符合实际变化趋势,虽有部分国家的年度预测值与实际值存在很大差距,但预测值仍在误差允许范围之内,因此表 3.11 中各个沿线国家不同年度的进口预测数据对后面的进口贸易潜力分析具有参考价值和借鉴意义。

同样,在进口贸易引力模型的基础上,我们分析了重庆市与"一带一路"沿线主要贸易国间的进口贸易潜力,通过计算预测值和实际值之间的比值(即进口潜力指数)来测算重庆市与各国的进口潜力,该比值越大,表示其双边国家间的进口潜力越大。如果这个比值大于 1,说明重庆市与沿线贸易国间的进口贸易潜力远未发挥,有待进一步挖掘和发挥,需要双方深化开放与合作,提升贸易合作水平；如果该比值趋近于 1，表明预测值和实际值基本一致，重庆市与贸易国间的双边贸易的进口潜力尚未充分发挥；如果该比值小于 1，代表重庆市对该贸易国的进口潜力较小，未来双边贸易发展需要开拓新的经济因素，再创造进口贸易潜力。

由于总样本国家进口贸易数据量大，本书仅测算上述重庆市前20个主要的进口贸易伙伴国家的潜力预测，表 3.12 显示了重庆市与主要进口贸易国的进口潜力指数结果。

表3.12　重庆市与主要进口贸易国的进口潜力指数结果

年份	韩国	马来西亚	新加坡	印度	越南	泰国	印度尼西亚	阿拉伯联合酋长国	菲律宾	南非
2013	0.284	0.131	0.946	6.568	1.444	1.441	12.949	461.590	0.550	0.168
2014	0.069	0.165	1.480	10.319	0.323	0.995	26.957	42.095	0.436	0.090
2015	0.215	0.320	0.348	0.405	0.451	0.941	1.300	0.093	1.103	0.244
2016	0.348	1.022	0.656	0.713	0.902	1.842	3.576	0.192	1.610	0.609
2017	0.357	0.768	1.033	0.896	1.297	2.287	3.452	0.220	1.728	0.769
年份	俄罗斯	巴基斯坦	土耳其	伊朗	捷克	沙特阿拉伯	波兰	孟加拉国	新西兰	匈牙利
2013	28.003	3 060.865	12.839	4.079	0.857	3.386	6.846	4.204	4.597	3.498
2014	26.411	86.605	8.039	4.415	0.976	1.654	5.673	25.441	19.364	4.246
2015	0.553	0.156	0.635	0.306	0.206	0.477	0.615	0.190	0.372	0.449
2016	0.815	0.323	0.990	0.559	0.243	1.042	0.880	0.750	0.671	0.359
2017	1.300	0.455	1.080	0.587	0.301	1.554	0.809	1.382	0.683	0.414

从表 3.12 中进口潜力指数分析结果可以看出：重庆市与"一带一路"沿线各贸易国间的进口潜力程度不同，存在明显的国别差异和时间差异。整体上来看，如重庆市与韩国、马来西亚、南非、捷克贸易国间的进口潜力指数在 2013~2017 年大多数小于 1，表明重庆市与以上国家的双边贸易还没有充分发挥出来，存在更大的潜在进口贸易潜力。重庆市与印度、阿拉伯联合酋长国、巴基斯坦、伊朗、波兰、新西兰和匈牙利等国家间的进口贸易潜力指数均从2015年起一直小于1，说明重庆市与上述国家贸易合作的潜在发展空间较大。重庆市与新加坡、越南、泰国、印度尼西亚、菲律宾、俄罗斯、土耳其、沙特阿拉伯和孟加拉国等国家间的进口潜力指数均在 2017 年大于 1，说明重庆市与上述地区间的进口合作需要开拓新的增长空间。

3.3.3　结论分析

本章通过对重庆市与"一带一路"沿线 71 个国家间的进出口贸易、出口贸易和进口贸易各数据变量构造具有个体随机效应的贸易引力模型，基于 2013~2017 年的短面板数据，研究分析各解释变量对双边贸易的影响。在得到出口贸易引力模型和进口贸易引力模型后，对各沿线国家间出口贸易和进口贸易进行预测，并与贸易实际值比较，分别得到与重庆市的 20 个主要出口贸易国和 20 个主要进口贸易国的潜力指数。

1. 从出口潜力分析结果来看

目前，在"一带一路"沿线国家中，重庆市对其出口潜力主要可以分为出口潜力非常大、出口潜力呈现颓势和出口潜力与实际相当，见表 3.13。

表 3.13　重庆市对"一带一路"沿线贸易国的出口潜力状态分析及对策

出口潜力状态	典型国家	对策
出口潜力非常大	俄罗斯、印度尼西亚、巴基斯坦、孟加拉国	在继续维持原有双边贸易的基础上，发展多元化贸易方式，进一步扩大双边贸易规模
出口潜力呈现颓势	捷克、阿拉伯联合酋长国、沙特阿拉伯	培养新型贸易增长点，制造新的出口增长潜力，进一步加强双边贸易合作形式
出口潜力与实际相当	越南、新加坡、波兰	谨慎控制出口，在巩固和发展重庆市与沿线国家间的经贸往来的基础上，加强对"一带一路"沿线扩展区国家市场的开发力度

重庆市对"一带一路"沿线各个国家间的出口潜力存在明显的国别差异，可能是因为各个国家在经济制度环境、文化、宗教信仰等方面存在差异。

在重庆市和沿线国家间的双边贸易发展中，如重庆市与俄罗斯、印度尼西亚等国家之间，现有出口潜力已经很高，要想继续维持双边经贸合作的发展，就必须开拓创新，发展多元化贸易方式，进一步扩大双边贸易规模，以实现出口潜力的可持续增长；如重庆市与捷克、阿拉伯联合酋长国、沙特阿拉伯国家间的出口潜力呈现颓势，就需要重庆市积极开拓并培养新型贸易增长点，制造新的出口增长潜力，进一步加强双边贸易合作形式；如重庆市与越南、新加坡、波兰国家间的出口潜力与实际相当，出口预测与实际相差不大，处于相对合理的状态，但重庆市与沿线国家间的双边贸易仍存在一定的扩展空间，我们需要谨慎控制出口，在巩固和发展重庆市与沿线国家间的经贸往来的基础上，加强对"一带一路"沿线扩展区国家市场的开发力度。

2. 从进口潜力分析结果来看

目前,在"一带一路"沿线国家中,重庆市从其进口的状态主要分为以下三种情况:进口潜力非常大、进口潜力呈现颓势和进口潜力与实际相当,见表3.14。

表3.14 重庆市对"一带一路"沿线贸易国的进口潜力状态分析及对策

进口潜力状态	典型国家	对策
进口潜力非常大	印度尼西亚、俄罗斯、沙特阿拉伯	建立长期稳定的互信合作机制,完善进口关税政策
进口潜力呈现颓势	韩国、马来西亚、捷克	进一步扩大内需,以需求带动进口贸易额的增长,顺势调整外贸与外资政策,制定进口国别政策
进口潜力与实际相当	越南、新加坡、菲律宾	提高重庆市本土的产品竞争力,调整产业结构

与出口潜力分析类似,重庆市对"一带一路"沿线各个国家间的进口潜力存在明显的国别差异。

在重庆市与印度尼西亚、俄罗斯、沙特阿拉伯国家间的双边贸易发展中,进口潜力非常大,未来双边贸易发展前景好,重庆市需要与其建立长期稳定的互信合作机制,完善进口关税政策,扩大重庆市的进口规模;重庆市与韩国、马来西亚、捷克国家间的进口潜力呈现颓势,需要重庆市进一步扩大内需,以需求带动进口贸易额的增长,顺势调整外贸与外资政策,制定进口国别政策,以优化重庆市自身的进口贸易需求;重庆市与越南、新加坡、菲律宾国家间的进口潜力与实际相当,需要提高重庆市本土的产品竞争力,调整产业结构,扩大潜在的进口规模,以进一步提高自身的产业技术及创新能力。

第三篇 外 经 篇

第4章 国内与"一带一路"沿线国家外经合作概况

4.1 中国与"一带一路"沿线国家的外商直接投资合作

4.1.1 中国来自"一带一路"区域外商直接投资

1. 中国来自"一带一路"区域外商直接投资占比低，投资合同数上升，金额下降

2016 年，中国来自"一带一路"区域外商直接投资合同项目为 5 011 个，金额为 116.67 亿美元，分别占中国获得外商直接投资合同项目总数的 17.96%和总金额的 9.26%。来自"一带一路"区域外商直接投资合同项目数呈上升趋势，分别比 2015 年和 2013 年的项目数上涨 18.63%和 62.38%；但外商直接投资额却呈下降趋势，分别比 2015 年和 2013 年的投资额下降 5.35%和 1.34%，详细数据见表4.1。

表 4.1 2013~2016 年中国来自"一带一路"各区域外商直接投资

区域	2013 年		2014 年		2015 年		2016 年	
	外商直接投资合同项目/个	外商直接投资/亿美元	外商直接投资合同项目/个	外商直接投资/亿美元	外商直接投资合同项目/个	外商直接投资/亿美元	外商直接投资合同项目/个	外商直接投资/亿美元
亚洲大洋洲地区	2 450	114.72	2 700	103.13	3 178	117.14	3 224	113.15
西亚地区	310	2.00	298	1.03	417	3.70	858	1.49
南亚地区	146	0.51	216	0.75	286	0.82	490	0.53

续表

区域	2013 年		2014 年		2015 年		2016 年	
	外商直接投资合同项目/个	外商直接投资/亿美元	外商直接投资合同项目/个	外商直接投资/亿美元	外商直接投资合同项目/个	外商直接投资/亿美元	外商直接投资合同项目/个	外商直接投资/亿美元
中亚地区	23	0.04	22	0.37	32	0.10	59	0.03
中东欧地区	124	0.57	165	0.84	211	1.27	266	1.16
非洲及拉美地区	33	0.41	45	0.13	100	0.23	114	0.31
"一带一路"合计	3 086	118.25	3 446	106.25	4 224	123.26	5 011	116.67
全球合计	22 773	1 175.86	23 778	1 195.62	26 575	1 262.67	27 900	1 260.01

资料来源：中国一带一路网

2. 来自亚洲大洋洲地区国家的外商直接投资最多，非洲及拉美地区增长最快

2016 年，中国来自"一带一路"亚洲大洋洲地区国家的外商直接投资合同项目为 3 224 个，金额为 113.15 亿美元，分别占中国来自"一带一路"沿线国家外商直接投资合同项目总数的 64.34%和总金额的 96.98%，占中国获得外商直接投资合同项目总数的 11.56%和总金额的 8.98%。来自"一带一路"非洲及拉美地区国家外商直接投资合同项目数增幅最大，2016 年相比 2013 年上涨 245.45%，至 114 个；西亚地区次之，为 176.77%，至 858 个；但来自这两个地区的直接投资额却均相比 2013 年下降了约 25%，分别至 0.31 亿美元和 1.49 亿美元。项目数和金额均上涨的只有中东欧地区，分别比 2013 年上涨 114.52%和 103.51%，至 266 个和 1.16 亿美元。

4.1.2　中国来自"一带一路"各国家的外商直接投资

1. 亚洲大洋洲地区

1）来自韩国和新加坡的外商直接投资最多

2016 年，中国来自韩国和新加坡的外商直接投资合同项目分别为 2 018 个和 684 个，金额分别为 47.51 亿美元和 60.47 亿美元，分别占中国来自"一带一路"亚洲大洋洲地区国家外商直接投资合同项目总数的 62.59%和 21.22%，以及总金额的 41.99%和 53.44%，占中国获得"一带一路"沿线国家外商直接投资合同项目总数的 40.27%和 13.65%，以及总金额的 40.72%和 51.83%，详细数据见表 4.2。

表 4.2　2013~2016 年中国来自"一带一路"亚洲大洋洲地区各国家的外商直接投资

国家	2013 年		2014 年		2015 年		2016 年	
	外商直接投资合同项目/个	外商直接投资/亿美元	外商直接投资合同项目/个	外商直接投资/亿美元	外商直接投资合同项目/个	外商直接投资/亿美元	外商直接投资合同项目/个	外商直接投资/亿美元
蒙古国	4	0.02	4	0	7		11	
韩国	1 371	30.54	1 558	39.66	1 958	40.34	2 018	47.51
新西兰	38	0.68	62	0.47	68	0.22	53	0.32
东帝汶								
新加坡	731	72.29	757	58.27	762	69.04	684	60.47
马来西亚	148	2.81	166	1.57	224	4.80	242	2.21
印度尼西亚	31	1.26	35	0.78	49	1.08	34	0.64
缅甸	3	0.06	2	0.06	5		34	
泰国	37	4.83	49	0.61	56	0.44	74	0.56
老挝			1				2	
柬埔寨	4	0.23	2	0.03		0.1		
越南	6		7		4		27	
文莱	51	1.33	27	0.71	12	0.73	12	0.66
菲律宾	26	0.67	30	0.97	33	0.39	33	0.78
合计	2 450	114.72	2 700	103.13	3 178	117.14	3 224	113.15

资料来源：中国一带一路网

2）来自韩国外商直接投资的增速最快

相比 2013 年，中国在 2016 年来自韩国的外商直接投资合同项目数和金额分别上涨 47.19%和 55.57%。

2. 西亚地区

1）来自也门的外商直接投资合同项目最多，来自以色列的外商直接投资金额最大

2016 年，中国来自也门的外商直接投资合同项目为 228 个，占中国来自"一带一路"西亚地区国家外商直接投资合同项目总数的 26.57%，占中国获得"一带一路"沿线国家外商直接投资合同项目总数的 4.55%。来自以色列的外商直接投资金额为 5 008 万美元，占中国来自"一带一路"西亚地区国家外商直接投资总金额的 33.52%，占中国获得"一带一路"沿线国家外商直接投资总金额的 0.43%，详细数据见表 4.3。

表 4.3　2013~2016 年中国来自"一带一路"西亚地区各国家的外商直接投资

国家	2013 年		2014 年		2015 年		2016 年	
	外商直接投资合同项目/个	外商直接投资/万美元	外商直接投资合同项目/个	外商直接投资/万美元	外商直接投资合同项目/个	外商直接投资/万美元	外商直接投资合同项目/个	外商直接投资/万美元
伊朗	70	325	57	380	74	246	159	382
伊拉克	8	101	16	16	25	102	64	223
土耳其	77	4 004	58	1 272	56	2 701	109	3 205
叙利亚	19	248	22	173	44	55	82	105
约旦	10	125	15	116	25	5	47	155
黎巴嫩	8	199	12	91	20	1 114	29	160
以色列	40	1 365	40	1 342	50	523	42	5 008
巴勒斯坦	2	3	4	70	8		14	8
沙特阿拉伯	14	5 851	16	3 061	26	27 774	30	1 345
也门	12	90	14	94	42	249	228	251
阿曼					1		2	6
阿拉伯联合酋长国	29	4 381	33	2 855	30	3 899	30	3 933
卡塔尔		1 771	1		3	90	3	
科威特	2	69	4	694	3	220	3	152
巴林				15			2	
格鲁吉亚	3	400			1	10	3	
阿塞拜疆	15	84	5	133	8	8	10	8
亚美尼亚	1	1 012	1	5	1	2	1	
合计	310	20 028	298	10 317	417	36 998	858	14 941

资料来源:中国一带一路网

2)来自也门的外商直接投资合同项目增速最快,以色列的金额增长最快

相比 2013 年,中国在 2016 年来自也门的外商直接投资合同项目数上涨 1 800%至 228 个。来自以色列的外商直接投资金额上涨 266.89%。

3. 南亚地区

1)来自印度的外商直接投资合同项目和金额均最多

2016 年,中国来自印度的外商直接投资合同项目和金额分别为 197 个和 5 181 万美元,分别占中国来自"一带一路"南亚地区国家外商直接投资合同项目总数和金额总数的 40.20%和 97.61%,但仅占中国获得"一带一路"沿线国家外商直接投资合同项目总数和金额总数的 3.93%和 0.44%。

2)来自阿富汗的外商直接投资合同项目增速最快,印度的金额增长最快

相比 2013 年,中国在 2016 年来自阿富汗的外商直接投资合同项目数上涨 1 142.86%至 87 个。来自印度的外商直接投资金额上涨 91.53%,详细数据见表 4.4。

表 4.4 2013~2016 年中国来自"一带一路"南亚地区各国家的外商直接投资

国家	2013 年		2014 年		2015 年		2016 年	
	外商直接投资合同项目/个	外商直接投资/万美元	外商直接投资合同项目/个	外商直接投资/万美元	外商直接投资合同项目/个	外商直接投资/万美元	外商直接投资合同项目/个	外商直接投资/万美元
印度	66	2 705	86	5 075	140	8 080	197	5 181
巴基斯坦	31	1 805	66	2 323	66	65	141	65
孟加拉国	29	27	28	15	24	24	46	7
阿富汗	7	558	13	100	42	50	87	35
斯里兰卡	6		13		8	3	7	20
马尔代夫							2	
尼泊尔	7	11	10	22	6		10	
不丹								
合计	146	5 106	216	7 535	286	8 222	490	5 308

资料来源：中国一带一路网

4. 中亚地区

1）来自哈萨克斯坦的外商直接投资合同项目和金额均最多

2016 年，中国来自哈萨克斯坦的外商直接投资合同项目和金额分别为 26 个和 275 万美元，分别占中国来自"一带一路"中亚地区国家外商直接投资合同项目总数和金额总数的 44.07%和 97.86%，但仅占中国获得"一带一路"沿线国家外商直接投资合同项目总数和金额总数的 0.52%和 0.02%。

2）来自吉尔吉斯斯坦的外商直接投资合同项目增速最快，所有国家投资金额均下降

相比 2013 年，中国在 2016 年来自吉尔吉斯斯坦的外商直接投资合同项目数上涨700%至 8 个。来自所有"一带一路"中亚地区国家的外商直接投资金额均有所下降，详细数据见表 4.5。

表 4.5 2013~2016 年中国来自"一带一路"中亚地区各国家的外商直接投资

国家	2013 年		2014 年		2015 年		2016 年	
	外商直接投资合同项目/个	外商直接投资/万美元	外商直接投资合同项目/个	外商直接投资/万美元	外商直接投资合同项目/个	外商直接投资/万美元	外商直接投资合同项目/个	外商直接投资/万美元
哈萨克斯坦	13	363	17	3 655	17	953	26	275
乌兹别克斯坦	8	5	4	37	4		16	3
土库曼斯坦	1	19			4		3	
塔吉克斯坦			1		2		6	
吉尔吉斯斯坦	1			5	5		8	3
合计	23	387	22	3 697	32	953	59	281

资料来源：中国一带一路网

5. 中东欧地区

1）来自俄罗斯的外商直接投资合同项目和金额均最多

2016 年，中国来自俄罗斯的外商直接投资合同项目和金额分别为 150 个和 7 343 万美元，分别占中国来自"一带一路"中东欧地区国家外商直接投资合同项目总数和金额总数的 56.39%和 63.11%，但仅占中国获得"一带一路"沿线国家外商直接投资合同项目总数和金额总数的 2.99%和 0.63%。

2）来自乌克兰的外商直接投资合同项目增速最快，波兰的金额增长最快

相比 2013 年，中国在 2016 年来自乌克兰的外商直接投资合同项目数上涨 200%至 30 个。来自波兰的外商直接投资金额上涨 277.42%至 585 万美元，详细数据见表 4.6。

表 4.6　2013~2016 年中国来自"一带一路"中东欧地区各国家的外商直接投资

国家	2013 年		2014 年		2015 年		2016 年	
	外商直接投资合同项目/个	外商直接投资/万美元	外商直接投资合同项目/个	外商直接投资/万美元	外商直接投资合同项目/个	外商直接投资/万美元	外商直接投资合同项目/个	外商直接投资/万美元
俄罗斯	69	2 208	90	4 088	109	1 312	150	7 343
乌克兰	10	552	20	38	19	50	30	172
白俄罗斯		19	2	4	3		9	4
摩尔多瓦	3	15	2				2	
波兰	11	155	15	219	19	8 277	20	585
立陶宛		8	1		3	22	6	1 554
爱沙尼亚	2		1	8	3	7	4	
拉脱维亚			4	2	3		3	10
捷克	5	1 099	5	3 371	15	1 627	10	1 148
斯洛伐克	3	845	4	360	6	1 071	7	66
匈牙利	10	311	6	45	12	317	12	325
斯洛文尼亚	1	86	6	6	5	3	2	55
克罗地亚	2	21	1		2	10	1	37
波黑		70			1		1	
黑山								
塞尔维亚								
阿尔巴尼亚			1		1		2	
罗马尼亚	6	135	4	21	6		5	204
保加利亚	2	165	3	219	4	14	2	133
北马其顿								
合计	124	5 689	165	8 383	211	12 710	266	11 636

资料来源：中国一带一路网

6. 非洲及拉美地区

1）来自埃及的外商直接投资合同项目最多，来自巴拿马的金额最大

2016 年，中国来自埃及的外商直接投资合同项目为 60 个，占中国来自"一带一路"非洲及拉美地区国家外商直接投资合同项目总数的 52.63%，但仅占中国获得"一带一路"沿线国家外商直接投资合同项目总数的 1.20%；但金额仅为 269 万美元，分别占中国来自"一带一路"非洲及拉美地区国家外商直接投资金额和获得"一带一路"沿线国家外商直接投资总金额的 8.72% 和 0.02%。来自巴拿马的外商直接投资金额为 2 427 万美元，占中国来自"一带一路"非洲及拉美地区国家外商直接投资总金额的 78.70%，仅占中国获得"一带一路"沿线国家外商直接投资总金额的 0.21%；但项目数仅 8 个，分别占中国来自"一带一路"非洲及拉美地区国家外商直接投资合同项目数和获得"一带一路"沿线国家外商直接投资合同项目总数的 7.02% 和 0.16%。

2）来自埃及的外商直接投资合同项目和金额均增长最快

相比 2013 年，中国在 2016 年来自埃及的外商直接投资合同项目数和金额分别上涨了 275.00% 和 28.71%，且为唯一一个投资项目数和金额均增长的国家，详细数据见表 4.7。

表 4.7　2013~2016 年中国来自"一带一路"非洲及拉美地区各国家的外商直接投资

国家	2013 年		2014 年		2015 年		2016 年	
	外商直接投资合同项目/个	外商直接投资/万美元	外商直接投资合同项目/个	外商直接投资/万美元	外商直接投资合同项目/个	外商直接投资/万美元	外商直接投资合同项目/个	外商直接投资/万美元
南非	10	1 292	10	589	22	198	15	382
摩洛哥	3	27	4		7		9	
埃塞俄比亚			2	4	8		16	6
马达加斯加					2	1	6	
巴拿马	4	2 594	3	600	7	2 064	8	2 427
埃及	16	209	26	126	54	50	60	269
合计	33	4 122	45	1 319	100	2 313	114	3 084

资料来源：中国一带一路网

4.1.3　中国向"一带一路"区域直接投资

1. 中国向"一带一路"沿线国家直接投资占比低，投资净额和存量均大幅上升

2016 年，中国向"一带一路"沿线国家对外直接投资（outward foreign direct investment，OFDI）净额为 113.1 亿美元，直接投资存量为 817.34 亿美元，分别仅

占中国对外直接投资净额总量和直接投资存量总额的 5.77% 和 6.02%。中国向"一带一路"沿线国家对外直接投资净额和直接投资存量均大幅上升，分别比 2013 年上涨 81.25% 和 110.55%。

2. 向亚洲大洋洲地区国家的直接投资最多，非洲及拉美地区投资净额增长最快，亚洲大洋洲地区投资存量增长最快

2016 年，中国向"一带一路"亚洲大洋洲地区国家的对外直接投资净额和直接投资存量分别为 90.88 亿美元和 588.48 亿美元，分别占中国向"一带一路"沿线国家对外直接投资净额和直接投资存量总额的 80.35% 和 72.00%，但仅占中国对外直接投资净额和直接投资存量总额的 4.63% 和 4.34%。向"一带一路"非洲及拉美地区国家对外直接投资净额增幅最大，相比 2014 年上涨 958.23%，至 8.36 亿美元；向亚洲大洋洲地区国家的直接投资存量增长最快，相比 2014 年增长 58.56%，详细数据见表 4.8。

表 4.8　2013~2016 年中国向"一带一路"各区域直接投资　单位：亿美元

区域	2013 年		2014 年		2015 年		2016 年	
	对外直接投资净额	直接投资存量	对外直接投资净额	直接投资存量	对外直接投资净额	直接投资存量	对外直接投资净额	直接投资存量
亚洲大洋洲地区	52.91	265.52	60.57	371.13	145.43	518.31	90.88	588.48
西亚地区								
南亚地区							0.93	31.07
中亚地区								
中东欧地区	10.22	75.82	6.34	86.95	29.61	140.20	12.93	129.80
非洲及拉美地区	−0.73	46.86	0.79	63.07	2.67	50.71	8.36	67.99
"一带一路"合计	62.4	388.2	67.7	521.15	177.71	709.22	113.1	817.34
全球合计	1 078.44	6 604.78	1 231.20	8 826.42	1 456.67	10 978.65	1 961.49	13 573.90

资料来源：中国一带一路网

4.1.4　中国向"一带一路"各国家直接投资

1. 亚洲大洋洲地区

1）向新加坡的对外直接投资净额和直接投资存量均最多

2016 年，中国向新加坡的对外直接投资净额和直接投资存量分别为 31.72 亿美元和 334.46 亿美元，分别占中国向"一带一路"亚洲大洋洲地区对外直接投资

净额和直接投资存量总额的 34.90%和 56.83%，占中国向"一带一路"沿线国家对外直接投资净额和直接投资存量总额的 28.05%和 40.92%。

2）向新西兰和韩国对外直接投资增速最快

相比 2013 年，中国在 2016 年对新西兰的对外直接投资净额和直接投资存量分别猛增 376.84%和 287.82%，至 9.06 亿美元和 21.02 亿美元；对韩国的对外直接投资净额和直接投资存量分别猛增 326.77%和 115.84%，至 11.48 亿美元和 42.37 亿美元，详细数据见表 4.9。

表 4.9　2013~2016 年中国向"一带一路"亚洲大洋洲地区各国家的直接投资

单位：亿美元

国家	2013 年		2014 年		2015 年		2016 年	
	对外直接投资净额	直接投资存量	对外直接投资净额	直接投资存量	对外直接投资净额	直接投资存量	对外直接投资净额	直接投资存量
蒙古国								
韩国	2.69	19.63	5.49	27.72	13.25	36.98	11.48	42.37
新西兰	1.90	5.42	2.50	9.62	3.48	12.09	9.06	21.02
东帝汶								
新加坡	20.33	147.51	28.14	206.40	104.52	319.85	31.72	334.46
马来西亚								
印度尼西亚	15.63	46.57	12.72	67.94	14.51	81.25	14.61	95.46
缅甸								
泰国	7.55	24.72	8.39	30.79	4.07	34.40	11.22	45.33
老挝								
柬埔寨								
越南	4.81	21.67	3.33	28.66	5.60	33.74	12.79	49.84
文莱								
菲律宾								
合计	52.91	265.52	60.57	371.13	145.43	518.31	90.88	588.48

资料来源：中国一带一路网

2. 西亚地区

"一带一路"倡议实施以来，中国在 2013~2016 年 4 年内没有向"一带一路"西亚地区国家直接投资。

3. 南亚地区

"一带一路"倡议实施以来,中国在 2013~2016 年 4 年内,仅在 2016 年向南亚地区的印度直接投资 0.93 亿美元,直接投资存量为 31.07 亿美元。

4. 中亚地区

"一带一路"倡议实施以来,中国在 2013~2016 年 4 年内没有向"一带一路"中亚地区国家直接投资。

5. 中东欧地区

俄罗斯是中国在"一带一路"中东欧地区唯一对外直接投资的国家。2016 年,中国向俄罗斯的直接投资净额为 12.93 亿美元,直接投资存量为 129.80 亿美元,分别占中国向"一带一路"地区国家直接投资净额总量和存量总额的 11.43% 和 15.88%,仅占中国对外直接投资净额总量和存量总额的 0.66% 和 0.96%。

6. 非洲及拉美地区

在"一带一路"非洲及拉美地区,中国仅对南非和马达加斯加有对外直接投资。其中,2016 年向南非直接投资净额为 8.43 亿美元,直接投资存量为 65.01 亿美元,占中国在"一带一路"非洲及拉美地区直接投资存量总额的 95.62%,占中国在"一带一路"直接投资存量的 7.95%。

中国对南非的对外直接投资净额在 2014 年由 2013 年的负值转正,并保持上涨趋势,至 2016 年,对外直接投资净额上涨 1 907.14%;对南非的直接投资存量呈上涨趋势,2016 年比 2013 年上涨 47.75%。

中国对马达加斯加的对外直接投资净额由 2013 年的 0.16 亿美元上涨至 2015 年的 0.34 亿美元,涨幅达 112.5%,但在 2016 年变成了 -0.07 亿美元。对马达加斯加的直接投资存量在 2014 年达到最大值 3.53 亿美元,之后则持续下降至 2016 年的 2.98 亿美元,详细数据见表 4.10。

表 4.10　2013~2016 年中国向"一带一路"非洲及拉美地区各国家的直接投资

单位:亿美元

国家	2013 年		2014 年		2015 年		2016 年	
	对外直接投资净额	直接投资存量	对外直接投资净额	直接投资存量	对外直接投资净额	直接投资存量	对外直接投资净额	直接投资存量
南非	-0.89	44.00	0.42	59.54	2.33	47.23	8.43	65.01
摩洛哥								
埃塞俄比亚								

续表

国家	2013 年		2014 年		2015 年		2016 年	
	对外直接投资净额	直接投资存量	对外直接投资净额	直接投资存量	对外直接投资净额	直接投资存量	对外直接投资净额	直接投资存量
马达加斯加	0.16	2.86	0.37	3.53	0.34	3.48	-0.07	2.98
巴拿马								
埃及								
合计	-0.73	46.86	0.79	63.07	2.67	50.71	8.36	67.99

资料来源：中国一带一路网

4.2　中国与"一带一路"沿线国家的对外经济合作

4.2.1　中国与"一带一路"对外经济合作概况

1. 承包工程和劳务合作均得到快速发展

随着"一带一路"倡议的实施，中国与"一带一路"沿线国家的对外经济合作得到快速发展。在外承包工程的每年合同份数由 2013 年的 3 186 份上升到 2016 年的 8 248 份，增长了 158.88%，占中国在外承包工程总数的比重也由 2013 年的 27.52%上升到 2016 年的 43.05%（表 4.11）。在外承包工程的金额由 2013 年的 777.49 亿美元上升到 2016 年的 1 366.29 亿美元，增幅达 75.73%，占中国在外承包工程总金额的比重也由 2013 年的 45.30%上升到 2016 年的 55.99%。在外承包工程每年完成营业额由 2013 年的 701.97 亿美元上升到 2016 年的 823.51 亿美元，增幅达 17.31%，占中国在外承包工程总营业额的比重一直维持在 50%以上。在外承包工程的派出人数和年末在外人数，以及相应占比均小幅上涨。劳务合作派出人数及其占比小幅增加，但年末在外人数由 2013 年的 138 431 人大幅上升到 2016 年的 181 908 人，涨幅达 31.41%。

表 4.11　2013~2016 年中国与"一带一路"各区域对外经济合作

年份	科目		亚洲大洋洲地区	西亚地区	南亚地区	中亚地区	中东欧地区	非洲及拉美地区	"一带一路"合计	全球
2016	承包工程	合同/份	3 985	1 357	1 662	317	486	441	8 248	19 157
		金额/亿美元	518.73	312.94	249.75	57.61	47.21	180.05	1 366.29	2 440.10
		完成营业额/亿美元	291.10	235.32	129.96	48.33	35.53	83.27	823.51	1 594.17
		派出人数/人	50 521	53 775	19 258	14 619	4 579	9 084	151 836	230 246
		年末在外人数/人	67 472	61 996	25 969	13 828	7 477	12 023	188 765	372 880

续表

年份	科目		亚洲大洋洲地区	西亚地区	南亚地区	中亚地区	中东欧地区	非洲及拉美地区	"一带一路"合计	全球
2016	劳务合作	派出人数/人	48 582	4 168	500	651	1 055	19 498	74 454	264 009
		年末在外人数/人	125 815	21 163	1 823	1 308	11 085	20 714	181 908	595 976
2015	承包工程	合同/份	2 076	795	496	329	257	247	4 200	8 662
		金额/亿美元	376.16	198.54	212.84	42.22	60.16	108.64	998.56	2 100.74
		完成营业额/亿美元	280.84	191.22	113.66	48.41	42.34	96.81	773.28	1 540.74
		派出人数/人	54 620	43 723	12 605	19 570	6 489	9 818	146 825	253 070
		年末在外人数/人	65 617	59 057	18 308	20 161	12 729	15 271	191 143	408 565
	劳务合作	派出人数/人	45 634	4 014	2 001	1 447	5 840	16 387	75 323	276 800
		年末在外人数/人	125 716	22 860	2 789	1 629	13 628	23 346	189 968	618 295
2014	承包工程	合同/份	1 586	843	444	328	271	275	3 747	7 740
		金额/亿美元	281.41	293.79	116.90	90.28	59.60	73.86	915.84	1 917.56
		完成营业额/亿美元	240.92	198.73	111.10	50.92	101.95	89.71	793.33	1 424.11
		派出人数/人	63 652	35 185	13 140	17 753	24 306	11 870	165 906	269 151
		年末在外人数/人	73 484	52 389	18 295	16 246	49 858	18 120	228 392	408 851
	劳务合作	派出人数/人	49 591	4 585	656	651	9 735	19 569	84 787	292 570
		年末在外人数/人	115 581	21 310	1 241	833	24 994	26 169	190 128	596 881
2013	承包工程	合同/份	1 265	616	431	371	279	224	3 186	11 578
		金额/亿美元	276.33	209.38	114.50	58.70	53.47	65.11	777.49	1 716.29
		完成营业额/亿美元	224.50	184.18	129.03	68.78	40.23	55.25	701.97	1 371.42
		派出人数/人	50 351	47 987	13 147	15 238	8 208	4 987	139 918	270 934
		年末在外人数/人	66 746	64 813	17 830	13 572	7 880	10 802	181 643	370 144
	劳务合作	派出人数/人	41 362	4 329	416	92	6 039	15 682	67 920	255 674
		年末在外人数/人	94 396	19 679	915	398	9 909	13 134	138 431	482 611

2. 亚洲大洋洲地区是对外经济合作主要地区，南亚地区增长最快

2016 年中国与亚洲大洋洲地区签订承包工程合同 3 985 份，金额为 518.73 亿美元，完成营业额为 291.10 亿美元，分别比 2015 年增长 91.96%、37.90%和 3.65%，分别占中国与"一带一路"对外经济合作总数的 48.31%、37.97%和 35.35%。因承包工程和劳务合作外派到亚洲大洋洲地区的人员数和年末在外人数分别为 50 521 人、67 472 人、48 582 人和 125 815 人，分别占中国外派"一带一路"沿线国家相应人员总数的 33.27%、35.74%、65.25%和 69.16%。中国在南亚地区承包工程增速最快，其中，合同数为 1 662 份，比 2015 年增长 235.08%，金额为 249.75 亿美元，比 2015 年增长 17.34%，完成营业额为 129.96 亿美元，比 2015 年增长 14.34%，派出人数为 19 258 人，比 2015 年增长 52.78%，年末在外人

数 25 969 人，比 2015 年增长 41.85%（表 4.11）。

4.2.2　中国与"一带一路"各区域对外经济合作

1. 亚洲大洋洲地区

1）印度尼西亚和马来西亚是承包工程主要所在国，韩国和柬埔寨增速最快

2016 年中国分别与印度尼西亚和马来西亚签订工程承包合同 856 份和 666 份，金额分别约为 107.25 亿美元和 112.37 亿美元，完成营业额为 40.89 亿美元和 47.48 亿美元，分别占中国与其所在地区承包工程相应比重 21.48% 和 16.71%，20.68% 和 21.66%，以及 14.05% 和 16.31%。因承包工程派到这两国的人数分别为 11 252 人和 9 294 人，年末在外人数分别为 15 433 人和 12 312 人，分别占 22.27% 和 18.40%，以及 22.87% 和 18.25%。

2016 年中国与韩国所签订工程承包合同数量、金额和完成营业额分别上涨 1 015.00%、179.38% 和 22.70%，至 223 份、7.75 亿美元和 3.36 亿美元；承包工程派出人数上涨 41.1%，至 206 人。中国与柬埔寨所签订工程承包合同数量、金额和完成营业额分别上涨 376.34%、50.44% 和 36.41%，涨至 443 份、21.33 亿美元和 16.56 亿美元，详细数据见表 4.12。

表 4.12　2016 年中国与"一带一路"亚洲大洋洲地区对外经济合作

国家	承包工程					劳务合作	
	合同/份	金额/万美元	完成营业额/亿美元	派出人数/人	年末在外人数/人	派出人数/人	年末在外人数/人
蒙古国	83	359 428	7.46	3 448	3 589	1 000	593
韩国	223	77 482	3.36	206	92	3 209	11 029
新西兰	16	47 339	2.07	222	26	12	73
东帝汶	6	29 475	2.38	711	908		
新加坡	381	246 808	37.56	1 809	4 075	35 915	96 537
柬埔寨	443	213 348	16.56	2 715	4 732	1 156	2 012
马来西亚	666	1 123 745	47.48	9 294	12 312	3 589	6 885
缅甸	157	280 751	19.17	3 639	3 362	765	1 271
泰国	388	384 303	29.36	1 810	2 567	675	694
老挝	96	671 193	29.47	8 747	9 428	836	2 060
印度尼西亚	856	1 072 546	40.89	11 252	15 433	394	1 002
越南	325	378 870	33.24	4 928	8 966	951	3 452
文莱	65	3 717	5.48	303	400		
菲律宾	280	298 259	16.62	1 437	1 582	80	207
合计	3 985	5 187 264	291.10	50 521	67 472	48 582	125 815

资料来源：中国一带一路网

2）新加坡是中国劳务合作派出人数最多的国家，蒙古国和泰国增长最快

2016 年，中国因劳务合作向新加坡派出 35 915 人，占中国因劳务合作向亚洲大洋洲地区派出人数总数的 73.93%。因劳务合作向蒙古国和泰国派出人数分别猛增 397.51%和 132.76%，至 1 000 人和 675 人。中国因劳务合作向印度尼西亚派出人数也出现猛增，增幅 121.35%，增至 394 人。

2. 西亚地区

1）阿拉伯联合酋长国和沙特阿拉伯是承包工程主要所在国，阿拉伯联合酋长国和以色列增长最快

2016 年中国分别与阿拉伯联合酋长国和沙特阿拉伯签订工程承包合同 567 份和 139 份，金额分别为 50.47 亿美元和 50.29 亿美元，完成营业额 22.46 亿美元和 94.82 亿美元，分别占中国与其所在地区承包工程相应比重为 41.78%和 10.24%，16.13%和 16.07%，以及 9.54%和 40.29%。因承包工程派到沙特阿拉伯的人数为 27 520 人，年末在外人数为 31 633 人，分别占比 51.18%和 51.02%。

2016 年中国与阿拉伯联合酋长国所签订工程承包合同数量、金额和完成营业额的涨幅分别为 1 011.76%、173.50%和 45.92%。与以色列所签订工程承包合同数量、金额和完成营业额的涨幅分别为 366.67%、412.22%和 52.00%，涨至 14 份、8.51 亿美元和 2.32 亿美元。

2）中国向沙特阿拉伯和阿拉伯联合酋长国劳务合作派出人数最多，伊拉克增长最快

2016 年，中国因劳务合作分别向沙特阿拉伯和阿拉伯联合酋长国派出 1 903 人和 1 263 人，分别占中国因劳务合作向西亚地区派出人数总数的 45.66%和 30.30%；年末在这两国人数分别为 10 436 人和 5 393 人，分别占比 49.31%和 25.48%。因劳务合作向伊拉克派出人数和年末在外人数分别猛增 331.18%和 10%，分别至 401 人和 326 人，详细数据见表 4.13。

表 4.13　2016 年中国与"一带一路"西亚地区对外经济合作

国家	承包工程					劳务合作	
	合同/份	金额/亿美元	完成营业额/亿美元	派出人数/人	年末在外人数/人	派出人数/人	年末在外人数/人
伊朗	162	86.18	22.47	1 006	1 899		227
约旦	5	0.09	0.38	160	199	15	246
土耳其	112	6.55	21.45	5 750	7 917	1	32
叙利亚			0.03				
伊拉克	211	55.29	34.55	12 140	7 822	401	326
黎巴嫩	2						

续表

国家	承包工程					劳务合作	
	合同/份	金额/亿美元	完成营业额/亿美元	派出人数/人	年末在外人数/人	派出人数/人	年末在外人数/人
沙特阿拉伯	139	50.29	94.82	27 520	31 633	1 903	10 436
巴勒斯坦	9	0.01	0.01			1	1
以色列	14	8.51	2.32	80	86	205	299
也门			0.16		139		7
阿曼	19	8.19	8.06	156	585		20
阿拉伯联合酋长国	567	50.47	22.46	984	4 682	1 263	5 393
卡塔尔	23	2.68	11.99	1 223	2 897	120	1 514
科威特	68	40.83	15.13	4 117	3 253	257	2 110
巴林	2	0.16	0.08	174	137	2	2
格鲁吉亚	3	0.10	1.09	323	564		550
阿塞拜疆	18	3.56	0.14		114		
亚美尼亚	3	0.03	0.18	142	69		
合计	1 357	312.94	235.32	53 775	61 996	4 168	21 163

资料来源：中国一带一路网

3. 南亚地区

1）巴基斯坦和印度是承包工程主要所在国，印度和马尔代夫增速最快

2016 年中国分别与巴基斯坦和印度签订工程承包合同 261 份和 1 154 份，金额分别约为 115.84 亿美元和 22.37 亿美元，完成营业额 72.68 亿美元和 18.24 亿美元，分别占中国与其所在地区承包工程相应比重为 15.70%和 69.43%，46.38%和 8.96%，以及 55.93%和 14.04%。因承包工程派到巴基斯坦的人数为 11 830 人，年末在外人数为 14 582 人，分别占比 61.43%和 56.15%。

2016 年中国与印度所签订工程承包合同数量和金额分别猛涨 801.56%和 23.51%；与马尔代夫所签订工程承包合同数量、金额和完成营业额分别上涨 500.00%、87.31%和 71.80%，至 12 份、8.51 亿美元和 2.47 亿美元；承包工程派出人数和年末在外人数分别上涨 47.24%和 35.71%，至 240 人和 342 人。

2）中国向斯里兰卡和孟加拉国劳务合作派出人数最多，孟加拉国增长最快

2016 年，中国因劳务合作向斯里兰卡和孟加拉国派出 323 人和 137 人，占中国因劳务合作向南亚地区派出人数总数的 64.60%和 27.40%；年末在这两国人数分别为 586 人和 226 人，占比 32.14%和 12.40%，详细数据见表 4.14。孟加拉国的派出人数和年末在外人数的增幅最大，分别为 19.13%和 89.92%。

表 4.14　2016 年中国与"一带一路"南亚地区对外经济合作

国家	承包工程					劳务合作	
	合同/份	金额/万美元	完成营业额/万美元	派出人数/人	年末在外人数/人	派出人数/人	年末在外人数/人
印度	1 154	223 727	182 435	706	1 289	7	139
巴基斯坦	261	1 158 425	726 809	11 830	14 582	33	506
孟加拉国	114	747 852	191 623	2 669	4 936	137	226
阿富汗	14	2 721	4 058	36	17		
斯里兰卡	68	249 915	147 677	2 648	3 775	323	586
马尔代夫	12	85 097	24 705	240	342		
尼泊尔	39	29 792	22 279	1 129	1 028		366
不丹							
合计	1 662	2 497 529	1 299 586	19 258	25 969	500	1 823

资料来源：中国一带一路网

4. 中亚地区

1）哈萨克斯坦是承包工程主要所在国，乌兹别克斯坦和吉尔吉斯斯坦增速最快

2016 年中国与哈萨克斯坦签订工程承包合同 151 份，金额为 34.11 亿美元，完成营业额为 27.58 亿美元，分别占中国与中亚地区相应比重为 47.63%、59.21% 和 57.07%。因承包工程派到哈萨克斯坦 9 550 人，年末在哈萨克斯坦的人数为 7 271 人，分别占比 65.33% 和 52.58%。

2016 年中国与塔吉克斯坦和吉尔吉斯斯坦所签订工程承包合同数量分别上涨 91.43% 和 72.00%，至 67 份和 43 份。中国与乌兹别克斯坦所签订工程承包合同数量上涨 20.83% 至 29 份，金额则猛增 303.69% 至 10.64 亿美元。

2）中国向哈萨克斯坦劳务合作外派人数最多

2016 年，中国因劳务合作向哈萨克斯坦派出 611 人，占中国因劳务合作向中亚地区外派人员总数的 93.86%。年末在哈萨克斯坦的人数为 961 人，占比 73.47%，详细数据见表 4.15。

表 4.15　2016 年中国与"一带一路"中亚地区对外经济合作

国家	承包工程					劳务合作	
	合同/份	金额/亿美元	完成营业额/亿美元	派出人数/人	年末在外人数/人	派出人数/人	年末在外人数/人
哈萨克斯坦	151	34.11	27.58	9 550	7 271	611	961
乌兹别克斯坦	29	10.64	4.91	630	2 010		30
土库曼斯坦	27	4.50	3.19	611	498		
塔吉克斯坦	67	3.75	7.08	2 194	1 327	9	112

续表

国家	承包工程					劳务合作	
	合同/份	金额/亿美元	完成营业额/亿美元	派出人数/人	年末在外人数/人	派出人数/人	年末在外人数/人
吉尔吉斯斯坦	43	4.61	5.57	1 634	2 722	31	205
合计	317	57.61	48.33	14 619	13 828	651	1 308

资料来源：中国一带一路网

5. 中东欧地区

1）乌克兰和俄罗斯是承包工程主要所在国，波兰和塞尔维亚增速最快

2016 年中国与乌克兰签订工程承包合同 255 份，金额为 26.59 亿美元，分别占中国与中东欧地区合同总数和金额总数的 52.47%和 56.32%；中国在俄罗斯承包工程完成营业额 14.86 亿美元，因工程承包向俄罗斯外派 1 688 人，年末在俄罗斯的人数为 3 624 人，分别占中国再中东欧地区承包工程完成总营业额、外派总人数和年末在外总人数的 41.82%、36.86%和 48.47%。

2016 年中国与塞尔维亚所签订工程承包合同数量上涨 1 266.67%至 41 份。与波兰所签订工程承包合同和金额分别上涨 400.00%和 539.45%，至 5 份和 1.69 亿美元。

2）俄罗斯是中国劳务合作派出人数最多的国家，白俄罗斯增长最快

2016 年，中国因劳务合作向俄罗斯派出 1 040 人，年末在俄罗斯的人数为 10 916 人，占中国因劳务合作向中东欧地区派出人数总数的 98.58%和年末在外总人数的 98.48%。因劳务合作在白俄罗斯的年末在外人数为 25 人，详细数据见表 4.16。

表 4.16　2016 年中国与"一带一路"中东欧地区对外经济合作

国家	承包工程					劳务合作	
	合同/份	金额/亿美元	完成营业额/亿美元	派出人数/人	年末在外人数/人	派出人数/人	年末在外人数/人
俄罗斯	45	5.08	14.86	1 688	3 624	1 040	10 916
乌克兰	255	26.59	2.89	20	34		
白俄罗斯	5	4.82	10.99	2 048	2 716	10	25
摩尔多瓦	12	0.05					
波兰	5	1.69	0.58	27	100	3	23
立陶宛			0.03			2	3
爱沙尼亚	16	0.16	0.05	5			
拉脱维亚	3	0.03					
捷克	16	0.92	0.57				
斯洛伐克							
匈牙利	11	0.35	0.39				4

续表

国家	承包工程					劳务合作	
	合同/份	金额/亿美元	完成营业额/亿美元	派出人数/人	年末在外人数/人	派出人数/人	年末在外人数/人
斯洛文尼亚	9	0.02	0.07	28	35		
克罗地亚	3	0.01	0.05	9			2
波黑			0.17	12	60		
黑山	1	0.08	0.37	311	372		100
塞尔维亚	41	5.76	1.79	247	254		12
阿尔巴尼亚	8	0.09	0.09	135	76		
罗马尼亚	19	0.62	1.85		54		
保加利亚	37	0.94	0.78	49	152		
北马其顿							
合计	486	47.21	35.53	4 579	7 477	1 055	11 085

资料来源：中国一带一路网

6. 非洲及拉美地区

1）埃塞俄比亚是承包工程主要所在国，巴拿马和埃塞俄比亚增速最快

2016 年中国与埃塞俄比亚签订工程承包合同 206 份，金额为 83.54 亿美元，完成营业额为 47.06 亿美元，分别占中国与非洲及拉美地区相应比重为 46.71%、46.40%和 56.51%。因承包工程派到埃塞俄比亚的人数为 6 439 人，年末在埃塞俄比亚的人数为 9 044 人，分别占比 70.88%和 75.22%。

2016 年中国与巴拿马所签订工程承包合同和金额分别上涨 133.33%和 141.91%，至 35 份和 3.52 亿美元；承包工程派出人数和年末在外人数分别猛涨 350.00%和 207.83%，至 270 人和 354 人。中国与埃塞俄比亚所签订工程承包合同和金额的增幅分别为 96.19%和 78.78%。

2）巴拿马是中国劳务合作派出人数最多的国家，埃塞俄比亚增长最快

2016 年，中国因劳务合作向巴拿马派出 18 554 人，占中国因劳务合作向非洲及拉美地区派出人数总数的 95.16%，年末在巴拿马的人数为 19 308 人，占比 93.21%。因劳务合作向埃塞俄比亚外派人数和年末在埃塞俄比亚的外派人数分别猛增 137.39%和 42.69%，至 565 人和 839 人，详细数据见表 4.17。

表 4.17　2016 年中国与"一带一路"非洲及拉美地区对外经济合作

国家	承包工程					劳务合作	
	合同/份	金额/亿美元	完成营业额/亿美元	派出人数/人	年末在外人数/人	派出人数/人	年末在外人数/人
南非	109	5.49	4.21	200	280		
摩洛哥	42	6.54	7.67	371	692	29	172
埃塞俄比亚	206	83.54	47.06	6 439	9 044	565	839

国家	承包工程					劳务合作	
	合同/份	金额/亿美元	完成营业额/亿美元	派出人数/人	年末在外人数/人	派出人数/人	年末在外人数/人
马达加斯加	18	0.74	0.59	21	108	14	394
巴拿马	35	3.52	0.93	270	354	18 554	19 308
埃及	31	80.22	22.81	1 783	1 545	336	1
合计	441	180.05	83.27	9 084	12 023	19 498	20 714

资料来源：中国一带一路网

4.3 重庆市对外投资与合作

4.3.1 实际对外直接投资额呈上涨趋势

随着"一带一路"倡议的实施，重庆市实际对外直接投资额得到快速发展。2013 年重庆市实际对外直接投资额为 10.10 亿美元，到 2016 年上涨到最高峰，为 24.29 亿美元，涨幅为 140.50%。2017 年，随着中国对外投资变得更加理性，重庆市实际对外直接投资有所减缓，实际对外直接投资额为 15.30 亿美元，比 2016 年下降 37.01%，但仍然比 2013 年上涨 51.49%，详细数据见表 4.18。

表 4.18 2013~2017 年重庆市对外投资与合作

年份	实际对外直接投资额/亿美元	对外承包工程签订合同数/个	对外承包工程合同金额/亿美元	对外承包工程营业额/亿美元	对外劳务合作派出人数/人
2013	10.10	104	11.13	10.35	10 416
2014	11.14	132	11.71	10.35	10 426
2015	14.25	91	13.60	12.09	3 142
2016	24.29	105	27.54	13.35	5 301
2017	15.30		21.12	17.01	3 687

资料来源：中国一带一路网

4.3.2 对外承包工程签订合同数变化不大，合同金额和营业额大幅上涨

2013~2017 年，重庆市对外承包工程签订合同数变化不大，在 100 个上下波动；但对外承包工程合同金额却从 2013 年的 11.13 亿美元，上涨到 2016 年的 27.54 亿美元，达到高峰，涨幅为 147.44%，虽然在 2017 年下降到 21.12 亿美元，降幅

为 23.31%，但仍比 2013 年上涨 89.76%；同时，对外承包工程营业额呈上涨趋势，2017 年的营业额为 17.01 亿美元，较 2016 年上涨 27.42%，比 2013 年上涨 64.35%。

4.3.3　对外劳务合作派出人数呈减少趋势

2013~2017 年，重庆市对外劳务合作派出人数整体呈减少趋势。2013 年重庆市对外劳务合作派出 10 416 人，2015 年降低到最低值 3 142 人，虽然在 2016 年上涨到 5 301 人，但 2017 年再次降低到 3 687 人，比 2016 年减少 30.45%，比 2013 年减少 64.60%。

第5章　基于制度距离的"一带一路"直接投资的国家选择研究

5.1　"一带一路"沿线国家直接投资环境评价与分类

5.1.1　评价方法和分类方法

1. 评价方法——因子分析法

因子分析法由 Charles Spearman 提出，是一种对原始变量进行降维的数据分析方法。通过分析变量间的关系，找出少于原始变量的主要因子，再结合这些主要因子的原始变量包含的信息，减少原始变量的数量。需要说明的是，这些提取的因子间相互独立。

因子分析法自提出起，就在经济、社会各领域得到了广泛应用。例如，在市场调研过程中，研究人员可以通过收集多个指标，再利用因子分析法来综合评价调研对象；当分析社会发展问题时，可能面对大量可以用于刻画社会发展的指标，然而，指标过多会使研究过程过于复杂，可以利用因子分析法在确保不丢失信息的情况下简化指标。

本章分析"一带一路"沿线国家的直接投资环境，由于各国直接投资环境的指标很多，本章将利用因子分析法，从众多的指标中提取少数几个因子，以此简化指标，并综合评价"一带一路"沿线国家的直接投资环境。

首先，构建因子分析模型。不妨设有 n 个反映"一带一路"沿线国家直接投资环境的原始指标变量 $X_1, X_2, \cdots, X_n$，需要从这 n 个指标变量中找出 p 个因子 $F_1, F_2, \cdots, F_p$ 以代表这 n 个指标变量。其方法是将这 n 个指标变量表示为这 p 个因子模型如下：

$$\begin{cases} X_1 = a_{11}F_1 + a_{12}F_2 + \cdots + a_{1p}F_p + \varepsilon_1 \\ X_2 = a_{21}F_1 + a_{22}F_2 + \cdots + a_{2p}F_p + \varepsilon_2 \\ \qquad\qquad\qquad \cdots \\ X_n = a_{n1}F_1 + a_{n2}F_2 + \cdots + a_{np}F_p + \varepsilon_n \end{cases} \qquad （5.1）$$

其中，$a_{ij}(i=1,2,\cdots,n; j=1,2,\cdots,p)$ 为第 i 个变量 X_i 与第 j 个因子 F_j 的线性相关系数，用以反映 X_i 与 F_j 的相关程度，亦被称为因子荷载；$F_j(j=1,2,\cdots,p)$ 为公因子；$\varepsilon_i(i=1,2,\cdots,n)$ 为特殊因子，表示除公因子之外的影响因素。

从式（5.1）可以得到，原始变量 $X_i(i=1,2,\cdots,n)$ 所包含的信息能够在多大程度上被 p 个公因子解释。共同度量 $h_i^2(i=1,2,\cdots,n)$ 代表 p 个公因子对原始变量 X_i 的方差贡献率，h_i^2 越大，p 个公因子对原始变量 X_i 的解释度越好，即包含的原始变量的信息越多。

$$h_i^2 = \sum_{j=1}^{p} a_{ij}^2, \quad i=1,2,\cdots,n \qquad （5.2）$$

$$g_i^2 = \sum_{i=1}^{n} a_{ij}^2, \quad j=1,2,\cdots,p \qquad （5.3）$$

式（5.2）为共同度量计算公式。式（5.3）为单个因子方差贡献率计算公式。

因子分析法的具体步骤如下：检验数据、提取因子、命名并解释因子、计算因子得分并由得分综合评价所分析的对象。

为了辨明所得到的指标数据能否用于因子分析，需要检验所收集的数据。考虑到因子分析是以分析原始变量间的关系来降维的，因此，原始变量之间应具有相关性。采用原始变量的相关系数矩阵对其相关性进行初步检验。本章采用 Kaiser-Meyer-Olkin 检验（KMO 检验）和 Bartlett's 球形检验来进行检验。

KMO 检验是以 KMO 统计量来测算原始变量间的偏相关性的，以 $r_{ik}(i,k=1,2,\cdots,n)$ 代表原始变量 X_i 与 X_k 的相关系数，以 $p_{ik}(i,k=1,2,\cdots,n)$ 代表原始变量 X_i 与 X_k 的偏相关系数，KMO 检验的计算公式如式（5.4）所示：

$$KMO = \frac{\sum\sum_{i\neq k} r_{ik}^2}{\sum\sum_{i\neq k} r_{ik}^2 + \sum\sum_{i\neq k} p_{ik}^2} \qquad （5.4）$$

由式（5.4）可知，KMO 统计量位于（0，1），KMO 值越接近 1，原始变量偏相关性越好，当 KMO 统计量不低于 0.7 时，因子分析的效果更好。

Bartlett's 球形检验则是用相关系数矩阵来分析原始指标变量间是否存在显著相关性。

在完成数据检验并发现适合做因子分析后，一般采用主成分分析法从原始变量中提取远远少于原始变量个数的少数几个因子。当然，在提取因子前，需标准化处理原始变量，从而消除变量水平和量纲带来的影响。

用主成分分析法提取因子，要构建相关系数矩阵，以 $n \times n$ 阶矩阵 R 为 n 个变量的相关系数矩阵，通过特征方程 $|R - \lambda E| = 0$ 求特征值 λ，以 $\lambda > 1$ 为因子提取标准。大于 1 的特征值 λ 代入 $|R - \lambda E| = 0$ 获取特征向量。记以特征向量为列组成的矩阵为 P，忽略特殊因子，可得因子模型载荷矩阵为 $A = P\sqrt{\varLambda}$，其中，$\varLambda$ 为由特征值为对角元素的矩阵。对因子载荷矩阵进行因子旋转，以使各因子含义变得更清晰。本章使用 SPSS 的最大方差法来获得旋转的因子载荷矩阵，并根据实际情况来命名和解释所得到的因子。

最后，计算因子得分。换言之，就是对公因子进行估计。因子得分就是各因子在变量样本上的取值。

在得到因子模型式（5.1）之后，把因子表示为各变量的线性模型，因子得分则由式（5.5）得出。

$$\begin{cases} F_1 = b_{11}X_1 + b_{12}X_2 + \cdots + b_{1n}X_n \\ F_2 = b_{21}X_1 + b_{22}X_2 + \cdots + b_{2n}X_n \\ \qquad\qquad \cdots \\ F_n = b_{n1}X_1 + b_{n2}X_2 + \cdots + b_{nn}X_n \end{cases} \qquad (5.5)$$

式（5.5）中的变量是经过标准化处理的原始变量。

2. 分类方法

本章以聚类分析法作为分类方法。聚类分析法是用于将研究对象进行量化分类的统计方法。聚类分析法也在社会各领域得到了应用。在经济领域，聚类分析法被用于划分消费人群和产品市场；在生物科学领域，则可以用于区分动植物种类，或协助基因分类；在互联网领域，则被广泛用于对各类文档进行归类或对网络上的海量信息进行分类等。在事前并不知道本章所研究的"一带一路"沿线国家的投资环境存在哪些分类的情况下，有必要以聚类分析法来处理沿线国家的特征指标数据，以分类各国投资环境。

聚类分析法有很多种，本章选取由 MacQueen 于 1967 年提出的 K-均值聚类法。该方法比层次聚类和系统聚类等传统聚类方法需要的计算量小且效率高，而且得到的分类结果更加清晰。当然，使用该方法须提前指定要划分的类别个数。而且，该操作可能需要多次重复，并对比分析聚类结果，才会得到最适合的分类。

K-均值聚类法的核心是基于确定各类别中心，将研究对象聚类到最短中心距离的类别，具体步骤如下。

（1）明确需划分的类别数量 K。

（2）在需要进行聚类分析的所有研究对象中，指定 K 个对象分别作为这 K 个类别的初始中心。

（3）计算每个对象到这 K 个初始中心的欧几里得距离，并将所有研究对象划分到最短中心距离的那个类别中。

（4）计算划入这 K 个初始类别中每个研究对象的均值，以此为新的聚类中心，再次计算每个对象到这 K 个新的聚类中心的欧几里得距离，并再次分类研究对象。

（5）设定最大迭代次数为 n 次，则重复（4）n 次。

本章在对"一带一路"沿线国家进行因子分析的基础上进行聚类，因此，每个国家的因子得分就是本章聚类分析中的研究变量。因子分析中选取了 p 个因子 $F_1,F_2,\cdots,F_p$，不妨设 G_{qj} 为沿线国家 q 的第 j 个因子的分值， $j=1,2,\cdots,p$。则国家 q 与国家 m 的中心距离 d_{qm} 为

$$d_{qm} = \sqrt{\sum_{j=1}^{p} \left| G_{qj} - G_{mj} \right|^2} \tag{5.6}$$

5.1.2 选取评价指标和评价对象

1. 评价指标

考虑到习近平主席对"一带一路"提出了政策沟通、设施联通、贸易畅通、资金融通和民心相通等五个合作重点，借鉴已有学者对国家直接投资环境评价分析的文献及研究结果，本节主要从政治环境、经济环境和社会环境方面选取指标变量，对"一带一路"沿线国家直接投资环境进行评价分析，具体评价指标见表5.1。

表 5.1　"一带一路"沿线国家直接投资环境评价指标

环境	指标	
政治环境	法律权利力度指数（0=最弱，12=最强） 征信信息深度指数（1=最低，8=最高） 企业信息披露程度指数（0=很少披露，10=大量披露） 人口密度（每平方千米土地的人数） 税收（占 GDP 比例）	
经济环境	经济现状与人民生活	消费者价格指数（2010 年=100） GDP（现价美元） 按购买力平价衡量的 GDP（现价国际元） 人均 GDP（现价美元）

续表

环境		指标
经济环境	基础设施	铁路、公路（总千米数） 班轮运输相关指数（2004 年的最大值=100） 航空运输量，注册承运人全球出港量 安全互联网服务器（每百万人） 通电率（占人口的百分比）
	对外贸易	贸易额（占 GDP 比例）
	经济稳定	GDP 增长率 按消费者价格指数衡量的通胀率
社会环境	自然资源	调整后的储蓄：自然资源损耗（占 GNI 的百分比）
	社会投入	人口总数 劳动力总数 调整后的储蓄：教育支出（占 GNI 的百分比）

GNI：gross national income，国民总收入

　　表 5.1 为"一带一路"沿线国家直接投资环境评价指标。其中，沿线国家的政治环境用法律权利力度指数、征信信息深度指数、企业信息披露程度指数、人口密度和税收五个指标进行评价；将经济环境划分为经济现状与人民生活、基础设施、对外贸易及经济稳定四个指标，再将这四个指标进一步细分为共 12 个指标，用这 12 个指标反映经济环境；最后，以自然资源和社会投入两个指标反映社会环境。考虑到各国投资环境是随通胀率和自然资源损耗的增加而变差的，本节对通胀率和自然资源损耗取倒数。

2. 评价对象

　　由"一带一路"倡议在沿线国家的实施情况可以看出，"一带一路"倡议涉及 71 个国家，沿线国家样本组成情况如表 5.2 所示。

表 5.2　沿线国家样本组成情况

样本分布 名称	样本 容量	样本
亚洲国家	44	印度、土库曼斯坦、巴林、阿富汗、巴基斯坦、黎巴嫩、阿曼、约旦、印度尼西亚、菲律宾、缅甸、文莱、东帝汶、不丹、阿拉伯联合酋长国、泰国、越南、新加坡、以色列、阿塞拜疆、亚美尼亚、孟加拉国、柬埔寨、斯里兰卡、韩国、土耳其、乌兹别克斯坦、蒙古国、马来西亚、老挝、伊朗、伊拉克、尼泊尔、科威特、沙特阿拉伯、格鲁吉亚、卡塔尔、马尔代夫、哈萨克斯坦、塔吉克斯坦、吉尔吉斯斯坦、叙利亚、巴勒斯坦、也门
非洲国家	5	马达加斯加、摩洛哥、埃塞俄比亚、埃及、南非
欧洲国家	20	波黑、立陶宛、拉脱维亚、阿尔巴尼亚、爱沙尼亚、斯洛文尼亚、克罗地亚、捷克、俄罗斯、白俄罗斯、斯洛伐克、乌克兰、摩尔多瓦、匈牙利、罗马尼亚、黑山、塞尔维亚、波兰、保加利亚、北马其顿
其他国家	2	巴拿马（中美洲）、新西兰（大洋洲）

本节选择收集沿线各国家2013~2016年度数据，共涉及21个变量指标，下面分别用因子分析和聚类分析来对"一带一路"沿线国家的直接投资环境进行评估。各指标资料来源为世界银行官网和国际货币基金组织官网。

5.1.3 "一带一路"沿线国家的直接投资环境评估——因子分析

本节利用 SPSS 24.0 统计分析软件，选取反映沿线国家的政治、经济和社会等环境的 21 个变量指标，采用因子分析法，对沿线 71 个国家的直接投资环境进行评估分析。

先考察收集到的原有变量之间是否存在线性关系，所选变量指标是否适合以因子分析法来提取因子；由于涉及的变量个数较多，本节借助变量的 Bartlett's 球形检验和 KMO 检验进行分析。分析结果如表 5.3 所示。同时，对于极少数国家变量中存在数据缺失，本章采用均值替代法加以处理。

表 5.3　"一带一路"沿线国家样本的 KMO 检验和 Bartlett's 球形检验结果

取样足够度的 KMO 度量		0.690
Bartlett's 球形检验	近似卡方值	4 757.216
	自由度	210
	P 值	0.000

资料来源：SPSS 分析结果

表 5.3 显示，Bartlett's 球形检验的近似卡方值为 4 757.216，概率 P 值接近 0。在显著性水平 α =0.05 的情况下，概率 P 值小于显著性水平 α，因此，应拒绝零假设，换言之，应该接受相关系数矩阵与单位阵存在显著差异。由于 KMO 值为 0.690，非常接近 0.7，由 KMO 度量标准可以知道，原有变量适合用于做因子分析。

变量的共同度量越高，表示提取的公因子对原始变量的解释能力越强。根据表 5.4，其中有 20 个变量指标的共同度量均超过 55%，只有变量 X_{21} 的共同度量为 43%，因此提取的公因子能较好地解释原始变量，详细因子分析结果见表 5.4。

表 5.4　因子分析中"一带一路"沿线国家样本的公因子方差初始值

标准化变量	初始值	提取值	标准化变量	初始值	提取值
X_1	1.000	0.738	X_6	1.000	0.900
X_2	1.000	0.647	X_7	1.000	0.678
X_3	1.000	0.713	X_8	1.000	0.978
X_4	1.000	0.607	X_9	1.000	0.795
X_5	1.000	0.760	X_{10}	1.000	0.760

续表

标准化变量	初始值	提取值	标准化变量	初始值	提取值
X_{11}	1.000	0.665	X_{17}	1.000	0.847
X_{12}	1.000	0.795	X_{18}	1.000	0.661
X_{13}	1.000	0.558	X_{19}	1.000	0.891
X_{14}	1.000	0.558	X_{20}	1.000	0.864
X_{15}	1.000	0.732	X_{21}	1.000	0.430
X_{16}	1.000	0.784			

资料来源：SPSS 分析结果

图 5.1 显示：第一个因子的特征值最大，对原有变量的解释的贡献也最大；第 2 个因子仅次于第 1 个因子；第 7 个因子的特征值还是大于 1 的；第 8 个因子及其后的因子的特征值都较小，对原有变量的解释的贡献也就很小，属于可被忽略的"碎石"。因此，选取 7 个因子是恰当的。

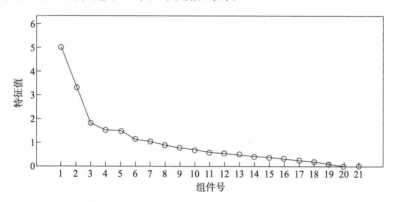

图 5.1　因子分析的因子碎石图
资料来源：SPSS 分析结果

表 5.5 描述了 21 个变量指标可以解释的总方差情况，其详细结果如表 5.5 所示。

表 5.5　因子解释原有变量总方差的效果

因子编号	初始特征值			旋转载荷平方和		
	合计	方差贡献率	累积方差贡献率	合计	方差贡献率	累积方差贡献率
1	5.035	23.978	23.978%	4.779	22.755	22.755%
2	3.319	15.802	39.780%	2.460	11.712	34.468%
3	1.819	8.661	48.441%	1.865	8.880	43.348%
4	1.526	7.267	55.708%	1.823	8.680	52.028%

续表

因子编号	初始特征值			旋转载荷平方和		
	合计	方差贡献率	累积方差贡献率	合计	方差贡献率	累积方差贡献率
5	1.491	7.098	62.806%	1.683	8.014	60.043%
6	1.132	5.392	68.198%	1.627	7.750	67.792%
7	1.039	4.946	73.144%	1.124	5.351	73.144%
8	0.887	4.223	77.366%			
9	0.784	3.735	81.101%			
10	0.692	3.293	84.395%			
11	0.589	2.806	87.200%			
12	0.546	2.598	89.798%			
13	0.489	2.331	92.129%			
14	0.405	1.927	94.056%			
15	0.396	1.885	95.941%			
16	0.316	1.503	97.444%			
17	0.240	1.144	98.587%			
18	0.195	0.930	99.517%			
19	0.086	0.411	99.928%			
20	0.013	0.063	99.991%			
21	0.002	0.009	100.000%			

资料来源：SPSS 分析结果

表 5.5 中，每组中各数据的含义分别为合计、方差贡献率和累积方差贡献率。以特征值大于 1 作为提取因子的衡量标准，提取 7 个公因子。从 2~4 列的数据可以看出，7 个因子共解释了原有变量总方差的 73.144%，原有变量的信息损失少，因子分析效果较好。第 5~7 列的数据显示了最终因子解。因子旋转后，该 7 个因子的累积方差解释率依旧是 73.144%，换言之，对原有变量的共同度没有影响，但重新分配了各因子解释原有变量的方差，各因子的方差贡献发生变化，因子变得更容易解释，表明所提取的 7 个因子含有原有变量反映的绝大部分信息。

表 5.6 是采用最大方差法所得到旋转后的因子载荷矩阵。表中第 1 个因子 F_1 与 X_8——按购买力平价衡量的 GDP（现价国际元），X_{19}——劳动力总数，X_6——GDP（现价美元），X_{20}——人口总数，X_{12}——航空运输量、注册承运人全球出港量，X_{11}——铁路、公路（总千米数）这 6 个变量的载荷系数大，第 1 个因子主要解释这 6 个变量。这些变量反映各国在经济、交通能力、总人口和劳动力人口等基本国情，本章将第 1 个因子命名为"基本国情"。

表 5.6　因子方差贡献率-旋转后的因子载荷矩阵

标准化变量	因子方差贡献率						
	F_1	F_2	F_3	F_4	F_5	F_6	F_7
X_8	0.976	-0.039	0.021	-0.036	0.131	0.061	0.034
X_{19}	0.915	-0.064	-0.163	0.041	-0.045	0.033	0.135
X_6	0.904	0.017	0.123	-0.061	0.244	0.030	-0.039
X_{20}	0.900	-0.065	-0.164	0.036	-0.061	0.028	0.130
X_{12}	0.796	0.039	0.064	-0.046	0.391	0.025	-0.001
X_{11}	0.728	-0.060	0.236	0.057	-0.101	0.174	-0.181
X_5	0.018	0.809	-0.235	-0.006	0.222	0.000	0.009
X_{15}	-0.181	0.794	0.156	0.170	0.069	0.025	0.103
X_{14}	-0.002	0.676	0.149	0.249	-0.072	-0.078	-0.073
X_7	-0.019	0.651	0.347	-0.305	0.110	-0.161	-0.041
X_2	0.127	0.187	0.663	0.172	0.346	0.082	0.020
X_{13}	-0.005	0.144	0.663	0.026	0.213	-0.199	-0.109
X_{21}	-0.021	-0.015	0.636	0.102	-0.118	0.006	0.026
X_1	0.045	0.217	0.222	0.783	-0.067	-0.024	0.148
X_4	-0.081	-0.054	0.255	0.711	0.153	0.050	0.026
X_{18}	-0.054	-0.107	0.282	-0.653	-0.021	0.108	0.358
X_3	0.061	0.008	0.166	0.146	0.808	0.071	0.050
X_{10}	0.315	0.363	0.003	-0.113	0.711	-0.079	-0.069
X_9	0.062	0.037	-0.038	0.030	0.022	0.880	0.111
X_{16}	0.151	-0.165	-0.058	-0.069	0.012	0.843	-0.126
X_{17}	0.082	0.015	-0.056	-0.001	0.010	-0.012	0.914

资料来源：SPSS 分析结果

第 2 个因子 F_2 与 X_5——人口密度（每平方千米土地的人数）、X_{15}——贸易额（占 GDP 比例）、X_{14}——安全互联网服务器（每百万人）、X_7——人均 GDP（现价美元）等 4 个变量的载荷系数较大，第 2 个因子主要解释这 4 个变量。这些变量主要反映了各国国民的生活和对外贸易等情况，因此，本章将第 2 个因子命名为"国民生活与外贸"。

第 3 个因子 F_3 与 X_2——征信信息深度指数（1=最低，8=最高）、X_{13}——通电率（占人口的百分比）、X_{21}——调整后的储蓄：教育支出（占 GNI 的百分比）等 3 个变量的载荷系数较大，因此，将第 3 个因子命名为"社会环境"。

第 4 个因子 F_4 与 X_1——法律权利力度指数（0=最弱，12=最强）、X_4——税收（占 GDP 比例）、X_{18}——调整后的储蓄：自然资源损耗（占 GNI 的百分比）等 3 个变量的载荷系数较大，因此，将第 4 个因子命名为"政治环境"。

第 5 个因子 F_5 与 X_3——企业信息披露程度指数（0=很少披露，10=大量披露）、X_{10}——班轮运输相关指数（2004 年的最大值=100）变量的载荷系数较大，由于这两个变量在实际意义上关联不大，故将第 5 个因子命名为"其他"因子。

第 6 个因子 F_6 与 X_9——消费者价格指数（2010 年=100）、X_{16}——按消费者价格指数衡量的通胀率变量的载荷系数较大，因此，将第 6 个因子命名为"市场稳定性"因子。

第 7 个因子 F_7 与 X_{17}——GDP 增长率变量的载荷系数较大，因此，将第 7 个因子命名为"经济环境"。

以回归法估算因子得分系数，结果见表 5.7。

表 5.7　因子分析因子得分系数

标准化变量	因子得分系数						
	F_1	F_2	F_3	F_4	F_5	F_6	F_7
X_1	0.029	0.054	0.058	0.419	-0.106	-0.006	0.150
X_2	-0.004	-0.014	0.330	0.032	0.113	0.074	0.033
X_3	-0.092	-0.152	-0.033	0.088	0.586	0.029	0.068
X_4	-0.041	-0.112	0.069	0.392	0.116	0.027	0.051
X_5	0.004	0.370	-0.233	-0.022	0.060	0.053	-0.003
X_6	0.185	-0.002	0.054	-0.043	0.045	-0.028	-0.053
X_7	0.020	0.278	0.176	-0.244	-0.087	-0.036	-0.045
X_8	0.209	0.000	0.013	-0.016	-0.023	-0.019	0.008
X_9	-0.038	0.087	0.000	0.009	-0.006	0.566	0.082
X_{10}	0.003	0.064	-0.121	-0.069	0.435	-0.051	-0.059
X_{11}	0.181	0.014	0.171	0.004	-0.203	0.080	-0.181
X_{12}	0.140	-0.019	-0.009	-0.025	0.178	-0.029	-0.013
X_{13}	-0.002	-0.029	0.354	-0.052	0.038	-0.098	-0.082
X_{14}	0.043	0.311	0.029	0.087	-0.191	0.008	-0.068
X_{15}	-0.023	0.346	0.015	0.040	-0.082	0.090	0.093
X_{16}	-0.016	0.002	0.009	-0.040	0.006	0.526	-0.132
X_{17}	-0.005	-0.003	-0.024	0.029	0.026	-0.030	0.816
X_{18}	-0.027	-0.028	0.255	-0.390	-0.043	0.078	0.308
X_{19}	0.213	0.021	-0.080	0.046	-0.112	-0.042	0.096
X_{20}	0.212	0.023	-0.078	0.043	-0.122	-0.043	0.091
X_{21}	0.016	-0.036	0.400	-0.004	-0.179	0.025	0.033

资料来源：SPSS 分析结果

利用因子得分将 7 个公因子表示为 21 个变量的线性组合，可写出以下因子得分函数：

$$F_1 = 0.029X_1 - 0.004X_2 - 0.092X_3 - 0.041X_4 + 0.004X_5 + 0.185X_6 + 0.020X_7$$
$$+ 0.209X_8 - 0.038X_9 + 0.003X_{10} + 0.181X_{11} + 0.140X_{12} - 0.002X_{13} + 0.043X_{14}$$
$$- 0.023X_{15} - 0.016X_{16} - 0.005X_{17} - 0.027X_{18} + 0.213X_{19} + 0.212X_{20} + 0.016X_{21}$$

$$F_2 = 0.054X_1 - 0.014X_2 - 0.152X_3 - 0.112X_4 + 0.370X_5 - 0.002X_6 + 0.278X_7$$
$$+ 0.087X_9 + 0.064X_{10} + 0.014X_{11} - 0.019X_{12} - 0.029X_{13} + 0.311X_{14} + 0.346X_{15}$$
$$+ 0.002X_{16} - 0.003X_{17} - 0.028X_{18} + 0.021X_{19} + 0.023X_{20} - 0.036X_{21}$$

$$F_3 = 0.058X_1 + 0.330X_2 - 0.033X_3 + 0.069X_4 - 0.233X_5 + 0.054X_6 + 0.176X_7$$
$$+ 0.013X_8 - 0.121X_{10} + 0.171X_{11} - 0.009X_{12} + 0.354X_{13} + 0.029X_{14} + 0.015X_{15}$$
$$+ 0.009X_{16} - 0.024X_{17} + 0.255X_{18} - 0.080X_{19} - 0.078X_{20} + 0.400X_{21}$$

$$F_4 = 0.419X_1 + 0.032X_2 + 0.088X_3 + 0.392X_4 - 0.022X_5 - 0.043X_6 - 0.244X_7$$
$$- 0.016X_8 + 0.009X_9 - 0.069X_{10} + 0.004X_{11} - 0.025X_{12} - 0.052X_{13} + 0.087X_{14}$$
$$+ 0.040X_{15} - 0.040X_{16} + 0.029X_{17} - 0.390X_{18} + 0.046X_{19} + 0.043X_{20} - 0.004X_{21}$$

$$F_5 = -0.106X_1 + 0.113X_2 + 0.586X_3 + 0.116X_4 + 0.060X_5 + 0.045X_6 - 0.087X_7$$
$$- 0.023X_8 - 0.006X_9 + 0.435X_{10} - 0.203X_{11} + 0.178X_{12} + 0.038X_{13} - 0.191X_{14}$$
$$- 0.082X_{15} + 0.006X_{16} + 0.026X_{17} - 0.043X_{18} - 0.112X_{19} - 0.122X_{20} - 0.179X_{21}$$

$$F_6 = -0.006X_1 + 0.074X_2 + 0.029X_3 + 0.027X_4 + 0.053X_5 - 0.028X_6 - 0.036X_7$$
$$- 0.019X_8 + 0.566X_9 - 0.051X_{10} + 0.080X_{11} - 0.029X_{12} - 0.098X_{13} + 0.008X_{14}$$
$$+ 0.090X_{15} + 0.526X_{16} - 0.030X_{17} + 0.078X_{18} - 0.042X_{19} - 0.043X_{20} + 0.025X_{21}$$

$$F_7 = 0.150X_1 + 0.033X_2 + 0.068X_3 + 0.051X_4 - 0.003X_5 - 0.053X_6 - 0.045X_7$$
$$+ 0.008X_8 + 0.082X_9 - 0.059X_{10} - 0.181X_{11} - 0.013X_{12} - 0.082X_{13} - 0.068X_{14}$$
$$+ 0.093X_{15} - 0.132X_{16} + 0.816X_{17} + 0.308X_{18} + 0.096X_{19} + 0.091X_{20} + 0.033X_{21}$$

从上述因子得分系数矩阵中可以得出：因子得分的均值为 0，标准差为 1；大于 0 代表高于平均水平，小于 0 代表低于平均水平。

由以上因子得分函数计算沿线 71 个国家的因子得分，并评价分析沿线国家直接投资环境。具体做法是由式（5.7）计算各国家因子综合得分，并以各因子的方差贡献率为权重，求 7 个因子加权之和的得分。

$$F = \frac{\lambda_1}{\sum_{i=1}^{7}\lambda_i}F_1 + \frac{\lambda_2}{\sum_{i=1}^{7}\lambda_i}F_2 + \frac{\lambda_3}{\sum_{i=1}^{7}\lambda_i}F_3 + \frac{\lambda_4}{\sum_{i=1}^{7}\lambda_i}F_4 + \frac{\lambda_5}{\sum_{i=1}^{7}\lambda_i}F_5 + \frac{\lambda_6}{\sum_{i=1}^{7}\lambda_i}F_6 + \frac{\lambda_7}{\sum_{i=1}^{7}\lambda_i}F_7 \quad (5.7)$$

通过式（5.7）以及表 5.5 可知：$\lambda_1 = 4.779$，$\lambda_2 = 2.460$，$\lambda_3 = 1.865$，$\lambda_4 = 1.823$，$\lambda_5 = 1.683$，$\lambda_6 = 1.627$，$\lambda_7 = 1.124$。

$$F = 0.311F_1 + 0.160F_2 + 0.121F_3 + 0.119F_4 + 0.110F_5 + 0.106F_6 + 0.073F_7$$

因此可以计算得到"一带一路"沿线 71 个国家对外直接投资环境评估的综合得分，并按综合得分由高到低对这 71 个国家对外直接投资环境进行排名，结果如

表 5.8 所示。

表 5.8 沿线国家直接投资环境得分综合排名

国家	综合得分	排名	国家	综合得分	排名
印度	49 162.577	1	克罗地亚	1 937.555	37
俄罗斯	46 305.564	2	塞尔维亚	1 854.795	38
印度尼西亚	38 293.172	3	白俄罗斯	1 810.963	39
土耳其	36 933.768	4	斯洛文尼亚	1 787.216	40
韩国	24 283.306	5	乌兹别克斯坦	1 622.456	41
马来西亚	24 230.603	6	黎巴嫩	1 590.769	42
阿拉伯联合酋长国	22 287.710	7	文莱	1 586.201	43
泰国	19 989.844	8	爱沙尼亚	1 569.133	44
菲律宾	15 785.020	9	阿塞拜疆	1 546.575	45
沙特阿拉伯	14 309.026	10	马尔代夫	1 521.145	46
新加坡	12 234.727	11	尼泊尔	1 316.892	47
南非	11 857.261	12	阿富汗	1 306.830	48
新西兰	11 431.107	13	立陶宛	1 266.987	49
卡塔尔	10 927.069	14	保加利亚	1 231.120	50
越南	10 699.535	15	伊拉克	1 114.181	51
伊朗	9 755.746	16	吉尔吉斯斯坦	1 051.688	52
匈牙利	7 727.415	17	土库曼斯坦	950.482	53
巴拿马	7 606.364	18	斯洛伐克	930.984	54
埃及	6 711.736	19	柬埔寨	766.558	55
波兰	6 375.149	20	老挝	748.762	56
哈萨克斯坦	5 156.815	21	也门	668.961	57
巴基斯坦	4 448.015	22	摩尔多瓦	611.100	58
埃塞俄比亚	4 302.019	23	黑山	573.013	59
摩洛哥	4 284.114	24	蒙古国	533.740	60
乌克兰	4 249.907	25	马达加斯加	523.954	61
以色列	4 023.162	26	塔吉克斯坦	454.646	62
捷克共和国	3 980.222	27	不丹	422.610	63
孟加拉国	3 724.937	28	格鲁吉亚	418.695	64
巴林	3 670.207	29	阿尔巴尼亚	344.603	65
罗马尼亚	3 579.314	30	波黑	255.595	66
阿曼	3 414.940	31	北马其顿	227.402	67
缅甸	2 916.019	32	叙利亚	210.255	68
拉脱维亚	2 830.719	33	亚美尼亚	195.971	69
科威特	2 792.981	34	巴勒斯坦	145.142	70
斯里兰卡	2 253.598	35	东帝汶	108.562	71
约旦	2 192.886	36			

资料来源: 作者根据 SPSS 结果自行整理

由图 5.1 可以看出，F_1 因子的特征值远远大于其他 6 个因子的特征值，因此，结合这 7 个因子的综合系数评价中，F_1 因子的得分占综合得分比重最大。因此，本章主要以"基本国情"角度来解释"一带一路"沿线 71 个国家的直接投资环境得分综合排名情况。

从"一带一路"沿线 71 个国家直接投资环境得分综合排名可知，印度、俄罗斯和印度尼西亚分别排名第 1、2、3。

印度是南亚次大陆最大国家，与俄罗斯、中国、巴西和南非并称"金砖五国"，是全球最大的五个新兴市场。由世界银行发布的 2017 年数据可知，在"一带一路"沿线 71 个国家中，2017 年印度的 GDP 达到了 25 974.92 亿美元，是沿线 71 个国家中 GDP 最高的国家。同时，印度的 GDP 增速较快，增幅为 6.24%。在本书的"一带一路"沿线 71 个国家中，2015 年印度的铁路、公路总公里数居第 1 位；2016 年班轮运输相关指数显示的轮船运输量也居沿线国家的第 14 位；2017 年印度在线登记的航空运输量也在沿线 71 个国家中居首位，为 1 029 961 百万吨/千米。2017 年末，印度人口为 13.39 亿人，仅次于我国，占世界总人口的 17.18%（中国人口比例为 18.41%），其中劳动力人口为 5.20 亿人，占"一带一路"沿线 71 个国家总劳动力人口（15.03 亿人）的比例约为 34.6%，即超过了 71 个国家总劳动力人口的三分之一。

总的来说，印度经济产业多元，涵盖农业、手工艺、纺织和服务业，以耕种、现代农业、手工业、现代工业为主。近年来服务业增长迅速，已成为全球软件、金融等服务业最重要出口国，在直接投资环境得分综合排名第 1。2013~2016 年印度得到的外国直接投资的均值为 526.03 亿美元，在沿线国家中排名第 8，这也说明印度是世界各国对外直接投资的热门国家。

俄罗斯位于欧亚大陆北部，是全球国土面积最大的国家，也是东欧地区自然资源最丰富的国家。俄罗斯也是"金砖五国"之一，由世界银行发布的数据可知，俄罗斯 2017 年 GDP 为 15 775.24 亿美元，在沿线 71 个国家中仅次于印度，排名第 2。俄罗斯工业、科技基础雄厚。主要工业部门有冶金、石油、机械、天然气、煤炭及化工等，俄罗斯航空航天和核工业水平世界领先；俄罗斯矿产资源极为丰富，石油、煤炭、天然气的产量或储量都位居世界前列。俄罗斯运输方式多种多样，交通网发达。铁路是其最主要的交通工具，截至 2016 年，俄罗斯铁路全长 85 375 千米，在"一带一路"沿线国家中最长。2017 年俄罗斯有 1.445 亿人，排名沿线国家第 5，其中，劳动力人口约为 0.756 4 亿人，排名第 3。俄罗斯在"一带一路"沿线国家直接投资环境得分综合排名第 2。2013~2016 年俄罗斯得到的外国直接投资年均为 373.78 亿美元，在沿线国家排位第 12。

印度尼西亚是东南亚地区最大的经济体，是二十国集团成员国之一。2017 年，印度尼西亚的 GDP 为 10 155.39 亿美元，在"一带一路"沿线 71 个国家中，居于第 4。虽然印度尼西亚的陆路运输较落后，但航空与水运非常发达，在线登记的航空运输量在"一带一路"沿线国家排位中仅次于印度，排位第 2，为916 471 百万吨/千米。印度尼西亚人口在沿线国家中排名第 2，全球第 4，2017 年人口数为 2.64 亿人。与印度、俄罗斯不同，印度尼西亚 2013~2016 年的企业信息披露程度指数均达到了最高值 10，做到了企业信息公开透明，足以吸引外国直接投资。印度尼西亚的石油、天然气、锡和镍的储量在世界上名列前茅，金刚石储量居亚洲前列；铀、铁、铜、铅、铝矾土、锌等储量也很丰富，具有吸引外国直接投资的巨大潜力。2013~2016 年，印度尼西亚得到的外国直接投资年均值达到939.45 亿美元，排名"一带一路"沿线国家第 6。

以上是从"基本国情"和"经济环境"这 2 个因子解释了印度、俄罗斯和印度尼西亚这 3 个国家直接投资环境排名靠前的原因。除以上原因外，这 3 个国家还有个共同特点，即"政治环境"因子反映的税收情况，这 3 个国家的总税率都较低。2017 年，三国总税收占其 GDP 的比例分别为 10.96%、9.13%和 10.33%，税率的高低影响投资者的最终受益，因此，一国总税率是外国企业制定对外直接投资决策时的重点考量因素，低税收也成就了这 3 个国家的良好直接投资环境。

亚美尼亚、巴勒斯坦和东帝汶在沿线国家直接投资环境排名最后三位。从国土面积来看，这 3 个国家在亚、欧国家范围内算是面积较小的国家。亚美尼亚的国土面积是 2.98 万平方千米，排名世界第 135 位，截至 2016 年，人口密度是102.7 人/千米^2。巴勒斯坦的国土面积只有 6 220 平方千米，人口密度为 778.2 人/千米^2。东帝汶的国土面积有 14 874 平方千米，人口密度为 85.3 人/千米^2。从经济发展情况来看，3 个国家的主要经济来源均为农牧业，亚美尼亚 2017 年 GDP 为115.37 亿美元，仅占沿线国家 GDP 总值的 0.074%；巴勒斯坦 2017 年 GDP 为144.98 亿美元，仅占沿线国家 GDP 总值的 0.092%；东帝汶经济发展非常落后，结构严重失衡，非常依赖油气收入和外国援助。

5.1.4 "一带一路"沿线国家的直接投资环境分类——聚类分析

由本章采用因子分析得出的七个因子：基本国情、国民生活与外贸、政治环境、经济环境、社会环境、市场稳定性及其他因子，以 K-均值聚类分析，经过多次重复对比分析，决定将沿线 71 个国家分为 6 类。利用 SPSS 软件做 K-均值聚类分析，得到如表 5.9 所示的沿线国家具体分类情况。

表 5.9　"一带一路"沿线国家的直接投资环境分类

类别	国家	个数
I 类国家	印度	1

续表

类别	国家	个数
Ⅱ类国家	俄罗斯	1
Ⅲ类国家	印度尼西亚、土耳其	2
Ⅳ类国家	新加坡、沙特阿拉伯、韩国、菲律宾、越南、泰国、阿拉伯联合酋长国、马来西亚、伊朗、新西兰、卡塔尔、波兰、匈牙利、南非、埃及、巴拿马	16
Ⅴ类国家	蒙古国、缅甸、老挝、哈萨克斯坦、文莱、阿富汗、柬埔寨、孟加拉国、尼泊尔、吉尔吉斯斯坦、阿塞拜疆、科威特、马尔代夫、以色列、巴基斯坦、约旦、黎巴嫩、斯里兰卡、巴林、阿曼、土库曼斯坦、伊拉克、乌兹别克斯坦、也门、摩洛哥、埃塞俄比亚、白俄罗斯、斯洛伐克、克罗地亚、罗马尼亚、乌克兰、捷克、斯洛文尼亚、爱沙尼亚、塞尔维亚、拉脱维亚、立陶宛、摩尔多瓦、保加利亚	39
Ⅵ类国家	不丹、格鲁吉亚、塔吉克斯坦、亚美尼亚、巴勒斯坦、叙利亚、东帝汶、马达加斯加、波黑、北马其顿、黑山、阿尔巴尼亚	12

资料来源：SPSS分析结果

　　从 K-均值聚类分析结果来看，Ⅰ类国家仅有印度。在前面直接投资环境评估分析中，印度是 71 个沿线国家中综合排名第 1 的国家，其在 2013~2016 年流入的对外直接投资的年度均值排沿线国家第 8，又由于印度是"一带一路"沿线除中国外最大的发展中国家，交通便利，劳动力人口多，故印度是对外投资环境为Ⅰ类的国家，是"一带一路"沿线国家中对外国直接投资最具吸引力的发展中国家。

　　Ⅱ类国家也仅有俄罗斯 1 个国家。与印度不同，俄罗斯属于发达国家经济体，因此，俄罗斯是对外投资环境为Ⅱ类的国家，是"一带一路"沿线国家中对外国直接投资最具吸引力的发达国家。

　　Ⅲ类国家有 2 个国家——印度尼西亚和土耳其，分别为东南亚国家和西亚国家。这两个国家在"一带一路"沿线 71 个国家直接投资环境得分综合排名中分别位于第 3 和第 4，是仅次于印度和俄罗斯的对外国直接投资最具吸引力的国家。因此，Ⅲ类国家也是直接投资环境最具潜力的国家。

　　Ⅳ类国家共有 16 个国家，分别为亚洲国家的新加坡、沙特阿拉伯、韩国、马来西亚、泰国、越南、菲律宾、阿拉伯联合酋长国、伊朗和卡塔尔，非洲及拉美地区的巴拿马、南非和埃及，欧洲国家的波兰和匈牙利以及大洋洲的新西兰。这16 个国家在 71 个沿线国家直接投资环境得分综合排名中分别位于第 5 到第 20，它们是除印度、俄罗斯、印度尼西亚和土耳其外，接收外国直接投资的主力军，所以Ⅳ类国家的直接投资环境也具有较强的发展潜力。

　　Ⅴ类国家共有 39 个国家，分别为亚洲国家的蒙古国、缅甸、老挝、哈萨克斯坦、吉尔吉斯斯坦、文莱、柬埔寨、孟加拉国、阿富汗、科威特、阿塞拜疆、尼泊尔、巴基斯坦、以色列、约旦、黎巴嫩、阿曼、马尔代夫、巴林、斯里兰卡、土库曼斯坦、乌兹别克斯坦、伊拉克和也门，非洲国家的摩洛哥和埃塞俄比亚，欧洲国家的白俄罗斯、罗马尼亚、乌克兰、克罗地亚、捷克、斯洛伐克、塞尔维亚、斯洛文尼亚、拉脱维亚、摩尔多瓦、爱沙尼亚、立陶宛和保加利亚。这39个国家在沿线国家直接投资环境得分综合排名从第 21 到第 59。从外国直接投资环境来看，这 39 个国家大都为发展中国家，这类国家的直接投资环境在"一带一路"沿线国家中处于中等，有可能随着"一带一路"倡议推进发展，这类国家的直接投资环境也能取得相应的发展。

Ⅵ类国家共有12个，分别为亚洲国家的不丹、巴勒斯坦、塔吉克斯坦、亚美尼亚、格鲁吉亚、东帝汶和叙利亚，非洲国家的马达加斯加，欧洲国家的波黑、黑山、北马其顿和阿尔巴尼亚。这12个国家在沿线国家直接投资环境得分综合排名60位之后，这类国家的直接投资环境在沿线国家中处于劣势，希望能以"一带一路"倡议推动这类国家的国内发展和国际贸易化进程。

5.2　制度距离对选择对外直接投资国家的影响机制

5.2.1　管制性制度距离的影响机制

管制性制度是指能够维持市场经济顺利运行的各种政策法规，包括政府和法律两个方面的规章制度安排，如政府执行效率、政府对经济和市场的干预程度和市场监管程度等。"一带一路"沿线国家在宪法、法律和产权等管制环境的差别很大，这就使中国与这些国家间存在着一定的管制距离。由于管制性制度是政府给予企业和市场的一致性规则，是企业或组织所需要的合法性保障，故从制度角度来看，当中国（重庆市）企业到"一带一路"倡议沿线国家进行投资时，应该首先重点考虑哪些管制制度对中国（重庆市）企业有利和中国（重庆市）企业能够快速适应该国制度环境的国家。换言之，中国与"一带一路"沿线国家的管制性制度环境越是相近（管制性制度距离[①]越小），当中国（重庆市）企业去该国投资时，就能更加快速地适应当地的制度，降低企业的摩擦成本和经营成本，获取更高的利润。由此可得假设 5.1。

假设 5.1：中国与"一带一路"沿线国家管制性制度距离的差距越大，中国（重庆市）对该国的直接投资流量越少。

本章结合世界银行的国家治理指数（worldwide governance indicators，WGI）数据库，将管制性制度细分为政府效率（government effectiveness，GE）、法制程度（rule of law，RL）和监管质量（regulatory quality，RQ）三个方面，研究管制

---

① 管制性制度距离：regulative distance，RD。

性制度距离对于中国（重庆市）企业选择对外直接投资国家的影响机制。

1. 政府效率

企业在对外直接投资中，东道国政府办事效率在一定程度上反映出该国营商环境的优劣，影响企业能否在该国投资成功。由《全球营商环境报告 2018》可知，对一个国家营商环境的综合评价主要有开办企业、手续审批、强制履约和解决破产等 10 个与政府办事效率密切相关的指标。在"一带一路"沿线国家中，大多数国家是发展中国家或新兴经济体，面临政治不稳、政策调整和社会转型等诸多威胁和挑战，政府办事效率与我国也存在诸多不同和较大差距。在国外直接投资处理效率上，只有保加利亚、波兰和新加坡等少数国家效率较高，其他国家的政府办事效率都比较低，表现在审批手续过多和监管松弛等方面。使中国（重庆市）企业在"一带一路"沿线国家直接投资面临大量风险。

表 5.10 显示，新西兰和新加坡的营商环境在 190 个国家中排名前两位。近年来，中国对新加坡的投资存量在"一带一路"沿线 71 个国家中排名第一，这主要是由于新加坡政府办事效率高，因而企业的投资效率得到极大提升，运营成本得以减低。相反，缅甸等国家在开办企业等方面排名十分落后，外国企业需历经十多个程序和三个多月才能新建成功，不但耗时费力，而且投资成本高。阿富汗在保护中小投资者方面排位垫底，办理施工许可和强制履约也相当落后。东帝汶在强制履约、登记财产和解决破产等方面均排位最末。乌兹别克斯坦的对外贸易不足，主要原因之一是其海关部门效率低下，每批货物的出口需要耗费55天办理11种单证才能完成所有手续，导致每集装箱货物的出口成本高达 5 090 美元。同时，企业需要花费104天办理13种单证，以每集装箱 6 452 美元的高昂成本完成进口手续。此外，沙特阿拉伯在解决破产，叙利亚在办理施工许可等方面排位非常落后。这些营商环境差的国家在政府效率等方面与中国差别较大，中国（重庆市）企业到这些国家投资需要一个相对比较长的适应期，导致企业的生产和投资进程遭到延迟，遭遇投资风险。

表 5.10 沿线国家营商环境排名

国家	营商环境排名	开办企业	办理施工许可	登记财产	交税	获得信贷	跨境交易	获得电力	保护中小投资者	强制履约	解决破产
蒙古国	62	59	23	50	62	20	110	139	33	88	93
韩国	4	9	28	39	24	55	33	2	20	1	5
新西兰	1	1	3	1	9	1	56	37	2	21	32
东帝汶	178	151	159	187	139	170	98	114	81	190	168

续表

国家	营商环境排名	开办企业	办理施工许可	登记财产	交税	获得信贷	跨境交易	获得电力	保护中小投资者	强制履约	解决破产
新加坡	2	6	16	19	7	29	42	12	4	2	27
马来西亚	24	111	11	42	73	20	61	8	4	44	46
印度尼西亚	72	144	108	106	114	55	112	38	43	145	38
缅甸	171	155	73	134	125	177	163	151	183	188	164
泰国	26	36	43	68	67	42	57	13	16	34	26
老挝	141	164	40	65	156	77	124	149	172	97	168
柬埔寨	135	183	179	123	136	20	108	137	108	179	74
越南	68	123	20	63	86	29	94	64	81	66	129
文莱	56	58	48	136	104	2	144	24	40	61	60
菲律宾	113	173	101	114	105	142	99	31	146	149	59
伊朗	124	97	25	87	150	90	166	99	170	80	160
伊拉克	168	154	93	101	129	186	179	116	124	144	168
土耳其	60	80	96	46	88	77	71	55	20	30	139
叙利亚	174	133	186	155	81	173	176	153	89	161	163
约旦	103	105	110	72	97	159	53	40	146	118	146
黎巴嫩	133	143	142	102	113	122	140	123	138	134	147
以色列	54	37	65	130	99	55	60	77	16	92	29
巴勒斯坦	114	169	154	94	109	20	49	87	160	124	168
沙特阿拉伯	92	135	38	24	76	90	161	59	10	83	168
也门	186	163	186	82	80	186	189	187	132	140	156
阿曼	71	31	60	54	11	133	72	61	124	67	98
阿拉伯联合酋长国	21	51	2	10	1	90	91	1	10	12	69
卡塔尔	83	89	19	26	1	133	90	65	177	123	116
科威特	96	149	129	70	6	133	154	97	81	73	110
巴林	66	75	47	25	25	105	78	79	108	111	90
格鲁吉亚	9	4	29	4	22	12	62	30	2	7	57
阿塞拜疆	57	18	161	21	35	122	83	102	10	38	47
亚美尼亚	47	15	89	13	87	42	52	66	62	47	97
印度	100	156	181	154	119	29	146	29	4	164	103
巴基斯坦	147	142	141	170	172	105	171	167	20	156	82
孟加拉国	177	131	130	185	152	159	173	185	76	189	152
阿富汗	183	107	185	186	176	105	175	163	189	181	161
斯里兰卡	111	77	76	157	158	122	86	93	43	165	88
马尔代夫	136	68	54	174	118	133	152	143	132	106	139

续表

国家	营商环境排名	开办企业	办理施工许可	登记财产	交税	获得信贷	跨境交易	获得电力	保护中小投资者	强制履约	解决破产
尼泊尔	105	109	157	84	146	90	76	133	62	153	76
不丹	75	88	82	56	17	77	26	56	124	25	168
哈萨克斯坦	36	41	52	17	50	77	123	70	1	6	39
乌兹别克斯坦	74	11	135	73	78	55	168	27	62	39	87
塔吉克斯坦	123	57	136	90	132	122	149	171	33	54	148
吉尔吉斯斯坦	77	29	31	8	151	29	84	164	51	139	119
俄罗斯	35	28	115	12	52	29	100	10	51	18	54
乌克兰	76	52	35	64	43	29	119	128	81	82	149
白俄罗斯	38	30	22	5	96	90	30	25	40	24	68
摩尔多瓦	44	23	165	20	32	42	35	80	33	62	65
波兰	27	120	41	38	51	29	1	54	51	55	22
立陶宛	16	27	12	3	18	42	19	33	43	4	70
爱沙尼亚	12	12	8	6	14	42	17	41	76	11	44
拉脱维亚	19	21	49	22	13	12	25	62	43	20	53
捷克	30	81	127	32	53	42	1	15	62	91	25
斯洛伐克	39	83	91	7	49	55	1	57	89	84	42
匈牙利	48	79	90	29	93	29	1	110	108	13	62
斯洛文尼亚	37	46	100	36	58	105	1	19	24	122	10
克罗地亚	51	87	126	59	95	77	1	75	29	23	60
波黑	86	175	166	97	137	55	37	122	62	71	40
黑山	42	60	78	76	70	12	44	127	51	42	37
塞尔维亚	43	32	10	57	82	55	23	96	76	60	48
阿尔巴尼亚	65	45	106	103	125	42	24	157	20	120	41
罗马尼亚	45	64	150	45	42	20	1	147	57	17	51
保加利亚	50	95	51	67	90	42	21	141	24	40	50
北马其顿	11	22	26	48	29	12	27	53	4	35	30
南非	82	136	94	107	46	68	147	112	24	115	55
摩洛哥	69	35	17	86	25	105	65	72	62	57	134
埃塞俄比亚	161	174	169	139	133	173	167	125	176	68	122
马达加斯加	162	76	183	161	131	133	134	184	96	158	133
巴拿马	79	39	88	83	180	29	54	18	96	148	107
埃及	128	103	66	119	167	90	170	89	81	160	115

注：《全球营商环境报告 2018》中没有土库曼斯坦国家相关数据，由于数据缺失，表格中未包含该国数据
资料来源：世界银行官网的《全球营商环境报告 2018》

2. 法制程度

交易成本是企业运行成本中的重要组成部分，是企业外部的运行成本，因此，法律制度在完善市场、降低企业交易成本中的作用越来越大。法制程度是管制性制度中最重要的组成部分。一个国家的法律体系对外资企业的最根本作用就是认可和保护外资企业的产权。若东道国的法律体系和制度不完善，社会管制制度缺失，通常会导致资本市场混乱、基础设施缺失和公众质疑外资企业等不良现象，极大增加外资企业的交易成本。故而，东道国法制程度，尤其是外资管理方面的法制程度对外资企业到该国直接投资的决策影响重大，外资管理体系完善的国家更能吸引外国资本金，如美国和新加坡等国家，除了涉及国家安全之外的所有的领域都向外国资本金开放，而且外国投资者享有与本国企业几乎相同的待遇。完善的制度体系中必须有公平、高效的法律保护所有自然人和法人的合法产权（Globerman and Shapiro，2003）。完备的法律制度才有可能有效维护投资者权益和投资环境，防范投资风险，降低交易成本。

沿线国家的法律各不相同，与我国法律制度也存在较大不同，这些国家对外资的吸引力以及其对外资权益的保障力度也不同。涉及国外直接投资的法律法规主要包括市场准入、金融法规、企业竞争等。"一带一路"沿线国家中新兴经济体和发展中国家居多，一些国家会因资金短缺而对国外投资者实施一些优惠政策和宽松的审核制度，但是菲律宾、缅甸、东帝汶等这些国家仍然存在一个非常严重的问题，即法治化程度低、法律稳定性差、执行力度弱。

由于中国（重庆市）企业的对外直接投资行为和收益受限于东道国法制程度，包括该国法律对外资的投资形式和比例，以及外资企业经营权等方面的规定。在"一带一路"沿线国家中，新西兰和新加坡等国家的法律体系健全，申诉体系完善，为外资到本国投资提供了良好的法规保障。当中国（重庆市）企业在"一带一路"中选择直接投资国家时，建议优选与我国法制程度较为接近的国家，尤其是优于我国的国家，以降低成本和风险，获得更高利润。

3. 监管质量

管制性制度反映出国家公民在经济活动和社会活动等方面的权力（Eden and Miller，2004）。然而，这种权力掌握在东道国政府手上，因此，当中国（重庆市）企业向"一带一路"沿线国家直接投资时，需要特别重视东道国政府的监管质量。东道国通过对外资的政策法规监管外资，包括外资能进入本国经济领域的相关政策、给予外资的优惠政策、对外资生产经营的干预程度等。

沿线国家政治环境复杂，一些国家的政权、政府领导人和执政党频繁更迭。使中国（重庆市）企业在向叙利亚、伊朗、阿富汗、伊拉克和部分中亚国家等

"一带一路"沿线国家投资时难以预测该国投资环境，导致中国（重庆市）企业在这些国家直接投资时的风险明显上升。因此，当中国（重庆市）企业在沿线国家中选择对外直接投资目标国的时候，须认真分析候选国家的政府监管制度和监管质量的高低，深入分析目标国家政府对外资的态度和政策，优先选择监管质量高，监管环境与我国相近的东道国，以便更快更好地适应该国监管环境。

5.2.2　规范性制度距离的影响机制

规范性制度属于社会非正式制度，是人们在长期往来中逐渐形成的非正式行为准则，包括价值观、思维和风俗习惯等。这些准则对人们的行为和决策进行规范与指导。制度的规范性维度着重的是社会习俗和价值观的稳定性，以此约束和规范个人与组织行为。由于规范性制度更强调深层次的道德基础，也就更容易内部化。

当中国（重庆市）企业到"一带一路"沿线国家直接投资时，最好能够找到当地企业进行战略合作，建立企业的社会合法性。当然，这是有一定难度的，其最主要的障碍是社会文化差距（Yiu and Makino，2002）。社会文化差距越大，东道国民众对外资企业的认可程度越低，外资在该东道国建立起社会合法性的难度也就越大，直接影响外资企业的长远发展。

中国（重庆市）与东道国国民在社会信仰、道德规范和价值观等方面差别越大，与该国的规范性制度距离（normative distance，ND）就越大，中国（重庆市）企业就越需要花费更多的时间和金钱去融入当地文化，企业到该国投资的意愿越低。由我国企业的投资经验可以发现，中国（重庆市）企业偏好投资于"一带一路"中的周边发展中国家，就是因为周边的"一带一路"发展中国家与中国的规范性制度距离较小。基于以上分析提出假设 5.2。

假设 5.2：中国与"一带一路"沿线国家规范性制度距离越大，中国（重庆市）企业对该国的对外直接投资流量越小。

本章仍然结合世界银行的 WGI 数据库对制度进行划分，从廉洁水平（control of corruption，CC）、民主权利（voice of accountability，VA）和政治稳定性（political stability，PS）等方面细分规范性制度，并结合沿线国家规范性制度的实际情况，详细阐述和分析规范性制度距离对中国（重庆市）企业选择对外直接投资东道国的影响。

1. 廉洁水平

沿线大多数国家的制度环境较差，其主要原因在于这些国家拥有较丰富的资源，其经济发展属于资源依赖型，政府对本国资源保护的力度不足，过于追求经济的规模和发展增速，忽略发展的质量和可持续性。在这种制度环境下，寻租行为频发，廉洁水平低下。此外，低水平的廉政会反过来阻碍规范性制度的完善（Acemoglu and Robinson，2006）。腐败会降低政府的可信度，恶化本国法律和产权保护体系等制度质量，增大外资企业在本国经济活动的交易成本和总成本。"一带一路"沿线国家政府的腐败程度不相同，与中国的差别很大，当中国（重庆市）企业到这些国家投资时需要尽早适应这些情况。根据全球腐败指数（corruption perceptions index，CPI）的统计[①]（表 5.11），"一带一路"沿线国家中比较廉洁的国家只有 2 个：新西兰和新加坡，高达 54 个国家的腐败程度为严重腐败或极端腐败，故而，当中国（重庆市）企业在"一带一路"沿线国家中选择对外直接投资国时，应尽量选择那些腐败指数较高的国家（Cuervo-Cazurra，2006）。

表 5.11　"一带一路"沿线国家腐败指数

腐败程度	"一带一路"沿线（70*个）		全球范围国家数（总数 180 个）	沿线国家占全球相应比重
	国家数	比重		
比较廉洁	2	2.9%	12	16.7%
轻微腐败	14	20.0%	44	31.8%
严重腐败	45	64.3%	98	45.9%
极端腐败	9	12.9%	26	34.6%

*表示巴勒斯坦没有出现在该统计报告中

资料来源："透明国际"组织公布《2017 年全球腐败指数》

2. 民主权利

当企业到国外投资时，可能会因对当地投资环境不熟而与当地合作企业在沟通交流时产生分歧。其根源就是两国国民在文化背景、民主意识和社会责任感等方面存在较大差异。在言论充分自由、公民的社会责任感高的民主国家中，企业和社会利益相关者更重视消费者权益与企业对社会的贡献；当然，也会对外资企业提出高要求。当企业的活动有可能危害到全社会的时候，这些企业和社会群体就会要求以法律手段制裁这些不法企业。

民主意识、社会责任感和言论自由都属于主观范畴，不确定性大。国家间一般通过签订双边贸易协定，以沟通协商来解决企业在保护环境和消费者权益等方面面临的问题，以降低不确定性带来的企业交易成本。我国已与 22 个"一带一

---

① 全球腐败指数是由世界著名非政府组织"透明国际"建立的腐败指数排行榜，反映的是全球各国商人、学者及风险分析人员对世界各国腐败状况的观察和感受。腐败指数采用百分制，100 分表示最廉洁；0 分表示最腐败；80~100 分表示比较廉洁；50~80 分表示轻微腐败；25~50 分表示严重腐败；0~25 则表示极端腐败。

路"沿线国家签署了自贸区协定，与 56 个沿线国家签订了双边投资协定，以推动我国与这些国家间的双边直接投资。由于东道国民众在言论自由和社会责任感等方面存在差异，进而影响外资企业的直接投资行为和收益，当中国（重庆市）企业在沿线国家中选择直接投资东道国的时候，应该尽可能选取那些与中国签署了自贸区协定或双边投资协定的国家，以降低不确定性和交易成本。

3. 政治稳定性

动荡的政局不仅会导致政治稳定性降低，还会导致该国经济和产业政策的不连续性，进而增加在该国投资的外资企业在生产经营等方面的不确定性。沿线国家的政治稳定性差距很大，一些国家政治稳定性差，政局动荡，政权更迭频繁，不断爆发战争，中国（重庆市）企业到这些国家进行直接投资会面临非常高的风险。由美国企业研究所和传统基金会的"China Global Investment Tracker"数据库可知，2013~2018 年中国企业在 26 个沿线国家遭遇 47 起对外投资风险案例，主要是在矿产或能源等自然资源丰富的以色列、孟加拉国、俄罗斯、印度、印度尼西亚等国家（表 5.12）。这 26 个国家中，叙利亚、菲律宾、阿富汗等都属于政治稳定性低的国家。从行业来看，这些对外投资风险案例主要涉及能源和交通业（表 5.13）。故而，当中国（重庆市）企业在沿线国家中选择直接投资国的时候，需要尽量避免社会动荡和政局不稳的国家，从而降低投资风险。

表 5.12　2013~2018 年中国企业在"一带一路"沿线投资风险案例的国家分布

国家	案例数/起	涉及金额/亿美元	金额占比
以色列	5	23.2	4.71%
孟加拉国	4	35.3	7.16%
俄罗斯	4	117.7	23.87%
印度	3	9.9	2.01%
印度尼西亚	3	24.6	4.99%
埃塞俄比亚	2	22.6	4.58%
马来西亚	2	30.4	6.17%
缅甸	2	10.7	2.17%
巴基斯坦	2	41	8.32%
沙特阿拉伯	2	3.1	0.63%
叙利亚	2	37.7	7.65%
越南	2	11.6	2.35%
阿富汗	1	28.7	5.82%

续表

国家	案例数/起	涉及金额/亿美元	金额占比
捷克	1	9.1	1.85%
格鲁吉亚	1	6.3	1.28%
伊朗	1	25	5.07%
伊拉克	1	2.9	0.59%
哈萨克斯坦	1	18.5	3.75%
蒙古国	1	2.5	0.51%
新西兰	1	4.6	0.93%
罗马尼亚	1	3.5	0.71%
韩国	1	2	0.41%
斯里兰卡	1	14.3	2.90%
泰国	1	3	0.61%
土耳其	1	3.8	0.77%
乌克兰	1	1	0.20%

资料来源：美国企业研究所和传统基金会的"China Global Investment Tracker"数据库

表 5.13　2013~2018 年中国企业在"一带一路"沿线投资风险案例的行业分布

行业	案例数/起	金额/亿美元	金额占比
能源	20	288.9	58.6%
交通	9	77.0	15.6%
金融	6	34.0	6.9%
金属	4	49.6	10.1%
技术	2	10.9	2.2%
健康	2	4.2	0.9%
化学	1	18.5	3.8%
房地产	1	6.8	1.4%
设备制造	1	1.9	0.4%
农业	1	1.2	0.2%

资料来源：美国企业研究所和传统基金会的"China Global Investment Tracker"数据库

由此可得，中国与沿线国家制度距离影响对外投资目标国选择的机制框架如图 5.2 所示。

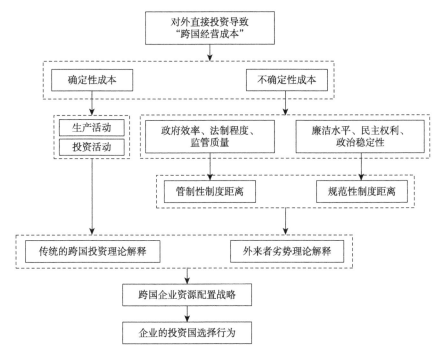

图 5.2 中国与沿线国家制度距离影响对外投资目标国选择的机制框架

5.3 制度距离影响对外直接投资目标国选择的实证分析

根据 5.1 节对"一带一路"沿线国家直接投资环境评价与分类可以发现，制度距离会影响中国企业对外直接投资区位和国家选择行为。本章引入规范性制度距离（ND）和管制性制度距离（RD）解释变量，构建扩展的投资引力模型，检验制度距离影响对外直接投资东道国选择行为和决策的机制。此外，对制度距离的方向性加以区分，分别回归管制性制度距离和规范性制度距离的正负值，以得出更加详细和准确的研究结论。

5.3.1 变量选取与数据来源

本节选取重庆市已有对外直接投资的"一带一路"沿线国家作为样本国家，由于部分国家的部分年份数据缺失，最终选择 2013~2016 年的年度样本数据。

扩展的投资引力模型各变量的选择和数据来源如下。

1. 被解释变量

以 2013~2016 年重庆市对沿线国家的 OFDI 流量（单位为万美元）为被解释量。考虑到各年度 OFDI 流量数据的实际数值较大，需要降低被解释变量的异方差性，故将 OFDI 流量取对数，定义为 ln OFDI。数据来源为商务部网站的《中国对外直接投资统计公报》（2013~2016 年度）。

2. 解释变量

借鉴已有的制度距离影响对外投资区位选择的研究结论，本节以管制性制度距离和规范性制度距离为解释变量，以体现制度距离对 OFDI 的影响，分析其对中国（重庆市）企业在"一带一路"沿线国家的对外投资区位和国家选择行为。

采用 WGI 数据库的政府效率（GE）、监管质量（RQ）、法制程度（RL）作为管制性制度距离的子指标，廉洁水平（CC）、民主权利（VA）、政治稳定性（PS）为规范性制度距离的子指标。每项子指标的具体含义见表 5.14。标准化处理后的 6 个子指标的取值在[-2, 2.5]。数值越大，该子指标越能明确反映制度距离。本章以各年度重庆市与沿线国家间子指标均值之差的绝对值来计算这两个制度距离。

表 5.14　管制性制度距离和规范性制度距离指标

	指标	测度内容
管制性制度距离	政府效率（GE）	政策的执行力、连续性和可信度，政府职能履行情况，公共服务供给数量和质量
	监管质量（RQ）	政府政策的落实程度、对市场的监管力度、企业活动的规范程度
	法制程度（RL）	企业对契约的执行情况、法律法规中的公平正义程度、司法体系的完善程度、法律的执行程度和力度
规范性制度距离	廉洁水平（CC）	政府和社会的廉洁水平程度
	民主权利（VA）	言论、游行和结社的自由程度，公众责任感
	政治稳定性（PS）	政局稳定程度、社会群体安定程度

资料来源：作者自行整理

3. 控制变量

选择东道国市场规模（GDP）、东道国经济环境（ENV）、两国是否签署双边投资协定（BIT）和海外投资示范效应（EXP）为控制变量。

东道国市场规模。市场规模对企业跨国投资区位和目标国选择策略产生直接影响，可以展示企业在未来的跨国投资经营潜力。东道国市场规模越大，企业在该国投资越容易获得规模经济，降低企业成本，推动企业迅速发展。因此，本节选择东道国市场规模作为控制变量，以该国各年度的 GDP（单位为亿美元）来反映该国市场规模。数据来源为世界银行 WDI 数据库，由于其数值较大，故对其进行对数变换，记为 ln GDP。

东道国经济环境。国家的富裕程度和基础设施水平等可以充分反映出该国的经济环境水平。经济环境水平不同的国家民众消费需求也不同。企业在进行跨国直接投资的时候，面对经济环境不同的国家，不得不调整经营策略以应对不同国家的异质消费偏好。一个国家的人均 GDP 被学者广泛用于反映经济环境。人均 GDP 越高，该国经济环境越好。因此，本节以沿线国家人均 GDP 来反映该国的经济环境。数据来源于世界银行 WDI 数据库。同样，为降低异方差，对其进行对数变换，记为 ENV。

两国是否签订双边投资协定。两国在国际贸易或直接投资中，都会倾向选择签订自由贸易区或者双边投资协定，以减少两国贸易或投资成本，从而提升双边资本利用效率。本节将 BIT 设为虚拟变量，若中国与东道国未签订双边投资协定，BIT 取值为 0；若双方签订了双边投资协定，则协定生效年份之前的 BIT 值为 0，之后的 BIT 值为 1。数据来源为 UNCTAD 的 BIT 数据库。

海外投资示范效应。各国对外开放水平提升，国际贸易不断增加，母国与东道国间的贸易往来联系就变成了跨国企业了解东道国市场和消费者等相关信息很好的途径。对东道国的了解程度在企业对外投资国家选择中起着非常重要的作用，能够有效降低企业投资风险。本节选择重庆市与"一带一路"沿线国家间出口额（单位为亿美元）表征该示范效应。数据来自各年度《重庆统计年鉴》。同样，为降低异方差，对其进行对数变换，记为 ln EXP，详细变量定义见表 5.15。

表 5.15   实证分析模型中各变量名称及定义

变量类型	变量名称	变量定义
被解释变量	中国对"一带一路"沿线国家 OFDI 流量	取对数值，记为 ln OFDI
解释变量	管制性制度距离（RD）	以每年度中国与沿线国家表示管制性制度的三项指标均值之差的绝对值测度
	规范性制度距离（ND）	以每年度中国与沿线国家代表规范性制度的三项指标均值之差的绝对值测度
控制变量	东道国市场规模（GDP）	东道国 GDP 对数值，记为 ln GDP
	东道国经济环境（ENV）	东道国人均 GDP 的对数值
	两国是否签署双边投资协定（BIT）	生效年份之前取值为 0；生效年份之后取值为 1
	海外投资示范效应（EXP）	中国对东道国出口额的对数值，记为 ln EXP

资料来源：作者自行整理

5.3.2   计量模型设定

由本章前面的理论基础和假设条件，借鉴第 4 章中扩展贸易引力模型，本章引入研究管制性制度距离和规范性制度距离，建立扩展的投资引力模型，将上述两个制度距离变量作为解释变量，分析其对中国（重庆市）企业在"一带一路"沿线国家对外直接投资区位和国家选择的影响。

Anderson（1979）首次将引力模型用于国际直接投资决策，公式为

$$Q_{ij} = \beta_0 X_i^{\beta_1} X_j^{\beta_2} P_i^{\beta_3} P_j^{\beta_4} R_{ij}^{\beta_5} A_{ij}^{\beta_6} e^{\varepsilon_{ij}} \tag{5.8}$$

其中，Q_{ij} 表示 i、j 两国间的投资流量；X_i、X_j 分别表示 i、j 两国的经济发展水平和市场规模；P_i、P_j 分别表示 i、j 两国的人口规模；R_{ij}、A_{ij} 分别表示 i 国和 j 国的制度阻力和助力因素；$e^{\varepsilon_{ij}}$ 表示随机误差项。

为了考虑企业对外直接投资的区位选择，在式（5.8）中加入除经济发展水平和距离之外的其他因素，记为 N，则式（5.8）可以转化为

$$Q_{ij} = \beta_0 X_i^{\beta_1} X_j^{\beta_2} D_{ij}^{\beta_3} N_{ij}^{\beta_4} e^{\varepsilon_{ij}} \tag{5.9}$$

其中，D_{ij} 为两国间的空间距离，将公式两边取对数如下：

$$\ln Q_{ij} = \beta_0 + \beta_1 \ln X_i + \beta_2 \ln X_j + \beta_3 \ln D_{ij} + \beta_4 \ln N_{ij} + \mu_{ij} \tag{5.10}$$

为分析制度距离对企业对外直接投资区位和国家选择的影响，将式（5.10）扩展为

$$\ln Q_{ij} = \beta_0 + \beta_1 \ln X_i + \beta_2 \ln X_j + \beta_3 \ln D_{ij} + \beta_4 \ln ID_{ij} + \beta_5 \ln M_{ij} + \mu_{ij} \tag{5.11}$$

其中，ID_{ij} 为 i、j 两国之间的制度距离；M_{ij} 为 i、j 两国除经济发展水平、空间距离和制度距离之外的影响因素。

结合本书的理论基础和假设条件，以及相关变量的设置，对式（5.11）进一步扩展，得出本章的投资引力模型如下：

$$\ln OFDI_{ij} = \beta_0 + \beta_1 RD + \beta_2 ND + \beta_3 \ln GDP + \beta_4 ENV + \beta_5 BIT + \beta_6 \ln EXP + \mu_{ij} \tag{5.12}$$

5.3.3　模型检验

本小节讨论的主要是扩展的投资引力模型检验的分析问题。在选定各个研究变量，并且收集到各变量数据后，首先对收集到的管制性制度距离变量（RD）和规范性制度距离变量（ND）分别进行三个指标求值，其次对控制变量东道国市场规模、经济环境和海外投资示范效应变量进行对数变换，分别得到 ln GDP、ENV、ln EXP，最后加入控制变量 BIT，进行各个解释变量的简单相关系数检验，结果见表 5.16。

表 5.16 投资引力模型中各解释变量的相关系数

因变量	ln EXP	RD	ND	BIT	ENV	ln GDP
ln EXP	1.000	0.033	0.079	−0.121	−0.162	−0.600
RD	0.033	1.000	−0.105	0.018	−0.018	−0.034
ND	0.079	−0.105	1.000	−0.007	−0.088	−0.068
BIT	−0.121	0.018	−0.007	1.000	−0.088	−0.176
ENV	−0.162	−0.018	0.152	−0.088	1.000	−0.074
ln GDP	−0.600	−0.034	−0.068	−0.176	−0.074	1.000

资料来源：Stata 软件自行生成

由表 5.16 中各变量的相关系数矩阵可知，各变量间不存在显著的相关性。

面板数据间存在固定效应、混合效应和随机效应等三种类型的效应。混合效应模型要求所有个体拥有相同的回归方程，即横截面上不存在个体效应的影响；固定效应和随机效应认为各样本存在显著的个体效应。当估计模型时，需要首先确定所选数据适用哪种效应模型。

本书首先通过豪斯曼检验来判别研究样本所选择的是随机效应模型还是固定效应模型。

其模型中原假设和备选假设分别如下：

H_0：个体效应与回归变量无关，应建立个体随机效应回归模型；

H_1：个体效应与回归变量相关，应建立个体固定效应回归模型。

运用 EViews 8.0 计量软件进行验证，对面板数据的检验结果见表 5.17。

表 5.17 相关随机效应——豪斯曼检验结果

检验结果	卡方统计量	卡方自由度	p 值
横截面随机效应	0.000 0	6	1.000 0
调整 R^2	0.470 630	F 统计量	161.915 2

资料来源：Stata 软件自行生成

从表 5.17 中可以看出，豪斯曼检验统计量的值是 0.000 0，对应的概率是 1.000 0，且 F 统计量为 161.915 2，即接受原假设；由于本章中所考虑的时间跨度为 2013~2016 年，属于短面板数据，面板数据中的时间效应不显著，即应该建立个体随机效应回归模型。本书通过对重庆市与"一带一路"倡议沿线伙伴国的投资引力模型进行随机效应估计，发现某些个体的虚拟变量显著，而某些不显著。最后，通过所有年度虚拟变量的联合显著性检验，认为应在模型中考虑个体随机效应。

5.4　实证结果及分析

表 5.18 显示，被解释变量 ln OFDI 的最大值与最小值之间相差约 19 倍，均值为 5.877 8；解释变量 RD 和 ND 的均值标准误和标准差较为接近，而最大值之间的差距相对较大；控制变量中 ln EXP 最小值为 0.000 0，说明中国（重庆市）企业与"一带一路"沿线中的一些国家还没有进行对外投资实践，取对数之后设定变量值为 0。由实证结果可以看出，对变量进行对数变换可以有效消除变量间的异方差性，使实证结果与现实更接近。

表 5.18　变量的描述性统计结果

变量		均值	均值标准误	标准差	方差	最大值	最小值
被解释 变量	ln OFDI	5.877 8	0.213 7	2.930 0	8.585 0	13.491 0	0.693 1
解释 变量	RD	0.753 2	0.039 5	0.542 3	0.294 0	2.212 1	0.013 6
	ND	1.142 0	0.052 1	0.714 7	0.511 0	3.115 1	0.028 1
控制 变量	ln GDP	7.121 4	0.102 0	1.398 9	1.957 0	10.042 0	2.967 7
	ENV	8.870 2	0.088 1	1.208 2	1.460 0	11.388 6	6.331 1
	BIT	0.840 0	0.027 0	0.367 0	0.135 0	1.000 0	0.000 0
	ln EXP	6.642 4	0.300 1	4.114 6	16.930 0	12.511 7	0.000 0

5.4.1　初步回归结果

利用 Stata 13.0 计量软件，在扩展的投资引力模型中加入个体随机效应，进一步检验制度距离对中国（重庆市）企业与"一带一路"沿线国家对外投资区位选择的影响，得到的回归分析结果如表 5.19 所示。

表 5.19　变量的初步回归结果

变量	系数	标准差	t 值	p 值
C	−4.766 8***	1.466 3	−3.25	0.001
RD	−0.302 9	0.294 2	−1.03	0.305
ND	−0.488 8**	0.227 0	−2.15	0.033
ln GDP	0.874 3***	0.154 6	5.65	0.000
ENV	0.540 7***	0.140 7	3.84	0.000

续表

变量	系数	标准差	t 值	p 值
BIT	$-0.772\,7^{*}$	0.466 6	-1.66	0.099
ln EXP	$0.159\,1^{***}$	0.053 0	3.01	0.003
调整 R^2			0.470 6	
F 统计量			26.82	
F 检验 p 值			0.000 0	

*表示变量在 10%显著性水平上显著；**表示变量在 5%显著性水平上显著；***表示变量在 1%显著性水平上显著

即中国（重庆市）企业对沿线伙伴国的对外投资引力方程如下所示：

$$\ln \text{OFDI}_{ij} = -4.766\,8 - 0.302\,9\text{RD} - 0.488\,8\text{ND} + 0.874\,3\ln \text{GDP} + 0.540\,7\text{ENV}$$
$$- 0.772\,7\text{BIT} + 0.159\,1\ln \text{EXP} + \mu_{ij}$$

$$(5.13)$$

从表 5.19 的模型回归结果可以看出：模型中调整 R^2 为 0.470 6，F 统计量为 26.82，说明本章所构建的投资引力模型拟合效果较好，能解释模型中各变量间的相关关系。

首先，被解释变量 ln OFDI 对解释变量 RD 的弹性系数为负，但变量的 t 值为 -1.03，即解释变量 RD 没有通过变量的显著性检验。这有可能是因为沿线国家多为发展中国家，且国家间的政府效率、法治程度和监管质量之间存在明显差异，整体回归下来会削弱管制性制度距离变量（RD）对中国（重庆市）企业跨国投资的影响。从变量系数来看，中国（重庆市）企业与"一带一路"沿线国家间的对外投资流量与管制性制度距离是负相关关系。表明沿线国家的管制性环境与重庆市越接近，则其间的对外投资流量越大，从而验证了假设 5.1。为了判别中国（重庆市）企业在管制性制度距离约束下的对外投资方向，后面将会对样本数据中的解释变量 RD 进行分类，以便决定中国（重庆市）企业可能投资管制性制度环境完善的国家，也可能投资制度环境恶劣的国家，进一步考察方向性对中国（重庆市）企业对外投资区位选择的影响。

其次，被解释变量 ln OFDI 对解释变量 ND 的弹性系数为负，且在显著水平 0.05 水平下通过检验，说明中国（重庆市）企业与沿线国家间的对外投资流量与规范性制度距离是负相关关系，即当解释变量 ND 每降低 1%时，两国企业间的跨国对外投资流量将增加 0.49%，表明沿线国家的规范性环境与重庆市越接近，则其间的对外投资流量越大，从而验证了假设 5.2。同样地，为分析规范性制度距离对企业对外投资国家选择的影响，仍然对解释变量 ND 进行分类，以便决定中国（重庆市）企业可能投资规范性制度环境完善的国家，也可能投资制度环境恶劣的国家。

最后，在控制变量的回归结果中可以看出，变量 ln GDP、ENV 和 ln EXP 的回归分析结果与预期理论一致，而变量 BIT 与预期相反。其中，东道国市场规模（lnGDP）、东道国经济环境（ENV）和海外投资示范效应（ln EXP）的弹性系数均为正，且在显著性水平 0.01 下通过了检验，表明中国（重庆市）企业在选择沿线对外投资目标国的时候，会考虑沿线国家的经济环境、市场规模和海外投资示范效应因素，以减少企业跨国投资的不确定性成本。中国（重庆市）企业是否与"一带一路"沿线国家间签订双边投资协定（BIT）的分析结果与预期理论相反，即双边国家签订的 BIT 协议对中国（重庆市）企业对沿线国家的对外投资的区位选择呈现负相关关系，BIT 变量每降低 1%，对外投资流量将增加 0.77%。可能的原因如下：沿线国家大多数为发展中国家，中国（重庆市）企业到东道国进行对外直接投资虽然可以优化东道国产业结构、推动产业技术进步、提高东道国的国际竞争力，但是给予中国（重庆市）企业事先设立的权利有可能偏离东道国已有的外资管理政策，破坏其已有的外资管理法律；中国（重庆市）企业投资进入东道国，为了给予中国（重庆市）企业优惠待遇，东道国需要给予中国（重庆市）企业优于本土投资者的政策和待遇，这就限制了东道国给予本国企业的优惠，阻碍东道国对本土产业的培育和支持。

5.4.2　对制度距离方向性的检验

基于前面重庆市对"一带一路"沿线国家对外投资流量的回归分析结果可以发现，在同一管制性制度距离或者规范性制度距离下，均存在两不同方向性的对外投资区位选择方式，为了充分论证中国（重庆市）企业的对外投资方向性选择的偏好，下面分别对两个制度变量进行对外投资方向性研究。

本书首先对管制性制度距离的方向性加以研究，仍用 RD 变量中政府效率指标（GE）、法制程度指标（RL）和监管质量指标（RQ）的均值之差反映制度距离变量的方向性。若 $\Delta RD > 0$，则表示重庆市的管制性制度质量比沿线国家好；反之，则表示重庆市的管制性制度质量比沿线国家差，则可将前面中的沿线国家在 2013~2016 年度的样本分成两组，其扩展的投资引力模型回归结果分别如表 5.20 和表 5.21 所示。

表 5.20　不同方向性管制性制度距离与 OFDI 区位选择（$\Delta RD > 0$）

变量	系数	标准差	t 值	p 值
C	−0.360 5	1.900 9	−0.19	0.850
RD	−1.457 9***	0.410 8	−3.55	0.001

续表

变量	系数	标准差	t 值	p 值
ND	−0.188 5	0.270 1	−0.70	0.487
ln GDP	0.726 0***	0.179 6	4.04	0.000
ENV	0.172 3*	0.233 5	1.74	0.062
BIT	−0.091 1*	0.546 2	−1.86	0.068
ln EXP	0.088 2**	1.900 9	1.50	0.037
调整 R^2		0.483 9		
F 统计量		15.44		
F 检验 p 值		0.000 0		

*表示变量在 10%显著性水平上显著；**表示变量在 5%显著性水平上显著；***表示变量在 1%显著性水平上显著

表 5.21 不同方向性管制性制度距离与 OFDI 区位选择（ΔRD＜0）

变量	系数	标准差	t 值	p 值
C	−10.040 6***	3.288 2	−3.05	0.003
RD	−0.309 5*	0.390 4	−1.66	0.054
ND	−0.564 5*	0.390 4	−1.45	0.052
ln GDP	1.315 3***	0.292 4	4.50	0.000
ENV	0.863 1**	0.350 7	2.46	0.016
BIT	−2.351 8***	0.769 4	−3.06	0.003
ln EXP	0.147 7*	0.099 8	1.48	0.053
调整 R^2		0.558 0		
F 统计量		18.10		
F 检验 p 值		0.000 0		

*表示变量在 10%显著性水平上显著；**表示变量在 5%显著性水平上显著；***表示变量在 1%显著性水平上显著

按管制性制度距离的方向将样本分为两组，再分别对每组样本进行回归。表 5.20 和表 5.21 表明，RD 的弹性系数均为负，与初步检验结果和理论假设一致，但回归结果的显著性不同。当 ΔRD＞0 时，管制性制度距离变量 RD 在 1%的显著性水平上显著，说明该制度距离下对中国（重庆市）企业对外投资流量的区位选择影响更大；当 ΔRD＜0 时，管制性制度距离变量 RD 在 10%的显著性水平上显著，但相对于前面管制性制度距离方向性而言，作用减弱，并且影响程度也存在一定程度上的降低，详细解释见表 5.22。

表 5.22 不同方向性管制性制度距离与 OFDI 区位选择结果分析

制度距离类型	典型国家	对外投资方向	投资类别
ΔRD>0	蒙古国、缅甸、老挝、越南、文莱、印度尼西亚、伊朗、阿富汗、伊拉克、东帝汶、柬埔寨、科威特、巴林、叙利亚、沙特阿拉伯、约旦、黎巴嫩、格鲁吉亚、尼泊尔、菲律宾、巴勒斯坦、也门、阿曼、斯里兰卡、卡塔尔、巴基斯坦、孟加拉国、马尔代夫、塔吉克斯坦、乌兹别克斯坦、吉尔吉斯斯坦、乌克兰、黑山、波黑、埃及、北马其顿、马达加斯加、埃塞俄比亚、马来西亚、阿拉伯联合酋长国、阿塞拜疆、土库曼斯坦、摩尔多瓦、哈萨克斯坦	拥有丰富多样的自然资源和矿产资源,企业更看重沿线国家的各种资源	农业、制造业、加工业类的石油产品、棉花制品、香料、皮革、磷酸盐、塑料、橡胶、食品、化工、石材、制药、造纸、印刷、建筑、纺织、制衣和家具等
ΔRD<0	新西兰、新加坡、韩国、捷克、文莱、泰国、土耳其、不丹、以色列、印度、俄罗斯、白俄罗斯、波兰、亚美尼亚、立陶宛、拉脱维亚、斯洛伐克、匈牙利、克罗地亚、塞尔维亚、斯洛文尼亚、罗马尼亚、阿尔巴尼亚、南非、摩洛哥、爱沙尼亚、保加利亚	获取这些东道国较为先进的战略性资产,如技术、管理技能等	汽车及零部件、半导体、有线无线通信器材、船舶、电力、服装、金属制品、运输设备及其制品、化工产品、机械设备等

资料来源:作者根据软件结果自行整理

由此可见,中国(重庆市)企业截然不同的对外投资需求导致在同一管制性制度距离下的两种投资行为,也导致制度距离产生不同影响。沿线国家资源禀赋是影响企业对不同制度方向性投资的重要因素。

其次,对规范性制度距离的方向性加以研究,用 ND 变量中廉洁水平(CC)指标、民主权利(VA)指标和政治稳定性(PS)指标的均值之差反映制度距离变量的方向性。若 ΔND>0,表示重庆市的规范性制度质量比沿线国家好;反之,则表示重庆市的规范性制度质量比沿线国家差,可将前面中的沿线国家在 2013~2016 年度的样本分成两组,其扩展的投资引力模型回归结果分别如表 5.23 和表 5.24 所示。

表 5.23 不同方向性规范性制度距离与 OFDI 区位选择(ΔND>0)

变量	系数	标准差	t 值	p 值
C	−4.968 0***	1.680 6	−2.96	0.004
RD	−0.218 4*	0.369 9	−1.29	0.056
ND	−0.301 1**	0.263 4	−2.15	0.025
ln GDP	0.874 3***	0.154 6	3.37	0.001
ENV	0.540 7***	0.140 7	4.24	0.000
BIT	−0.772 7**	0.466 6	−1.66	0.031
ln EXP	0.159 1***	0.053 0	3.24	0.002
调整 R^2		0.496 8		
F 统计量		19.25		
F 检验 p 值		0.000 0		

*表示变量在10%显著性水平上显著;**表示变量在5%显著性水平上显著;***表示变量在1%显著性水平上显著

表 5.24　不同方向性规范性制度距离与 OFDI 区位选择（ΔND ＜ 0 ）

变量	系数	标准差	t 值	p 值
C	−5.114 4	4.329 5	−1.18	0.242
RD	−0.128 8	0.641 7	−1.33	0.105
ND	−1.154 1[*]	0.634 8	−1.82	0.074
ln GDP	1.382 7[***]	0.309 3	4.47	0.000
ENV	0.375 8[*]	0.493 2	1.76	0.091
BIT	−1.439 8[**]	0.942 2	−2.66	0.032
ln EXP	0.037 1[*]	0.114 3	1.80	0.077
调整 R^2		0.493 1		
F 统计量		19.40		
F 检验 p 值		0.000 0		

*表示变量在 10%显著性水平上显著；**表示变量在 5%显著性水平上显著；***表示变量在 1%显著性水平上显著

　　按规范性制度距离的方向将样本分为两组，再分别对每组样本进行回归分析。表 5.23 和表 5.24 显示，ND 的弹性系数均为负，与初步检验结果和理论假设一致，但回归结果的显著性不同。当 ΔND ＞0 时，规范性制度距离变量 ND 在 5%的显著性水平上显著，说明该制度距离下对中国（重庆市）企业对外投资流量的区位选择影响更大；当 ΔND ＜0 时，规范性制度距离变量 ND 在 10%的显著性水平上显著，但相对于前面规范性制度距离方向性而言，作用减弱，并且影响程度也存在一定程度上的降低。

　　对于规范性制度距离，其是一种非正式的制度，代表东道国民众在长期往来过程中形成的思维方式、价值观、风俗习惯等，指导人们的行为与决策。对于想要跨境投资的中国（重庆市）企业而言，与"一带一路"沿线国家之间的双边社会文化差异越小，其对外投资流量相对越大。从上述对规范性制度距离方向性分析中可以看出：中国（重庆市）企业偏向于投资规范性制度环境差距较小的沿线国家（即 ΔND＞0），主要是因为这些国家的制度质量和政府信度较高，公民的民主意识和社会责任感强，国家的政局稳定，经济与产业政策较为连续，如新加坡、俄罗斯、科威特、卡塔尔、阿拉伯联合酋长国等国家。

5.5　结论及建议

　　本章在对"一带一路"沿线 71 个国家的对外直接投资环境进行综合评估的结

果中，通过 SPSS 统计分析软件中的因子分析和聚类分析得出：印度、俄罗斯、印度尼西亚和土耳其是直接投资环境排名最靠前的 4 个国家，在聚类分析中，分别属于Ⅰ类国家、Ⅱ类国家和Ⅲ类国家，分别属于最吸引外国直接投资的发展中国家、最吸引外国直接投资的发达国家和直接投资环境最具有发展潜力的国家；而亚美尼亚、巴勒斯坦和东帝汶等国家投资环境排名最靠后，属于Ⅵ类国家，这类国家的直接投资环境在"一带一路"沿线国家中处于劣势，希望能够通过"一带一路"倡议带动这类国家的经济发展和国际贸易化进程。

本章考虑制度距离因素，用管制性制度距离和规范性制度距离对沿线各国的投资环境影响分析，通过建立扩展的投资引力模型，实证分析得出：重庆市与"一带一路"沿线国家的管制性制度距离越大，重庆市对其对外直接投资流量越少；重庆市与"一带一路"沿线国家规范性制度的距离越大，中国对其对外直接投资流量越小。

通过制度距离的方向性分析发现，中国（重庆市）企业偏向投资于管制性制度环境稍劣的沿线国家（即 $\Delta RD>0$），其主要原因是这些国家虽大多为发展中国家，其在对外直接投资环境综合排名中处于中等靠后，但其拥有丰富多样的自然资源和矿产资源，如石油、农产品和矿产品等，能够满足中国（重庆市）企业的投资需求，如缅甸、印度尼西亚、伊朗、蒙古国、老挝、阿富汗等发展中或者落后的地区。相较于政府效率低、法制不健全、监管薄弱等恶劣的制度环境，中国（重庆市）企业更看中"一带一路"沿线国家的各种资源。在"一带一路"周边的发展中国家，如有大量华人的东南亚地区国家，中国（重庆市）企业可熟练地运用人脉网络得到企业需要的资源；这种投资动机和企业在恶劣制度环境的生存经验，使企业在选择对外直接投资国家时，较少考虑管制性制度距离的影响。这种投资行为反映出跨国企业为了获取所需资源而忽略投资中的政治风险，结果给企业投资带来很大的摩擦成本和经营成本。

另外，中国（重庆市）企业选择投资管制性制度环境优于我国的东道国（即 $\Delta RD<0$），即对外直接投资环境排名靠前的国家，其主要原因是为了得到这些国家的先进战略性资产，如电子设备、机电产品、航空航天和汽车等产业的先进技术。这些要素的产生和发展有赖于良好的管制性制度环境。中国（重庆市）企业面临国内竞争压力，希望通过获取战略性资产提升核心竞争力的时候，就会有强大的动机和激励投资于管制性制度环境更好的国家，如新加坡、新西兰、韩国、阿拉伯联合酋长国、捷克等。这些国家政府办事效率高，制度体系完善，知识产权保护力度强，可以为企业提供良好的投资环境，推动这些要素的高效发展。因此，中国（重庆市）应改进制度环境，缩小与东道国的管制性制度距离，降低中国（重市庆）企业到管制性制度好的国家投资的适应期和成本，进而促进中国（重庆市）企业的对外投资。

在规范性制度距离的方向性研究中发现，中国（重庆市）企业偏向投资于规范性制度环境差距较小的沿线国家（即 $\Delta ND>0$ ），其主要原因是这些东道国的制度质量和政府可信度较高，民众的民主意识和社会责任感较强，国家政局稳定，经济与产业政策较为连续。

第6章 基于实物期权的对外直接投资决策研究

现有的企业对外直接投资决策主要以净现值法（net present value，NPV）为基础。其最大不足之处在于它是一种确定性决策，而且一旦制定则不考虑更改。事实上，市场环境不断变化，投资收益也不确定，需要根据新的市场环境对内部收益率、净现值乃至投资方案进行动态调整（Franklin and Diallo，2013）。基于实物期权的投资理论是解决这些问题的不错选择（朱磊等，2009）。Smets（1993）首先将实物期权引入博弈模型研究企业投资决策。谭英双等（2011）通过对称双头垄断期权博弈模型研究模糊环境下企业的创新投资决策。谷晓燕（2015）将实物期权引入研发项目动态投资决策中。Dias 和 Teixeira（2003）则通过构建不对称可变成本下的双寡头期权博弈模型，研究建立企业对外直接投资策略。

基于此，本章通过分别建立垄断和竞争情况下的企业的对外直接投资实物期权模型，研究企业的对外直接投资决策，为中国（重庆市）企业到"一带一路"沿线国家进行投资提供决策指导。

6.1 基础模型

6.1.1 模型构建

考虑某个风险中性的企业计划到国外投资某个投资成本为 I，价值为 V 的项目。项目的价值 V 服从几何布朗运动：

$$dV = \mu V dt + \sigma V dz \tag{6.1}$$

其中，μ 为项目价值的期望增长率；σ 为所投资项目价值的标准差；dz 为标准维纳过程增量，且满足 $E(\mathrm{d}z)=0$。项目的投资成本 I 在初始时刻（即当 $t=0$ 时）已定，但项目的未来价值不确定。

投资国的无风险利率水平为 r，将企业的投资机会视为一个永久的看涨期权，则企业的投资决策就可视为何时执行这一期权。换言之，投资决策等价于可以采用动态规划方法求解的期权定价问题。

不妨以 $F(V)$ 表示投资机会的期权价值，则投资决策目标就是找到使 $F(V)$ 达到最大值的投资临界点。由于企业在 T 时刻的投资回报为 V_T-I，故企业投资的收益最大值为

$$F(V) = \max E\left[\left(V_T - I\right)\mathrm{e}^{-\rho T}\right] \tag{6.2}$$

其中，$E[\ ]$ 为期望；T 为投资时刻点的时间；ρ 为贴现率。考虑到式（6.1）的约束，项目价值的期望增长率 μ 必须小于贴现率 ρ，即 $\mu < \rho$，否则，只要 T 足够大，式（6.1）的积分就会无穷大，就没有最优解。不妨命 $\delta = \rho - \mu > 0$。

当 $\sigma > 0$ 时，由于 V 是随机变化的，可以用项目投资临界值 V^* 刻画最优投资时机。当 $V < V^*$ 时，企业推迟投资行动；反之，当 $V \geqslant V^*$ 时，企业应该马上投资。一般而言，项目价值的期望增长率 μ 和投资项目价值的标准差 σ 都能影响等待的价值，进而影响企业的投资时机。

6.1.2　动态规划求解

企业在实施其投资决策之前，即 $t < T$ 时，$F(V)$ 没有产生现金流。换言之，企业为持有投资期权而失去投资收益，即企业的期权机会成本为期权价值的资本增值。则有连续时间段内的贝尔曼方程为

$$\rho F\mathrm{d}t = E(\mathrm{d}F) \tag{6.3}$$

用伊藤引理将 $\mathrm{d}F$ 展开可得

$$\mathrm{d}F = F'(V)\mathrm{d}V + \frac{1}{2}F''(V)\left(\mathrm{d}V\right)^2 \tag{6.4}$$

其中，$F'(V) = \dfrac{\mathrm{d}F}{\mathrm{d}V}$ 为 $F(V)$ 对 V 求一阶导数；$F''(V) = \dfrac{\mathrm{d}^2 F}{\mathrm{d}V^2}$ 为二阶导数。

将式（6.1）和式（6.4）代入式（6.3）可得

$$\frac{1}{2}\sigma^2 V^2 F''(V) + \mu V F'(V) - \rho F(V) = 0 \tag{6.5}$$

整理可得

$$\frac{1}{2}\sigma^2 V^2 F''(V) + (\rho - \delta)V F'(V) - \rho F(V) = 0 \tag{6.6}$$

式（6.6）为投资项目的价值 $F(V)$ 必须满足的微分方程。显然，$F(V)$ 需满足以下条件：

$$F(0) = 0 \qquad (6.7)$$

$$F(V^*) = V^* - I \qquad (6.8)$$

式（6.7）表示当 $V = 0$ 时，投资期权 $F(V)$ 的价值为0。式（6.8）表示当最优投资时的净回报为 $V^* - I$。式（6.8）可以变形为 $V^* - F(V^*) = I$，表明企业通过投资获得了项目价值，但同时放弃了投资机会的期权价值，两者的差值就是项目的成本 I。换言之，最优价值的临界值 V^* 位于投资成本 I 那一点。

不妨命：

$$F(V) = AV^{\beta} \qquad (6.9)$$

其中，A 为常数；$\beta > 1$ 为常数。

将式（6.9）代入式（6.7）和式（6.8）可得最优投资的临界值 V^* 和常数 A 如下：

$$V^* = \frac{\beta}{\beta - 1} I \qquad (6.10)$$

$$A = \frac{V^* - I}{(V^*)^{\beta}} = \frac{(\beta - 1)^{\beta - 1}}{\beta^{\beta} I^{\beta - 1}} \qquad (6.11)$$

由此可得，企业的项目投资价值为

$$F(V) = \begin{cases} A(V^*)^{\beta}, & V < V^* \\ V^* - I, & V \geqslant V^* \end{cases} \qquad (6.12)$$

将式（6.9）代入式（6.6）可得

$$\frac{1}{2}\sigma^2 \beta(\beta - 1) + (\rho - \delta)\beta - \rho = 0 \qquad (6.13)$$

求解式（6.13）可得

$$\beta_1 = \left(\frac{1}{2} - \frac{\rho - \delta}{\sigma^2}\right) + \sqrt{\left(\frac{1}{2} - \frac{\rho - \delta}{\sigma^2}\right)^2 + \frac{2\rho}{\sigma^2}} \qquad (6.14)$$

$$\beta_2 = \left(\frac{1}{2} - \frac{\rho - \delta}{\sigma^2}\right) - \sqrt{\left(\frac{1}{2} - \frac{\rho - \delta}{\sigma^2}\right)^2 + \frac{2\rho}{\sigma^2}} \qquad (6.15)$$

由于式（6.15）中的 $\beta_2 < 0$，故舍去该值。

由 $\beta_1 > 1$ 可得，$V^* = \frac{\beta_1}{\beta_1 - 1} I > I$，因此，实物期权得出的最优投资临界值 V^* 大于传统 NPV 求得的最优投资临界值。由式（6.10）可知，企业投资的临界值 V^*

为 β 的减函数,即 V^* 随着 β 的变大而降低。因为 V 随时间 T 的推移而变大,因此, β 的变大会使得投资的最佳时刻点向前移动。

6.2　垄断环境下的企业对外直接投资决策

本节将基于基础模型,研究垄断环境下投资成本 I 及参数 ρ、σ 和 δ 的变化如何影响项目的未来价值和影响企业的投资决策。由于"一带一路"沿线的 71 个国家中绝大多数是新兴经济体和发展中国家,故中国(重庆市)企业到"一带一路"沿线国家直接投资面临着巨大挑战,如发达国家的破坏性干预、周边国家的地缘反制、东道国的政治风险等。这些都会提升中国(重庆市)企业的外直接投资成本。因此,本节将讨论投资成本的变化对企业投资决策和投资时机的影响。

6.2.1　模型构建

本节考虑某企业计划到国外投资于一个大型项目,该项目若投资获得成功,该企业将在所投资国获得垄断地位。企业可以选择投资非发达经济体,也可以选择投资发达经济体。若企业选择非发达经济体进行投资,则投资项目的价值为 V_1,项目的投资成本为 I_1;若选择投资于发达经济体,则投资项目的价值为 V_2,投资成本为 I_2。本节将继续用项目投资临界值 V_1^* 和 V_2^* 来刻画企业的最优投资时机。

6.2.2　模型分析

1. 向非发达经济体进行投资

由 6.1 节可知,企业向非发达经济体进行投资时的项目投资临界值 V_1^* 和 β_1 分别为

$$V_1^* = \frac{\beta_1}{\beta_1 - 1} I_1 \qquad (6.16)$$

$$\beta_1 = \left(\frac{1}{2} - \frac{\rho - \delta}{\sigma^2} \right) + \sqrt{ \left(\frac{1}{2} - \frac{\rho - \delta}{\sigma^2} \right)^2 + \frac{2\rho}{\sigma^2} } \qquad (6.17)$$

由式(6.17)可知, β_1 的大小受参数 ρ、δ 和 σ 的影响。因此,企业的最佳投资时机也与参数 ρ、δ 和 σ 相关。

命题6.1：企业会随着贴现率 ρ 的变大而延后投资；反之，随着贴现率 ρ 的变小而提前投资。

证明：对 V_1^* 求关于贴现率 ρ 的一阶偏导数可得

$$\frac{\partial V_1^*}{\partial \rho} = \frac{\partial V_1^*}{\partial \beta_1}\frac{\partial \beta_1}{\partial \rho} = \frac{-1}{\left(\beta_1 - 1\right)^2} \frac{-\left(\beta_1 - 1\right)}{\sigma^2 \left(\beta_1 - 1/2\right) + \rho - \delta}$$

显然，$\dfrac{\partial V_1^*}{\partial \rho} > 0$，即 V_1^* 为贴现率 ρ 的严格单调递增函数。因此，V_1^* 会随着贴现率 ρ 的变大而增大，随着贴现率 ρ 的变小而变小。换言之，企业会随着贴现率 ρ 的变大而延后投资；反之，随着贴现率 ρ 的变小而提前投资。

证毕。

命题 6.1 表明，贴现率 ρ 的增大会降低企业投资成本的现值 $Ie^{-\rho T}$，因为企业收益的贴现率 δ 固定，所以企业收益的现值 $Ve^{-\delta T}$ 不变。由式（6.2）可知，随着贴现率 ρ 变大，企业的期权价值 $F(V)$ 也会变大，企业就会选择推迟执行期权，即推迟投资时刻点。

命题 6.2：企业会随着贴现率 δ 的变大而提前投资；反之，随着贴现率 δ 的变小而延迟投资。

证明：对 V_1^* 求关于净贴现率 δ 的一阶偏导数可得

$$\frac{\partial V_1^*}{\partial \delta} = \frac{\partial V_1^*}{\partial \beta_1}\frac{\partial \beta_1}{\partial \delta} = \frac{-1}{\left(\beta_1 - 1\right)^2} \frac{\beta_1}{\sigma^2 \left(\beta_1 - 1/2\right) + \rho - \delta}$$

显然，$\dfrac{\partial V_1^*}{\partial \delta} < 0$。$V_1^*$ 为净贴现率 δ 的严格单调递减函数。因此，V_1^* 会随着净贴现率 δ 的变大而变小，随着净贴现率 δ 的变小而变大。换言之，企业会随着贴现率 δ 的变大而提前投资；反之，随着贴现率 δ 的变小而延迟投资。

证毕。

命题 6.2 表明，由于净贴现率 δ 代表企业持有投资期权的机会成本，故净贴现率 δ 越大，企业持有期权的机会成本也越大，企业就会提前执行期权，提前投资。

命题 6.3：企业会随着项目价值标准差 σ 的变大而延后投资；反之，随着项目价值标准差 σ 的变小而提前投资。

证明：对 V_1^* 求关于项目价值标准差 σ 的一阶偏导数可得

$$\frac{\partial V_1^*}{\partial \sigma} = \frac{\partial V_1^*}{\partial \beta_1}\frac{\partial \beta_1}{\partial \sigma} = \frac{-1}{\left(\beta_1 - 1\right)^2} \frac{-\sigma\beta_1\left(\beta_1 - 1\right)}{\sigma^2 \left(\beta_1 - 1/2\right) + \rho - \delta}$$

显然，$\dfrac{\partial V_1^*}{\partial \rho} > 0$，即 V_1^* 为项目价值标准差 σ 的严格单调递增函数。因此，V_1^* 会随着项目价值标准差 σ 的变大而增大，随着项目价值标准差 σ 的变小而变小。换言之，企业会随着项目价值标准差 σ 的变大而延后投资；反之，随着项目价值标准差 σ 的变小而提前投资。

证毕。

命题 6.3 表明，项目价值标准差 σ 越大，企业持有的期权价值越大，企业就会推迟行使期权，即延后投资。

2. 向发达经济体进行投资

当企业向发达经济体进行投资时的项目投资临界值 V_2^* 和 β_2 分别为

$$V_2^* = \frac{\beta_2}{\beta_2 - 1} I_2 \tag{6.18}$$

$$\beta_2 = \left(\frac{1}{2} - \frac{\rho - \delta}{\sigma^2} \right) + \sqrt{\left(\frac{1}{2} - \frac{\rho - \delta}{\sigma^2} \right)^2 + \frac{2\rho}{\sigma^2}} \tag{6.19}$$

对比式（6.17）和式（6.19）可知，$\beta_1 = \beta_2$。

命题 6.4：企业投资非发达经济体的项目价值临界值高于投资发达经济体。

证明：对比式（6.16）和式（6.18）可得

$$V_1^* - V_2^* = \frac{\beta_2}{\beta_2 - 1}(I_1 - I_2) > 0$$

即企业投资非发达经济体的项目价值临界值高于投资发达经济体。

证毕。

命题 6.5：企业投资非发达经济体的时间会迟于投资发达经济体。

证明：由式（6.11）、式（6.16）和式（6.18）可知：

$$A_1 = \frac{V_1^* - I_1}{\left(V_1^* \right)^{\beta_1}} = \frac{(\beta_1 - 1)^{\beta_1 - 1}}{\beta_1^{\beta_1} I_1^{\beta_1 - 1}} \tag{6.20}$$

$$A_2 = \frac{V_2^* - I_2}{\left(V_2^* \right)^{\beta_2}} = \frac{(\beta_2 - 1)^{\beta_2 - 1}}{\beta_2^{\beta_2} I_2^{\beta_2 - 1}} \tag{6.21}$$

$$F\left(V_1^* \right) = \begin{cases} A_1 \left(V_1^* \right)^{\beta_1}, & V_1 < V_1^* \\ V_1^* - I_1, & V_1 \geqslant V_1^* \end{cases} \tag{6.22}$$

$$F\left(V_2^* \right) = \begin{cases} A_2 \left(V_2^* \right)^{\beta_2}, & V_2 < V_2^* \\ V_2^* - I_2, & V_2 \geqslant V_2^* \end{cases} \tag{6.23}$$

当处于同样的投资价值临界值时，有

$$F\left(V_1^*\right) - F\left(V_2^*\right) = \frac{I_1 - I_2}{\beta_1 - 1} > 0$$

由此可得，企业投资非发达经济体的期权价值高于投资发达经济体。因此，企业投资非发达经济体的时间会迟于投资发达经济体。

证毕。

命题 6.5 表明，当企业决定向非发达经济体投资时，通常会面临来自东道国，以及东道国周边及其他发达国家的风险及挑战，使企业采取谨慎态度，延长项目调研和决策时间，延迟投资时间。

6.3　竞争环境下的企业对外直接投资决策

以上研究的是企业投资的项目使企业在投资国处于垄断地位，但在现实中，当中国（重庆市）企业在国外进行直接投资时，经常会受到其他国家企业的干扰。尤其是在"一带一路"倡议的实施过程中，来自投资竞争国的企业的威胁更大。投资项目的价值会因其他企业的介入而下降，企业的最优投资策略也随之变化。因此，本节将考虑有其他企业介入企业的对外直接投资项目，构建竞争环境下的企业对外直接投资竞争决策模型，研究企业的最优投资策略。

6.3.1　模型构建

竞争环境下的企业对外直接投资策略与垄断环境下相差很大，必须对竞争环境下的企业项目价值做出调整，改变投资策略。在竞争环境下，企业不再处于垄断地位，企业在制定投资决策时，必须对其他企业未来的可能投资进行预测。由于存在竞争对手的投资可能性，Murto 和 Keppo（2002）提出了投资中的风险率概念，认为风险率越大表示竞争对手加入竞争（或抢先投资）的可能性越大。本节考虑来自投资竞争国企业加入竞争将导致企业所投资项目的价值大幅下跌，且投资竞争国企业加入竞争服从"不频繁却离散跳跃的过程"，即服从泊松分布和几何布朗运动相结合的加入跳跃过程。由此可得，企业对外直接投资项目的价值 V 可表示为

$$dV = \mu V dt + \sigma V dz - V dq \qquad (6.24)$$

式（6.24）中各参数的意义与上面的基础模型中的参数相同。本节仍考虑项目投资成本为 I_1。dq 为平均发生率（投资竞争国企业加入竞争的风险率）X 泊松过程增量。dq 与 dz 相互独立，即 $E(dzdq) = 0$。当投资竞争国企业加入竞争

时，q 将下降固定比例 ϕ，$0 < \phi < 1$，则投资项目的价值剩余的比例为 $1 - \phi$。这时，式（6.23）就表示，项目价值 V 以几何布朗运动进行波动，但每经过一段时间间隔 dt，V 将以 λdt 的概率下降到其初始值的 $1 - \phi$，然后再继续波动，直至相同事件再次发生。

6.3.2 动态规划求解

本节继续利用动态规划求解竞争环境下的对外直接投资模型。仍然考虑企业为风险中性，面临的贴现率为 ρ。则投资机会的价值 $F(V)$ 的贝尔曼方程依旧与式（6.3）相同，为

$$\rho F dt = E(dF) \tag{6.25}$$

运用泊松过程和混合布朗运动与伊藤引理展开 dF 可得

$$\frac{1}{2}\sigma^2 V^2 F''(V) + \mu V F'(V) - (\rho + \lambda)F(V) + \lambda F\left[(1 - \phi)V\right] = 0 \tag{6.26}$$

其中，$F'(V) = \dfrac{dF}{dV}$ 为 $F(V)$ 对 V 求一阶导数；$F''(V) = \dfrac{d^2 F}{dV^2}$ 则为二阶导数。

仍以 $\rho - \delta$ 代替式（6.26）中的 μ，整理可得

$$\frac{1}{2}\sigma^2 V^2 F''(V) + (\rho - \delta)V F'(V) - (\rho + \lambda)F(V) + \lambda F\left[(1 - \phi)V\right] = 0 \tag{6.27}$$

函数 $F(V)$ 同样需要满足边界条件式（6.7）和式（6.8）。式（6.26）的通解形式仍然是 $F(V) = A_3 V^{\beta_3}$，其中，β_3 为更复杂的非线性方程式（6.28）的解：

$$\frac{1}{2}\sigma^2 \beta_3(\beta_3 - 1) + (\rho - \delta)\beta_3 - (\rho + \lambda) + \lambda(1 - \phi)^{\beta_3} = 0 \tag{6.28}$$

由式（6.7）和式（6.8）仍可得投资项目价值的临界值 V_3^* 和参数 A_3 为

$$V_3^* = \frac{\beta_3}{\beta_3 - 1} I_1 \tag{6.29}$$

$$A_3 = \frac{V_3^* - I_1}{\left(V_3^*\right)^{\beta_3}} = \frac{(\beta_3 - 1)^{\beta_3 - 1}}{V_3^{\beta_3} I_3^{\beta_3 - 1}} \tag{6.30}$$

由此可知，企业在 V_3^* 时投资能获得最大项目投资价值：

$$F(V) = \begin{cases} A_3\left(V_3^*\right)^{\beta_3}, & V < V_3^* \\ V_3^* - I_1, & V \geqslant V_3^* \end{cases} \tag{6.31}$$

由 $\beta_3 > 1$ 可得 $V_3^* = \dfrac{\beta_3}{\beta_3 - 1} I_1 > I_1$，即在竞争环境下，投资项目价值的临界值大

于传统 NPV 求得的最优投资临界值。

由于得不出式（6.28）的解析解，故本节将使用数值模拟方法分析对比 β_1 与 β_3 的大小，以及参数 λ 和 ϕ 的变化如何影响项目价值和投资的期权价值。

不妨命 $G(\beta_3) = \dfrac{1}{2}\sigma^2\beta_3(\beta_3-1) + (\rho-\delta)\beta_3 - (\rho+\lambda) + \lambda(1-\phi)^{\beta_3}$。可得不同参数 λ、ρ、δ、ϕ 和 σ 下的 β_1 与 β_3 的大小关系，如表 6.1 所示。

表 6.1　不同参数 λ、ρ、δ、ϕ 和 σ 下 β_1 与 β_3 的大小关系

λ	ρ	δ	ϕ	σ	β_1	β_3	β_1 与 β_3 的大小关系
0.1	0.2	0.3	0.1	0.2	7.358 9	7.665 9	$\beta_1 < \beta_3$
				0.6	2.087 8	2.129 7	$\beta_1 < \beta_3$
			0.7	0.2	7.358 9	7.898 9	$\beta_1 < \beta_3$
				0.6	2.087 8	2.273 0	$\beta_1 < \beta_3$
		0.5	0.1	0.2	16.602 3	16.840 4	$\beta_1 < \beta_3$
				0.6	3.033 0	3.077 7	$\beta_1 < \beta_3$
			0.7	0.2	16.602 3	16.888 2	$\beta_1 < \beta_3$
				0.6	3.033 0	3.186 0	$\beta_1 < \beta_3$
	0.6	0.3	0.1	0.2	1.888 2	1.940 0	$\beta_1 < \beta_3$
				0.6	1.522 6	1.544 9	$\beta_1 < \beta_3$
			0.7	0.2	1.888 2	2.144 5	$\beta_1 < \beta_3$
				0.6	1.522 6	1.647 4	$\beta_1 < \beta_3$
		0.5	0.1	0.2	3.831 0	3.975 9	$\beta_1 < \beta_3$
				0.6	2.061 4	2.091 1	$\beta_1 < \beta_3$
			0.7	0.2	3.831 0	4.242 6	$\beta_1 < \beta_3$
				0.6	2.061 4	2.196 8	$\beta_1 < \beta_3$
0.8	0.2	0.3	0.1	0.2	7.358 9	9.676 0	$\beta_1 < \beta_3$
				0.6	2.087 8	2.426 6	$\beta_1 < \beta_3$
			0.7	0.2	7.358 9	10.681 1	$\beta_1 < \beta_3$
				0.6	2.087 8	3.241 7	$\beta_1 < \beta_3$
		0.5	0.1	0.2	16.602 3	18.404 2	$\beta_1 < \beta_3$
				0.6	3.033 0	3.388 4	$\beta_1 < \beta_3$
			0.7	0.2	16.602 3	18.677 1	$\beta_1 < \beta_3$
				0.6	3.033 0	4.035 0	$\beta_1 < \beta_3$
	0.6	0.3	0.1	0.2	1.888 2	2.372 7	$\beta_1 < \beta_3$
				0.6	1.522 6	1.710 5	$\beta_1 < \beta_3$

续表

λ	ρ	δ	ϕ	σ	β_1	β_3	β_1 与 β_3 的大小关系
0.8	0.6	0.3	0.7	0.2	1.888 2	3.891 8	$\beta_1 < \beta_3$
				0.6	1.522 6	2.432 8	$\beta_1 < \beta_3$
		0.5	0.1	0.2	3.831 0	5.118 5	$\beta_1 < \beta_3$
				0.6	2.061 4	2.305 8	$\beta_1 < \beta_3$
			0.7	0.2	3.831 0	6.601 5	$\beta_1 < \beta_3$
				0.6	2.061 4	2.998 4	$\beta_1 < \beta_3$

表 6.1 表明，λ、ρ、δ、ϕ 和 σ 的不同取值下均有 $\beta_1 < \beta_3$。

命题 6.6： 竞争环境下企业对外投资项目价值临界值低于垄断环境下的项目价值临界值。

证明： 由于 $\beta_1 < \beta_3$，故 $\dfrac{\beta_1}{\beta_1 - 1} < \dfrac{\beta_3}{\beta_3 - 1}$。对比式（6.16）和式（6.28）可得

$$V_3^* - V_1^* = \left(\frac{\beta_3}{\beta_3 - 1} - \frac{\beta_1}{\beta_1 - 1} \right) I_1 < 0$$

因此，在竞争环境下企业对外投资项目价值临界值低于垄断环境下的项目价值临界值。

证毕。

命题 6.6 表明，当企业对外直接投资面临其他企业的竞争时，项目价值的临界值减小，企业将加快投资步伐，缩短投资推迟时间。

同时，由 $V_3^* - V_1^* < 0$ 可得 $F\left(V_3^*\right) < F\left(V_1^*\right)$，即当企业对外直接投资面临其他企业的竞争时，其投资机会的期权价值也会降低。因此，与垄断环境相比，企业应提前执行期权，即企业应减少等待时间，加快投资。

接下来分析参数 λ 对 V_3^* 和 $F\left(V_3^*\right)$ 的影响。

本节其余参数为 $\rho = 0.6$，$\delta = 0.5$，$\phi = 0.1$ 和 $\sigma = 0.2$。

表 6.2 和表 6.3 分别显示了 V_3^* 和 $F\left(V_3^*\right)$ 随 λ 的变化趋势。

表 6.2　V_3^* 随 λ 的变化趋势

λ	0	0.05	0.10	0.15	0.20	0.25	0.30
V_3^*	1.353	1.345	1.336	1.328	1.320	1.312	1.305
λ	0.35	0.40	0.45	0.50	0.55	0.60	0.65
V_3^*	1.298	1.291	1.284	1.277	1.271	1.265	1.259
λ	0.70	0.75	0.80	0.85	0.90	0.95	1.00
V_3^*	1.254	1.248	1.243	1.238	1.233	1.228	1.223

表 6.3　$F\left(V_3^*\right)$ 随 λ 的变化趋势

λ	0	0.05	0.10	0.15	0.20	0.25	0.30
$F\left(V_3^*\right)$	0.353	0.345	0.336	0.328	0.320	0.312	0.305
λ	0.35	0.40	0.45	0.50	0.55	0.60	0.65
$F\left(V_3^*\right)$	0.298	0.291	0.284	0.277	0.271	0.265	0.259
λ	0.70	0.75	0.80	0.85	0.90	0.95	1.00
$F\left(V_3^*\right)$	0.254	0.248	0.243	0.238	0.233	0.228	0.223

由表 6.2 和表 6.3 可以看出，V_3^* 和 $F\left(V_3^*\right)$ 均随着 λ 的增大而变小，即投资竞争国企业参与竞争的风险率的增大，企业对外直接投资临界值和投资的期权价值均随之降低。λ 的增大意味着投资竞争国企业越有可能参与竞争，企业投资机会越有可能被抢夺。同时导致企业投资机会的价值也降低，企业就会提前执行期权，缩短投资的等待时间。

接下来分析参数 ϕ 对 V_3^* 和 $F\left(V_3^*\right)$ 的影响。

本节其余参数为 $\lambda = 0.1$，$\rho = 0.6$，$\delta = 0.5$ 和 $\sigma = 0.2$。

表 6.4 和表 6.5 分别显示了 V_3^* 和 $F\left(V_3^*\right)$ 随 ϕ 的变化趋势。

表 6.4　V_3^* 随 ϕ 的变化趋势

ϕ	0	0.05	0.10	0.15	0.20	0.25	0.30
V_3^*	1.353	1.344	1.336	1.330	1.324	1.320	1.317
ϕ	0.35	0.40	0.45	0.50	0.55	0.60	0.65
V_3^*	1.315	1.313	1.311	1.310	1.309	1.309	1.309
ϕ	0.70	0.75	0.80	0.85	0.90	0.95	1.00
V_3^*	1.308	1.308	1.308	1.308	1.308	1.308	1.308

表 6.5　$F\left(V_3^*\right)$ 随 ϕ 的变化趋势

ϕ	0	0.05	0.10	0.15	0.20	0.25	0.30
$F\left(V_3^*\right)$	0.353	0.344	0.336	0.330	0.324	0.320	0.317
ϕ	0.35	0.40	0.45	0.50	0.55	0.60	0.65
$F\left(V_3^*\right)$	0.315	0.313	0.311	0.310	0.309	0.309	0.309
ϕ	0.70	0.75	0.80	0.85	0.90	0.95	1.00
$F\left(V_3^*\right)$	0.308	0.308	0.308	0.308	0.308	0.308	0.308

由表6.4和表6.5可以看出，V_3^* 和 $F\left(V_3^*\right)$ 均随着 ϕ 的增大而变小，即投资竞争国企业参与竞争导致项目价值的贬值程度增大，企业对外直接投资临界值和投资的期权价值均随之降低。ϕ 的增大意味着投资竞争国企业参与竞争导致项目价值的贬值程度越大，企业项目投资价值损失也越大。同时导致企业投资机会的价值也降低，企业就会提前执行期权，缩短投资的等待时间。

6.4　对外直接投资竞争决策数值模拟

在"一带一路"倡议实施过程中，为了响应中央政府的号召，推进全球产能和装备制造合作，国内许多大型企业加快了铁路"走出去"，开拓轨道交通装备制造的国际市场。考虑国内某个大型企业 A 为加快开拓国际轨道市场，转移其过剩产能，寻找投资机会。"一带一路"沿线某个非发达国家 N 对轨道交通设备的需求较大，但受限于本国的技术水平。因此，企业 A 决定到 N 国去投资轨道交通项目。同时，来自某发达国家的企业 B 试图参与竞争，阻止企业 A 的投资。本节将企业 A 的投资机会看成永久的看涨期权，运用 6.3 节所构建的模型求解期权价值，并进行模拟分析，研究企业 B 的竞争对企业 A 的投资策略的影响。不妨将企业 A 的投资成本 I 一般化为 1，借鉴 Dixit 和 Pindyck（2012）中对参数的设定，分别设其他参数为 $\rho = \delta = 0.04$，$\sigma = 0.2$。λ 和 ϕ 则在（0，1）区间内变化。

表 6.6 和表 6.7 显示了在不同 λ 和 ϕ 取值下的 V_3^* 和 $F\left(V_3^*\right)$。

表 6.6　在竞争环境下企业 A 的投资临界值 V_3^*

项目	$\lambda = 0.1$	$\lambda = 0.2$	$\lambda = 0.3$	$\lambda = 0.4$	$\lambda = 0.5$	$\lambda = 0.6$	$\lambda = 0.7$	$\lambda = 0.8$	$\lambda = 0.9$
$\phi = 0.1$	1.753 71	1.620 57	1.546 53	1.504 56	1.480 66	1.467 34	1.460 38	1.457 23	1.456 21
$\phi = 0.2$	1.599 49	1.451 53	1.388 34	1.358 79	1.344 45	1.337 62	1.334 64	1.333 59	1.333 35
$\phi = 0.3$	1.495 83	1.358 74	1.309 30	1.288 65	1.279 57	1.275 69	1.274 23	1.273 80	1.273 73
$\phi = 0.4$	1.422 34	1.300 75	1.261 75	1.246 68	1.240 55	1.238 16	1.237 36	1.237 16	1.237 14
$\phi = 0.5$	1.368 00	1.261 17	1.229 77	1.218 35	1.213 99	1.212 44	1.211 97	1.211 87	1.211 86
$\phi = 0.6$	1.326 43	1.232 44	1.206 62	1.197 71	1.194 50	1.193 44	1.193 15	1.193 10	1.193 09
$\phi = 0.7$	1.293 74	1.210 60	1.188 99	1.181 86	1.179 43	1.178 68	1.178 50	1.178 47	1.178 47
$\phi = 0.8$	1.267 42	1.193 40	1.175 04	1.169 23	1.167 35	1.166 81	1.166 69	1.166 67	1.166 67
$\phi = 0.9$	1.245 81	1.179 48	1.163 68	1.158 87	1.157 39	1.156 98	1.156 90	1.156 89	1.156 89

表 6.7   在竞争环境下企业 A 的投资临界值 $F\left(V_3^*\right)$

项目	$\lambda = 0.1$	$\lambda = 0.2$	$\lambda = 0.3$	$\lambda = 0.4$	$\lambda = 0.5$	$\lambda = 0.6$	$\lambda = 0.7$	$\lambda = 0.8$	$\lambda = 0.9$
$\phi = 0.1$	0.753 71	0.620 57	0.546 53	0.504 56	0.480 66	0.467 34	0.460 38	0.457 23	0.456 21
$\phi = 0.2$	0.599 49	0.451 53	0.388 34	0.358 79	0.344 45	0.337 62	0.334 64	0.333 59	0.333 35
$\phi = 0.3$	0.495 83	0.358 74	0.309 30	0.288 65	0.279 57	0.275 69	0.274 23	0.273 80	0.273 73
$\phi = 0.4$	0.422 34	0.300 75	0.261 75	0.246 68	0.240 55	0.238 16	0.237 36	0.237 16	0.237 14
$\phi = 0.5$	0.368 00	0.261 17	0.229 77	0.218 35	0.213 99	0.212 44	0.211 97	0.211 87	0.211 86
$\phi = 0.6$	0.326 43	0.232 44	0.206 62	0.197 71	0.194 50	0.193 44	0.193 15	0.193 10	0.193 09
$\phi = 0.7$	0.293 74	0.210 60	0.188 99	0.181 86	0.179 43	0.178 68	0.178 50	0.178 47	0.178 47
$\phi = 0.8$	0.267 42	0.193 40	0.175 04	0.169 23	0.167 35	0.166 81	0.166 69	0.166 67	0.166 67
$\phi = 0.9$	0.245 81	0.179 48	0.163 68	0.158 87	0.157 39	0.156 98	0.156 90	0.156 89	0.156 89

从表 6.6 和表 6.7 中可以看出，当投资竞争国企业参与竞争的风险率 λ 从 0 开始增加时，即当来自外部的竞争从无到有，且可能性逐渐增大时，投资项目价值的临界值和投资项目的期权价值越来越小。并且在竞争环境下，投资项目价值的临界值和投资的期权价值随着增加导致的价值损失的增大会变得更小。因此，企业会缩短投资等待时间，加速投资。

此外，V_3^* 虽然随着 λ 和 ϕ 的增大而减小，但总是大于成本 $I=1$。这就表明投资临界值 V_3^* 总是比传统 NPV 投资决策的企业投资临界值高，验证了以上所说的等待创造价值。

在企业制定对外直接投资策略过程中，竞争国企业的参与竞争的概率增大和带来的价值损失增强，都会降低投资期权价值，缩短企业等待时间，使企业提前执行期权，加快对外投资。这就说明为什么许多企业会在本身竞争力不强，且未充分了解东道国的政策及制度的情况下匆忙投资。

"一带一路"倡议实施以来，由于地缘经济政治环境的改变，一些发达国家十分关注中国在海外的投资，尤其是对一些稀缺资源的投资，试图进行干预，故国内企业加快了投资行为。因为对项目考察时间越长，竞争对手可能越多，投资期权价值的下跌概率越大。此外，来自竞争国企业的竞争和干预还可能引起东道国政府的警惕，尤其是当投资项目是石油、天然气等战略性资源，或涉及影响国家安全的敏感行业时，东道国政府的干预会提高企业的进入壁垒，压缩企业的获利空间，这都会使企业加快投资进程。

第四篇　国内合作篇

第7章 基于价格指数法的重庆市与其他区域市场分割研究

7.1 基于价格指数法的市场分割程度测度

7.1.1 基础模型

国内外学者提出多种测度市场分割程度的方法。本章采用常用的价格指数法测度市场分割程度，并用 Parsley 和 Wei（1996，2001a，2001b）的方法，以相对价格波动反映市场分割程度的变化。该方法源于 Samuelson（1964）提出的"冰川成本"模型，在该模型中，考虑路耗等形式导致的交易成本，如同冰川会融化掉部分，商品的价值会在贸易过程中有所损失。因此，即使企业可以完全套利，商品在两地的价格仍然无法完全一样，而是在一定区间内波动。商品相对价格的波动收敛变小就意味着交易成本在降低，市场分割程度在变弱。价格指数法测度市场分割程度的基本公式为（陆铭和陈钊，2009；范爱军等，2007）

$$\Delta Q_{ijt}^k = \ln\left(\mathrm{PI}_{it}^k\right) - \ln\left(\mathrm{PI}_{jt}^k\right) \tag{7.1}$$

$$\mathrm{Var}\left(Q_{ijt}^k\right) = \mathrm{Var}\left(\left|\Delta Q_{ijt}^k\right| - \left|\overline{\Delta Q_t^k}\right|\right) \tag{7.2}$$

其中，PI 表示商品价格指数；i、j 表示两个不同的地区；k 表示商品的种类；$\overline{\Delta Q_t^k}$ 表示第 k 种商品在第 t 个时期的相对价格的均值。

需要明确的是，价格指数法有两个暗含的假设：①所选商品为典型的代表性商品，能反映市场的整体价格；②某个省份对相邻的省份设置国内贸易壁垒，也会对不相邻的省份设置国内贸易壁垒。现实中，国内外学者一般用 7~9 类零售商品进行组合来衡量整个市场的价格。例如，陆铭和陈钊（2009）采用饮料烟酒、粮食、鲜菜、服装鞋帽、中西药品、日用品、书报杂志、文体用品和燃料 9 类商品来测度市场价格。范爱军等（2007）在陆铭和陈钊（2009）的基础上删除鲜菜和文体用品，以剩余的 7 类商品来计算市场价格。考虑到文体用品从 2003 年起被划分为体育用品和文化用品，其数据不具延续性，因此，本章在陆铭和陈钊（2009）的基础上，剔除文体用品，以剩余的 8 类商品来计算市场价格。本章这么做主要有以下两个原因：①虽然某些商品属于季节性商品，容易受到物流成本等的影响，但随着技术进步、物流设施完善和物流成本降低，时空上的限制也基本被打破。②使用不同类别的商品组合，能使所选择的商品组合更具有代表性。

7.1.2 分割指数计算

利用 2013~2017 年我国 30 个省、自治区、直辖市统计局发布的相关数据，并根据式（7.1）和式（7.2）得到重庆市 2013~2017 年与我国 30 个省、自治区、直辖市的市场分割指数，具体测算结果如表 7.1 所示。

表 7.1　重庆市 2013~2017 年与我国 30 个省、自治区、直辖市的市场分割指数

省、自治区、直辖市	2013 年	2014 年	2015 年	2016 年	2017 年
北京	0.000 292 94	0.000 216 17	0.000 145 71	0.000 623 46	0.000 412 81
天津	0.000 108 76	0.001 237 87	0.000 211 24	0.000 410 34	0.000 045 43
河北	0.000 050 28	0.000 428 78	0.000 319 01	0.000 073 78	0.000 014 03
山西	0.000 133 60	0.000 230 13	0.000 165 50	0.000 048 37	0.000 028 77
内蒙古	0.000 164 87	0.000 251 73	0.000 264 87	0.000 178 38	0.000 016 28
辽宁	0.000 149 94	0.000 220 91	0.000 196 70	0.000 084 23	0.000 028 17
吉林	0.000 203 24	0.000 145 90	0.000 209 43	0.000 144 71	0.000 010 75
黑龙江	0.000 217 84	0.000 182 35	0.000 214 75	0.000 038 20	0.000 010 77
上海	0.000 114 55	0.000 490 79	0.000 725 31	0.000 156 00	0.000 055 73
江苏	0.000 157 06	0.000 230 71	0.000 335 38	0.000 064 84	0.000 050 22
浙江	0.000 169 95	0.000 171 58	0.000 059 30	0.000 204 97	0.000 042 30
安徽	0.000 168 01	0.000 235 06	0.000 054 48	0.000 174 58	0.000 029 63
福建	0.000 174 67	0.000 454 66	0.000 250 68	0.000 088 79	0.000 021 87
江西	0.000 170 96	0.000 098 80	0.000 163 27	0.000 100 03	0.000 020 31
山东	0.000 257 98	0.000 157 74	0.000 202 17	0.000 023 54	0.000 031 93
河南	0.000 204 62	0.000 203 91	0.000 188 99	0.000 012 85	0.000 016 39
湖北	0.000 217 71	0.000 312 62	0.000 158 34	0.000 278 00	0.000 095 15
湖南	0.000 122 59	0.000 332 09	0.000 154 32	0.000 102 36	0.000 014 70
广东	0.000 194 19	0.000 490 27	0.000 324 78	0.000 020 36	0.000 034 04
广西	0.000 247 15	0.000 444 57	0.000 068 55	0.000 179 32	0.000 005 32

续表

省、自治区、直辖市	2013 年	2014 年	2015 年	2016 年	2017 年
海南	0.000 091 94	0.000 576 18	0.000 263 98	0.000 232 47	0.000 094 77
四川	0.000 839 29	0.001 875 63	0.000 238 05	0.000 022 26	0.000 090 32
贵州	0.000 068 87	0.000 368 41	0.000 118 97	0.000 082 07	0.000 068 46
云南	0.000 373 26	0.000 510 31	0.000 151 04	0.000 156 17	0.000 027 37
西藏	0.000 646 77	0.000 542 80	0.000 144 46	0.000 149 73	0.000 019 44
陕西	0.000 095 70	0.000 121 97	0.000 070 70	0.000 033 40	0.000 090 72
甘肃	0.000 180 02	0.000 084 02	0.000 145 77	0.000 173 10	0.000 011 15
青海	0.000 482 81	0.000 069 87	0.000 711 16	0.000 160 44	0.000 110 97
宁夏	0.000 249 57	0.000 058 60	0.000 182 04	0.000 645 30	0.000 121 87
新疆	0.000 206 41	0.000 347 91	0.000 443 22	0.000 240 39	0.000 006 16

资料来源：作者自行整理

7.2　重庆市与"一带一路"倡议国内各区域市场分割情况

由 2.4.3 节分析可知，"一带一路"倡议共覆盖中国大陆 18 个省、自治区、直辖市。其中，丝绸之路经济带覆盖重庆、新疆、甘肃、宁夏、陕西、青海、内蒙古、黑龙江、辽宁、吉林、西藏、广西和云南 13 个省、自治区、直辖市。21 世纪海上丝绸之路覆盖福建、广东、上海、浙江和海南等 5 个省、直辖市。按照地理划分可分如下：①西北、东北地区；②西南地区；③沿海地区；④内陆地区。

7.2.1　西北、东北地区

西北、东北地区主要包括：新疆、陕西、甘肃、宁夏、青海、内蒙古、黑龙江、吉林、辽宁 9 个省、自治区（表 7.2）。

表 7.2　重庆市与"一带一路"西北、东北地区市场分割指数

省、自治区	2013 年	2014 年	2015 年	2016 年	2017 年	5 年平均
内蒙古	0.000 164 87	0.000 251 73	0.000 264 87	0.000 178 38	0.000 016 28	0.000 175 22
辽宁	0.000 149 94	0.000 220 91	0.000 196 70	0.000 084 23	0.000 028 17	0.000 135 99
吉林	0.000 203 24	0.000 145 90	0.000 209 43	0.000 144 71	0.000 010 75	0.000 142 80
黑龙江	0.000 217 84	0.000 182 35	0.000 214 75	0.000 038 20	0.000 010 77	0.000 132 78
陕西	0.000 095 70	0.000 121 97	0.000 070 70	0.000 033 40	0.000 090 72	0.000 082 49

续表

省、自治区	2013 年	2014 年	2015 年	2016 年	2017 年	5 年平均
甘肃	0.000 180 02	0.000 084 02	0.000 145 77	0.000 173 10	0.000 011 15	0.000 118 81
青海	0.000 482 81	0.000 069 87	0.000 711 16	0.000 160 44	0.000 110 97	0.000 307 05
宁夏	0.000 249 57	0.000 058 60	0.000 182 04	0.000 645 30	0.000 121 87	0.000 251 47
新疆	0.000 206 41	0.000 347 91	0.000 443 22	0.000 240 39	0.000 006 16	0.000 248 81
地区均值	0.000 216 71	0.000 164 81	0.000 270 96	0.000 188 68	0.000 045 21	总平均 0.000 177 27

资料来源：作者自行整理

从数据上看，重庆市从 2013~2017 年与"一带一路"上西北、东北地区的市场分割指数最大值为 0.000 711 16，出现在 2015 年与青海的市场分割指数上，最小值为 0.000 006 16，出现在 2017 年与新疆的市场分割指数上。

对各个省、自治区 5 年的市场分割指数求平均，可以看出重庆市与青海省的市场分割指数是最大的，达到了 0.000 307 05，而与陕西省的市场分割程度是最小的，只有 0.000 082 49。"一带一路"上西北、东北地区的市场分割指数总平均为 0.000 177 27。

对重庆市与 9 个省、自治区的市场分割指数加总求平均，可以看出重庆市与整个西北、东北地区的市场分割情况是在缩小的，因为其平均市场分割指数由 2013 年的 0.000 216 71 下降到 2017 年的 0.000 045 21，其间有反复，如 2015 年在头一年的指数基础上有所增加，但其他阶段均处于下降趋势，2017 年指数出现大幅度下降，说明商品的相对波动日趋收敛，交易成本在降低，市场分割程度在降低。如表 7.3 所示，重庆市与"一带一路"西北、东北地区市场分割指数 2017 年均比 2013 年大幅度下降，除陕西省以外，最小的下降了 51.17%，最大的下降了 97.02%。

表 7.3　重庆市与"一带一路"西北、东北地区市场分割指数降低程度

省、自治区	2013 年	2017 年	降低程度
内蒙古	0.000 164 87	0.000 016 28	90.13%
辽宁	0.000 149 94	0.000 028 17	81.21%
吉林	0.000 203 24	0.000 010 75	94.71%
黑龙江	0.000 217 84	0.000 010 77	95.06%
陕西	0.000 095 70	0.000 090 72	5.20%
甘肃	0.000 180 02	0.000 011 15	93.81%
青海	0.000 482 81	0.000 110 97	77.02%
宁夏	0.000 249 57	0.000 121 87	51.17%
新疆	0.000 206 41	0.000 006 16	97.02%
平均			76.15%

资料来源：作者自行整理

重庆市 2015 年与青海省的市场分割指数为 0.000 711 16，而在 2017 年与新疆维吾尔自治区的市场分割指数为 0.000 006 16。从表 7.4 和表 7.5 的价格指数的数据可以看出，2015 年重庆市与青海省在各类零售商品价格指数上差距较大，差距最大的为中西药品，相差 5.5，而 2017 年与新疆各类零售商品之间的价格指数差距较小，相差最多不超过 3。

表 7.4　2015 年重庆市与青海省 8 类零售商品价格指数

省份	粮食	鲜菜	饮料烟酒	服装鞋帽	中西药品	书报杂志	日用品	燃料
青海	103.9	97.9	99.1	105.7	108.6	96.9	106.9	105.2
重庆	101.8	98.5	99.2	102.1	103.1	99.7	102.1	101.8

资料来源：作者自行整理

表 7.5　2017 年重庆市与新疆 8 类零售商品价格指数

省份	粮食	鲜菜	饮料烟酒	服装鞋帽	中西药品	书报杂志	日用品	燃料
新疆	99.2	99.3	102	103.4	102.6	100.9	101.9	102.2
重庆	101.8	98	99.1	102.8	103.1	101.9	102.0	101.9

资料来源：作者自行整理

从表 7.6 可以看出重庆市与西北、东北地区 9 个省、自治区的 5 年平均市场分割指数中最大的是 0.000 307 05，出现在重庆市与青海省的 5 年平均上，说明重庆市与青海省的市场分割比较严重，最小的是 0.000 082 49，出现在重庆市与陕西省的 5 年平均上。比较 2017 年重庆市与青海省 8 类零售商品价格指数，如表 7.7 所示。

表 7.6　重庆市与西北、东北地区 9 个省、自治区的 5 年平均市场分割指数

内蒙古	辽宁	吉林	黑龙江	陕西
0.000 175 22	0.000 135 99	0.000 142 80	0.000 132 78	0.000 082 49
甘肃	青海	宁夏	新疆	
0.000 118 81	0.000 307 05	0.000 251 47	0.000 248 81	

资料来源：作者自行整理

表 7.7　2017 年重庆市与青海省 8 类零售商品价格指数

省、直辖市	粮食	鲜菜	饮料烟酒	服装鞋帽	中西药品	书报杂志	日用品	燃料
青海	102.5	98.3	99.1	104.9	102.6	99.9	103.9	104.2
重庆	101.8	98.0	99.1	102.8	103.1	101.2	102.0	101.9

资料来源：作者自行整理

从表 7.7 可以看出，重庆市与青海省 8 类零售商品价格指数中，价格波动差异较大的是燃料和服装鞋帽，较小的是粮食、鲜菜、饮料烟酒、中西药品等。从现实调查情况也可以看出，重庆市与青海省在粮食、鲜菜、饮料烟酒、中西药品等

方面的合作也多于燃料和服装鞋帽。例如，2018 年 9 月重庆药品交易所与青海公共资源交易监管局签订了《医药交易区域战略合作协议书》，推动两地医药交易的宽领域、多层次、全方位合作。因此重庆市可以进一步考虑降低燃料和服装鞋帽这两个领域的贸易壁垒，增强与青海省的经济合作，以改善市场分割情况。

7.2.2 西南地区

西南地区主要包括广西、云南、西藏 3 个省、自治区，如表 7.8 所示。

表 7.8 重庆市与"一带一路"西南地区市场分割指数

省、自治区	2013 年	2014 年	2015 年	2016 年	2017 年	5 年平均
广西	0.000 247 15	0.000 444 57	0.000 068 55	0.000 179 32	0.000 005 32	0.000 188 98
云南	0.000 373 26	0.000 510 31	0.000 151 04	0.000 156 17	0.000 027 37	0.000 243 63
西藏	0.000 646 77	0.000 542 80	0.000 144 46	0.000 149 73	0.000 019 44	0.000 300 64
地区均值	0.000 422 39	0.000 499 23	0.000 121 35	0.000 161 74	0.000 017 38	总平均 0.000 244 42

资料来源：作者自行整理

从数据上来看，重庆市 2013~2017 年与"一带一路"西南地区的市场分割指数最大值为 0.000 646 77，出现在 2013 年与西藏的市场分割指数上，最小值为 0.000 005 32，出现在 2017 年与广西的市场分割指数上。

从 5 年的平均数可以看出，重庆市与西藏的市场分割是最大的，达到了 0.000 300 64，而与广西的市场分割程度是最小的，只有 0.000 188 98。"一带一路"西南地区市场分割指数总平均为 0.000 244 42。

对重庆市与 3 个省、自治区的市场分割指数加总求平均，可以看出重庆市与整个西南地区的市场分割情况是在缩小的，因为其平均市场分割指数由 2013 年的 0.000 422 39 下降到 2017 年的 0.000 017 38，其间有反复，如 2014 年和 2016 年在前一年的指数基础上有所增加，但其他年度均处于下降趋势，2017 年指数出现大幅度下降。如表 7.9 所示，重庆市与"一带一路"西南地区市场分割指数 2017 年均比 2013 年大幅度下降，下降幅度均达到 90%以上，最小的下降了 92.67%，最大的下降了 97.85%。

表 7.9 重庆市与"一带一路"西南地区市场分割指数降低程度

省、自治区	2013 年	2017 年	降低程度
广西	0.000 247 15	0.000 005 32	97.85%
云南	0.000 373 26	0.000 027 37	92.67%
西藏	0.000 646 77	0.000 019 44	96.99%
平均			95.84%

资料来源：作者自行整理

重庆市 2013 年与西藏的市场分割指数为 0.000 646 77，而在 2017 年与广西的市场分割指数为 0.000 005 32。从表 7.10 和表 7.11 的价格指数的数据可以看出，2013 年重庆市与西藏在各类零售商品价格指数上差距较大，最大的书报杂志，差距达到了 4.3，而 2017 年重庆市与广西各类零售商品之间的价格指数差距较小，平均差距不超过 1。

表 7.10 2013 年重庆市与西藏 8 类零售商品价格指数

省份	粮食	鲜菜	饮料烟酒	服装鞋帽	中西药品	书报杂志	日用品	燃料
西藏	106.7	99.5	100.9	105.6	102.6	96.9	101.1	104.5
重庆	102.9	98.0	99.1	102.8	103.1	101.2	102.1	101.8

资料来源：作者自行整理

表 7.11 2017 年重庆市与广西 8 类零售商品价格指数

省份	粮食	鲜菜	饮料烟酒	服装鞋帽	中西药品	书报杂志	日用品	燃料
广西	102.6	98.5	101.3	105	102.1	101.3	102.9	101.2
重庆	102.9	98.0	99.1	102.8	103.1	101.2	102.1	101.8

资料来源：作者自行整理

从表 7.12 可以看出重庆市与西南地区 3 个省、自治区的 5 年平均市场分割指数中最大的是 0.000 300 64，出现在重庆市与西藏的 5 年平均上，说明重庆市与西藏的市场分割比较严重，最小的是 0.000 188 98，出现在重庆市与广西的 5 年平均上。

表 7.12 重庆市与西南地区 3 个省、自治区的 5 年平均市场分割指数

广西	云南	西藏
0.000 188 98	0.000 243 63	0.000 300 64

资料来源：作者自行整理

比较 2017 年重庆市与西藏 8 类零售商品价格指数，如表 7.13 所示。可以看出，重庆市与西藏 8 类零售商品价格指数中，波动差距较大的是饮料烟酒，差距高达 4.5。因此，重庆市可以考虑进一步降低该领域的贸易壁垒或是增强这方面的合作和专业分工，以改善市场分割情况。

表 7.13 2017 年重庆市与西藏 8 类零售商品价格指数

省、自治区、直辖市	粮食	鲜菜	饮料烟酒	服装鞋帽	中西药品	书报杂志	日用品	燃料
西藏	103.1	98.5	103.6	102.4	102.5	101.4	104.1	99.7
重庆	102.9	98.0	99.1	102.8	103.1	101.2	102.1	101.8

资料来源：作者自行整理

7.2.3　沿海地区

沿海地区主要包括上海、福建、广东、浙江、海南 5 个省、直辖市，如表 7.14 所示。

表 7.14　重庆市与"一带一路"沿海地区市场分割指数

省（市）	2013 年	2014 年	2015 年	2016 年	2017 年	5 年平均
上海	0.000 114 55	0.000 490 79	0.000 725 31	0.000 156 00	0.000 055 73	0.000 308 47
浙江	0.000 169 95	0.000 171 58	0.000 059 30	0.000 204 97	0.000 042 30	0.000 129 62
福建	0.000 174 67	0.000 454 66	0.000 250 68	0.000 088 79	0.000 021 87	0.000 198 13
广东	0.000 194 19	0.000 490 27	0.000 324 78	0.000 020 36	0.000 034 04	0.000 212 72
海南	0.000 091 94	0.000 576 18	0.000 263 98	0.000 232 47	0.000 094 77	0.000 251 86
地区均值	0.000 149 06	0.000 436 69	0.000 324 81	0.000 140 518	0.000 049 74	总平均 0.000 220 16

资料来源：作者自行整理

从数据上来看，重庆市 2013~2017 年与"一带一路"沿海地区的市场分割指数最大值为 0.000 725 31，出现在 2015 年重庆市与上海市的市场分割指数上，最小值为 0.000 020 36，出现在 2016 年重庆市与广东省的市场分割指数上。

从 5 年的平均数可以看出，重庆市与上海市的市场分割是最大的，达到了 0.000 308 47，而与浙江省的市场分割程度是最小的，只有 0.000 129 62。重庆市与"一带一路"上沿海地区的市场分割指数总平均为 0.000 220 16。

对重庆市与 5 个省、直辖市的市场分割指数加总求平均，可以看出重庆市与整个沿海地区的市场分割情况是在缩小的，因为其地区平均市场分割指数由 2013 年的 0.000 149 06 降到了 2017 年的 0.000 049 74，其间有反复，如 2014 年在前一年的指数基础上大幅度增加，但其他年度均处于下降趋势，2017 年指数出现大幅度下降。如表 7.15 所示，重庆市与"一带一路"沿海地区市场分割指数 2017 年均比 2013 年大幅度下降（除海南以外，海南省与重庆市的市场分割指数上涨了 3.08%），最小的下降了 51.35%，最大的下降了 87.48%。

表 7.15　重庆市与"一带一路"沿海地区市场分割指数降低程度

省、直辖市	2013 年	2017 年	降低程度
上海	0.000 114 55	0.000 055 73	51.35%
浙江	0.000 169 95	0.000 042 30	75.11%
福建	0.000 174 67	0.000 021 87	87.48%
广东	0.000 194 19	0.000 034 04	82.47%
海南	0.000 091 94	0.000 094 77	−3.08%
平均			58.67%

资料来源：作者自行整理

重庆市 2015 年与上海市的市场分割指数为 0.000 725 31，而在 2017 年与福建省的市场分割指数为 0.000 021 87。从表 7.16 和表 7.17 的价格指数的数据可以看出，2015 年重庆市与上海市在各类零售商品价格指数上差距较大，说明两个市价格波动差异比较大，最大差异达到了 5.5，而 2017 年与福建省各类零售商品之间的价格指数差距较小，平均差异不超过 1，说明这两个省、直辖市的价格波动比较趋于一致，市场分割程度较小。

表 7.16　2015 年重庆市与上海 8 类零售商品价格指数

省、直辖市	粮食	鲜菜	饮料烟酒	服装鞋帽	中西药品	书报杂志	日用品	燃料
上海	103.2	98.8	101.4	103.6	108.6	98.2	106.9	105.2
重庆	102.9	98.0	99.1	102.8	103.1	101.2	102.1	101.8

资料来源：作者自行整理

表 7.17　2017 年重庆市与福建省 8 类零售商品价格指数

省、直辖市	粮食	鲜菜	饮料烟酒	服装鞋帽	中西药品	书报杂志	日用品	燃料
福建	102.3	98.3	102.3	102.9	102.6	101.2	101.9	103.2
重庆	102.9	98.0	99.1	102.8	103.1	101.2	102.1	101.8

资料来源：作者自行整理

从表 7.18 可以看出，重庆市与沿海地区 5 个省、直辖市的 5 年平均市场分割指数中最大的是 0.000 308 47，出现在重庆市与上海市的 5 年平均上，说明重庆市与上海市的市场分割比较严重，最小的是 0.000 129 62，出现在重庆市与浙江的 5 年平均上。

表 7.18　重庆市与沿海地区 5 个省、直辖市的平均市场分割指数

上海	浙江	福建	广东	海南
0.000 308 47	0.000 129 62	0.000 198 13	0.000 212 72	0.000 251 86

资料来源：作者自行整理

比较 2017 年重庆市与上海市 8 类零售商品价格指数，如表 7.19 所示。可以看出，重庆市与上海市 8 类零售商品价格指数中，波动差异较大的是饮料烟酒和服装鞋帽。因此，重庆市可以考虑进一步降低这两个领域的贸易壁垒或是增强这方面的合作和专业分工，以改善市场分割情况。

表 7.19　2017 年重庆市与上海市 8 类零售商品价格指数

省、直辖市	粮食	鲜菜	饮料烟酒	服装鞋帽	中西药品	书报杂志	日用品	燃料
上海	102.9	97.6	104.2	107.8	105.2	100.3	101.7	100.9
重庆	102.9	98.0	99.1	102.8	103.1	101.2	102.1	101.8

资料来源：作者自行整理

7.2.4 内陆地区

内陆地区包括重庆、四川、河南、湖南、湖北、江西、安徽 7 个省、直辖市，如表 7.20 所示。

表 7.20 重庆市与"一带一路"内陆地区其他 6 省市场分割指数

省份	2013 年	2014 年	2015 年	2016 年	2017 年	5 年平均
河南	0.000 204 62	0.000 203 91	0.000 188 99	0.000 012 85	0.000 016 39	0.000 125 35
湖北	0.000 217 71	0.000 312 62	0.000 158 34	0.000 278 00	0.000 095 15	0.000 212 36
湖南	0.000 122 59	0.000 332 09	0.000 154 32	0.000 102 36	0.000 014 70	0.000 145 21
安徽	0.000 168 01	0.000 235 06	0.000 054 48	0.000 174 58	0.000 029 63	0.000 132 35
四川	0.000 839 29	0.001 875 63	0.000 238 05	0.000 022 26	0.000 090 32	0.000 613 11
江西	0.000 170 96	0.000 098 80	0.000 163 27	0.000 100 03	0.000 020 31	0.000 110 67
地区均值	0.000 287 19	0.000 509 68	0.000 159 57	0.000 115 01	0.000 044 42	总平均 0.000 223 18

资料来源：作者自行整理

从数据上来看，重庆市 2013~2017 年与"一带一路"内陆地区其他 6 省的市场分割指数最大值为 0.001 875 63，出现在 2014 年与四川的市场分割指数上，最小值为 0.000 012 85，出现在 2016 年与河南的市场分割指数上。

从 5 年的平均数可以看出，重庆市与四川省的市场分割是最大的，达到了 0.000 613 11，而与江西省的市场分割程度是最小的，只有 0.000 110 67。"一带一路"上沿海地区的市场分割指数总平均为 0.000 223 18。

对重庆市与 6 个省份的市场分割指数加总求平均，可以看出重庆市与整个内陆地区其他 6 省的市场分割情况是在缩小的，因为其平均市场分割指数由 2013 年的 0.000 287 19 降到了 2017 年的 0.000 044 42，其间有反复，如 2014 年在前一年的指数基础上大幅度增加，但其他年份均处于下降趋势，2017 年指数出现大幅度下降。如表 7.21 所示，重庆市与"一带一路"内陆地区其他 6 省市场分割指数 2017 年均比 2013 年大幅度下降，最小的下降了 56.30%，最大的下降了 91.99%。

表 7.21 重庆市与"一带一路"内陆地区其他 6 省市场分割指数降低程度

省份	2013 年	2017 年	降低程度
河南	0.000 204 62	0.000 016 39	91.99%
湖北	0.000 217 71	0.000 095 15	56.30%
湖南	0.000 122 59	0.000 014 70	88.01%
安徽	0.000 168 01	0.000 029 63	82.36%
四川	0.000 839 29	0.000 090 32	89.24%
江西	0.000 170 96	0.000 020 31	88.12%
平均			82.67%

资料来源：作者自行整理

重庆市 2013 年与四川省的市场分割指数为 0.000 839 29，而在 2016 年与河南省市场分割指数为 0.000 012 85。对比 2013 年重庆市与四川省 8 类零售商品价格指数（表 7.22）以及 2016 年重庆市与河南省 8 类零售商品价格指数（表 7.23）可以看出，2013 年重庆市与四川省在各类零售商品价格指数上波动差异较大，最大达到了 7.5，而 2016 年重庆市与河南省各类零售商品之间的价格指数差距较小，平均波动差异不超过 2。需要指出的是，虽然四川省与重庆市都处于西部，但两个省、直辖市由于历史原因，如多年争夺西部金融中心、西部物流中心、西部经济中心等，两者之间的竞争多于合作，彼此之间设置了较高的市场壁垒。计算出来的市场分割指数也明确看出这一点，2013~2017 年四川省 5 年的平均市场分割指数为 0.000 613 11，明显高于其他省份的平均市场分割指数（表 7.24）。

表 7.22　2013 年重庆市与四川省 8 类零售商品价格指数

省、直辖市	粮食	鲜菜	饮料烟酒	服装鞋帽	中西药品	书报杂志	日用品	燃料
四川	104.2	100.4	102.7	109.7	102.6	99.5	101.9	103.2
重庆	104.7	107.1	107.1	102.2	103.1	100.9	108.1	105.8

资料来源：作者自行整理

表 7.23　2016 年重庆市与河南省 8 类零售商品价格指数

省、直辖市	粮食	鲜菜	饮料烟酒	服装鞋帽	中西药品	书报杂志	日用品	燃料
河南	100.8	100.7	101.7	103.1	102.6	101.1	101.9	102.2
重庆	101.8	100.2	99.1	102.8	103.1	101.2	102.1	101.8

资料来源：作者自行整理

表 7.24　重庆市与内陆地区 6 个省份的平均市场分割指数

河南	湖北	湖南	安徽	四川	江西
0.000 125 35	0.000 212 36	0.000 145 21	0.000 132 35	0.000 613 11	0.000 110 67

资料来源：作者自行整理

从表 7.24 可以看出，重庆市与内陆地区 6 个省份的 5 年平均市场分割指数中最大的是 0.000 613 11，出现在重庆市与四川省的 5 年平均上，说明重庆市与四川省的市场分割比较严重，最小的是 0.000 110 67，出现在重庆市与江西省的 5 年平均上。

比较 2017 年重庆市与四川省 8 类零售商品价格指数，如表 7.25 所示。可以看出，重庆市与四川省 8 类零售商品价格指数中，指数数值差距较大的是鲜菜、服装鞋帽和燃料。因此，重庆市可以考虑进一步降低这三个领域的贸易壁垒或是增强这方面的合作和专业分工，以改善市场分割情况。

表 7.25   2017 年重庆市与四川省 8 类零售商品价格指数

省、直辖市	粮食	鲜菜	饮料烟酒	服装鞋帽	中西药品	书报杂志	日用品	燃料
四川	100.9	103	103.2	97.8	100.2	107.3	98.7	106.9
重庆	102.9	98	99.1	102.8	103.1	101.2	102.1	101.8

资料来源：作者自行整理

7.3 市场分割情况总结

对比重庆市与"一带一路"上各区域的平均市场分割指数，如表 7.26 所示，可知重庆市与各个区域之间的市场分割情况大体相当。除西北、东北地区外，其他各个地区与重庆市的市场分割指数之间相差不到 10%。

表 7.26   重庆市与"一带一路"上各区域的平均市场分割指数

区域	西北、东北地区	西南地区	沿海地区	内陆地区
平均价格指数	0.000 177 27	0.000 244 42	0.000 220 16	0.000 223 18

资料来源：作者自行整理

根据 7.2 节的分析，我们得到以下一些结论。

（1）重庆市与"一带一路"上各区域的市场分割情况逐渐在降低，特别是 2017 年，其市场分割指数明显低于其他 4 年的市场分割指数。2017 年是习近平总书记提出"一带一路"倡议的第 5 年，而重庆市与各个省、直辖市的市场分割指数都呈明显下降趋势，表明了该战略使得各地的贸易壁垒得到很大改善，国内市场得到很好的融合。

（2）重庆市与其他省、直辖市的价格指数波动差异较大的多是燃料、饮料烟酒和服装鞋帽，因此在未来"一带一路"的推进过程中，重庆市可以重点考虑降低这三个领域的贸易壁垒，且这三个领域的技术和科技含量都比较低，设置较高的贸易壁垒只会降低中国经济发展的效率，对中国经济的国际化发展没有任何益处。

（3）重庆市与"一带一路"上各区域的市场分割程度在 2013~2017 这 5 年内得到了明显的降低，多个省、直辖市降低程度达到了 90%以上，而对比西北、东北地区，西南地区，沿海地区和内陆地区（即对比各地区市场分割指数降低程度）可以发现，市场分割程度改善最大的是"一带一路"西南地区，改善程度达到了 95%以上，改善程度最小的是重庆市与沿海地区，平均改善程度只有58.67%。

第8章　地方政府间经济合作分析

8.1　地方政府间经济合作的利益相关者

本书涉及的区域经济合作中的利益相关者包括地方政府、企业和个人。其中，个人是经济社会的最小单位，个人利益是区域利益中的主要部分之一。本章研究的是地方政府间的区域经济合作，主要从宏观角度进行研究。因此，本章中的地方政府间经济合作利益相关者不考虑个人。

地方政府和企业在区域经济合作中有着各自的利益诉求，且这些利益诉求既有不同，也有交集。各主体的诉求交集会促使各主体积极参与区域经济合作，但也需要对各主体的不同诉求进行协调（付京，2010）。

8.1.1　企业

企业在区域经济发展中从事生产、营销和服务等活动，创造利润，满足社会需求。在区域经济发展中，核心企业起带头和主导作用。相关研究表明，我国核心企业的利益主体地位受自身功能结构和目标单一等的制约。企业要保持其在区域经济中的主体地位，就必须要完善自身的功能结构，建立多元化的目标体系，以推动企业利润与区域经济的共同增长，如表 8.1 所示（李培林等，1992）。

表 8.1　区域核心企业的功能结构与多元目标体系

企业的功能	企业的目标	核心目标
经济	经济	利润最大化，完成政府指令性计划
社会	社会	职工生活、福利及就业保障
政治	政治	政治声誉、企业升级

企业作为独立经济组织，为了生存和发展，核心目标和功能是利润最大化。

　　然而，社会主义经济体制决定了企业不仅要服务企业本身，还要服务整个区域经济的发展，并且要承担起社会和政治功能。随着中央和地方政府对核心企业的扶持与投资力度的增大，企业的社会和政治功能也不局限于企业内部，需要协助地方政府推动区域整体竞争力和政府声誉的提升等，这就给企业增添了行政属性，从而约束了企业作为独立的利益主体的经济功能和主导作用的发挥，也阻碍了我国企业的跨区域并购等行为。对比中国企业的并购特点和发达国家的企业并购特点可以看出，在社会主义经济体制下，地方政府参与了企业的并购行为，尤其是跨地区并购，不仅受限于区域经济政策，还可能付出更高的成本（邵建云，1997a，1997b）。

　　由表 8.2 可以看出，中国企业在区域经济发展中虽然占核心地位，但在我国特有的体制下，其日常经营受到地方政府干预，企业的功能结构和目标体系受到制约，企业作为独立利益主体在经济发展中的主导作用的发挥也受到阻碍。企业的社会和政治功能更是制约着企业经济功能的发挥。故而，要推动区域经济发展，就应该不断培养具有多元化目标的核心企业，并且协助这些企业建立起其应有的独立经济主体地位，以促使其在区域经济发展中充分发挥应有的带动和辐射作用。中央和地方政府应该改革区域经济政策，鼓励发达地区企业跨地区并购落后地区企业，以此来促进我国区域经济协调发展。

表 8.2　中国和发达市场经济国家的企业并购特点

类型	发达市场经济国家	中国
兼并动力	企业追求利润、市场	政府需要消灭亏损企业、调整经济结构 优质企业扩张动力不足
兼并主体	企业	政府+企业
兼并特征	企业自主行为	大量政府干预
兼并对象	大多数是盈利企业	亏损企业为主
兼并方式	有偿转让	大量无偿划拨
兼并类型	大量跨地区、跨行业混合并购	部门和地区所有制成为跨地区、跨行业并购的壁垒
中介组织	投资银行等中介组织作用重大	无中介组织
兼并市场	无有形市场 上市公司并购活跃 股权交易为主 并购市场发达	有形市场（产权交易所或中心） 极少上市公司并购 实物交易为主 并购市场不发达
兼并手段	各种金融手段	无金融手段支撑
相关法律	完善	不健全

8.1.2　地方政府

中央政府赋予了地方政府进行地区建设、推动社会发展和加强民生保障等公共管理职能,实现区域整体利益的发展。地方政府也就成为给区域内利益带来最直接影响的利益主体。作为区域利益的代表和管理主体,地方政府在追求自身利益最大化的同时,需要监督和协调区域内各主体的利益。主要手段是用法定权力建立对企业的管理制度,引导企业经济行为等。

地方政府的权力虽然不如中央政府,但地方政府对区域内企业的影响更直接。区域间生产要素的流动、区域内利益主体间关系的变化都与地方政府直接相关,故而,地方政府的行为和决策也会导致区域内经济冲突或合作(郭泽保,2009)。

中央政府赋予地方政府人事任免和经济决策权,使得地方政府在代表区域利益中:地方政府拥有了区域内资源的支配和决策权,就需要尽可能以此满足辖区内经济发展的需要;地方领导拥有对属下地方干部的监督、管理和罢免等法定权力,因此,下属地方干部必然追求政绩。

在发达国家中,企业是社会经济的真正主体,地方政府提供公共服务,协助中央政府宏观调控,不直接干预企业。相反,在我国特有经济体制下,中央政府将国有资产掌控权下放地方政府,地方政府就比中央政府更了解其辖区经济的具体情况。同时,地方政府为了解决市场失灵和最大化本地区利益,会对企业进行引导,对市场进行适当干预。

区域间,地区利益是地方政府展开区域合作,或地方政府间矛盾的主要诱因之一。地方政府不但代表中央政府利益,而且代表其自身的经济利益。为了更好地满足地方的经济利益,地方政府就有动机和可能实施地方保护主义。具体包括:限制区域内企业的跨区域活动,过度竞争其他区域的资本、人力、项目和自然生态资源,等等。因此,地方政府与地方政府、地方政府与企业之间的合作就会出现需要协调的情况。

8.2　地方政府与企业间的协同

企业是市场体制中独立的经济组织,其首要特征与功能是其经济功能,即实现利润最大化。企业实现利润最大化的主要措施是向消费者提供差异化产品、扩展企业营销渠道,以及扩大企业规模来降低生产成本等。但是,在中国特有经济体制下,其经济功能不仅要服务其自身,还要服务整个区域经济。同时,企业还必须承担起经济功能之外的社会和政治功能，包括增加社会就业、推动社会文化建设、参加慈善事业、协助解决地方政府财政支出问题等。而且，随着中央和地方政府对地区内核心企业的扶持与资助的不断增大，企业的社会和政治功能也不断从企业内部转向助力地方政府提升区域整体竞争力和政府声誉等，使企业行政属性日益增强。

　　同时，为了增强地区的综合竞争力，地方政府会利用自己制定的一些优惠政策去吸引更多的企业入驻其辖地。一些还处在发展初期的地区，各项基础条件都相对缺乏，地方政府虽然能利用优惠政策吸引来一些企业，但是这些企业经过一段时间后就会发现很难从市场中获得期望利益。这时，企业会更多关注如何获得更多的资源和利润，但地方政府更多关注如何以行政力量推动企业加大资金投入或增加项目。这时，地方政府和企业这两个区域经济利益主体的诉求就需要进行协调。例如，在我国一些能源新区，地方政府为了吸引和争取企业入驻，制定了"投入一定资金就获得一定资源"的政策。然而，在企业获得资源并进入该地区后，企业可能发现由于该地区的经济条件、产业结构和基础设施等条件不成熟，不能对其形成强有力支撑。企业为了获得更多市场和利润，取得发展和竞争力，可能把更多的资金投到其他地区，使投资到本地区的项目难以实施，当地经济也遭受不良影响，难以快速和可持续增长，地方政府也无法获得期望的财政收入。为了提高地方政府利益，地方政府一方面会再次制定一些优惠政策和法规来推动企业增加投资，同时，还会以政治手段来约束或限制核心企业的跨区域活动。地方政府与企业间的关系和相互影响如图 8.1 所示（芮明杰，2006）。地方政府政策对企业的影响如图 8.2 所示（高开，2010）。

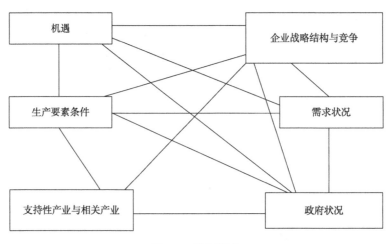

图 8.1　钻石模型

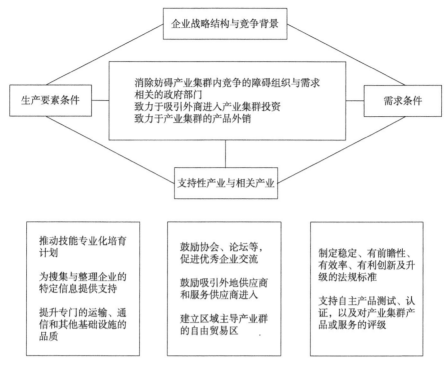

图 8.2　地方政府政策对企业的影响

8.3　地方政府间经济合作机理

中国中央政府根据行政管理、自然资源和历史文化等各种要素将中国分为若干个行政区域。每个区域因其经济发展的历史、区位条件，以及该区域自然、人力和技术等资源的禀赋不同，各区域的经济发展情况同样差异很大。因此，各地方政府为各地选择的经济发展模式也不一样。落后区域因其发展的客观条件欠佳，社会经济发展较为缓慢，只能依靠吸引和争夺外资来推动本区域经济发展。发达区域则凭借其自身优质的资源要素禀赋，选择以资本积累促进本区域经济发展。然而，资源的稀缺性和市场规模的有限性使地方政府间的合作程度稍弱。看似这些都是各区域在社会、经济和文化方面的较量，事实上这些都是各地方政府为争夺资源和市场而展开的一系列区域政策、制度和公共服务等方面的策略竞争。此外，为完成中央政府的年度经济指标，尤其是对地方政府干部的考核（包括经济增速、上缴的税收、就业水平和物价指数等），各地方政府间的竞争日益激烈。虽然区域间的良性竞争可以促进地方社会经济的发展，良性竞争机制也有利于推进地方政府提升其在机制构建和公共服务等方面的综合管理水平，但是，随着竞争变得越来越激烈，地方政府间的良性竞争可能逐渐演变成恶性竞争，带来地方性保护主义和不应有的制度性准入壁垒等，进而导致区域间经济利益的矛盾，阻碍整个区域经济的协调发展。

事实上，地方政府之间除了竞争，还有很大的合作空间。这主要是因为资源的稀缺性和市场规模的有限性决定了不同区域在拥有其比较优势的同时，也必然存在着劣势和不足。为了获得外部的优势资源，弥补自身不足，地方政府就有必要展开合作来推进各自区域的长期发展，使合作各方受益。地方政府之间的良好经济合作是推动区域经济协调发展的最佳手段和路径。例如，A 地区计划修建一条连接到 B 地区的高速公路，地方政府 A 可以找地方政府 B 合作修建，可以由 A 地区出资本金，B 地区出技术和劳动力。由于该高速公路既可以减缓 A 地区的道路压力，降低该区域企业的物流成本，还可以为 B 地区在引入外部资本方面创建便利条件，故 A 地区和 B 地区之间就有动机和激励展开合作。

8.3.1　地方政府间区域经济合作模型

1. 合作模型

考虑 n 个地方政府决定进行区域经济合作，这 n 个地方政府间区域经济合作模型如下：

$$G(N,v) = \{S_1, \cdots, S_n;\ b_1, \cdots, b_m;\ v_1, \cdots, v_n\}$$
$$v_i = f(S_1, \cdots, S_n;\ b_1, \cdots, b_m)$$

其中，$G(N,v)$ 为 n 个地方政府参加的区域经济合作；$S_1, \cdots, S_n$ 为各地方政府参加经济合作策略空间；$b_1, \cdots, b_m$ 为这些地方政府进行经济合作所达成的协议；v_i 为第 i 个地方政府的特征函数，是各地方政府参加经济合作的策略的函数。

由此可知，经济合作模型 $G(N,v)$ 包含一个所有地方政府集合 $N = \{1, 2, \cdots, n\}$、所有地方政府策略空间 $S = \{S_1, \cdots, S_n\}$、地方政府经济合作的协议集合 $B = \{b_1, \cdots, b_m\}$，以及各个地方政府 $i \in N$ 的特征函数 v_i，实际的 v_i 为各地方政府参与区域经济合作所能获得的最大利益或成本节约。

2. 合作解分析

地方政府间区域经济合作模型 $G(N,v)$ 的每个解中都会有一个或多个的支付向量 $x \in R^N$，因此，有 $\sum_{i \in N} x_i = v(N)$，其中，$x_i$ 为地方政府 i 参与区域经济合作的支付。所有参与区域经济合作的地方政府的支付之和就是整个区域经济合作中所有地方政府共同合作所得的收益 $v(N)$。要在合作模型中求得合作解,需要考虑这 n 个地方政府中会有部分地方政府结成区域经济合作的子合作群体,且这些子合作群体有其各自的利益诉求,此时,对由所有 n 个地方政府参与区域经济合作所产生的利益进行合理分配,就涉及 Shapley 值、τ 值和"核"。

Shapley 值是由 Shapley 在 1953 年提出的,其基本思路是采用合作模型参与各方对合作收益的边际贡献分配合作收益。在地方政府间经济合作模型 $G(N,v)$ 中,地方政府 $i \in N$ 的 Shapley 值为

$$\varphi_i(N,v) = \sum_{I \subseteq N} \frac{(|I|-1)!(n-|I|)!}{n!} \Big[v(I) - v(I/\{i\}) \Big]$$

其中,$|I|$ 为子集合 $I \subseteq N$ 的数量。

τ 值则是由 Tijs 在 1981 年提出的,是参与各方的最小权利支付向量和其理想支付向量间的唯一有效折中。显然,在地方政府间区域经济合作模型 $G(N,v)$ 中,地方政府 $i \in N$ 的理想支付为 $M_i(N,v) = v(N) - v(N/\{i\})$,也就是地方政府 i 所能得到的最大支付,因为这是该地方政府在区域经济合作 $I \subseteq N$ 中创造出的边际价值。故而,在合作 $I \subseteq N$ 中,地方政府 i 至少可以得到合作分配剩余 $R_v(I,i) = v(I) - \sum_{j \in I/\{i\}} M_i(N,v)$。显然,地方政府 i 一定会从所有可能的区域经济合作 $I \subseteq N$ 中选择一个能给予其最大剩余的经济合作,因此,地方政府 $i \in N$ 能得到的最小支付为 $m_i(N,v) = v(N) - \max_{I \subseteq N} R_v(I,i)$。由此可得,地方政府 i 最终可以得到的支付(τ 值)为

$$\tau(N,v) = \alpha m_i(N,v) + (1-\alpha) M_i(N,v)$$

其中,$\alpha \in [0,1]$,且 $\alpha \sum_{i \in N} m_i(N,v) + (1-\alpha) \sum_{i \in N} M_i(N,v) = v(N)$。

"核"是 Schmeidler 于 1969 年提出的,是能够最小化合作的最大剩余的支付向量。在地方政府间区域经济合作模型 $G(N,v)$ 中,子合作 $I \subseteq N$,$I \neq \Phi$ 的支付向量 $x \in R^N$ 的剩余为 $e(I,x) = v(I) - \sum_{i \in I} x_i$。支付向量 x 的剩余向量为 $e(x) = \big[e(I_1,x), e(I_2,x), \cdots, e(I_k,x) \big]$,其中,$k = (|I|-1)!(n-|I|)!$。

当地方政府间区域经济合作模型 $G(N,v)$ 的特征函数 $v(I) = \sum_{T \subseteq I: \ T-K} v(T)$ 时,具有以下性质。

1)凸性

当地方政府间区域经济合作模型 $G(N,v)$ 对于所有的 $i \in N$ 及所有的

$I \subseteq T \subseteq N / \{i\}$，$v(T \cup \{i\} - v(T)) \geqslant v(I \cup \{i\} - v(I))$ 都一定成立时，则地方政府间区域经济合作模型 $G(N, v)$ 为凸。

凸性允许地方政府区域经济合作中的每一个子合作在稳定的总合作中可以得到的合作收益分配不低于该地方政府不参与区域经济合作所能获得的经济收益。采用这种稳定的分配策略可以使地方政府子合作群都没有动机分裂。可以说，合作模型凸性类似于非合作模型中的纳什均衡。

由于地方政府间区域经济合作非负，故此时的地方政府间合作就一定会具有凸性。

2）解的一致性

由地方政府间区域经济合作模型的凸性可以知道，其"核"和 Shapley 值是属于稳定分配的。此外，其 Shapley 值和 τ 值是一致的。所以，其 τ 值也是属于稳定分配的。

在地方政府间区域经济合作模型中，Shapley 值和 τ 值是一致的。其中，若只有两个地方政府参与区域经济合作，那么在地方政府间区域经济合作模型中，"核"、Shapley 值和 τ 值是一致的。

因此，若只有两个地方政府参加区域经济合作，该经济合作模型的三个重要的解概念一致，则该经济合作的利益分配策略是稳定的。此时，每个地方政府参加区域经济合作所得到的收益大于其不参加区域经济合作所得到的收益。这也正是地方政府间进行区域经济合作的基础。

8.3.2　地方政府间区域经济合作策略选择

地方政府间通过区域经济合作来应对来自各方的竞争和挑战是所有地方政府的有效选择。本节通过建立理论模型来对地方政府间区域经济合作模型以及地方政府单独促进区域经济发展的模式进行相应的比较研究。

由于每个"理性"的地方政府都是以其所在地区的利益最大化作为其决策目标的，其参加区域经济合作的决策依据也必然是通过区域经济合作来最大化其所在区域的自身利益，增强该区域的竞争优势，故地方政府必须要在区域经济合作过程中克服机会主义行为，破解区域经济合作中"囚徒困境"，选择最为适当的区域经济合作策略。

机会主义行为是所有地方政府间区域经济合作中的最大阻碍之一。主要表现形式是某个参与区域经济合作的地方政府降低其在合作过程中投入资源的数量和质量，以及合作中的投资效率。在两个或两个以上的地方政府参与的区域经济合作过程中，各参与主体基于自身的"个体理性"特征选择经济合作策略。"个体理性"是各地方政府的经济合作行为始终会将自身利益最大化作为其决策的唯一目标。除非是为了在合作过程中实现自身利益最大化的需要，否则不会在决策中考虑任何其他地方政府的收益。因此，"个体理性"使地方政府之间的合作难以达成。

在经典的"囚徒困境"中，若双方都选择不坦白策略，双方的总收益最大，然而，由于坦白策略下的个体收益始终高于不坦白策略下的个体收益，故双方都有强烈动机选择以总收益和对方收益的损失为代价换取个体收益的增加，即有选择坦白策略的机会主义行为倾向。其结果是双方都选择坦白策略。

由"囚徒困境"可知，在"个体理性"指导下的均衡解一般都无法实现参与各方收益的最大化，结果反而使资源配置处于低效率状态。显然，这是各参与主体在相互制衡下导致的次优选择。破解合作过程中的"囚徒困境"或机会主义行为的一个非常常用的策略是"以牙还牙"策略，即只要合作的某个参与者有一次选择机会主义的不合作策略，在将来的合作中，其他所有的参与者也永远选择不合作策略，降低该选择机会主义的参与者在未来合作中的收益，迫使其选择合作策略，最终实现帕累托最优均衡。

8.3.3　地方政府区域经济合作策略

多个地方政府能否有效实施区域经济合作取决于地方政府在合作过程中的行为和决策。在上文提到的地方政府合作修路的例子中，地区 A 和地区 B 都能同时从合作修路中获益，即合作修路是一种互利的行为。但是，若地区 A 和地区 B 分别位于同一条河的上下游，地区 A 在河中修建一个废水池，这种行为很可能给下游的地区 B 造成损害，地区 A 和地区 B 之间就会产生矛盾。我国很多地方政府之间都在经济发展过程中展开过或正在展开区域经济合作，但是，一旦在合作过程中，当地方政府间在收益、成本或资源等方面产生矛盾时，大量的区域经济合作最终没能取得成功（吴鹏和严凤雅，2011）。本节将结合地方政府间的社会两难模型对此现象加以分析。

1. 完全信息模型

考虑 A、B 两个对称的完全理性的地方政府进行区域经济合作，由于这两个地方政府是对称的，故参与双方的行为策略空间也是相同的，即都是合作或不合作这两种策略。合作意味着 A、B 两个地方政府愿意共同利用开发资源，实现双方的优势互补，赢得共同的发展机遇。不合作意味着各地方政府以对方政府的收益损失为代价谋取自身的不当利益。因此，模型有四个策略组合，见图 8.3。

地方政府 B

策略选择	合作	不合作
合作	R_1，R_1	R_2，R_3
不合作	R_3，R_2	R_4，R_4

地方政府 A

图 8.3　地方政府区域经济合作模型

在图 8.3 中，当一个地方政府不合作而另一个地方政府合作时，选择不合作策略的地方政府的收益不但比选择合作策略的地方政府高，而且还由于对方选择不合作而获得比其选择合作时还要高的收益，故当地方政府选择不合作策略时得到的收益 R_3 不但高于地方政府选择合作策略时的收益 R_2，而且比两个地方政府都选择合作策略时的收益 R_1 还要高。同时，若地方政府选择合作策略，其收益还会因对方选择不合作策略而遭受损失，因此有 $R_3>R_1>R_2$。当双方都选择不合作策略时，双方的收益 R_4 满足 $R_1>R_4>R_2$。在这种情况下，如果双方都选择不合作策略，虽然双方的收益都不高，但双方都避免了自己的利益被对方不当侵占的情况出现。

在地方政府 A 和地方政府 B 参与的合作中，（不合作，不合作）是单次合作中的唯一纯战略纳什均衡，支付为（R_4，R_4），无法出现合作帕累托最优的（合作，合作）均衡。

若将单次合作扩展为有限次完全且完美的重复合作，同样存在唯一纯战略纳什均衡，且有限次完全且完美的重复合作仅仅是对一次性合作的简单重复。换言之，（不合作，不合作）策略组合仍然是唯一的纳什均衡，支付为（R_4，R_4）。

若扩展为无限次重复次，就会涉及对未来收益的时间价值判断，需要考虑时间因子。假设 A、B 两个地方政府的时间因子是相同的，都是 λ（$0<\lambda<1$）。显然，λ 越接近 1，双方未来收益价值的贴现值越接近于当前的收益价值；反之，λ 越接近 0，双方未来收益价值的贴现值与当前收益价值的差距越大。双方的策略是，在合作开始时选择相信对方，都选择合作策略，即出现（合作，合作），在合作过程中一旦有一方选择不合作，另外一方在此后的合作中不再选择合作策略，只会选择不合作策略。因此，一旦有一方选择一次不合作策略，双方在此后的合作中唯一的均衡策略组合只会是（不合作，不合作）。

以上策略会在地方政府之间无限重复，若始终选择（合作，合作）策略，双方各自的总收益 π_1 为

$$\pi_1 = R_1 + \lambda R_1 + \lambda^2 R_1 + \lambda^3 R_1 + \cdots$$
$$= R_1 + \lambda\left(R_1 + \lambda R_1 + \lambda^2 R_1 + \lambda^3 R_1 + \cdots\right)$$
$$= R_1 + \lambda\pi_1$$

由此可得

$$\pi_1 = R_1 / (1 - \lambda)$$

反之，一旦有一方在合作中选择不合作策略，双方在此之后都不会选择合作策略，只会出现（不合作，不合作）。由此可得，先选择不合作一方的总收益 π_2 为

$$\begin{aligned}
\pi_2 &= R_3 + \lambda R_4 + \lambda^2 R_4 + \lambda^3 R_4 + \cdots \\
&= R_3 + \lambda R_4 \left(1 + \lambda + \lambda^2 + \lambda^3 + \cdots\right) \\
&= R_3 + \lambda R_4 / (1 - \lambda)
\end{aligned}$$

命题 8.1： 当 $\lambda > (R_3 - R_1)/(R_3 - R_4)$ 时，两个地方政府将一直选择（合作，合作）。

证明： 根据地方政府的"个体理性"原则，当一直选择（合作，合作）策略的总收益 π_1 大于首先选择不合作策略的总收益 π_2 时，地方政府均会一直选择（合作，合作）策略。

求解 $\pi_1 = R_1 / (1 - \lambda) > \pi_2 = R_3 + \lambda R_4 / (1 - \lambda)$，可得

$$\lambda > (R_3 - R_1)/(R_3 - R_4)$$

因此，当 $\lambda > (R_3 - R_1)/(R_3 - R_4)$ 时，$\pi_1 > \pi_2$，两个地方政府都将一直选择（合作，合作）策略。

证毕。

命题 8.1 表明，只要时间因子 λ 足够大，两个地方政府都会选择合作策略，从而在合作过程中获得更大的合作收益，即破解了不合作的"囚徒困境"。由本章之前的分析可知，能够破解"囚徒困境"是因为 A、B 两个地方政府可能再次进行区域经济合作，地方政府对将来选择合作的高收益期望和对将来选择不合作的低收益担忧，使地方政府的当前决策不仅影响现在的收益，还影响着 A、B 两个地方政府在将来的策略和收益。也就是说，未来的情况影响现在的合作态势。而且在未来的合作中收益越大，且时间因子越大，则未来收益的现值也越大，地方政府越看重未来的收益，地方政府选择合作的可能性越大。

地方政府间区域经济合作存在间断——连续性的特性，这使参与的各地方政府会考虑预期的未来收益，当时间因子足够大时，未来预期收益的现值就越有可能大到使地方政府在当前选择合作策略。

2. 不完全信息模型

显然，在完全信息模型中对地方政府的完全理性假设与实际情况存在着较大的差距。现实情况是，区域间在技术水平、经济实力和资源禀赋等方面不同，

地方政府在合作过程中的谈判地位和能力也存在着一定的差距，而且影响对方政府的边界很难精确界定，因而，地方政府在区域经济合作中通常处于不完全信息状态。

本部分放松完全信息的假设，将完全信息修改为更符合现实情况的不完全信息。

不完全信息模型的假设如下：

A、B 两个地方政府之间信息不完全、不对称。

A、B 两个地区在技术水平、经济实力和资源禀赋等方面不同，地方政府在区域经济合作谈判中的能力也存在着一定的差异。

地方政府 A 和地方政府 B 展开区域经济合作的总收益为 V。

地方政府 A 提出区域经济合作策略（x，$1-x$），即地方政府 A 在区域经济合作中的收益分配比例为 x，地方政府 B 的收益分配比例为（$1-x$）。

若双方合作成功，地方政府 A 和地方政府 B 按以上的收益分配比例进行分配，即双方分得的收益分别为 Vx 和 $V(1-x)$；反之，若合作失败，地方政府 A 和地方政府 B 分别获得收益为 $\delta_A Vx$ 和 $\delta_B V(1-x)$，其中，$0<\delta_A$，$\delta_B<1$ 分别为地方政府 A 和地方政府 B 因区域经济合作失败的折现因子。

以下分别就地方政府 A 单边信息不完全、地方政府 B 单边信息不完全和双方信息不完全 3 种情况对双方的区域经济合作策略进行分析。

1）地方政府 A 单边信息不完全

地方政府 A 与地方政府 B 的区域经济合作谈判存在着两种可能的情况。

一种可能是地方政府 A 的谈判能力强（竞争能力强），地方政府 B 的谈判能力弱。不妨命这种情况的概率为 p，以 H 代表谈判能力强，以 L 代表谈判能力弱。因此，在这种情况下，地方政府 A 的折现因子可记为 δ_{AH}，地方政府 B 的折现因子可记为 δ_{BL}。

另一种可能是地方政府 A 的谈判能力弱，地方政府 B 的谈判能力强，这种可能情况的概率为（$1-p$）。在这种情况下，地方政府 A 的折现因子记为 δ_{AL}，地方政府 B 的折现因子记为 δ_{BH}，其中，$\delta_{BH}>\delta_{BL}$。

谈判能力弱的地方政府 A 与谈判能力强的地方政府 B 展开完全信息合作的谈判唯一最优均衡解为（a，$1-a$）；反之，谈判能力强的地方政府 A 与谈判能力弱的地方政府 B 展开完全信息合作的谈判唯一最优均衡解则为（b，$1-b$）。其中，

$$a=\frac{1-\delta_{AH}}{1-\delta_{AH}\delta_{BL}}, \quad b=\frac{1-\delta_{AL}}{1-\delta_{AL}\delta_{BH}} \tag{8.1}$$

显然，（b，$1-b$）是地方政府 A 的优先选择策略。在这个合作策略下，地方政府 B 与地方政府 A 展开区域经济合作的收益为 $V(1-b)$；反之，地方政府 B

采取不合作策略的收益为

$$p\delta_{BL}V(1-b)+(1-p)\delta_{BH}V(1-a) \tag{8.2}$$

命题 8.2：地方政府 A 提出的经济合作策略中分配给地方政府 B 的分配比例 $(1-b)$ 满足当 $(1-b)>\dfrac{(1-p)\delta_{BH}(1-a)}{1-p\delta_{BL}}$ 时，地方政府 B 就一定会接受地方政府 A 的优先选择策略，并与地方政府 A 展开区域经济合作。

证明：由地方政府的"个体理性"特征可知，地方政府 B 选择是否与地方政府 A 展开区域经济合作的决策依据是区域经济合作的收益大于其不合作的收益。求解 $p\delta_{BL}V(1-b)+(1-p)\delta_{BH}V(1-a)<V(1-b)$，可得 $(1-b)>\dfrac{(1-p)\delta_{BH}(1-a)}{1-p\delta_{BL}}$。因此，地方政府 A 所提出的经济合作策略中分配给地方政府 B 的分配比例 $(1-b)$ 满足当 $(1-b)>\dfrac{(1-p)\delta_{BH}(1-a)}{1-p\delta_{BL}}$ 时，地方政府 B 的合作收益大于不合作，也就会接受地方政府 A 的优先选择策略，并与地方政府 A 展开合作。

证毕。

命题 8.2 表明，当地方政府 A 给予地方政府 B 的分配比例足够大时，地方政府 B 就能通过与地方政府 A 的合作增大其收益，就会与地方政府 A 展开区域经济合作。

2）地方政府 B 单边信息不完全

同理可知，地方政府 B 在单边信息不完全情况下，地方政府 A 与地方政府 B 的区域经济合作谈判中存在着两种情况。

一种可能是地方政府 B 的谈判能力强（竞争能力强），地方政府 A 的谈判能力弱，这种情况的概率为 p，以 H 代表谈判能力强，以 L 代表谈判能力弱。因此，在这种情况下，地方政府 B 的折现因子可记为 δ_{BH}，地方政府 A 的折现因子可记为 δ_{AL}。

另一种可能是地方政府 B 的谈判能力弱，地方政府 A 的谈判能力强，这种情况的概率为 $(1-p)$。在这种情况下，地方政府 B 的折现因子为 δ_{BL}，地方政府 A 的折现因子为 δ_{AH}，其中，$\delta_{AH}>\delta_{AL}$。

谈判能力强的地方政府 A 与地方政府 B 展开完全信息合作的谈判唯一最优均衡解为 $(c,1-c)$；谈判能力弱的地方政府 A 与地方政府 B 展开完全信息合作的谈判唯一最优均衡解则为 $(d,1-d)$。其中，

$$c=\frac{1-\delta_{BL}}{1-\delta_{BL}\delta_{AH}},\quad d=\frac{1-\delta_{BH}}{1-\delta_{BH}\delta_{AL}} \tag{8.3}$$

显然，$(c,1-c)$ 是地方政府 A 的经济合作优先选择策略。在这个合作策略

之下，地方政府 B 与地方政府 A 展开区域经济合作的收益为 $V(1-c)$。反之，谈判能力弱的地方政府 B 实施不合作策略的收益为 $\delta_{BL}V(1-c)$。显然，谈判能力弱的地方政府 B 将选择与地方政府 A 展开区域经济合作；谈判能力强的地方政府 B 实施不合作策略的收益为 $\delta_{BH}V(1-d)$，对比 $V(1-c)$ 和 $\delta_{BH}V(1-d)$ 可得命题 8.3。

命题 8.3：在谈判能力弱的地方政府 A 与地方政府 B 的合作中，当地方政府 B 的分配比例满足 $(1-d)<(1-c)/\delta_{BH}$ 时，谈判能力强的地方政府 B 也会接受地方政府 A 提出的区域经济合作优先策略 $(c, 1-c)$。

证明：由地方政府的"个体理性"特征可知，地方政府 B 选择是否与地方政府 A 展开区域经济合作的决策依据是区域经济合作收益大于不合作收益。求解 $V(1-c)>\delta_{BH}V(1-d)$，可得 $(1-d)<(1-c)/\delta_{BH}$。因此，在谈判能力弱的地方政府 A 与地方政府 B 的合作中，当地方政府 B 的分配比例满足 $(1-d)<(1-c)/\delta_{BH}$ 时，谈判能力强的地方政府 B 也会接受地方政府 A 提出的区域经济合作优先策略 $(c, 1-c)$。

证毕。

命题 8.3 表明，若谈判能力弱的地方政府 A 给予地方政府 B 的分配比例 $(1-d)$ 足够小，同时，谈判能力强的地方政府 A 给予地方政府 B 的分配比例 $(1-c)$ 足够大，地方政府 B 的谈判能力无论是强还是弱都会选择接受地方政府 A 提出区域经济合作优先策略 $(c, 1-c)$，与地方政府 A 展开区域经济合作。

3）双方信息不完全

综上所述不难发现，地方政府间的区域经济合作会因各地方政府为自身利益而撕毁合作协议，结果进一步导致地方政府间的恶性竞争。这类事件会发生在地方政府的招商热潮中。在区域招商会谈中，虽然在会谈之前，地方政府一般会就产业功能布局、投资优惠政策等签署协议，但是面对珍贵的招商机遇，地方政府还是会出于理性的自利动机，破坏这些协议。地方政府在区域经济合作中一定会出于自身利益选择最有利于自身的策略，但是由不完全信息模型可以看出，地方政府 A 在区域经济合作中的收益并不一定要以地方政府 B 在区域经济合作中的收益损失为代价，或者说地方政府 A 大力发展本区域的经济，不一定会给其他的区域经济和社会带来不利的影响，甚至可能会帮助其他区域的发展。这时，区域间就会不断合作，并共同发展。

由以上分析可知，在区域经济合作过程中，只要地方政府能真正树立起与其他区域共赢和长期合作的理念，在区域经济合作过程中充分考虑自身政策可能给其他区域带来的外部性，避免在区域经济合作中一心追求自身利益导致的"囚徒困境"，这样，地方政府就能在区域经济合作中实现长期合作的动态均衡。双方就会遵守合作协议以保持双方长久的合作关系，同时，为以后的区域合作进行长远规划，促进各区域的持续合作和共同发展。此外，构建并完善政府干部的考核和评价机制也非常有利于促使各地方政府遵守双方的区域经济合作协议，维持长期合作。

此外，需要特别关注发达地区与不发达地区的地方政府间经济合作。虽然我国一直采取各种政策和手段鼓励发达地区积极与不发达地区展开区域间经济合作，但是从现实背景来看，不发达地区响应中央政府的号召和政策意愿要更强一些。这主要是因为如果能将发达地区的一些产业或资源转移到不发达地区，可以带动当地经济和产业的高效发展，增加当地的就业岗位，同时还能提升该区域地方干部的政绩。当发达地区将部分产业转移到不发达地区时，反而可能因产业的流失而削弱当地的税收、就业及政府干部的政绩等。虽然，从长远来看，发达地区将部分落后产业转移到不发达地区可以为引进更先进产业腾出地理空间，但是发达地区的发展可能会在短期内遭受一定的影响。因此，发达地区对中央政府要求其与不发达地区展开区域经济合作的号召和政策会相对迟缓一些。从以上分析可以看出，发达地区与不发达地区之间的利益冲突正是难以真正展开区域经济合作的主要原因和表现。

8.3.4　制度约束下的地方政府间区域经济合作策略

由以上分析可知，若时间因子 λ 足够大，地方政府间在区域经济合作中就会选择合作策略。λ 值不但与地方政府在区域经济合作中是否看中各自在未来的收益有关，而且与相关制度约束有关。制度指的是正式的或非正式的，维护经济社会合作和竞争环境的一系列规则。制度对地方政府间区域经济合作策略有着重要的指导和约束。本小节仍以 A、B 两个地方政府完全信息经济合作为例研究制度对地方政府间区域经济合作策略的影响，见图 8.4。

		地方政府 B	
策略选择		合作	不合作
地方政府 A	合作	U, U	$-V_1$, $U_1-\lambda L$
	不合作	$U_1-\lambda L$, $-V_1$	$U_1-\lambda L$, $U_1-\lambda L$

图 8.4　地方政府间区域经济合作模型

在图 8.4 中，$U>0$ 表示当 A、B 两个地方政府选择合作策略时，各地方政府的收益；$V_1>0$ 表示当一方不合作时，另一个地方政府的收益损失；U_1 表示地方政府通过选择不合作的不当得利，$U_1>U>0$；$L>0$ 表示地方政府选择不合作的收益损失，包括来自法律制度的惩罚，以及地方政府因声誉受损而损失的收益。L 随制度执行力度和处罚力度增大而变大；$0 \leqslant \lambda \leqslant 1$ 为贴现系数，这是因不合作受到惩罚的效果，一般不是即刻产生，而是在一段时间以后才实施。在存在制度约束的情况下，社会信息向全社会传播得越快，λ 就越大，一直到趋近于 1，制度对地方政府行为的约束也就越大。

当 $U_1-\lambda L>U$ 时，在 A、B 两个地方政府的单次经济合作中，不合作将是 A、B 两个地方政府之间区域经济合作的唯一选择。这说明制度虽然在一定程度上对地方政府在经济合作中的决策行为有一定的制约作用，但这种作用还不够大，不足以促使地方政府在经济合作中选择合作策略。

当 $U>U_1-\lambda L$ 时，合作策略则成为地方政府在经济合作中的唯一必然选择。这是因为制度对地方政府的制约已经足够大，大过了地方政府在经济合作中选择不合作策略的不当得利。

制度对地方政府间区域经济合作的推动主要依赖于法律机制对违约的惩罚，以及声誉机制的约束。良好的制度环境能有效震慑地方政府在区域经济合作中的违约行为，提高对地方政府的惩罚力度 L 和贴现因子 λ。同理，声誉机制带来的惩罚应该尽早产生效果，从而提高贴现因子 λ 的值。

第五篇　政　策　篇

第9章 政策建议

9.1 确立正确的与"一带一路"沿线国家
合作的思路

重庆市要想通过加强与"一带一路"沿线国家的经济和贸易合作,融入国家"一带一路"倡议,首先需要确立正确的与"一带一路"沿线国家合作的思路。考虑到重庆市与"一带一路"沿线国家经贸合作中的三个重要因素:重庆市与"一带一路"沿线国家的贸易互补关系;投资贸易伙伴关系;沿线国家营商环境,本书认为重庆市与"一带一路"沿线国家经济和贸易合作的正确思路如下:以贸易和直接投资产业互补为前提,以良好的贸易伙伴关系和营商环境好的国家为突破点,面向重点合作国家在产业和进口方面的重大需求,积极调整重庆市对外直接投资和贸易结构,推动重庆市与"一带一路"沿线国家的经济和贸易合作。

9.2 优选合作重点国家,率先在这些国家实现突破

重庆市要通过加强与"一带一路"沿线国家的经济和贸易合作,一定要坚持有所为、有所不为的原则,选择与重庆市有良好贸易伙伴关系的国家,以及营商环境好的国家作为经贸合作的重点国家,率先在这些重点国家开展投资与贸易合作,尤其是要将重心放在具有较大带动作用和示范效应的国家或地区。

由第3章和第4章的研究发现,在"一带一路"沿线的重庆市主要出口贸易国家中,出口潜力大的国家包括俄罗斯、印度尼西亚、巴基斯坦、缅甸、伊朗、土耳其和孟加拉国。对这些国家的出口潜力不但大,而且呈逐年递增的态势。这说明重庆市向这些国家的出口贸易增长空间非常大,应该将这些国家作为出口贸

易的重点国家,作为其扩大向"一带一路"沿线国家出口贸易的突破点。此外,马来西亚、韩国、越南、泰国、印度、新加坡和新西兰等国家,2013~2015 年是重庆市对其出口潜力大的国家。近年来,重庆市向这些国家的出口潜力逐渐变小,重庆市需要认真分析出口潜力变小的主要原因,若能恢复向某些国家的出口量和出口贸易额,也可将这些国家列为出口贸易的重点国家。

由第 5 章和第 6 章的研究发现,"一带一路"沿线国家按其直接投资环境可分为 6 类,其中,Ⅰ类国家投资环境最好,该类中仅印度一个国家;Ⅱ类国家仅有俄罗斯;Ⅲ类国家有东南亚的印度尼西亚和西亚的土耳其。这些国家的直接投资环境都非常好,是对外资最具吸引力的国家,因此,应将这些国家列入重庆市对外直接投资重点国家。直接投资环境Ⅳ类国家共有 16 个国家,分别为亚洲的新加坡、沙特阿拉伯、韩国、越南、菲律宾、泰国、马来西亚、伊朗、阿拉伯联合酋长国和卡塔尔,非洲的南非和埃及,欧洲的波兰和匈牙利,大洋洲的新西兰以及中美洲的巴拿马。这 16 个国家的直接投资环境很好,但是,其中的埃及、伊朗、菲律宾、沙特阿拉伯、卡塔尔、南非、巴拿马和越南的营商环境欠佳,分别排名第 128、124、113、92、83、82、79 和 68 位,因此,可将剩余的新加坡、韩国、泰国、马来西亚、阿拉伯联合酋长国、埃及、波兰、匈牙利与前 3 类的印度、俄罗斯、印度尼西亚和土耳其一同列入直接投资重点国家。通过加强向这些国家的直接投资实现突破。

9.3 优化外贸商品结构,提高产品质量,以贸易带投资

9.3.1 实施贸易先行、投资跟进策略,促进支柱产业有序对外发展

相比对外直接投资,对外贸易的风险和难度相对较小。因此,重庆市要加强与"一带一路"沿线国家的经贸合作,可以在优选重点国家和重点产业的基础上,先行展开贸易合作。在双方贸易合作发展相对成熟之后,再根据这些重点国家的营商环境情况,择机选择适合的国家进行直接投资。推进生产当地化,建立对外贸易与直接投资的相互促进机制,实现对外贸易与对外直接投资的协调发展。

鉴于重庆市现有的比较优势,应该优先考虑推动支柱产业对外发展。重点推进电子制造业对外贸易和直接投资的升级;大力推进汽摩产业在"一带一路"沿线国家的出口,提高汽摩产业在出口贸易中的比例。同时,加大重庆市及周边汽摩、材料、能源和化工等优势企业在南亚和东南亚的直接投资力度,建立汽摩等生产基地。面向德国和中东欧,加强高端装备、新材料和新能源等领域合作。

9.3.2 加大外资引进力度，优化出口商品结构

2018 年以前，由于重庆市存在大量廉价劳动力，对外贸易中劳动力密集型产品或加工贸易所占比例很大。其中，2017 年加工贸易占外贸总额的 46%，比 2016 年上涨了 5.5 个百分点。随着人口红利的逐渐消失，重庆市进口商品的竞争力将逐渐降低。因此，在"一带一路"倡议的背景下，考虑到重庆市对外贸易中外资企业主导地位进一步巩固的情况（2017 年重庆市外资企业进出口额占外贸总值的 58.3%），重庆市应在加大引进外资力度的同时，改善出口产品结构，增大技术或资本密集型产品出口份额，优化出口商品结构，提高竞争力。一方面，出口重点企业应加大创新投入，培育自主创新品牌，持续开发自主创新产品，促进出口产品由低附加值产品向高附加值产品转变。同时，重庆市应紧抓在"一带一路"倡议下中央政府赋予重庆市的重大使命，并给予重庆市大量优惠政策的战略时机，加大高新技术产业引进力度，形成产业集群和产业聚集，充分发挥引进企业和产业在促进重庆市产业结构升级中的积极作用，加速重庆市产业结构的优化。

9.3.3 改善出口产品质量，打造品牌，提高竞争力

商品质量问题一直是影响我国出口贸易的主要障碍因素之一。重庆市要扩大与沿线国家的对外贸易的数量和金额，必须提升出口产品的质量。首先，中央政府和重庆市政府要加大向质量技术基础注资力度，提升出口产品标准；此外，作为出口主体的企业要加大对产品的技术和生产工艺等的研发投入，完善企业内部的质检制度，提高质检水平，确保出口产品的高质量。其次，正视人才在提升产品质量中的重要作用，加大各类人才的培养力度。一方面，培养熟知沿线国家政策、产品技术标准、消费者需求、市场行情等信息，以及掌握产品技术的高端人才；另一方面，政府要加大对高等技工教育和高等职业教育的支持，健全技术人才培养体系，培养并发挥"匠人精神"在技能上的强大作用。最后，打造自主品牌，提高企业竞争力。政府引导企业做好品牌定位，树立品牌意识，打造自主品牌，提高企业核心竞争力和国际市场竞争力，提高出口产品附加值。

9.4 结合东道国投资环境，选择合适投资项目

重庆市企业要在"一带一路"沿线国家直接投资，须充分了解和掌握东道国政治形势、法律法规、风俗习惯，以及经济和产业发展等投资环境，根据拟投资

地的发展形势和需求特点，针对性选择投资项目，以便更好地得到当地政府的政策支持。

以东盟为例，在中国提出"一带一路"倡议后，部分东盟国家提出了自己的经济发展战略。泰国提出了"4.0"战略，以基础设施建设项目为其战略发展的重点项目和举措；同时，引导外资流向促进出口和旅游业发展的产业，并鼓励外资在泰国建立新的生产基地。2015年，马来西亚提出了"第十一个马来西亚计划"（2016~2020年）。在该计划中，基础设施建设、房地产开发、高污染和投资过度（轮胎、太阳能电池等）等行业不再接受外资，而对投资绿色科技、金融服务、教育和培训等领域的外资提供优惠政策；越南的农业问题涉及中越两国经济政治和合作问题，重庆市企业在越南投资的重点应是第一产业中的农业机械、农药和水产品加工等行业。

俄罗斯和中亚国家是"丝绸之路经济带"的建设重点和关键节点。中东欧国家吸引中国资金的起点较低，但增长迅速，且中东欧一些国家在高速公路、铁路、机场、桥梁和电站等基建、清洁能源、矿产资源和旅游资源等行业都有大量的外资需求。其中，捷克是中东欧五国中营商环境最佳的国家，2016年经济增长率最高，经济发展稳定，但在五国中投资存量最少，未来投资机会最多。捷克作为高度发达的制造基地，目前制定出了一系列优惠政策，吸引更多的外资投向科技研发和制造业升级。在捷克投资高端制造业，不仅能够获得该国的优良资产，还可以获得世界先进的高端制造技术。波兰在"一带一路"中东欧五国中不但经济体量最大，具有很大的投资增长空间，而且在营商环境方面，除了物流水平欠佳外，波兰的营商环境仅次于捷克。在自然资源方面，波兰的矿产资源出口居世界前列，投资空间巨大；波兰的页岩气储量非常高，产能和新能源领域的投资机会也很多；产业方面，波兰欢迎外资投资农业、医疗、环保、高科技和金融等产业领域。匈牙利是第一个与中国共建"一带一路"的欧洲国家，其营商环境虽不是最优的，但其政局稳定、政治环境好，且其物流水平较高、投资环境好，尤其是金融、高科技和新能源等产业的投资机会较多。保加利亚和罗马尼亚的营商环境在"一带一路"中东欧五国中排名靠后，但这两个国家的农业自然条件优越，农产品及其加工和食品加工业历史悠久、技术成熟。目前，这两国正在推进现代农业、新能源与高科技相结合的绿色经济的发展，这些领域将是中国（重庆市）企业直接投资的重点领域。

9.5　依托渝新欧班列，推动与国内外经济合作

第4章研究发现，渝新欧班列对陆运和空运的替代作用日渐增强，对外辐射

和带动效应日益凸显。因此，随着中欧班列被纳入"一带一路"框架，以及渝新欧班列的作用和效应的增强，重庆市应进一步加快渝新欧班列的建设，依托渝新欧班列，推动重庆市与"一带一路"沿线国家以及国内其他区域的经贸和产业合作。

9.5.1　加强通道建设，促进贸易通畅

进一步推动重庆市与渝新欧沿线相关国家在陆、铁、空和港口等基础设施的互联互通，构建起以渝新欧为主导的铁、空、陆、水多式联运交通网络体系。同时，简化班列通关环节，加强铁路与海关等相关部门的通力合作，构建起高效的大通关体系，提高班列的通关效率，提升班列的运输、金融、信息交换等相关服务的便利化，为中欧班列贸易通道高效顺畅运行提供保障，推动重庆市与渝新欧沿线国家及其周边国家的贸易合作。

9.5.2　以贸易聚产业，带动产业合作

以贸易聚产业，带动产业合作。渝新欧不仅缩短了重庆市与渝新欧沿线国家及其周边国家的双边贸易时空距离，提升了重庆市与这些国家的贸易潜力，还因贸易流对重庆市和沿线国家的产业布局产生牵引，吸引生产要素向通道集聚。重庆市和渝新欧沿线国家的城市在各自比较优势的产业进行深入合作，通过城市间互办产业合作园，拓展重庆市与沿线国家产业合作链的深度及广度。

在重庆市和渝新欧沿线及周边城市共同建设"重庆—渝新欧沿线国家产业合作基地"。依托汽摩制造、仪器仪表、轨道交通装备等产业链完整、带动力强的制造业集群，推动与渝新欧沿线及周边城市开展产业合作，以入股、并购、合资等直接投资，或重大工程承揽等方式，在当地打造产业转移基地，积极加入渝新欧沿线及周边城市的产业建设和发展。同时，以中新（重庆）战略性互联互通示范项目和涵盖两江、西永和果园港的中国（重庆）自由贸易试验区等国家级平台为依托，多渠道、多方式吸引渝新欧沿线及周边国家到重庆市直接投资，在民用航空装备、石油天然气装备、大型工程机械装备等产业与重庆市开展深度产业合作，共同进行项目投资、技术攻关、科技成果转化等活动。

9.5.3　发挥带动效应，促进国内区域合作

渝新欧班列的真正意义在于其影响力和带动力等综合效应。重庆市应借助其

丝绸之路经济带与长江经济带"Y"字形大通道的重要战略节点的区位优势，充分利用渝新欧班列常态化运营，在吸引境内外产业向沿线集聚的基础上，带动周边区域响应沿线产业发展和市场需求，发挥其集聚和带动效应。推动重庆市与周边区域和长江经济带沿线区域在交通、信息、产业和市场上的互联，促进重庆市与国内区域的跨界融合，与川、黔、鄂等地合作建设产业转移承接高地，打造达到国际水平的工业园区和产业集群，通过政策融合、产业融合，推动重庆市与国内其他区域的经济合作和协同发展。

9.6　搭建合作平台，完善合作机制，防范合作风险

9.6.1　搭建合作平台，促进多层次交流

加强重庆市与沿线国家合作交流机制建设，是促进重庆市融入"一带一路"倡议的重要保障。重庆市与沿线国家间有效的交流机制不多，国家级合作平台不足，地方层面的交流也不足，这在很大程度上制约了重庆市与沿线国家的合作。因此，重庆市要大力推动与沿线国家共同建设合作平台和交流机制，建立政府、行业组织、企业和科研机构等多层次的合作协调平台。争取开办重庆市与沿线国家合作交流论坛，定期就经贸、科技和文化等领域的热点问题展开交流与磋商。吸引沿线国家在重庆市开设领事馆和贸易办事机构。邀请沿线国家重点城市的政府重要人士、企业家和知名学者到重庆市参加重庆市市长国际经济顾问团会议、中国（重庆）国际投资暨全球采购会和中国西部国际投资贸易洽谈会等交流活动。积极在沿线国家重点城市开办重庆市对外贸易办事处，大力宣传重庆市的创业、投资、生产和生活环境，扩大重庆市在"一带一路"沿线国家的知名度和影响力。

9.6.2　加强民间文化交流，降低文化与制度距离导致的投资风险

我国与"一带一路"沿线国家在政治体制和文化习俗等方面存在着很大差异，从而增大了重庆市企业到这些国家直接投资的风险，削弱了直接投资对贸易的促进作用。重庆市应利用华人华侨，尤其是祖籍是重庆市的华人华侨优势，通过举办文化主题活动和成立文化交流民间组织等方式促进民间文化交流，在增进重庆市企业对"一带一路"沿线国家文化和制度了解的同时，向沿线国家传播中国和重庆市文化。增进重庆市与"一带一路"沿线国家国民的共鸣，提升东道国政府和国民的信任，降低文化与制度距离因素造成的投资风险。

9.6.3　建立预警机制，防范合作风险

预警机制是维护重庆市对外经贸合作安全的重要手段，可以帮助企业进行风险预测和评估，防范贸易和投资风险。

政府应构建起相关信息数据库和风险预警体系，对重点国家、城市、行业、企业、产品和技术等相关市场状况和投资环境进行监测、评价和预警，并将这些信息和评估预测的结果及时对外公布，帮助重庆市企业及时、准确得到出口国相关市场的必要信息，减少重庆市与出口国的贸易摩擦，或分析国外投资形势和风险，选择合适的投资项目和时机。

行业协会应该广泛收集与本行业相关的外经贸数据和信息，并定期编制对外经贸合作风险评估和预警报告，通过期刊、行业会报、网站、微信和微博等方式向企业发布；此外，还可以成立相关专业组织，定期召开专家研讨座谈会，利用专家、学者和研究人员的专业知识与理论研究成果，为企业防范和化解外贸与对外经济合作中的风险提供专业的外部支持。

9.6.4　与当地企业组成战略联盟，规避投资风险

重庆市对外投资企业应积极吸纳当地管理人才，融入当地文化，与东道国当地的知名企业合作，组成战略联盟，形成利益共同体，建立风险防范和争端解决机制，通过参股和成立合资企业等形式规避风险并获得投资收益。

9.7　加强国内区域合作，共同积极融入"一带一路"

由第 2 章和第 3 章的研究发现，重庆市对外贸易虽然总体呈上升趋势，但存在波动，对"一带一路"沿线一些国家的出口甚至呈下降趋势。这主要是由于重庆市的出口产品结构与这些国家的主要进口需求不匹配。同时，由第 8 章的研究发现，"一带一路"倡议提出以来，重庆市与"一带一路"所覆盖国内其他区域的市场分割情况得到很大改善，国内市场得到很好的融合。因此，重庆市应将融入"一带一路"倡议与区域开发相结合，加快互联互通和国际物流大通道建设，充分发挥重庆市引领区域发展的核心作用，加强重庆市与国内其他区域城市间的资源整合，促进产业和市场融合，优化城市功能，发挥各自优势，实现错位发展，共同积极融入"一带一路"倡议。

参 考 文 献

范爱军，李真，刘小勇. 2007. 国内市场分割及其影响因素的实证分析——以我国商品市场为例[J]. 南开经济研究，（5）：111-119.

付京. 2010. 区域经济发展中各利益主体的利益博弈及利益协调[J]. 贵州社会科学，（11）：77-80.

高开. 2010. 跨区域集群与地方政府合作及机制探析——以浙江省永康、武义、缙云三地政府合作为例[D]. 浙江大学硕士学位论文.

谷晓燕. 2015. 基于实物期权的研发项目动态投资决策模型[J]. 中国管理科学，23（7）：94-102.

郭泽保. 2009. 区域经济、社会发展的重要途径——府际关系视域下地方政府合作[J]. 福建金融管理干部学院学报，（6）：30-34.

国家发展改革委，外交部，商务部. 2015. 推动共建丝绸之路经济带和 21 世纪海上丝绸之路的愿景与行动[R].

国家信息中心"一带一路"大数据中心，大连瀚闻资讯有限公司. 2018. "一带一路"贸易合作大数据报告 2018[R].

惠敏. 2019. 西部地区对外开放度的时空格局演变研究[D]. 兰州大学硕士学位论文.

李培林，姜晓星，张其仔. 1992. 转型中的中国企业：国有企业组织创新论[M]. 济南：山东人民出版社.

李青青. 2018. 安徽参与"一带一路"贸易合作的对策研究[D]. 安徽大学硕士学位论文.

林青，程其其. 2018. "一带一路"倡议下中东欧五国投资环境及策略[J]. 重庆交通大学学报（社会科学版），18（1）：100-104.

刘婷. 2013. 关于区域经济合作中的利益机制研究[D]. 电子科技大学硕士学位论文.

刘宇微，陈君. 2019. 中亚国家参与丝绸之路经济带的重要性及发展风险探析[J]. 农村经济与科技，30（5）：174-175.

陆铭，陈钊. 2009. 分割市场的经济增长——为什么经济开放可能加剧地方保护？[J]. 经济研究，44（3）：42-52.

罗必良，吴忠培，王玉蓉. 2004. 企业战略联盟：稳定性及其缓解机制[J]. 经济理论与经济管理，（5）：33-37.

梅傲雪. 2018. "一带一路"沿线国家外国直接投资环境的评价[D]. 云南财经大学硕士学位论文.

曲鹏飞. 2019. "一带一路"倡议与中国海外经济利益拓展及风险规避[J]. 行政管理改革，（2）：76-84.

芮明杰. 2006. 产业竞争力的"新钻石模型"[J]. 社会科学，（4）：68-73.

邵建云. 1997a. 中国企业购并市场的发展及政策建议（上）[J]. 管理世界，（4）：83-92.

邵建云. 1997b. 中国企业购并市场的发展及政策建议（下）[J]. 管理世界，（5）：145-153.

宋冬林，范欣，赵新宇. 2014. 区域发展战略、市场分割与经济增长——基于相对价格指数法的实证分析[J]. 财贸经济，（8）：115-126.

谭英双，衡爱民，龙勇，等. 2011. 模糊环境下不对称企业的技术创新投资期权博弈分析[J]. 中国管理科学，19（6）：163-168.

王晓林. 2017. 中国对"一带一路"国家直接投资区位选择研究——基于制度距离视角[D]. 山西财经大学硕士学位论文.

吴鹏，严凤雅. 2011. 地方政府合作中的利益博弈和机制创新[J]. 天水行政学院学报，12（3）：19-23.

许英明. 2019-04-29. 中欧班列铺就更加畅通的"一带一路"贸易通道[N]. 中国经济时报.

佚名. 2018. "一带一路"沿线 65 个国家和地区名单及概况[J]. 世界热带农业信息，（2）：8-16.

曾浩，徐雨婷，李亚男. 2019. "一带一路"背景下中意经贸合作现状、机遇与对策[J]. 对外经贸实务，（7）：21-24.

张瑞良. 2018. 中国对"一带一路"沿线国家 OFDI 区位选择研究——基于制度距离视角[J]. 山西财经大学学报，40（3）：25-38.

张怡跃. 2008. 企业战略联盟的共生经济效应[J]. 沈阳大学学报，20（1）：23-26.

周天舒. 2019. 中国与"一带一路"沿线国家经济周期协动性研究[D]. 上海外国语大学硕士学位论文.

朱磊，范英，魏一鸣. 2009. 基于实物期权理论的矿产资源最优投资策略模型[J]. 中国管理科学，17（2）：36-41.

Acemoglu D，Robinson J A. 2006. Economic backwardness in political perspective[J]. American Political Science Review，100（1）：115-131.

Anderson J E. 1979. A theoretical foundation for the gravity equation[J]. The American Economic Review，69（1）：106-116.

Cuervo-Cazurra A. 2006. Who cares about corruption? [J]. Journal of International Business Studies，37（6）：807-822.

Dias M A G, Teixeira J P. 2003. Continuous-time option games: review of models and extensions, part 1: DuoPoly under uncertainty[R]. 7th Annual International Real Options Conference.

Dixit A K, Pindyck R S. 1994. Investment Under Uncertainty[M]. Princeton: Princeton University Press.

Eden L, Miller S R. 2004. Distance matters: liability of foreignness, institutional distance and ownership stratety[J]. Advances in International Management, 16: 187-221.

Franklin S L, Diallo M. 2013. Real options and cost-based access pricing: model and methodology[J]. Telecommunications Policy, 37（4）: 321-333.

Globerman S, Shapiro D. 2003. Governance infrastructure and US foreign diret investment[J]. Journal of International Business Studies, 34（1）: 19-39.

Murto P, Keppo J. 2002. A game model of irreversible investment under uncertainty[J]. International Game Theory Review, 4（2）: 127-140.

Parsley D C, Wei S J. 1996. Convergence to the law of one price without trade barriers or currency fluctuations[J]. Quarterly Journal of Economics, 111（4）: 1211-1236.

Parsley D C, Wei S J. 2001a. Explaining the border effect: the role of exchange rate variability, shipping cost, and geography[J]. Journal of International Economics, 55（1）: 87-105.

Parsley D C, Wei S J. 2001b. Limiting currency volatility to stimulate goods market integration: a price based approach[R]. National Bureau of Economic Research.

Samuelson P A. 1964. Theoretical notes on trade problems[J]. Review of Economics and Statistics, 46: 145-154.

Smets F R. 1993. Essays on foreign direct investment[D]. PhD. Dissertation of the Yale University.

Yiu D W, Makino S. 2002. The choice between joint venture and wholly owned subsidiary: an institutional perspective[J]. Organization Science, 13（6）: 667-683.

国家出版基金项目
NATIONAL PUBLICATION FOUNDATION

国家科学思想库

"十二五"国家重点图书出版规划项目

中国学科发展战略

大气科学

国家自然科学基金委员会
中国科学院

科学出版社
北 京

图书在版编目(CIP)数据

大气科学/国家自然科学基金委员会，中国科学院编.—北京：科学出版社，2016

（中国学科发展战略）

ISBN 978-7-03-048804-6

Ⅰ.①大… Ⅱ.①国…②中… Ⅲ.①大气科学-学科发展-发展战略-中国 Ⅳ.①P4

中国版本图书馆 CIP 数据核字（2016）第 132875 号

丛书策划：侯俊琳　牛　玲

责任编辑：石　卉　程　凤/责任校对：蒋　萍

责任印制：张　倩/封面设计：黄华斌　陈　敬

编辑部电话：010-64035853

E-mail：houjunlin@mail. sciencep. com

科学出版社 出版

北京东黄城根北街 16 号

邮政编码：100717

http://www. sciencep. com

中国科学院印刷厂 印刷

科学出版社发行　各地新华书店经销

*

2016 年 7 月第　一　版　　开本：720×1000 1/16

2016 年 7 月第一次印刷　印张：10 1/2

字数：211 000

定价：58. 00 元

（如有印装质量问题，我社负责调换）

中国学科发展战略

联合领导小组

组　　长：陈宜瑜　李静海

副 组 长：秦大河　姚建年

成　　员：詹文龙　朱道本　陈　颙　李　未　顾秉林
　　　　　贺福初　曹效业　李　婷　王敬泽　刘春杰
　　　　　高瑞平　孟宪平　韩　宇　郑永和　汲培文
　　　　　梁文平　杜生明　柴育成　黎　明　秦玉文
　　　　　李一军　董尔丹

联合工作组

组　　长：李　婷　郑永和

成　　员：龚　旭　朱蔚彤　孟庆峰　吴善超　李铭禄
　　　　　刘春杰　张家元　钱莹洁　申倚敏　林宏侠
　　　　　冯　霞　王振宇　薛　淮　赵剑峰

中国学科发展战略·大气科学

项　目　组

组　　长：黄荣辉　吴国雄

成　　员：曾庆存　丑纪范　李崇银　符淙斌　丁一汇
　　　　　吕达仁　穆　穆　石广玉　王会军　张人禾
　　　　　朱　江　杨修群　管兆勇　温之平　胡永云
　　　　　高守亭　李建平　胡　非　陆日宇　周天军
　　　　　林朝晖　徐永福　郄秀书　肖子牛　浦一芬
　　　　　卞建春　戴永久　段安民　周连童　周德刚
　　　　　王　林　刘　永

工　作　组

组　　长：陈　文　刘屹岷

成　　员：李建平　杨修群　管兆勇　温之平　胡永云
　　　　　胡　非　陆日宇　周天军　林朝晖　徐永福
　　　　　郄秀书　肖子牛　浦一芬　卞建春　戴永久
　　　　　段安民

秘　书　组

周连童　周德刚　王　林　刘　永

联　系　人

申倚敏　龚剑明　张朝林

总　序

白春礼　杨　卫

　　17世纪的科学革命使科学从普适的自然哲学走向分科深入，如今已发展成为一幅由众多彼此独立又相互关联的学科汇就的壮丽画卷。在人类不断深化对自然认识的过程中，学科不仅仅是现代社会中科学知识的组成单元，同时也逐渐成为人类认知活动的组织分工，决定了知识生产的社会形态特征，推动和促进了科学技术和各种学术形态的蓬勃发展。从历史上看，学科的发展体现了知识生产及其传播、传承的过程，学科之间的相互交叉、融合与分化成为科学发展的重要特征。只有了解各学科演变的基本规律，完善学科布局，促进学科协调发展，才能推进科学的整体发展，形成促进前沿科学突破的科研布局和创新环境。

　　我国引入近代科学后几经曲折，及至上世纪初开始逐步同西方科学接轨，建立了以学科教育与学科科研互为支撑的学科体系。新中国建立后，逐步形成完整的学科体系，为国家科学技术进步和经济社会发展提供了大量优秀人才，部分学科已进入世界前列，有的学科取得了令世界瞩目的突出成就。当前，我国正处在从科学大国向科学强国转变的关键时期，经济发展新常态下要求科学技术为国家经济增长提供更强劲的动力，创新成为引领我国经济发展的新引擎。与此同时，改革开放30多年来，特别是21世纪以来，我国迅猛发展的科学事业蓄积了巨大的内能，不仅重大创新成果源源不断产生，而且一些学科正在孕育新的生长点，有可能引领世界学科发展的新方向。因此，开展学科发展战略研究是提高我国自主创新能力、实现我国科学由"跟跑者"向"并行者"和"领跑者"转变的一项基础工程，对于更好把握世界科技创新发展趋势，发挥科技创新在全面创新中的引领作用，具有重要的现实意义。

学科发展战略研究的核心是结合科学技术和经济社会的发展需求，在分析科学前沿发展趋势的基础上，寻找新的学科生长点和方向。在这个过程中，战略科学家的前瞻引领作用十分重要。科学史上这样的例子比比皆是。在1900年8月巴黎国际数学家代表大会上，德国数学家戴维·希尔伯特发表了题为"数学问题"的著名讲演，他根据过去特别是19世纪数学研究的成果和发展趋势，提出了23个最重要的数学问题，即"希尔伯特问题"。这些"问题"后来成为许多数学家力图攻克的难关，对现代数学的研究和发展产生了深刻的影响。1959年12月，美国物理学家、诺贝尔奖得主理查德·费曼在加利福尼亚理工学院举行的美国物理学会年会上发表了题为《物质底层大有空间——一张进入物理新领域的请柬》的经典讲话，对后来出现的纳米技术作出了天才的预见。

学科生长点并不完全等同于科学前沿，其产生和形成不仅取决于科学前沿的成果，还决定于社会生产和科学发展的需要。1841年，佩利戈特用钾还原四氯化铀，成功地获得了金属铀，可在很长一段时间并未能发展成为学科生长点。直到1939年，哈恩和斯特拉斯曼发现了铀的核裂变现象后，人们认识到它有可能成为巨大的能源，这才形成了以铀为主要对象的核燃料科学的学科生长点。而基本粒子物理学作为一门理论性很强的学科，它的新生长点之所以能不断形成，不仅在于它有揭示物质的深层结构秘密的作用，而且在于其成果有助于认识宇宙的起源和演化。上述事实说明，科学在从理论到应用又从应用到理论的转化过程中，会有新的学科生长点不断地产生和形成。

不同学科交叉集成，特别是理论研究与实验科学相结合，往往也是新的学科生长点的重要来源。新的实验方法和实验手段的发明，大科学装置的建立，如离子加速器、中子反应堆、核磁共振仪等技术方法，都促进了相对独立的新学科的形成。自20世纪80年代以来，具有费曼1959年所预见的性能、微观表征和操纵技术的仪器——扫描隧道显微镜和原子力显微镜终于相继问世，为纳米结构的测量和操纵提供了"眼睛"和"手指"，使得人类能更进一步认识纳米世界，极大地推动了纳米技术的发展。

作为国家科学思想库，中国科学院（以下简称中科院）学部的基本职责和优势是为国家科学选择和优化布局重大科学技术发展方向提供科学依据、发挥学术引领作用，国家自然科学基金委员会（以下简称基金委）则承担着协调学科发展、夯实学科基础、促进学科交叉、加强学科建设的重大责任。继基金委和中科院于 2012 年成功地联合发布"未来 10 年中国学科发展战略研究"报告之后，双方签署了共同开展学科发展战略研究的长期合作协议，通过联合开展学科发展战略研究的长效机制，共建共享国家科学思想库的研究咨询能力，切实担当起服务国家科学领域决策咨询的核心作用。

基金委和中科院共同组织的学科发展战略研究既分析相关学科领域的发展趋势与应用前景，又提出与学科发展相关的人才队伍布局、环境条件建设、资助机制创新等方面的政策建议，还针对某一类学科发展所面临的共性政策问题，开展专题学科战略与政策研究。自 2012 年开始，平均每年部署 10 项左右学科发展战略研究项目，其中既有传统学科中的新生长点或交叉学科，如物理学中的软凝聚态物理、化学中的能源化学、生物学中生命组学等，也有面向具有重大应用背景的新兴战略研究领域，如再生医学、冰冻圈科学、高功率高光束质量半导体激光发展战略研究等，还有以具体学科为例开展的关于依托重大科学设施与平台发展的学科政策研究。

学科发展战略研究工作沿袭了由中科院院士牵头的方式，并凝聚相关领域专家学者共同开展研究。他们秉承"知行合一"的理念，将深刻的洞察力和严谨的工作作风结合起来，潜心研究，求真唯实，"知之真切笃实处即是行，行之明觉精察处即是知"。他们精益求精，"止于至善"，"皆当至于至善之地而不迁"，力求尽善尽美，以获取最大的集体智慧。他们在中国基础研究从与发达国家"总量并行"到"贡献并行"再到"源头并行"的升级发展过程中，脚踏实地，拾级而上，纵观全局，极目迥望。他们站在巨人肩上，立于科学前沿，为中国乃至世界的学科发展指出可能的生长点和新方向。

各学科发展战略研究组从学科的科学意义与战略价值、发展规律和研究特点、发展现状与发展态势、未来5~10年学科发展的关键科学问题、发展思路、发展目标和重要研究方向、学科发展的有效资助机制与政策建议等方面进行分析阐述。既强调学科生长点的科学意义，也考虑其重要的社会价值；既着眼于学科生长点的前沿性，也兼顾其可能利用的资源和条件；既立足于国内的现状，又注重基础研究的国际化趋势；既肯定已取得的成绩，又不回避发展中面临的困难和问题。主要研究成果以"国家自然科学基金委员会—中国科学院学科发展战略"丛书的形式，纳入"国家科学思想库—学术引领系列"陆续出版。

基金委和中科院在学科发展战略研究方面的合作是一项长期的任务。在报告付梓之际，我们衷心地感谢为学科发展战略研究付出心血的院士、专家，还要感谢在咨询、审读和支撑方面做出贡献的同志，也要感谢科学出版社在编辑出版工作中付出的辛苦劳动，更要感谢基金委和中科院学科发展战略研究联合工作组各位成员的辛勤工作。我们诚挚希望更多的院士、专家能够加入到学科发展战略研究的行列中来，搭建我国科技规划和科技政策咨询平台，为推动促进我国学科均衡、协调、可持续发展发挥更大的积极作用。

前　言

　　20 世纪，大气科学发展迅速，已成为一门包括大气动力学、大气物理学和大气化学等在内的综合性科学，特别是 20 世纪 80 年代以来，全球气候变化成为各国政府和民众所关心的重大社会和科学问题，亦是各国外交谈判的焦点；同时，旱涝、酷暑和严寒等气候灾害，台风、暴雨等天气灾害及伴随经济发展的大气污染日益加重，严重影响了世界各国的可持续发展。这些重大科学问题对大气科学和全球气候变化研究提出了许多新的挑战，使其逐渐发展成为多圈层相互作用的学科。

　　为回顾近百年来大气科学的发展历程、科学意义、战略价值，以及中国科学家对国际大气科学和全球气候变化研究发展所做的贡献，分析当前国际大气科学和全球气候变化研究的发展规律、特点、现状、动向和趋势，提炼大气科学和全球气候变化研究的重大前沿科学问题，以及提出今后我国大气科学的发展思路、符合我国发展需求的重大战略研究方向和相应措施，经中国科学院地学部常务委员会批准，"大气科学与全球气候变化重大科学问题"成为中国科学院地学部的学科发展战略研究项目。此项目自 2011 年 4 月 18 日启动以来，特别是自 2013 年 3 月 20 日又作为国家自然科学基金委员会与中国科学院学部关于学科发展战略合作研究项目启动以来，来自中国科学院大气物理研究所、中国气象局及教育部有关大学的两院院士、著名学者、学科带头人及部分业务骨干，经过四年多的辛勤调研及多次研讨，系统地回顾了近百年来国内外大气科学研究的发展历程、发展规律与研究特点、发展现状与发展态势；分析了大气科学和全球气候变化研究的科学意义与战略价值；深入讨论了今后我国大气科学的发展思路与发展方向，以及需要重点发展的研究领域及关键科学问题；并且，针对当前我国大气科学研究发展及人才培养等方面应采取的资助机制，以及政策和措施提出建议，为我国从气象大国走向气象强国奠定基础。

为此，"大气科学与全球气候变化重大科学问题"工作组和秘书组把多次研讨会上有关大气科学和全球气候变化研究的学科发展战略研讨结果凝练成三本书，即《大气科学和全球气候变化研究进展与前沿》《大气科学和全球气候变化研究重大科学问题》及《中国学科发展战略·大气科学》。这些对国家科技管理和科学基金部门制订将来大气科学和全球气候变化研究的发展规划、计划，以及重大研究项目和课题将起到很好的参考和借鉴作用。

本书是在前两本书的基础上总结和凝练而成的。鉴于在《大气科学和全球气候变化研究进展与前沿》及《大气科学和全球气候变化研究重大科学问题》这两本书中主要阐述了大气科学的发展历程、前沿及重大科学问题，对学科发展战略阐述较少，并依据国家自然科学基金委员会与中国科学院学部学科发展战略合作研究的要求，本项目组把有关今后大气科学学科发展战略的研究和讨论结果整理、总结并凝练成本书。全书分五章：第一章科学意义与战略价值（由杨修群、肖子牛、管兆勇撰写），主要阐述大气科学在整个科学体系中所处的地位、对推动其他学科和相关技术发展所起的作用、在国家总体学科发展布局中的地位、实现国家科技发展战略目标所起的支撑作用，以及为国民经济、社会发展和国家安全保驾护航的作用；第二章发展规律与研究特点（由刘屹岷、李建平、李汀、刘伯奇、孙诚、谢飞、冯娟、何编、杨韵撰写），主要阐述大气科学的学科定义与内涵、发展动力、学科的交叉状况、成果转移态势和人才培养特点、学科研究组织形式和资助管理模式；第三章发展现状与发展态势（由陈文、温之平撰写），主要阐述国际大气科学学科的发展状况、在国际上的地位，我国大气科学学科的发展状况，以及总体经费投入与平台建设情况、人才队伍情况和发展举措；第四章发展思路与发展方向（由黄荣辉、周德刚、刘永撰写），主要阐述国际大气科学发展成就和趋势，国家科技发展对大气科学的需求和人才队伍建设需求，当前推动和制约我国大气科学发展的关键科学问题，今后我国大气科学发展的总体思路、发展目标和重要研究方向；第五章关于自然科学基金资助机制与政策的建议（由胡永云、付遵涛、浦一芬、胡非、张人禾撰写），主要阐述近30年来我国大气科学的科研产出、国家自然科学基金资助情况及对今后学科发展的资助机制与政策建议。此外，本书还有两个附录：附录一是"从论文发表情况和办刊水平看中国大气科学研究的国际影响力"（由段安民、刘伯奇撰写）；附录二是"近五年来我国大气科学研究的经费投入分析"（由周天军、周文岭撰写）。

本项目的研究和本书的出版得到中国科学院地学部学科发展战略研究项目，以及国家自然科学基金委员会与中国科学院学部学科发展战略合作研究项目的资助。本书是多次研讨会上众多专家学者心血的结晶，这些学者包括曾庆存、丑纪范、李崇银、符淙斌、吕达仁、穆穆、丁一汇、石广玉、王会军等院士，王守荣、高守亭、张人禾、胡永云、杨修群、管兆勇、温之平、陈文、刘屹岷、李建平、戴永久、朱江、陆日宇、周天军、胡非、卞建春、徐永福、郄秀书、林朝辉、肖子牛、浦一芬、段安民等多位教授（或研究员），以及中国气象局罗云峰司长、中国科学院任晓波处长、国家自然科学基金委员会张朝林处长。项目负责人陈文和刘屹岷研究员对本书的章节安排和编写内容做了详细修改。并且，项目秘书组周连童研究员、周德刚和王林副研究员为研讨会的召开及有关材料的整理花费了大量精力，特别是周连童研究员、刘永和皇甫静亮助理研究员为本书的文字和参考文献做了大量工作。此外，中国科学院地学部办公室申倚敏主任和龚剑明博士对本项目（从立项到实施）及各次研讨会都给予大力支持和关照；科学出版社石卉编辑对本书进行了精心编辑。在此对大家的辛勤付出表示衷心感谢。

由于时间匆忙，书中难免有许多不妥之处，请读者批评指正。

黄荣辉　吴国雄

2015 年 10 月 16 日

摘 要

　　大气科学以地球大气为主要研究对象，主要研究大气的各种现象及其演变规律，以及如何利用这些规律为人类服务，是地球科学的一个重要组成部分。目前，大气科学已成为一门拥有众多分支学科（如大气探测学、天气学、动力气象学、气候学、大气物理学、大气化学、人工影响天气、应用气象学等）的综合性科学。大气科学与地球科学其他分支学科，以及数学、物理、化学、生物、农业、社会科学等基础和应用性学科之间紧密相连，推动了地球科学及相关自然科学的发展。发展大气科学既是国内外地学领域的重大科学问题，也是国民经济和社会发展的重大需求。大气科学在国民经济和社会发展中具有越来越重要的地位。在我国，每年由灾害性天气气候造成的经济损失占我国 GDP 总量的 3%~6%。弄清我国天气气候演变规律和成因，提出天气气候变化的预测理论，服务于减灾防灾，是国家社会经济发展的重大迫切需求。随着全球气候变暖，大气科学的重要性日益凸显，大气科学已成为地球系统科学中最活跃的领域。为防灾减灾和应对气候变化，大气科学从来没有像今天这样受到党和政府的重视及人民群众的关注。

　　2006 年，我国发布了未来 15 年的《国家中长期科学和技术发展规划纲要（2006—2020 年）》，表明大气科学与我国国民经济和社会发展有着极其重要的关系。在纲要中，大气科学涉及 11 个重点领域中的 5 个，即资源、环境、农业、城镇化与城市发展和公共安全，6 个与大气科学有关的问题成为优先主题。在 18 个基础科学研究问题中，大气科学涉及一个科学前沿问题，即地球系统过程与资源、环境和灾害效应；涉及两个面向国家重大战略需求的基础研究问题，即人类活动对地球系统的影响机制、全球变化与区域响应。2012 年，党的十八大报告首次单篇论述生态文明，"加强防灾减灾体系建设，提高气象、地质、地震灾害防御能力。坚持预防为主、综合治理，以解决损害群众健康突出环境问题为重点，强化水、大气、土壤等污染防治。坚持共同但有区别的责任原则、公平原则、各自能力原则，同国际社会一道积极应对全球气候变化"。大气科学及相关学科已成为我国科技现代化的重要内容，大气科学学科在国家科技发展中的重要作用愈加凸显。近几十年来，大气科学学科为中国气象事业的发展培养了大批高素质专业人才，基本满足了我国现代气象事业的跨越式发展需求。同时，我国大气科学领域的研究不断取得新进展。通过研究，大气观测技术、天气变化规律及天气预报方法、气候及其变化规律和预测技术、大气环境变化机理及环境控制技术等所取得的成果极大地促进了地球系统观测、气象装备技术、天气预报水平、气候资源利用效率、气候变化应对能力，以及大气污染防治等方面的发展，在推动国家科技进步中起了重要作用。通过原始创新、集成创新和消化吸收基础上的再创新，气象部门的服务能力不断提高。大气科学学科与国民经济发展关系密切，表现为满足公共安全需求，满足经济快速发展的需求，满足加快城市化进程的需求。大气科学学科发展对国家安全具有基础性作用，表现在国防军事的需求、空间技术发展的需求及能源与环境外交的需求上。

天气变化、气候异常及大气质量变化与人类的生产生活息息相关，正确的天气预报、气候预测及改善大气污染情况，是目前人们的迫切需求。大气科学主要包括如下分支学科：天气学、动力气象学、大气物理学、大气化学、大气探测学、气候学、气候变化和气候系统动力学、应用气象学。大气科学的各个分支学科，并不是彼此孤立的，而是相互联系的。大气科学的发展动力首先源自国家需求。随着大气科学的逐步发展，全球气候变化问题成为大气科学继续发展的新动力，而在整个大气科学的发展史上，技术革新起到了重要的推动作用。回顾 20 世纪大气科学的发展成就及其特点，大气科学经历了两个发展阶段：第一个阶段是 20 世纪 20 年代到 70 年代中期，人们主要通过大气内部的动力、热力过程来研究天气和大气环流的变化；第二个阶段是从 20 世纪 70 年代后期到 21 世纪初，人们已认识到大气环流和气候的变化不仅仅是由大气内部的动力、热力变化所形成，更重要的是大气、海洋、冰雪、生物和陆面相互作用的结果。当前大气科学的发展将进入第三个阶段，人们将认识到，由于地球系统的岩石圈、冰雪圈、水圈、生物圈、大气圈等五个圈层在物理、化学、生物等过程的相互作用，地球系统的气候、水循环、环境和生态是互相影响的。因此，当前大气科学和全球气候变化研究的一个重点是从全球气候系统研究向地球系统研究转移。当今大气科学研究的一个发展趋势是：首先，加强不同圈层各地球系统的子系统之间相互作用的研究，跨学科的协调研究成为主流；其次，大气科学特别重视观测试验系统的建设和新观测技术的应用，地球/气候系统数值模式及其专用超级计算系统迅速发展，特别是实施未来地球研究计划（Future Earth），从而把气候研究与社会可持续性发展研究相结合。

在大气科学和全球气候变化研究发展中具有挑战性，在国民经济和社会发展中具有重要影响的综合性、前瞻性重大科学问题如下：①我国灾害性天气和气候的发生机理及其预报预测；②大气环境变化的过程、机理、预报理论及其与气候的相互作用；③东亚气候对全球气候变化的影响、响应、机理和应对；④地球/气候系统各圈层相互作用的过程及数值模型；⑤大气探测的新原理和前沿技术。这些科学问题是今后我国大气科学发展中应特别重视的重大而关键的问题。我国今后 5～10 年大气科学研究发展的总体思路应是：要适应国际大气科学研究发展的动向和所提出的具有挑战性的重大科学问题的研究，特别是从地球系统各圈层相互作用来研究我国大气科学的重大而关键的科学问题，使我国大气科学研究朝更综合、更广泛的方向发展；并且，要根据国家的需求，抓住机遇，制订在国民经济和社会发展中具有重要影响的综合性、前瞻性大气科学的重大研究计划，以便使我国大气科学尽快缩小与国际先进水平的差距，为从大气科学研究大国变成大气科学研究强国奠定基础。国际上，大气科学研究正在朝更综合、更广泛的研究方向发展，为了更好地服务于国民经济和社会发展，大气科学研究正面临许多具有挑战性的重大科学问题。因此，今后我国大气科学发展要紧跟国际大气科学的发展动向，在研究上应重视从地球系统各圈层相互作用方面来研究大气科学，加强天气系统的研究与气候系统的研究相结合，重视环境变化与气候相互作用，以及气候变化与社会发展相互关联，并且要根据国民经济和社会发展对大气科学发展的需求，抓住机遇，制订大气科学发展中具有综合性、前瞻性的重大研究计划。

我国目前基本形成了国家自然科学基金委员会支持基础研究、科技部面向国家需求和公益性行业科研专项主要解决业务和应用问题的科研格局。但许多政府部门和科研机构似乎更多地强调国家需求和解决应用问题，其他各种行政干预都会有意或无意地影响到国家自然科学基金的资助导向。国家需求和应用毫无疑问是非常重要的，但如果没有强大的基础研究队伍和基础研究成果的积累与支撑，解决起来就会非常乏力，其结果是不仅基础研究水平落后于发达国家，也无法很好地满足本国需求。这些需要我们在新的形势下，不断地改进我们的资助机制，更有效地使用科研经费，从而更好地促进我国大气科学基础研究的发展。为此，我们提出了五个方面的建议：①排除行政干预及其他因素的干扰，坚持基础研究和自由探索的导向；②大力支持大气科学高水平人才培养，扶持比较弱小的分支学科，有倾向性地支持新成立的大气科学院系，优先支持需求迫切但目前又比较缺乏人才的学科，如大气探测新理论和设备研发；③建议针对杰出青年、创新群体、重点项目等增加专家推荐机制；④支持国家层面的观测设备研发和资料共享平台；⑤支持国家层面的地球科学大型计算装置。期望通过这些措施能够更有效地发挥国家自然科学基金的功能，使我国大气科学基础研究早日达到国际一流水平，并使我国真正成为大气科学研究的强国。

Abstract

The atmospheric science is one of the most important components of the earth sciences; it mainly focuses on the earth's atmosphere, and study on various atmosphere phenomena and evolution principles, and serve the human beings using these principles. At present, the atmosphere science has developed into a comprehensive science which contains multiple branches, such as the Atmospheric sounding, Dynamic Meteorology, Climatology, Atmospheric Physics, Atmospheric Chemistry, Weather Modification, Applied Meteorology, etc. The atmospheric science is not only linked tightly with other branch subjects in earth sciences, but also related closely to Mathematics, Physics, Chemistry, Biology, Agriculture, Social Science and Applied Science, which promote the development of earth sciences and the relative natural sciences. The development of the atmospheric science is a critical scientific aspect in the earth sciences, and also a major requirement for the development of economy and society domestically and abroad. Atmospheric science is more and more important in the development of national socio-economy. The economic losses due to severe weather and climate anomalies are around $3\% \sim 6\%$ of the annual national GDP (in the 1990s) . Therefore, for the development of national socio-economy, it is important and urgent to figure out the principles and causes of the evolution of weather and climate in our country, and to put forward the applicable prediction theories and techniques of the weather and climate anomalies, which will play an

important role in the disaster prevention and mitigation. Under the background of global warming, the atmospheric science is becoming more and more important, and has become the most active branch in the earth system sciences. In order to prevent and mitigate the disasters due to severe weather and response to the climate change, no more attention have ever been paid like today by the leaders of the Communist Party of China (CPC), the government and all the people. In 2006, our country promulgated the next fifteen years' science and technology development guideline, National Guideline for Medium and Long Term Science and Technology Development (2006—2020), which emphasized the importance of the atmospheric science for the development of national economy and society. In the guideline, atmospheric science is associated with five of the eleven key domains, i. e. , resource, environment, agriculture, urbanization and urban development, and public safety. Meanwhile, six atmospheric science related topics become priorities of the national guideline. Among the eighteen basic scientific research issues, the atmospheric science is associated with one advanced issue (Earth System Processes and their Resource, Environment, and Disasters effect) and two basic research issues (Influence Mechanisms of Anthropogenic Activities on the Earth System, Global Change and Regional Response), which aim at the national key strategic needs. In 2012, the 18th national congress of the CPC firstly elaborated the conception of Ecological Civilization with an individual chapter. The report emphasizes that "We should improve the system for preventing and mitigating natural disasters and become better able to respond to meteorological, geological and seismic disasters. We should take a holistic approach to intensifying prevention and control of water, air and soil pollution, putting prevention first and placing emphasis on serious environmental problems that pose health hazards to the people. We will work with the international community to actively respond to global climate change on the basis of equity and in accordance with the common but differentiated responsibilities and respective capabilities of all countries". Atmospheric science and the relative subjects are becoming the important contents in the national science and technology modernization. In recent decades, the atmospheric science has trained a large amount of high-quality professional talents for developing the national meteorological service, and for meeting the basic needs in the rapid development of the national modern meteorological service. Meanwhile, the atmospheric science research has been continuing to achieve new progresses. Through the efforts of research, great achievements have been made in atmospheric sounding technology, weather change principles, weather forecast technologies, climate change, climate prediction technologies, atmospheric environment change mechanisms, environmental control technologies, etc. This has greatly promoted the development in the earth system sounding, meteorological equipment technology, weather forecast skill, the efficiency in the use of climatological resources, the ability to respond to climate change and to prevent and control the air pollution. This has played an important role in the process of promoting national science and technology progress. By original and integrated innovation, based on digestion and absorption the most recent development in the atmospheric science, the service of the meteorological departments has been improved continuously. The atmospheric science is closely related to the national economic development, which can help to meet the needs from public safety, rapid economy development and the accelerating urbanization. In addition, atmospheric science plays a fundamental role in the national security, which is manifested by the facts that the atmospheric science is important in the national military defense, the

development of space technology, and the energy and environmental diplomacy.

People's living and production activities are closely related to weather change, climate anomaly and air quality change. Therefore, it's urgent to provide correct weather forecast, climate prediction, and to improve the air quality. The atmospheric science mainly includes the following subjects: Synoptic, Dynamic Meteorology, Atmospheric Physics, Atmospheric Chemistry, Atmospheric Sounding, Climatology, Climate System Dynamics, Climate Change and Applied Meteorology. These subjects are not isolated but linked with each other. The initial motivation of developing atmospheric science originates from the national demands. With the development of atmospheric science, global climate change issue has been providing new motivation for the development of atmospheric science. While in the history of the atmospheric science, technological development has played an important promoting role. Considering the achievements and characteristics of atmospheric science development in the 20th century, atmospheric science has experienced two stages: the first stage is from the 1920s to the mid-1970s, when researchers studied on the changes in weather and atmospheric circulation from atmospheric internal thermo-dynamical and dynamical processes. The second stage is from the late 1970s to the early 21th century, researchers realized that changes in the atmospheric circulations and climate are not merely affected by changes in the atmospheric internal thermo-dynamical and dynamical processes, but also a result from the interaction among the atmosphere, ocean, cryosphere and land surface. Now, the atmospheric science is about to enter the third stage. It will be recognized that the processes of physics, chemistry and biology, the climate, hydrological cycle, environment and ecology in the earth system are interacted mutually with each other, due to the interaction among the atmosphere, hydrosphere, cryo-sphere, lithosphere, biosphere and anthropogenic activities. Therefore, one of the emphases in the present studies of atmospheric science and global climate change is to transfer from the conception of global climate system to the conception of earth system. The trend of the current atmospheric science research is as follows: firstly, strength-ening the interaction researches among different spheres in the earth system, the inter-discipline studies are becoming the mainstream re-searches. Secondly, atmospheric science is paying more and special attention on the observational systems and the application of new observational technology, as well as the rapid development of super-computing systems, which are used for the earth/climate system nu-merical simulation. Especially, the implementing the Future Earth research plan will combine the climate research with the social sus-tainable development research.

The challenging, important, comprehensive and prospective is-sues in the atmospheric science and global climate change study, which are extremely in the development of national society and econ-omy, are as follows: ①Mechanisms of the weather and climate dis-asters and the forecast and prediction theories. ②Processes, mecha-nisms, and forecasting theories of changes in the atmospheric envi-ronment and its interaction with the climate. ③The influences, re-sponse, mechanisms and feedback of East Asian climate to the glob-al climate change. ④The interaction processes between the spheres in the earth/climate system and their numerical model simulation. ⑤The new principles and advanced technologies in atmospheric sounding. These scientific issues are critical in the future develop-ment of atmospheric science and are worthy of particular concern-ing. The general principle of the development of national atmospher-ic science in the next 5-10 years is to adapt to the trend of inter-

national atmospheric science researches and the scientific issues which are challenging, to study the important and critical issues specifically based on the interaction of each spheres in the earth system, and to make the national atmospheric science researches more comprehensive and broader. Besides, according to the national demands, we should seize opportunities to constitute a more comprehensive and prospective research program which is vital to the national social and economic development, so as to narrow the gap between the national and international advanced level of atmospheric science research as soon as possible, and lay the foundation to transfer our country from a big player into a powerful player in the international atmospheric science community. As the international atmospheric science is now turning to be more comprehensive and broader, we are facing many challenging scientific issues to provide better service to the national social and economic developments. Accordingly, we should adjust the atmospheric research to the international development of atmospheric science, and pay more attention to the interaction in earth system's multiple spheres, strengthen the combination of weather system researches and climate system researches, pay more attention to the interaction between the environmental changes and the climate and the association between the climate change and the social development.

At present, the nation forms a basic research funding matrix, i. e., the basic researches are supported by the National Natural Science Foundation of China, the national demands researches are supported by the Ministry of Science and Technology, and the operation and application researches are supported by the National Public Welfare Scientific Research. However, many government departments and research institutions seem to emphasize more on the national needs and the resolving of application issues. What's more, administrative interventions always have an influence on the subsidization direction of the natural science foundation intentionally or unintentionally. There is no doubt that the national needs and the application are of great importance, however, without the powerful basic research teams and the abundant accumulations of basic research achievements, the dynamic force and ability to meet the national needs and to solve the application issue will be weakened in the long run, causing new lag behind the international advance level in basic research and damaging the ability to meet the national demands properly. All these problems urge us to improve our funding subsidization mechanisms in the new situation, utilize the research funding more efficiently, and promote the development of national atmospheric science researches better. Therefore, we put forward the following five suggestions: ① Exclude the administrative and other interventions, adhering to the orientation of basic research and explore without constraint. ② Support the growth of high-level talents in atmospheric science, help the weak subjects in atmospheric science, support the subjects which are lack of talents but of urgent needs as priorities, such as the atmospheric sounding theories and equipment researches. ③ Support the national-level platform construction for observation equipment and data sharing. ④ Diversify the NFSC projects applying mechanism, such as recommendation by a committee of the scientists, who already had a major NFSC project such as the projects for Distinguished Young Scholar, Major NFSC Program, or Innovative Research Groups. ⑤ Support the building of national-level earth science large computing device. By these means, we hope that potential function of the natural science foundation can be achieved, and that the country's atmospheric science research can be promoted to the world-class level as soon as possible, and that our country can be transferred from a big player into a powerful player in the international atmospheric science community.

目 录

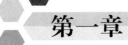

第一章
科学意义与战略价值

第一节　大气科学在整个科学体系中所处的地位

地球大气是人类和其他生物赖以生存的最重要环境之一。大气层包裹着地球，但大气总质量却只有地球的一百二十万分之一。事实上，自地表到 10 千米左右的高空，发生着各种物理过程和化学过程，形成了雾、霜、冰雪和暴雨、寒潮、台风、冰雹、雷电等天气现象和气候变化过程。这些天气现象和气候变化过程既可造福人类，也可能带来严重的气象灾害，影响工农业生产、交通运输和人民生活，甚至威胁人民的生命财产安全。因此，大气科学一直是人类关注的一门非常重要的自然科学学科。

大气科学以地球大气为主要研究对象，是一门非常重要的自然学科，同时也是地球科学的一个重要组成部分。大气科学主要研究大气的各种现象及其演变规律，以及如何利用这些规律为人类服务。大气科学不仅研究大气的结构、组成，物理和化学过程，演变规律，而且也研究大气与地球系统其他圈层（岩石圈、冰雪圈、水圈和生物圈）相互作用的动力，物理、化学和生物过程。在地球系统的岩石圈、冰雪圈、水圈、生物圈、大气圈等五大圈层中，大气圈是最为活跃的圈层，是地球系统中能量、物质输送和循环的关键桥梁及决定因素，大气科学与其他圈层的相互作用决定了地球系统的整体行为。

自古以来，人类为了更好地发展经济和改善生活，一直重视对地球大气进行研究和探索。事实上，大气科学是一门古老的学科。天气、气候知识起源于自古就存在的长久的生产劳动和社会生活经验总结。早在渔猎时代和农业时代，人们就逐渐积累起有关天气、气候的知识。在公元前 2 世纪，中国的《淮南子·天文训》和《逸周书·时训解》中就叙述了二十四节气和七十二候。这些非常重要的气候知识正是来源于生产和生活实践，并且又被用于指导农事活动。

17 世纪以前，人们对大气及大气中各种现象的认识是直觉性的、经验性的。17~18 世纪，由于物理学和化学的发展，温度、气压、风和湿度等测量仪器的陆续发明，氮、氧等元素的相继发现，为人类定量地认识大气组成和大气运动等创造了条件。于是，大气科学研究开始由单纯定性的描述进入了可以定量分析的阶段。1783 年，法国物理学家查理制成了携带探测气象要素仪器的氢气气球，这是人们认识三维空间大气运动的开始，也是大气科学发展进程中的一次飞跃。

19 世纪后，大气科学观测日益完善，大气科学理论开始逐步建立起来。1820 年，利用 1783 年各地同一时刻的气压和风的记录，布兰德斯绘制了历史上第一张天气图，开创了近代天气分析和天气预报方法，为大气科学向理论研究发展开辟了途径，这是大气科学发展史上的又一次飞跃。1835 年，科里奥利力的概念和 1857 年白贝罗提出的风和气压的关系，成为地球大气动力学和天气分析的基石。

进入 20 世纪，大气科学的理论体系开始建立，现代大气科学进入了一个重要的发展时期。1920 年前后，气象学家皮耶克尼斯、索尔贝格和伯杰龙等提出的气团、锋面和气旋学说，为天气分析和预报 1~2 天以后的天气变化奠定了理论基础。20 世纪 30 年代，无线电探空仪开始普遍使用，为了解大气的垂直结构提供了条件。根据探空资料绘制的高空天气图，发现了大气长波，真正三度空间的大气科学研究从此开始。1939 年，气象学家罗斯贝提出了长波动力学，并由此推导出了位势涡度方程，创立了长波理论。这不仅使有理论依据的天气预报期限延伸到 3~4 天，而且为后来的数值天气预报和大气环流的数值模拟开辟了道路。1942 年，厄特尔（Ertel）从完整的大气运动学方程组出发，得出 Ertel 位涡方程，包括非绝热加热和摩擦效应，从而把位涡方程拓宽到开放消耗系统中，成为研究气候动力学的有效工具。与此同时，大气科学的重要组成部分大气物理学也得到很大发展，如 1946 年朗缪尔、谢弗和冯内古特的"播云"试验，探明了在过冷云中播撒固体二氧化碳或碘化银，可以使云中的过冷水滴冰晶化，增加云中的冰晶数目，促进降水，这种人工影响天气的试验，加深了人们对大气物理过程的理解。

20 世纪 50 年代以前，大气科学虽然取得了很大的进展，但受海洋、沙漠等人烟稀少地区缺乏资料的限制，以及大多数大气科学无法重复试验的制约，大气科学的研究还不能摆脱定性或半定性的研究状态。20 世纪 50 年代后，以卫星探测为代表的遥感探测技术及计算机技术的发展，打破了这一局面，从而使大气科学进入全新的发展阶段。20 世纪 40 年代中期，冯·诺依曼开发出了现今所用的将一组数学过程转变为计算机指令语言的基本方法。电子计算机的使用、大气运动的数值模拟和数值天气预报使得大气科学成为可以重复试验验证的科学体系，使大气科学研究进入了定量和试验研究的新阶段。大气的各种现象，大至全球的大气环流，小至雨滴的形成过程，都可以依照物理和化学原理以数学形式表达，并用电子计算机模拟这些现象的发生、发展和消亡过程。同时，由于采用气象卫星、气象火箭，激光、微波、红外等遥感探测手段，以及各种化学痕量分析手段等新技术，对大气的观测能力大大增强，观测范围大大拓宽。例如，极轨卫星和赤道上空地球同步卫星的使用，几乎能提供全球大气同一时间的状况，气象卫星在大气层外的探测，不仅拓宽了观测范围，也极大地丰富了观测内容。

气象卫星、新型气象雷达、飞机等探测手段的联合应用，以及大规模数值模拟计算技术的发展，不仅为早期发现和追踪诸如台风及生命史短至几小时的小尺度灾害性天气系统提供了条件，大大提高了天气预报的水平，而且也使得人们可以开展几星期、几个月、一年以上甚至几十年大气可能出现状态的数值模拟和预测评估。运用全球数值模式来进行天气预报和气候预测预估，是未来大气科学服务于社会发展的方向。可以预期，未来最大的超级计算机都将会应用于大气科学研究和业务发展。

第二节　大气科学对推动其他学科和相关技术发展所起的作用

大气科学与地球科学其他分支学科，以及数学、物理、化学、生物、农业、社会科学等基础和应用性学科之间紧密相连，促进了地球科学及相关自然科学的发展。发展大气科学既是国内外地学领域的重要科学问题，也是促进其他学科和技术发展，以及服务于国民经济和社会发展的重大现实问题。

一、大气科学与地学其他学科相互渗透影响

在很长一段时期内，大气科学先是以天气学、气候学，大气的热力学和

动力学问题，大气中的物理现象（如电象、光象、声象）和比较一般的化学现象等为主要研究内容，传统称之为"气象学"。随着现代科学技术在气象学中的应用，其研究范畴日益扩展，因而从 20 世纪 60 年代以来，"大气科学"术语的日益广泛应用，在很大程度上扩充了传统气象学的研究内容。

近年来，由于人类越来越认识到大气圈与岩石圈、冰雪圈、水圈和生物圈之间相互作用和相互影响的重要性，要了解大气变化过程就不能不深入到其他圈层变化过程进行研究。因此，大气科学的研究内容越来越广泛，与其他学科之间的相互渗透也越来越深入。比如，要研究大气运动，需同流体力学、热力学、数学等学科领域密切合作；要研究太阳辐射及太阳扰动在大气中引起的各种变化与机制，需同高层大气物理学、太阳物理学和空间物理学等学科领域密切合作；要研究水分循环、海洋和大气的相互作用，需同水文科学和海洋科学等学科领域密切合作；要研究地球大气的演化、地球气候的演变，需同地球化学、地质学、冰川学、海洋科学、生物学和生态学等学科领域密切合作；要研究大气化学和大气污染，需同化学、物理学、生物学和生态学等学科领域密切合作；要研究大气问题的数值模拟、数值天气预报等，需同计算数学等学科领域密切合作；要研究大气探测的手段和方法，需同有关的技术科学密切合作；在大气探测、天气预报等自动化的进程中，大气科学还不断同信息理论、系统工程等科学技术领域密切合作。在相互合作和相互渗透的过程中，大气科学不断汲取其他学科的养料；大气科学特定的要求又不断为其他学科开辟新的研究方向，不断丰富着其他学科的内容。

二、大气科学与自然科学其他学科在相互促进中共同发展

大气科学所研究的是自然界中重要的现象，大气科学的理论对自然科学的发展也起了很大的推动作用。20 世纪 20 年代，挪威著名气象学家皮叶克尼斯（V. Bjerknes）提出斜压大气和环流理论，推动了整个宏观流体动力学的研究；1922 年，英国科学家理查森（L. F. Richardson）提出逐步积分的概念，促进了后来计算科学的发展；20 世纪 30 年代，著名的美籍瑞典气象学家罗斯贝（C. G. Rossby）提出，我国著名气象学家叶笃正、曾庆存所发展的大气适应理论说明了在大气、海洋这种自然界中质量的分布与运动互相作用，运动由于质量分布不均匀产生，而质量的分布是在运动中形成的，这是自然辩证法的一个很好的发展；在 20 世纪 60 年代初，美国伟大的气象学家洛伦兹（E. N. Lorenz）提出了混沌和奇异吸引子概念。他指出了科学上的确定论与随机论不能截然分开，而且还可以互相联系起来，这被公认为是当

代自然科学的重大突破。这些概念的提出不仅推动了大气动力学的发展，而且使数学、物理学、生物学等自然科学取得重大突破，同时也使社会科学得到了很大发展。哲学界认为自然科学发展中有"三次革命"：第一次科学革命是 17 世纪初牛顿创立的经典力学，它使观测和实验所得到的科学现象上升为理论，产生了近代自然科学理论；第二次科学革命是 20 世纪初爱因斯坦提出的狭义和广义相对论，为量子力学等现代科学的发展奠定了理论基础；第三次科学革命就是伟大气象学家洛伦兹所提出的非线性系统的"混沌和奇异吸引子"概念，这个理论把自然界的确定变化与随机变化联系了起来，从而可以描述自然界物体运动的多样性、奇异性和复杂性。因此，大气科学与自然科学其他学科是相互影响、相互促进的。

第三节　大气科学在国家总体学科发展布局中的地位

大气科学在国民经济和社会发展中的地位越来越重要。在全球变暖的背景下，我国极端天气气候事件频繁发生，严重的气象灾害影响到国民经济和社会发展的方方面面。20 世纪 90 年代以前，我国每年因灾害性天气气候造成的经济损失占我国 GDP 总量的 3％～6％，而 2010 以后占 GDP 总量的 1％～3％。弄清我国天气气候演变规律和成因，提出天气气候变化的预测理论，服务于减灾防灾，是国民经济和社会发展的重大迫切需求。随着全球气候变暖，大气科学的重要性日益凸显，大气科学已成为地球系统科学中最活跃的领域。为了防灾减灾和应对气候变化，大气科学从来没有像今天这样受到政府、社会和公众的重视和关注。

一、大气科学是国家科技的优先发展领域

2006 年，我国发布了《国家中长期科学和技术发展规划纲要（2006—2020 年）》，该纲要表明大气科学与我国国民经济和社会发展有着极其重要的关系。在该纲要中，大气科学涉及 11 个重点领域中的 5 个，即资源、环境、农业、城镇化与城市发展和公共安全，6 个与大气科学有关的问题成为优先主题。在 18 个基础科学研究问题中，大气科学涉及一个科学前沿问题，即地球系统过程与资源、环境和灾害效应；涉及两个面向国家重大战略需求的基础研究问题，即人类活动对地球系统的影响机制、全球变化与区域响应。

2006 年，国务院 3 号文件《国务院关于加快气象事业发展的若干意见》发布，从国家和政府层面上提出加快气象事业发展的重要性和紧迫性。该意见指出：加快我国气象事业发展是应对突发灾害事件、保障人民生命财产安全的迫切需要，是应对全球气候变化、保障国家安全的迫切需要，是应对我国资源压力、保障可持续发展的迫切需要。气象与我国国民经济和社会发展的关系越来越紧密，气象事业的社会关注度越来越高。中国气象局提出我国气象事业发展的战略新理念，即公共气象、资源气象、安全气象。我国气象业务已从传统的天气、气候预报拓展到天气、气候、气候变化、生态与农业气象、大气成分、人工影响天气、空间天气及雷电防护等多种业务。

2007 年，国务院办公厅颁发了《关于进一步加强气象灾害防御工作的意见》的 49 号文件。2007 年，党的十七大明确提出，加强应对气候变化能力建设，为保护全球气候做出新贡献。

2012 年，党的十八大报告首次专门论述了生态文明，"加强防灾减灾体系建设，提高气象、地质、地震灾害防御能力。坚持预防为主、综合治理，以解决损害群众健康突出环境问题为重点，强化水、大气、土壤等污染防治。坚持共同但有区别的责任原则、公平原则、各自能力原则，同国际社会一道积极应对全球气候变化"。2015 年，党的十八届五中全会再次阐释了生态文明、绿色发展的重要战略，并强调了以科技创新推动发展的重要意义，启动了减灾防灾和环境保护领域的"十三五"国家首批重大专项。

二、大气科学已形成完整的学科体系

大气科学作为地球科学的重要学科分支，事关我国地球科学发展水平、国家科技进步、国家安全和人民群众的福祉安康。大气科学的发展，一直伴随着整个地学乃至自然科学的发展，并对自然科学的学科发展起到了重要的促进作用。地球科学及其他基础学科、技术学科的发展，国民经济和社会发展及国家安全与国家资源环境战略需求，以及大气科学自身发展的需求推动了大气科学的发展。

目前，在国家总体学科发展布局中，中国气象局、中国科学院及高校共同组成了气象业务科学研究、大气科学基础和应用基础研究、大气科学领域的人才培养的体系框架。其中，中国气象局承担了中国气象业务服务的主要任务和大气科学研究的重要任务，中国科学院承担了大气科学研究的重要任务和高层次人才培养的重要任务，教育部高校和部分省属高校承担了大气科学领域人才培养的主要任务和大气科学研究的重要任务。迄今为止，民营的气象科研和业务服务力量还仍然非常弱小。

目前，中国内地承担大气科学研究的主要机构有中国科学院下属的大气物理研究所等研究所，中国气象局所属中国气象科学研究院、各业务中心和省级气象业务研究部门，教育部直属和部分省属高等学校等。另外，香港、澳门和台湾地区还有多个研究和教学机构涉及大气科学研究和人才培养。中国气象学会在大气科学学术交流和科普宣传中搭建了高水平平台，发挥了重要的作用。

目前，我国共有三所大学——北京大学、南京大学、南京信息工程大学拥有大气科学领域国家级重点学科；其余设置大气科学学科的高等学校拥有一些大气科学类国家级重点学科培育点或省部级重点学科。中国科学院大气物理研究所和中国气象科学研究院拥有国家级重点实验室；一些高等学校拥有一批大气科学类教育部、中国气象局、省属重点实验室。我国有 18 所大学（港、澳、台地区数据未统计在内）从事大气科学研究和研究生培养，其中有13 所大学从事本科生培养。一些高等学校拥有大气科学类国家级、省级实验教学示范中心。另外世界气象组织（WMO）还在我国设置了亚洲区域培训中心。这些国家和省部级重点学科、国家级和省部级重点实验室等已成为推动我国大气科学学科发展和人才培养质量提升的重要学术平台。

三、大气科学在地球科学发展中的前沿地位

1. 大气科学相关的大型国际计划

1980 年，世界气象组织和国际科学理事会设立了世界气候研究计划（WCRP），其总目标是要确定气候变异和变化的可预报性，以及人类活动对气候的影响程度。为实现该目标，WCRP 相继在全球范围内发起了一系列重大国际科学研究计划，包括热带海洋和全球大气（TOGA）计划、世界海洋环流试验（WOCE）计划、全球能量和水循环试验（GEWEX）计划、平流层过程及其在气候中的作用（SPARC）计划、北极气候系统研究（ACSYS）、气候与冰冻圈（CliC）计划及气候变异与可预报性研究（CLIVAR）计划。其中 CliC、CLIVAR、GEWEX、SPARC 是目前 WCRP 的四大核心计划。这些重大研究计划的实施已经和正在为揭示气候变异和变化的规律、机理及可预报性做出重要贡献。

气候变化已引起各国政府的高度重视。1988 年，世界气象组织和联合国环境规划署（UNEP）建立了政府间气候变化专门委员会（IPCC），其主要

任务是定期对气候变化的现状及其对社会和经济的潜在影响，以及适应和减缓气候变化的可能对策等进行科学评估，为各国政府和国际社会提供气候变化的信息。IPCC 自成立以来，已在 1990 年、1995 年、2001 年、2007 年、2013 年先后五次提出了科学评估报告及综合报告，第五次报告进一步强调了人类活动对全球增暖的影响。

气候变化是全球变化的重要部分。为应对全球变化的严峻挑战，应深入研究全球变化的各种主要问题，为全人类社会经济的可持续发展提供科学支撑。与全球变化相关的四大著名国际研究计划包括 WCRP、IGBP、IHDP（国际全球变化人文因素计划）、DIVERSITAS（生物多样性计划），这四大国际研究计划联合起来于 2001 年建立了地球系统科学联盟（Earth System Science Partnership，ESSP）。ESSP 成立之后启动了四项联合计划：全球碳计划（GCP）、全球环境变化与食物系统（GECAFS）、全球水系统计划（GWSP）、全球环境变化与人类健康（GECHH）。它们的主要目的是综合研究全球变化及其对全球可持续性发展的影响。之后，又实施了两个区域性集成研究计划，即季风亚洲区域集成研究（MAIRS）和亚马孙生物圈大气试验（LBA），为推动全球变化的区域集成研究起到了重要作用。

与全球气候变化关联的全球变化是国际科学联合理事会（简称国际科联，ICSU）长期关注的问题之一。近年来，其关注的重点正从着重理解人类对地球系统的影响转变到更广泛的领域，包括理解和预测全球环境变化的后果，以及人类应对全球环境变化的方法和策略。2013 年，由国际科联、国际社会科学联盟（ISSC）发起，联合国教科文组织（UNESCO）、联合国环境规划署、联合国大学（UNU）和国际全球变化研究资助机构（IGFA）等组织牵头了一个为期十年（2013~2022 年）的大型科学计划，即"未来地球"（Future Earth）计划，该计划旨在应对全球环境变化给各区域、国家和社会带来的挑战，加强自然科学与社会科学的沟通与合作，为全球可持续发展提供必要的理论知识、研究手段和方法。"未来地球"计划将在整合目前相关 GEC 项目（IGBP、WCRP、IHDP、DIVERSITAS）的同时，与 Belmont Forum 合作在全世界推动和实施该计划。由"未来地球"计划涉及的研究方向可以发现，国际科联与地球系统科学联盟的目光已从过去单纯的地球物理过程和人类活动研究深入到环境-社会耦合系统中来，并将重点放在人类社会的稳定和发展层面上，强调了通过技术和制度的创新和推广，以及集体和个人的共同努力，适应和减缓气候变化，并最终达成良性的全球可持续发展。

2. 我国大气科学发展规划

自"八五"以来，特别是近 10 年来，我国通过国家重点基础研究发展计划（"973"计划）等国家重大科技计划的实施，围绕东亚季风变异、极端天气气候事件、海-陆-气相互作用与气候变异、气溶胶的气候效应、平流层过程及其在天气气候中的作用、代用指标与过去气候变化、北方干旱化与人类适应、冰冻圈过程及其对气候的影响、重大天气气候灾害形成机理及预测理论、大规模城市化的气候效应及对策、气候变化的社会经济影响分析和减缓对策等方面的重大科学问题进行了大量项目部署，取得了许多重要进展。为贯彻落实《国家中长期科学和技术发展规划纲要（2006—2020 年）》，为履约、应对国际谈判和应对气候变化自主行动提供科技支撑，2010 年科技部启动了"全球变化重大科学研究计划"，部署了一大批项目，针对全球变化研究中的关键科学问题，开展基础性、战略性、前瞻性研究，旨在全面提升我国全球变化研究的竞争力。

我国地处亚洲季风区。亚洲季风是当前世界气候研究的一个重要焦点。季风变异涉及复杂的海、陆、气相互作用过程，影响着世界上人口最为集中区域的经济和社会。亚洲季风气候变异不仅受到全球气候变化的影响，也能引发全球气候的异常。2007 年，WCRP 联合科学委员会批准了"亚洲季风年"（AMY）协调季风观测计划，主要目的是对亚洲季风海洋、陆地和大气之间的相互作用进行综合观测，并在此基础上开展数值模式参数化改进、亚洲季风区海洋和大气资料同化分析及季节-年际尺度气候异常的可预报性研究，为提高对季风的认识及预测水平，以及防灾减灾服务。

青藏高原是控制大气环流的重要因子，它通过全球动量能量和水分循环影响着区域和全球的气候变化。2013 年，国家自然科学基金委员会发布和实施了"青藏高原地-气耦合系统变化及其全球气候效应"重大研究计划，旨在揭示青藏高原对全球气候及其变化的影响机制，提高亚洲及全球天气气候预测水平，培养一批优秀的领军人才，把我国青藏高原大气科学研究进一步推向世界舞台并处于国际的领军地位，从而为社会的可持续发展做出贡献。总体科学目标是：认识青藏高原地-气耦合过程、青藏高原云降水及水循环过程，以及对流层-平流层相互作用过程；建立青藏高原资料库和同化系统；完善青藏高原区域和全球气候系统数值模式；揭示青藏高原影响区域与全球能量和水分循环的机制。随着全球气候变化研究的深入，青藏高原地-气耦合系统变化及其全球气候效应的重要性越来越显现，已经成为一个重要的国际气候研究和地球系统科学研究前沿。开展青藏高原对中国灾害性天气气候变化影响的研究，将提升我国灾害性天气气候预报能力。

第四节　大气科学是实现国家科技发展战略目标的重要支撑之一

大气科学是重要的基础性并具有广泛应用的学科，在环境、生态和资源成为社会经济发展热点问题的今天，大气科学的学科发展和科技创新具有重要的意义。《国家中长期科学和技术发展规划纲要（2006—2020年)》明确提出，到2020年我国科技发展的目标是：自主创新能力显著增强，科技促进经济社会发展和保障国家安全的能力显著增强，进入创新型国家行列。党的十八大明确指出，科技创新是提高社会生产力和综合国力的战略支撑，必须摆在国家发展全局的核心位置，并提出要坚持走中国特色自主创新道路、实施创新驱动发展战略。因此，提高科技创新能力、实施科技创新驱动战略，是我国科技发展的核心任务。大气科学是地球系统科学中最活跃的分支学科，大气层的运动复杂多变，时刻影响着人类生存的环境，同时又受多种因素的共同影响。气候系统五大圈层相互作用、大气科学与多学科交叉融合不断推动提出学科发展的新需求和新问题，也不断提供学科创新的动力和创新发展的空间。大气科学涉及纲要提出的许多前沿重点发展方向和领域，大气科学不仅在科学基础研究领域，而且在前沿技术的开发应用领域，也发挥着越来越重要的作用。大气科学技术是实现国家科技发展战略目标的重要支撑之一。

一、大气科学涉及科技发展战略多个重点领域和优先主题

实施创新驱动发展战略，是我国的重要国策，对我国形成国际竞争新优势、提高经济增长的质量和效益、降低资源能源消耗和改善生态环境具有重要的意义。《国家中长期科学和技术发展规划纲要（2006—2020年)》根据全面建设小康社会的紧迫需求和世界科技发展趋势，把发展能源、水资源和环境保护技术放在优先位置，强调基础科学和前沿技术研究的重要性，并特别指出要在重点领域解决重大公益性科技问题，提高公共服务能力。在纲要提出的11个重点发展领域及其优先主题中，公共安全、环境、农业、能源、水资源、城镇化与城市发展、国家安全等众多方面都与大气科学密切相关。

随着经济社会的发展和文明的进步，自然灾害的防御、预报预警和应急处置逐渐成为社会公共安全的重要内容。在全球气候变化的背景下，气象灾害对经济社会的影响日益加重，气象灾害及其衍生灾害占所有自然灾害的三分之二以上。《国家中长期科学和技术发展规划纲要（2006—2020年）》把气象灾害的防御提升到公共安全的高度，对气象灾害的监测预警关键技术的研究赋予了新的内涵，也提出了新的更高的要求。气象信息利用既可以有效规避气象灾害带来的损失和影响，同时也可以趋利避害，为各经济生产行业有效利用气象要素资源和环境条件提供增值的空间，气象信息对促进经济社会发展的重要意义正在各个行业日益显现。该纲要对大气科学在能源资源、水资源领域的科技支撑作用提出了明确要求。环境资源问题和城镇化问题是我国新的发展时期面临的两个重要问题，该纲要明确把城镇科学规划与资源环境承载能力放在科技支撑需求的首要位置，凸显了需求的迫切性和重要性。气候要素是环境资源的基础，气候要素及其变化规律是环境问题、资源利用问题不可回避的研究主题。大气科学是基于观测和信息处理发展起来的基础应用学科。航天、探测、信息网络技术、高性能计算等前沿技术的进步为大气科学的发展提供了机遇，同时大气科学发展的需求也促进了这些前沿技术的发展应用。有效地利用这些领域高新技术的成就，也是大气科学研究取得创新成果的重要路径和内容。作为重要的基础学科之一，大气科学在认识地球系统、了解和把握人类活动与自然的相互作用规律的科学研究中起到了核心作用，同时也还有很多重大的科学问题需要解决和突破。

综上所述，国家发展对大气科学的需求集中体现在公共安全、公共服务、资源环境、基础研究支撑和高新技术应用等几个方面。

二、大气科学成为公共安全科技保障的重要基础

公共安全是国家安全和社会稳定的基石。面对我国公共安全领域的严峻挑战，《国家中长期科学和技术发展规划纲要（2006—2020年）》对大气科学研究和技术进步提出了更高的需求。纲要指出，要形成科学预测、有效防控与高效应急的公共安全技术体系，优先解决公共安全领域的大气科学问题，要重点研究开发台风、暴雨、洪水、地质灾害等监测、预警和应急处置关键技术，大力发展森林火灾、溃坝、决堤险情等重大灾害的监测预警技术，以及重大自然灾害综合风险分析评估技术。纲要强调，要重视复杂系统、灾变形成及其预测控制的理论研究，加强研究复杂系统运动、突变规律，研究复杂系统不同尺度行为间的相关性，发展复杂系统的理论与方法等。

三、大气科学为提高公共服务能力提供科技支撑

当今，人们越来越意识到，气象信息服务涉及社会公众、行业的方方面面，是重要的社会公共服务。按照《国家中长期科学和技术发展规划纲要（2006—2020年）》的要求，大气科学要大力开展气象重大公益性科技问题研究，为提高气象公共服务能力提供科技支撑。例如，大气科学研究可以在农业结构区划、种植业结构调整、病虫防御、牧畜承载力评估和气象灾害的监测与防治技术等方面提供科技支撑；气象信息可以在智能交通管理系统、交通事故预防预警技术等方面发挥科技支撑作用。气象信息是一项重要的社会基础信息，气象信息与经济社会众多的其他信息相互关联，可产生新的价值和产业机会。在以大数据、云计算为导向的信息时代，气象信息将在促进国家基础信息服务和相关产业发展的领域提供基础的科技支撑。

四、大气科学聚焦面向资源环境的关键问题

大气环境是生态环境的基础条件。《国家中长期科学和技术发展规划纲要（2006—2020年）》明确提出，全球环境已成为国际社会共同关注的焦点。我国参与全球环境变化合作能力亟待提高。气候变化与全球环境相织交错，纲要指出，要积极参与国际环境合作，加强全球环境公约履约对策与气候变化科学不确定性及其影响研究，开发全球环境变化监测和温室气体减排技术，提升应对环境变化及履约能力。

大气要素及其变化同时也是很多自然资源开发利用的基础，按照《国家中长期科学和技术发展规划纲要（2006—2020年）》要求：要加大风能、太阳能可再生能源规模化应用利用原理和新途径研究，深化电网安全稳定和经济运行的理论和技术研究；要发展水资源跨流域调水、雨洪利用等水资源开发技术，重点研究开发大气水转化机制和优化配置技术，提高人工增雨的技术水平，加强长江、黄河等重大江河综合治理及南水北调等跨流域重大水利工程治理开发的关键技术，开展针对我国水土资源区域空间分布匹配的多变量、大区域资源配置优化分析技术，建立预测决策模型。

城镇化是我国实现现代化的重要途径。城镇化进程中，环境问题日益突出而受到关注，环境容量正在成为城镇化进程中必须考量的条件或红线。纲要提出要实现城镇发展规划与区域资源环境承载能力的相互协调，要求加强信息技术应用、提高城市综合管理水平。纲要还指出，要优先重点研究开发

城市防灾减灾等综合功能提升技术,加强城市"热岛"效应形成机制与人工调控技术的研究。

五、大气科学是面向国家战略需求的重要基础研究

基础研究的目的是深刻认识自然现象、揭示自然规律,是未来科学和技术发展的内在动力。《国家中长期科学和技术发展规划纲要(2006—2020年)》指出,在国家科技基础研究中,科学前沿问题的重要方向之一是地球系统过程与资源、环境和灾害效应,主要研究地球系统各圈层(大气圈、水圈、生物圈、地壳、地幔、地核)的相互作用,地球系统中的物理、化学、生物过程及其资源、环境与灾害效应,地基、海基、空基、天基地球观测与探测系统及地球模拟系统,地球系统科学理论等,并加强太阳活动等外源系统对地球环境和灾害的影响及其预报等。大气科学是地球科学的重要组成部分,气候动力学研究、气候系统复杂的耦合作用研究、气象灾害规律研究将有助于从整体上认识地球系统,了解各组成部分之间的相互影响,更加深刻地理解大气圈在地球系统中的作用。纲要从国家战略需求的角度,要求将全球变化与区域响应作为基础研究的研究方向之一,对当今国际政治和环境外交中全球变化的热点问题开展研究,为我国开展环境外交提供有力的科技支撑。

六、大气科学助推若干前沿技术发展

前沿技术是高技术领域中具有前瞻性、先导性和探索性的重大技术,是未来高技术更新换代和新兴产业发展的重要基础,是国家高技术创新能力的综合体现。《国家中长期科学和技术发展规划纲要(2006—2020年)》指出,要推进科学实验与观测方法、技术和设备的创新,强调要在地球科学与空间科学研究中采用新观测手段和新信息获取方法,发展高分辨率对地观测系统。其中,海洋环境立体监测技术要着重发展在空中、岸站、水面、水中对海洋环境要素进行同步监测的技术,并和大气探测互为补充,将海洋和大气作为一个整体,以支撑海气耦合研究。而空天技术的发展,将对人类探测和研究地外行星及其大气状况提供重要支持。大规模超算技术和大数据信息处理技术,是大气科学研究和业务突破的技术基础,同时,大气科学的科研业务实践也将对大规模超算技术提出更高的要求,从而客观上促进其发展。

第五节 大气科学为国民经济、社会发展和国家安全保驾护航

大气科学是自然科学的重要组成部分，是国民经济和社会发展重要的科学知识基础和技术保障条件。适宜的大气环境是人类生存和实现可持续发展的必要条件，目前，全球气候变化正深刻地影响着人类生存和发展，环境、健康、农业、水资源、能源、海洋、交通运输、城市发展、国家安全等敏感行业都受到气候变化的影响。世界气象组织在其发展战略中指出，气象服务要满足全球的新需求，在降低灾害风险、保障各种交通的安全性、维护经济运行、加强应对气候异常和气候变化应变能力，以及实现自然资源的可持续利用等领域发挥作用。更科学地认识和把握天气气候规律，提高我国防灾减灾、合理开发利用气候资源和保护大气环境的能力，是我国大气科学学科为经济社会发展和国家安全承担的首要任务。

一、大气科学与公共安全

自然灾害管理是社会公共安全的重要内容，而气象灾害占所有自然灾害的70%以上。我国是天气气候灾害多发频发地区，全球变暖使得极端天气气候事件发生频率增加。另外，随着经济的发展，一次气象灾害所造成的经济损失越来越大，气象灾害的影响呈现复杂性和延伸性，灾害发生的气象致灾因子和影响因子不断出现新的特征，灾害预防预警对气象要素预报预测的需求不断增加。因此，大气科学必须加强对灾害性天气气候成因的机理研究和预测预报技术的开发，不断提高天气气候预报的精准程度，延长预报时效，丰富预报要素，其中以提高对极端天气气候事件的预报水平为主要目标，重点在台风、暴雨、洪水、地质灾害等影响重大的气象灾害的路径落区预报、风雨定量预报、延长预报时效等方面取得成果突破，为科学防御气象灾害和衍生灾害提供基础支撑。

二、大气科学与环境健康

大气环境与人类生存密切相关，大气环境的每一个因素几乎都影响到人类生存和发展。大气污染不仅对人体健康形成巨大威胁，也会对工农业生产造成各种危害。目前，大气污染成为全世界最重要的热点问题。大气污染的

累积和形成与天气气候环境有直接的关联，大气成分的演变规律是大气科学的重要研究内容。

大气污染造成的危害不仅取决于大气污染物质的来源、性质、浓度和持续时间，也和污染地区的气象条件、地理环境等因素密切相关。大气污染还会对全球大气环境造成影响，主要表现在空气质量影响、臭氧层破坏、酸雨腐蚀和全球气候变暖。对大气污染物造成危害的机理、分布和规模等问题进行深入研究，可以为控制和防治大气污染提供必要的依据。

大气污染的防控是我国实现国民经济增长方式转变的重要指标，是建设美丽中国的基本条件。近年来，我国的大气污染加重，特别是华北地区多次出现严重的雾霾天气，引发全社会对大气污染问题的关注。2013年，国务院发布《大气污染防治行动计划》，部署一系列治理大气污染措施。科学实施大气污染治理，需要在产业规划、城市建设规划前置考虑当地大气运动和大气污染演变规律，并动态地监测评估大气成分承载力，制作发布区域气候容量资源负载表。这些工作的开展，需要大气科学在大气化学、大气边界层、数值模式等多方面的研究工作成果提供科技支撑。

气象环境和大气污染直接影响人们的身体健康和居住的舒适度，同时，大气环境条件还直接与一些传染病和疫情的爆发传播有密切关系。气候变化导致热浪事件频发多发也会对人类健康产生越来越广泛的影响。世界气象组织和世界卫生组织在2014年联合成立了气候与健康办公室，以便更好地利用短期到长期的气象预报信息对疾病疫情进行更有效的防控和应对。

三、大气科学与水资源

水资源将是未来最重要的自然资源。我国面临严重的洪涝灾害、水资源短缺、水环境恶化和水土流失等一系列水问题。我国位于东亚季风区，降水时空的不均匀性是我国水资源管理中最重要的特点和难点，减灾避险与资源利用相结合，正成为水资源管理的新思路。将防治洪水灾害和利用洪水资源相结合，既防灾减灾又趋利避害，在最大限度地减轻灾害损失的同时尽可能将洪水转化为可利用资源，需要有天气气候演变规律、预报预测信息才能得以有效实现。

在气候变暖、人口增长及经济社会发展对水资源需求不断增长的共同影响下，地下水超采、河流断流、入海径流减少等现象严重，水的环境质量也受到气候变化和人类活动的深刻影响。在水资源规划和未来供给中，气候变化的影响成为必需的考虑因素，从气候系统的观点和理论出发研究上述因素的影响，并探讨水资源循环再生的维持机理，对水资源可持续利用具有重大的科学和现实意义。

开发空中云水资源是人类调控降水分布、改善水资源状况的重要手段。为提高人工增雨的效益，急需加强人工影响天气的关键技术研究，更好地理解和把握降雨形成的微物理过程，提高人工增雨作业中最优条件、时机和位置的选择的科技水平，研究高效作业方式和手段，科学评估作业效果，合理开发空中云水资源，提升人工影响天气的服务效益。

四、大气科学与农业

农业是国民经济的基础，农业生产高度依赖天气气候条件，一直是气象科研和业务工作的主要对象。虽然农业种植技术已经有了很大的进步，但天气气候灾害给农业生产造成的巨大损失仍然是不可忽视的，天气气候条件仍然是决定农业丰歉的重要因素。加强农作物不同生长期气象要素的适宜性和敏感性研究，研究低温冷害、霜冻害、冻害、干旱、洪涝、干热风、寒露风、冰雹、大风和风沙及森林火灾等主要农业灾害的发生规律，是提高农业敏感天气预报的准确率的技术理论基础。

我国地域辽阔，气候条件的巨大差异使得农业气候资源分布具有明显的区域性特点，区域气候对全球气候变化的响应，导致光、热、水等农业气候资源在数量、时间和空间上的变化，对耕地可种植面积、种植熟制、作物生长发育、粮食产量、农作物品质等产生影响，从而极大地影响着种植业气候资源的分布和生产潜力。同时，气候变化还带来农业病虫害种类分布、迁徙和习性的变异，农业气象灾害的风险分布也会发生改变。

粮食安全是国家安全的重要内容，也是国家发展和社会稳定的基础。我国作为人口大国，粮食安全一直以来都是国家的头等大事。研究把握在气候变化的背景下气候因素对农业生产的影响，是对农业气象科研工作提出的新命题和新挑战，是一项关系国家粮食安全的重要任务。

五、大气科学与能源

开发利用清洁能源和可再生能源，是我国能源政策的重要内容。我国是全球最大的能源消费国，调整能源结构、增加可再生能源的比例，是保护环境、保障居民健康实现可持续发展的重要途径，也是积极减排温室气体、主动应对气候变化的重要途径之一。风能、太阳能资源精细化评估，优化选址技术和安全并网运行气象保障技术，迫切需要在区域气候变化、气象灾害发生规律、地形气候影响、大气边界层特征和数值模拟技术等方面提供科技支撑。

提高能源利用效益，也是降低能源消耗的积极手段。气象预报预测信息的使用，能够根据气象环境条件，合理调整供暖季的调温和采暖配置，以达到节约能源的效果。提高温度预报预测的准确率、延长预报时效、开展社区楼宇的精细化温度预报，是有效调整供暖指标、减少能源消耗的技术基础。

六、大气科学与海洋

随着海洋经济的兴起，我国海洋航运、油气开采、海洋渔业、科研调查、海洋管理等各类海上经济社会的气象保障需求迅速增加，急需加强对台风、大风、寒潮、海雾等海洋气象灾害的监测预警能力，提高台风路径预报、大风强度预报、海雾预报精度，延长预报时效。这些都是大气科学研究需要关注的核心目标。同时，大气和海洋是联系最为密切的两个系统，深入开展海气相互作用中海洋灾害形成机理研究，有利于科学预报和应对海洋灾害的发生，减少和避免生命财产损失。

七、大气科学与交通运输

交通运输业是国民经济的基础产业。现代交通运输对天气条件高度敏感，恶劣天气气候会引起交通拥堵甚至瘫痪，造成交通事故，给国民经济和社会发展带来巨大损失。极端高温、低温、积雪、结冰、低能见度、大风、暴雨及其引起的山洪、滑坡、泥石流等次生灾害，对公路、铁路、内河等运输方式都将造成严重影响和重大损失。研究开发交通天气气候条件的监测、预报、预警、服务技术方法，是交通气象科研的主要任务。

同时，加强气候变化对交通基础设施影响的研究，在数值模拟、降尺度技术等的支持下开展交通气候区划、气候论证及影响评估，也是交通运输基础设施建设中迫切需要的科技支撑。全球气候变暖对海平面、海冰覆盖的影响，会在一定程度上改变海运交通的格局。全球气候变化研究要关注变暖趋势对北极海冰覆盖的影响，研究蓝色北极和北极海运通道对全球贸易和运输产生重大影响。

八、大气科学与航空和空天技术

航空业一直是气象服务的重要领域。作为航空业大国，我国迫切需要建立自主的航空气象保障业务，逐渐摆脱英美独霸航空气象服务的局面。随着我国航空运输的发展，通用航空的发展需要更为个性化的气象服务产品，飞行安全和空域调度都需要更为精细化的气象监测和预报技术支持。

从平流层到近地空间高层大气的剧烈变化对卫星、通信等技术系统及航天活动都有重要的影响。对空间天气的监测和预测预报越来越成为迫切的需求。保密通信、应急通信、军事通信、星地通信等依赖电离层天气的短波通信领域，需要有更准确的空间天气预报技术支撑。其次，中高纬地区的地面电力输送系统，需要根据空间天气的干扰预报预警进行防护。随着我国超高压输电网的空间跨度的大大增加，其对空间天气的敏感性将显著增加。此外，航天是空间天气业务最重要的需求方，进入太空的航天器会不可避免地受到其所处环境的影响。随着我国航天事业的快速发展，以及高精度载荷、不断扩大的空间探索范围和高精准目标要求，在轨环境、飞行安全、精密测控等方面对空间天气保障提出了越来越多的新需求。

九、大气科学与城市发展

城镇化是我国实现工业化、现代化的重要途径。目前，我国城镇化率已经超过 50%，未来城镇化率将超过 70%。新型城镇化是我国城镇化实现可持续发展的必然选择。《国家新型城镇化规划（2014—2020 年）》提出，要推进绿色城市、智慧城市和人文城市建设，要根据土地、水资源、大气环流特征和生态环境承载能力，优化城镇化空间布局和城镇规模结构。城镇化面临的城市安全运行、防灾减灾、气候资源合理利用和应对气候变化等问题均需要大气科学提供科技支撑。对暴雨、高温、雾和霾、雷电、冰雹、大风等城市灾害进行风险评估与区划，可以在城镇规划和建设过程中为城市空间合理布局提供科学依据。《国家新型城镇化规划（2014—2020 年）》指出，要完善城市应急管理体系，加强城镇防灾减灾能力建设，抵御台风、洪涝、沙尘暴、冰雪、干旱、地震、山体滑坡等自然灾害。迫切需要大气科学研究成果为城市地区高影响天气监测预警、城市社区高精度气候环境模拟提供技术支持，从而为政府决策部门、城市生命线安全运行（水务防汛、交通路政、电力、供热等）提供保障服务，以及为突发公共安全事件应急保障提供科学支撑。

十、大气科学与国家安全

大气科学对我国国家安全具有越来越重要的影响。国防安全历来是国家安全体系的关键内容。自古以来，气象条件就是战争重要的环境条件之一。现代国防在作战防御和武器使用方面都更需要大气科学给予科技支撑，以空海军为主力的现代全天候国防力量、中远程导弹系统、空间武器尤其需要在气象预测预报、空间天气监测预报等方面有高精准、长时效的保障技术支持。将先进的大气综合探测和预报预测技术成果优先应用于国防军事建设，为国防安全提供可靠的气象保障，是大气科学研究的重要职责。

全球经济活动的安全保障是当今国家利益的重要内容，随着全球化进程的深入，经济贸易交流和人员往来已经遍布世界的每一个角落，维护世界和平和国际经济贸易秩序，是我国需要履行的国际义务，也是维护我国国家利益的重要内容，国家对气象服务保障的需求也将随之延伸到世界各地，呈现全球化的趋势。

参 考 文 献

国务院. 2014. 国家新型城镇化规划（2014—2020 年）. http：//www. gov. cn/zhengce/2014 - 03/16/content _ 2640075. htm ［2014 - 03 - 16］.

国务院. 2006. 国家中长期科学和技术发展规划纲要（2006—2020 年）. 北京：中国法治出版社.

黄荣辉. 2005. 大气科学概论. 北京：气象出版社.

黄荣辉，吴国雄，陈文，等. 2014. 大气科学和全球气候变化研究进展与前沿. 北京：科学出版社.

郑国光，陈洪滨，卞建春，等. 2008. 进入 21 世纪的大气科学. 北京：气象出版社.

中国科学技术协会，中国气象学会. 2010. 大气科学学科发展报告. 北京：中国科学技术出版社.

中国气象局发展研究中心. 2015. 中国气象发展报告 2015. 北京：气象出版社.

中国气象局. 2015. 全国气象现代化发展纲要（2015—2030 年）. http：//www. cma. gov. cn/2011xwzx/2011xsytjxwzx/201508/t20150827 _ 291590. html ［2015 - 08 - 27］.

Ertel H. 1942. Ein neuer hydrodynamischer wirbelsatz. Meteorolog. Zeitschr Braunschweig，59：277-281.

WMO. 2013. WMO Strategic Plan（2016—2019）. http：//library. wmo. int/pmb-ged/wmo _ 1161 _ en. pdf ［2015 - 12 - 12］.

第二章
发展规律与研究特点

第一节　学科的定义与内涵

大气科学是研究地球大气的结构、组成、物理和化学过程、演变规律、动力学机制、大气圈与地球系统其他圈层相互作用及其建模预测的科学，也涉及行星大气。它的一个重要目标是运用这些规律来提高天气预报、气候预测与预估的水平，提升应对污染现象和极端天气气候灾害事件的能力，为人类预防和减轻灾害的影响、合理利用气象和气候资源谋福祉。

一、研究对象

大气科学的主要研究对象是地球及太阳系中其他行星的大气圈，它是地球科学的一个重要分支；其研究的时空范围很广，空间尺度从微米到全球，时间尺度从秒到千年；研究手段有观测、理论与诊断分析、实验室模拟和数值模拟等。

二、研究意义

地球大气的组成、结构和运动都存在着确定性和不确定性两个方面，这正是大气科学研究的复杂性所在。天气变化、气候异常及空气质量变化与人类的生产生活息息相关，准确的天气预报、气候预测及大气污染状况的改善，是经济社会可持续发展的迫切需求。大气科学的发展也对其他相关学科的发展有促进作用。

三、学科分支

大气科学一般包括天气学、大气动力学、气候学、大气物理学、大气探测学、大气化学、应用气象学等分支学科。

1. 天气学

天气学是研究大气中各种天气现象发生发展的规律并用于指导天气预报的学科。研究内容主要包括天气现象、天气系统、天气分析和天气预报等。天气学研究的成果，不但为大气科学提供了丰富的研究课题，还直接为国民经济服务。

2. 大气动力学

大气动力学是运用物理学和流体力学的原理及相关的数学理论与方法，研究大气运动的动力和热力过程及其相互关系的学科。研究内容主要包括大气动力过程、大气热力过程、大气环流、大气湍流、数值模拟和数值预报等。大气动力学的发展对更深刻地认识大气运动机理、掌握天气和气候变化规律有着十分重要的作用，是大气科学的基础理论学科之一。

3. 气候学

气候学是研究气候形成、特征、变化及其预测的学科。主要研究气候系统中从季节内到年代和更长时间尺度的气候变率和变化、相关物理和化学过程、圈层相互作用及其动力学机理、气候模式的建立、人类活动与气候系统的相互作用、生态系统对气候变化的响应和反馈、预测和预估未来的气候变化等。

4. 大气物理学

大气物理学是研究大气的物理现象、物理过程及其演变规律的学科，主要包括大气辐射学、气溶胶物理学、云和降水物理学、大气电学、大气声学、大气光学、雷达气象学、大气边界层物理学、中高层大气物理学等。

5. 大气探测学

大气探测学是研究探测地球大气各种现象的方法和手段的学科，主要包括地面气象观测、高空气象观测、大气遥感、气象雷达、气象卫星等分支。

探测手段的飞跃往往带来过去难以想象的重大发现，它在大气科学的发展进程中起了十分重要的作用。

6. 大气化学

大气化学是研究大气成分和大气化学过程的学科，主要研究大气中化学物质的性质和变化、源汇、化学反应、演化、传输、沉降及其天气-气候-环境效应，并由此建立大气化学模型。

7. 应用气象学

应用气象学是将大气科学原理、方法和成果应用到农业、城市、交通、水文、航天、航空、航海、军事、医疗等领域，并与相关专业结合而形成的交叉学科。例如，农业气象学是研究气象条件与农业生产之间相互关系及其规律的学科，为农业的高产、优质、低消耗等方面提供服务；城市气象学是研究城市气象的特征、变化、形成原因及应用于城市规划、城市灾害的预警和应急的学科。

需要说明的是，大气科学的各个分支学科，彼此并不是孤立的。比如探测手段的不断革新和痕量化学分析技术的发展，推动了对大气的物理性质和化学性质的分析研究，促进了大气化学的发展。尤其是大气中二氧化碳和甲烷等微量气体对气候影响的日益显著，以及大气污染和酸雨问题的出现，不仅使人们更加认识到大气化学在大气科学中的重要性，而且随着研究的深入，更使人们认识到大气化学过程和大气物理过程的相互作用，从而促进了这两个分支学科的相互结合。气象卫星探测与天气分析相结合产生了卫星气象学，气象雷达探测与云和降水物理学相结合产生了雷达气象学。大气科学学科分支有分有合的过程，反映了大气科学的不断深入发展。

第二节　大气科学的发展动力

近百年来大气科学的发展历程，首先与社会经济发展水平密切相关。随着生产力水平的不断提高，人民生活水平逐步改善，同时社会对气象灾害防灾减灾的需求也日益增加。以数值天气预报的发展为例，20 世纪 50 年代利用准地转模型成功地做出第一张 24 小时数值天气预报图；20 世纪 60 年代，数值天气预报进入业务化阶段；随着人们对天气预报精度和时效要求的不断提高，在 1979 年实施了全球大气研究计划，试验和研究了数值天气预报中有关的理论和方法，使得数值天气预报在 20 世纪 80 年代有了突破性进展，欧洲中期天气预报中心（ECMWF）等一批国际上数值天气预报中心成功地将天气预报时效延长到 6～7 天；到 20 世纪 90 年代，由于数值天气预报模式分辨率的提高及气象卫星遥感资料的大量应用，数值天气预报时效达到 10 天左右，并开始试验月和季的数值气候预报。因此，天气预报从主观估计变成客观、定量的数值天气预报。

大气科学的发展还与军事需求密切相关。古代人们在长期的军事斗争中认识到一些天气现象对军事活动的影响，并将在实践中积累起来的气象知识和关于天气变化的经验性认识用于指导战争。例如，早在春秋末期，著名军事家孙武就把"阴阳、寒暑、时制"称为"天"，并把气象、地理等因素在战争中的作用概括为"……知天知地，胜乃不穷"。19 世纪中叶后，由于战争规模扩大，新式武器装备的相继出现和战略战术的发展，作战气象保障问题陆续被提出。第二次世界大战以后，武器装备和航天器的研制和使用使气象条件对军事活动的影响及实施气象保障更为复杂，促进了雷达技术、卫星技术、电子计算技术、遥测遥感技术的应用，使跟踪灾害性天气系统并做出预报成为可能。

社会和军事需求使得近代大气科学得到显著发展，主要表现在建立了大气观测网对大气各种现象、运动状态、成分演变进行监测，并运用数理科学对从对流层到平流层和中间层的大气运动状态，成分演变的动力、热力过程及其机理进行解释，以及利用计算机和所研究的大气变化的运动方程组进行天气预报和大气环流演变的数值模拟。

随着科技水平的不断提升，以及对大气运动和变化的认识逐渐深入，20 世纪 80 年代以后，各国科学家和领导人逐渐意识到全球气候变化及其应对策略是保持可持续发展趋势的决定因子。而观测网络的完善也使人们认识到大气两周以上的气候变化不仅是大气内部的动力、热力过程相互作用的结果，而且是大气、海洋、陆面、冰雪等圈层相互作用的结果，主要研究气候系统动力学与气候预测、全球气候变化等方面。当前正在从地球系统的大气、海洋、陆面、冰雪、生物圈和人类活动的相互作用来研究大气科学和全球气候变化。这说明今后大气科学的发展与地球系统的研究密切相关。

可见，大气科学的发展动力源自人类对大自然的探索，同时也满足社会的多种需求。随着大气科学的逐步发展，全球气候变化问题成为大气科学继续发展的新动力，而在整个大气科学的发展史上，技术革新起到了重要的推动作用。本章将简要回顾近代大气科学的发展历史，以社会需求如何推动大气科学发展为着眼点，重点阐述全球气候变化问题对新时期大气科学发展的促进作用，以及技术革命对大气科学发展的推动作用，提出未来大气科学发展的新方向，从而全面论述推动大气科学发展的主要动力。

一、大气科学的发展简史

（一）大气观测网的建立和对大气内部动力过程的认识逐渐深入

1. 全球大气观测网络的建立

在 20 世纪初，大气探测一般只是在地面上对大气温、湿、压、风进行观测，20 世纪 20～40 年代，高空大气探测迅速在陆地上推广。到了 20 世纪 50 年代，在全球的陆地上初步形成了可定时对大气状态进行观测的高空地面观测网。20 世纪 60 年代之后，卫星遥感图像和数据广泛应用于天气预报，从这些遥感资料不仅可以得到全球云的分布状况，而且可以获得更高层次的气象要素。经过近一个世纪的努力，大气探测已形成了全球多层次、多尺度且可定时观测的三维探测网，不仅在全球建立了地面、高空气象要素的常规观测网，而且形成了以雷达、卫星为中心的全球非常规大气观测网。该全球大气观测网不仅可以为研究大尺度大气环流的变化，中、小尺度气象系统的发生、发展，以及气候变化提供丰富的观测事实，而且还可以为天气预报和气候预测提供大量的观测资料。近年来，还形成了大气成分和雷电等观测网。

2. 大气动力学理论的逐渐发展

大气环流与大尺度动力学研究全球各种大气运动的形态、性质、演变及其机理。大气环流与大尺度动力学研究的发展是 20 世纪大气科学理论研究发展的核心部分，它带动了大气科学其他分支领域的发展。具体而言，目前大气动力学理论可以分为以下八个方面。

（1）锋面学说。

（2）大气长波理论。

（3）大气环流的形成机理。

（4）热带大气动力学和 ENSO 动力学。

（5）大气异常遥相关理论。

（6）行星波理论。

（7）波流相互作用。

（8）非线性动力学。

（二）数值模拟使大气科学成为可实验的现代科学

数值天气预报与大气环流数值试验是利用超大型计算机，应用地球流体动力学方程和有关物理法则，对未来天气进行定量预报，以及对全球和区域大气环流平均状况和演变进行再现和预测。由于芝加哥学派建立了大气环流的长波理论体系，以及 20 世纪 40 年代中后期电子计算机的发明和之后的快速发展，数值天气预报和大气环流数值模拟取得重大进展，具体表现在三个方面。

（1）可以在大型计算机上进行数天的天气预报。

（2）大气环流和气候可以在超大型计算机上做各种数值试验。

（3）数值模拟已成为大气科学各领域有效的研究手段。

（三）全球气候变化问题成为大气科学研究的新热点

20 世纪大气科学和全球气候变化的重要进展之一是各国科学家和政府认识到全球在变暖且引起地球环境的变化。这个问题不仅引起了科学界的极大关注，而且引起了世界各国民众和政府的重视，并成为国际上外交关注的问题之一。因此，全球气候变化及其对环境影响的研究迅速展开，现已成为地球科学的一个重要分支领域，主要进展包括以下四个方面。

（1）全球气候变化及其对环境影响的研究和评估已成为地球科学研究的热点。

（2）认识到气候变化是地球系统多圈层相互作用的结果。

（3）认识到人类活动对气候变化有很大影响。

（4）气候变化问题不仅成为各国政府为促进社会和经济可持续发展必须考虑的一个重要问题，而且成为国际外交谈判的焦点之一。

二、社会需求是大气科学发展的重要动力

我国地处东亚季风区，东临太平洋，西有世界上最高的高原——青藏高原。受季风、海洋、高原地理位置、地形地貌等因素的影响，我国气象灾害不仅频繁发生，而且灾害种类多、影响严重，有干旱洪涝、高温酷暑、低温雨雪冰冻等气候灾害，并有台风、暴雨、寒潮、冰雹等天气灾害等。这些频发的气象灾害给我国人民生命财产安全、国家经济建设和社会发展带来了严

重影响。为了防灾减灾，国家特别重视大气科学和全球气候变化研究，在过去的几十年里，我国大气科学和全球气候变化的研究取得显著进展，特别是在大气探测网的建设、东亚大气环流理论体系、青藏高原气象学和气候动力学、数值天气预报、暴雨和中小尺度气象学、大气物理学、大气环境和大气化学、气候动力学和预测、全球气候变化等方面取得重要进展。这些研究带动了我国气象行业和教育的迅速发展。国家经济和社会发展对我国大气科学发展的具体需求如下。

1. 大气环境质量变化成因、机理与预测

由于工业的迅速发展和城市化进程的加速，我国部分地区大气环境质量日益恶化。在我国，不仅南方酸雨频繁发生，而且在华北、华东、华中和华南地区大气中 PM2.5 等微细颗粒含量不断上升，致使这些地区出现雾和霾天气的天数不断增多、范围不断扩大，严重影响交通和人民身体健康；并且，突发性环境灾害事件时有发生。因此，环境保护，空气质量的预报和预警要求加强对大气环境质量变化的成因、机理和预报模型的研究，这是今后国家的重大需求之一。

2. 气溶胶与季风相互作用过程及其机理

气候与环境相互作用是当今大气科学和全球气候变化研究中具有挑战性的重大科学问题之一。在我国，由于工业发展，工业排放的气溶胶不断增多。例如，中国汽车拥有量急速上升，以及城镇化进程不断加快所带来的施工扬尘不断加剧等造成了大气中气溶胶浓度特别是 PM2.5 微细颗粒剧增，并引起雾霾天气频繁出现。气溶胶浓度剧增不仅影响大气能见度和人民身体健康，而且还通过影响到达地表的太阳辐射和作为云雾的凝结核进而影响季风。一方面，季风通过气流的输送及其辐散、辐合影响气溶胶在大气中的分布；另一方面，大气中的气溶胶又影响季风降水。然而，当前气溶胶与季风相互作用的过程还很不清楚，特别是气溶胶在多大程度上影响季风的减弱具有很大的不确定性。因此，大气中气溶胶与季风相互作用，特别是气溶胶-云-辐射-季风相互作用是我国今后急需研究的一个重要科学问题。

3. 水资源短缺对气候与水文的相互作用研究提出需求

从 20 世纪 70 年代中后期至今，华北地区发生了持续性干旱；近几年，西南地区也经常发生严重干旱，干旱灾害对这些地区的水资源有重要影响。

相对于 20 世纪 50～60 年代，90 年代华北地区水资源量减少了 50%，并使黄河断流天数大大增加；2009 年秋至 2010 年冬春西南发生了持续性严重干旱，使 2500 多万人饮水发生困难。水资源的短缺不仅严重影响这些区域的工农业生产，而且已严重影响这些地区人民的生活用水和生态环境。为此，国家不得不实施南水北调工程。所以我国急需开展气候与水文相互作用的研究。

4. 国家安全对大气科学研究的需求

国家安全及和平利用空间对大气科学和全球气候变化的研究不断提出更高的要求。然而，目前我国对平流层上层至热层的临近空间的大气状况了解甚少，并缺乏 30 多千米以上的平流层高空风和温度的观测资料，对平流层、中间层大气环流和波动情况的认识远远满足不了国家有关部门的需求，因此，平流层和中间层风、温度及有关要素的观测资料的获取和整编是当前国家急需要做的事情。并且，气象和资源卫星发射都要经过地球大气的平流层和中间层，因此，认识这两层大气环流和波动的变化特征、发展数值模式无论对于气候研究还是国家安全及和平利用空间都非常重要。

三、全球气候变化问题推进了大气科学的迅速发展

全球气候变化及其影响不仅成为国际上重要的科学研究方向，而且已成为各国政府在制定政策与进行经济建设决策时必须考虑的一个重要问题。从 20 世纪 90 年代起，全球气候变暖及其影响不仅仅只停留在研究和评估上，而且已成为制定相关国际条约一系列外交活动的重要内容。1992 年 6 月，在联合国环境与发展大会上，许多国家已签署了《气候变化框架公约》；1997 年 12 月在日本京都召开了《气候变化框架公约》缔约方第三次大会，通过了具有约束力的《京都议定书》，许多成员签订了此议定书；2002 年 10 月，《气候变化框架公约》缔约方第八次大会在印度新德里举行并通过《德里宣言》，强调了应对气候变化必须在可持续发展的框架内进行；2007 年 12 月，联合国气候变化大会在印度尼西亚巴厘岛举行，制定了《巴厘路线图》，国际气候谈判的"双轨制"并行格局正式形成。随后，联合国气候变化大会于 2008～2014 年先后在波兹南、哥本哈根、坎昆、德班、多哈、华沙和利马召开。这些国际会议的陆续召开标志着全球气候变化问题已成为各国政府为促进本国社会和经济持续发展所必须考虑的一个重要科学和政策问题。而在气候谈判的过程中，预测我国何时出现碳排放峰值是我国与发达国家进行博弈的重要筹码，这对我国产业结构的调整和节能减排提出了巨大挑战。因此，

我国对全球气候变化研究有着重大的国家需求，随着我国经济和社会的发展，特别是应对气候变化对大气科学研究的要求将越来越高，具体表现在以下几个方面。

1. 全球变暖背景下天气气候灾害的发生机理与预测

我国每年因天气气候灾害造成的损失可占到我国自然灾害总损失的71%以上。国家为减轻这些灾害造成的损失，急需提高灾害性天气气候的预报准确率。因此，灾害性天气气候的发生特征、规律、成因和预测仍是国家今后对大气科学和全球气候变化的重大需求之一。

全球气候变暖在我国不同区域气候变异有不同响应，这与我国复杂的下垫面条件有关。从20世纪70年代中后期到2011年，华北地区夏季发生持续性干旱；长江、淮河流域夏季雨涝频繁发生，华南和江南夏季酷暑不断，特别是2013年7~8月我国长江中下游地区发生了严重的酷暑。而近几年，我国西南地区干旱接连发生。我国北方从20世纪90年代末开始冬季频繁发生低温雨雪冰冻灾害。这些天气气候灾害已严重影响到我国经济和社会的可持续发展。因此，全球变暖背景下我国天气气候灾害的发生机理与预测是我国大气科学和全球气候变化研究中急需研究的重大科学问题。

2. 应对气候变化及气候谈判

全球气候变化问题已是当今全世界各国都面临的一个严峻问题。世界各国应对这个严峻问题既有分歧又有合作，但合作是大势所趋。世界各国不仅通过合作对全球气候变化的现状、特征、成因、趋势和影响进行评估，即IPCC报告（IPCC，2013），而且通过召开一系列政府间的气候变化大会，制定减缓温室气体排放的国际条约。这当中充满着分歧和斗争，但也有合作的呼声。

当前，国家对大气科学和全球气候变化研究的重大需求之一是提供科学应对全球和我国气候变化的策略，提升我国在国际气候变化大会上的地位，为我国的经济发展和产业结构调整争取更有利的条件。这要求我国大气科学和全球气候变化研究不仅要掌握全球气候变化的现状、特征、成因、趋势和影响，而且要把握东亚和我国气候变化的基本情况、主要特征、成因和机理，并预估今后我国气候可能的变化趋势及其对环境、生态、水资源、农业和人民健康的影响，以便为国家制定应对气候变化的措施提供科学支撑，并为在国际气候谈判中争取更多的排放权和话语权提供可靠的科学依据。

四、技术革命是大气科学发展的主要推动力

大气科学的发展与技术革命密不可分，每一次大气科学的跨越式发展都伴随着一次技术革命，因此技术革命成为大气科学发展的主要推动力。例如，大气科学在 20 世纪 40 年代和 20 世纪 70 年代经历了两次飞跃，分别与计算机技术和卫星遥感技术的快速发展有关。

第一，电子计算机的发明和之后的快速发展，使得数值天气预报和大气环流数值模拟取得重大进展，大气科学成为可试验的现代科学。

1950 年，恰尼（Charney）所领导的研究小组利用尺度分析方法，建立了准地转模型，并在 ENIAC 计算机上成功地作出第一张数值天气预报图。这个研究的成功说明了天气预报能够从经验估计变成客观的、定量的预报，说明了天气预报可以从定性的分析变成严密的以物理规则为依据的数值计算。并且，在 20 世纪 60 年代原始方程模式的提出及数值试验的成功，显示出比准地转模型有更多的优点，因此，20 世纪 70~80 年代，世界各地广泛应用原始方程模式来制作数值天气预报，从而大大提高了数值天气预报的准确率并使得预报时效延长，特别是欧洲中期数值预报中心的建立，使得 6~7 天中期天气预报成为可能。到了 20 世纪 90 年代，由于数值天气预报模式分辨率的提高及气象卫星遥感资料的大量应用，数值天气预报时效达到 10 天左右，并开始试验月和季的数值气候预测。因此，应用大型计算机对数天的天气变化进行客观、定量的预报，甚至对月-季时间尺度的气候演变进行预测，是 20 世纪大气科学的一个重要的应用研究成就。

由于菲利普斯（Phillips）于 1956 年利用斜压准地转大气环流模型成功地进行了大气环流的数值试验，人们认识到大气环流数值试验具有许多用解析解无法达到的优点，所以，在国际上掀起利用计算机来进行大气环流数值模拟的研究热潮。从 20 世纪 60 年代初起，世界上许多研究小组利用原始方程模式来模拟大气环流，从而改进大气环流的数值模拟，因而在 20 世纪 60 年代中后期国际上出现了许多具有物理量计算齐全、有代表性的原始方程大气环流数值模式，如美国的地球流体动力学实验室（GFDL）、加利福尼亚大学洛杉矶分校（UCLA）和美国大气研究中心（NCAR）都先后构造了原始方程模式，并对大气环流进行了数值模拟。这些原始方程模式成功地模拟了大气环流的变化，其模拟结果表明了要比准地转模式的结果好得多。这时期大气环流模式与 20 世纪 60 年代初期的模式相比要完善得多。

由于利用这些模式大大提高了大气环流的数值模拟精度，于是在 20 世

70～80 年代利用全球原始方程大气环流数值模式来模拟全球大气环流的演变已成为大气环流研究的一个很有效的手段和方法。从 20 世纪 80 年代起把大气环流模式与海洋环流模式相耦合，并利用海-气耦合模式来模拟气候变化在国际上迅速发展。从 20 世纪 90 年代至今，国际上不仅发展了全球大气环流和气候的数值模式和模拟，而且发展了区域高分辨率大气环流和气候的数值模式和模拟。这样，大气环流数值模式和模拟的发展使得大气科学有可能像物理学、化学、生物学在实验室做实验一样，可以在超高速大型计算机上进行大气环流和气候的演变等各种数值模拟试验，从而促进了大气科学全球气候变化研究的迅速发展。

随着计算机技术的迅速发展，并且由于大气环流和气候演变的数值模式和数值模拟的不断完善和进步，数值模拟不仅应用于大气动力、热力过程的研究，而且广泛应用于大气的化学过程及陆面过程和生物圈的生物过程，海洋的动力、热力过程，以及海洋和陆面生物地球化学过程等，甚至人类活动对气候的影响过程。因此，数值模拟已成为大气科学和全球气候变化研究各领域有效的研究手段。正是数值模拟的应用促进了这些领域研究的迅速发展。

第二，卫星遥感技术的快速发展，推动了全球范围内高时空分辨率三维大气观测网的建立，为深入认识大气运动和大气成分提供了必要前提。

从 20 世纪 70 年代末起，大气遥感技术不仅实现了空基定性遥感向定量遥感的转变，而且建立了高轨地球静止环境业务卫星观测系统（GOES）。这个系统由四个地球静止卫星组成，它的观测区域覆盖了地球大部分地区；并且还建立了第三代低轨业务卫星系统。这两个业务气象卫星系统，由于它们可以连续观测到不能应用常规观测地区的三维大气的气象要素，如海洋、沙漠、高原地区上空的气象要素，因此，这个观测体系不断得到发展和完善，特别在 20 世纪 90 年代之后它得到进一步发展，由被动空基遥感向主动空基遥感转移，使大气各层的温、压、湿、低层风和可降水量的探测误差大大减小，全球的风场和雨强的探测也成为可能。空基遥感技术的广泛应用，使得全球天气和气候探测系统的建立成为可能。

在空基遥感技术发展的同时，地基遥感技术也大大发展，除多普勒天气雷达广泛应用于中小尺度系统的探测外，还利用微波、红外和激光来探测大气的温、湿等要素。现在，使用激光探测器可测定大气的温度、水汽、气压、气溶胶浓度、风、湍流、云、降水、能见度和臭氧等气象要素和物理量，这些为局部大气环境的研究提供了有用的观测资料。

20 世纪 40～50 年代，大气分子光谱的精细研究使得利用高空传感器对地球大气及下垫面各种辐射的遥感测量成为可能。1960 年，美国成功发射了泰罗斯 1 号气象卫星，这为空基遥感大气各种要素的变化开辟了新途径。空基遥感技术的发展不仅使大气科学分支领域大大发展，而且也使得对地球系统各圈层的探测成为可能。到了 20 世纪 90 年代，大气辐射的测量已成为对大气和地球系统空基遥感观测的重要手段，它不仅使大气科学得到很大发展，而且也使得地球科学其他有关学科取得明显的进展。

五、大气科学发展的新方向

回顾 20 世纪大气科学的发展成就及其特点，大气科学经历了两个发展阶段。第一个阶段是从 20 世纪 20 年代到 20 世纪 70 年代中期，人们主要从大气内部的动力、热力过程来研究天气和大气环流的变化。第二个阶段是从 20 世纪 70 年代后期到 21 世纪初，人们已认识到大气环流和气候的变化不仅仅是由大气内部的动力、热力变化所形成的，更重要的是由大气、海洋、冰雪和陆面相互作用所形成的物理气候系统的结果。当前大气科学的发展将进入第三个阶段，人们将认识到由于地球系统的大气圈、水圈、冰雪圈、岩石圈和生物圈五个圈层之间存在的物理、化学、生物等的相互作用，地球系统的气候、水循环、环境和生态是互相影响的。因此，当前大气科学和全球气候变化研究的一个重点是从全球气候系统研究向地球系统研究转移，具体而言，包含以下方面。

（1）大气科学和全球气候变化研究向综合的趋势发展。

（2）突出学科交叉。

（3）大气科学和全球气候变化研究重视观测系统的建设和新观测技术的应用。

（4）地球/气候系统数值模式及其专用超级计算系统迅速发展。

从 20 世纪和 21 世纪初大气科学和全球气候变化的研究进程来看，国际大气科学和全球气候变化研究的发展有如下动向。

（1）把地球/气候系统的模拟和预测与监测相协调。

（2）把天气系统研究与气候系统研究相结合。

（3）重视高影响天气气候的成因及其预测研究。

（4）更加重视全球气候与环境相互作用过程及其机理的研究。

（5）把气候研究与社会可持续发展研究相结合。

（6）大数据与"互联网＋"在大气科学中发挥重大的作用。

总之，近百年来大气科学和近几十年来全球气候变化研究取得许多重大成就，使得大气科学成为一门综合性学科。当前，大气科学和全球气候变化研究正在向更综合、更广泛的研究发展；并且，为了更好地服务于世界经济和社会发展，大气科学和全球气候变化研究正面临许多具有挑战性的重大科学问题。

第三节　大气科学学科交叉状况

一、大气科学学科交叉的意义

学科交叉是形成一门新兴综合理论的手段和途径。它是两门或两门以上学科依存于内在逻辑关系而渗透和联结，已成为学科建设的主要途径和重要手段，也是 21 世纪学科发展的主流。最引人注目的是气候系统在 20 世纪 70 年代中期的提出。气候系统把大气、水、冰雪、生物和岩石五个不同性质的圈层关联在一起，其研究涉及多学科和领域，因此，只有通过学科交叉才能对气候系统进行全面深入的研究。在 20 世纪 80 年代中期，又提出了全球变化的概念。这个概念中最关键的部分是确认了人类活动对气候系统变化有极其重要的作用，并指出这种作用主要是通过人类活动改变地表状态和排放温室气体导致的，从而大气环境和大气化学在大气科学中建立了重要地位，促进了地圈和生物圈的相互作用的研究。例如，雾霾绝不单单是环境一方面问题，而是与全球气候变化存在紧密关联的。从而可见，大气科学与不同学科交织在一起。

在 21 世纪初，学科交叉就成了大气科学和全球气候变化研究发展的一个显著趋势。在全球气候系统和地球系统科学概念提出以后，大气科学和全球气候变化的研究就开始从五大圈层相互作用的物理化学生物过程来理解全球气候的变化和发生在大气中的各种运动，而且人们也正在从气候与人类活动相互作用的过程来理解全球气候变化和大气运动，从而赋予全球气候变化和大气科学研究新的概念。比如，从地球系统的整体变化来研究全球气候变化和大气科学。然而，描述这些复杂的动力、化学、物理和生物等过程需要借助数学工具，并变成数值模式，这就又需要利用大型计算机模拟和预测不同时空尺度上气候系统的变化。可以看到，要研究大气科学和全球气候变化，还要涉及水文、海洋、冰川自然地理、计算数学、生物地球化学等许多学科。因此，全球气候变化和大气科学的研究必须充分利用现代的先进技术手段及各种学科成就，不但要应用先进的物理、化学、数学、生物等学科方法与成果，而且要使用超大型计算机系统等先进的计算工具，利用卫星遥感等现代化探测手段，以及先进的 GPS 技术、信息网络通信等。

二、大气科学与其他学科的交叉

1. 与海洋学的交叉

海洋，占地球表面积的 71%，是大气重要的下垫面，对全球气候系统有着重要的调节作用。在海洋热含量的影响下，海滨城市冬暖夏凉、昼夜温差小，更适宜人类生活。而海洋的流动也显著地影响着陆地气温。全球最强的西边界流——湾流，携带着大量的热量和水汽由南向北输运，为欧洲温暖潮湿的气候做出了重要的贡献。此外，海洋可以通过"大气桥"影响几千千米外区域的大气。例如，发生在热带太平洋的厄尔尼诺-南方涛动（ENSO）可以通过激发大气太平洋-北美遥相关波列影响北美及全球的天气系统。

海洋与大气之间存在着大量且复杂的物质和能量的交换，对全球气候系统有着重要的影响。海洋通过蒸发作用向大气输送水汽，提供了大气中 86% 的水汽，而大气中的水汽以降雨的形式返回海洋。与此同时，海水较大的热容量使得海洋成为地球系统中最大的热量汇，吸收了大部分的太阳辐射，再通过感热通量、潜热通量和长波辐射过程将储存的热量输送给大气。海洋-大气之间的动力、热动力交换过程，又称为海-气耦合过程，产生不同时间尺度的海洋和大气的气候变率，影响全球气候系统和极端气候事件。例如，1998年中国长江洪水、巴西暴雨、非洲干旱、北美洪水和暴雪都与 1997/1998 年厄尔尼诺事件密切相关。

自 20 世纪 80 年代起，人们认识到海洋-大气之间的紧密联系，将海洋环流模式与大气环流模式相耦合来研究大气和海洋的变化。在 1988 年，世界气象组织和联合国环境规划署成立了政府间气候变化专门委员会（IPCC），结合多个海-气耦合模式来研究全球气候变化及其对环境和经济的影响。研究表明，耦合模式较大气模式可以更好地模拟出气候变化，提高了气候预测准确性。

综上，大气和海洋是紧密联系的，大气科学的发展离不开海洋科学。而海洋科学的研究起步较晚，在理论与应用的研究上有很大的发展空间。为了更好地认识大气系统，提高天气预报及气候变化预测的能力，进一步加深对海-气相互作用机理的认识，需要大力发展海-气耦合模式。

2. 与化学的交叉

在 20 世纪 40 年代之前，大气科学的研究，主要集中于大尺度的动力和热力过程，强调大气运动的物理机制。在这些研究中，不考虑大气化学过程变化所引起的天气、气候和环境效应。然而，越来越多的研究证实，这样的假定是不合理的。第二次世界大战以后，人类的工业活动加剧，向大气中排放的二氧化碳迅速增加，大气中的二氧化碳浓度不断上升；大量排放的氧化氮和卤化代烃等使得平流层臭氧不断耗损；此外，生物燃料的燃烧而排放的二氧化硫等污染物质在大气中与水发生化学反应使得酸雨不断加重。这些问题不仅涉及大气领域的知识，还涉及化学、环境学等方面的知识。这使得大气科学中出现与化学交叉的学科，即大气环境学与大气化学。由于大气化学研究具有极大的科学和现实重要性，20 世纪 80 年代以来，国际上开展了一系列与大气环境学和大气化学有关的大型研究试验。例如，全球对流层试验（GTE）、平流层气溶胶试验（SAGE）和全球对流层化学计划（GTCP）等。这些大型观测试验取得了许多宝贵的观测数据，得到了许多有意义的科研成果，对解决大气化学和大气环境中的关键问题起到了非常重要的作用。中国当前雾霾污染等环境问题严重，需加强相关大气环境问题的研究并为政府提出治理污染的科学依据。

1985 年，英国科学家首次发现南极上空出现臭氧层空洞，此后，又有许多研究观测到频繁出现的南极臭氧层空洞，引起科学家对臭氧光化学反应，以及光化学-辐射-动力相互作用研究的兴趣。面对上述问题，全世界相关领域的科学家正在加强对臭氧这类大气中痕量气体的监测，并研究其源、汇、浓度水平的变化。也有一些研究使用数值模式对大气成分变化的物理、化学和生物过程加以数值模拟。对大气中的温室气体二氧化碳和甲烷浓度的增加，以及平流层臭氧的耗损等问题的探讨逐渐增多，并掀起了全球环境的研究热潮，成为 20 世纪大气科学的重大进展之一。

这些大气成分变化大多是由地面排放引起的，所以研究大气污染物在边界层内的排放、扩散、反应等规律显得尤为重要。此外，还必须对大气边界层的结构、特征等有更加深入的了解。从 20 世纪 60 年代开始，对边界层结构、特性的探测和分析研究取得了重要的进展；到了 20 世纪 80~90 年代，边界层大气污染的区域输送及模拟、大气污染的预测和调控机理的研究取得了很多有意义的进展和成果。将边界层物理学应用到大气环境和化学变化的分析、模拟、预测和调控中，也成为 20 世纪大气科学的一个重要应用研究分支。

随着大气污染的加重，降水中溶解的二氧化硫等污染物逐渐增多，并且发生化学反应，形成酸雨降落到地面，严重污染和毁坏农作物、建筑物及公共设施等，这个问题在全世界多地出现，也引起了全球的关注。自 20 世纪 70 年代起，许多国家制订了大规模综合研究计划，主要对云水、雾水和降水进行采样分析，监测大气中水汽的酸性，并对酸雨产生过程中的化学过程进行了深入研究。此外，大气气溶胶浓度可以通过辐射反馈过程和改变云的特性影响气候变化，也可以影响人类健康，特别是近些年，PM2.5 微细颗粒粒子浓度的增加引起的雾霾天数的急剧增加，直接危害人民的身体健康。因此，从 20 世纪 80~90 年代起，许多科学家展开了对气溶胶的形成过程谱结构、化学特性及其对辐射和气候的影响，并取得了很多重要进展。

以上的例子表明，为了控制大气环境质量、治理大气污染，从而改善人类的生存和生活环境，实现经济和社会的可持续发展，必须开展大气科学与化学的交叉研究。

3. 与生物学的交叉

气候变化与生物圈的相互作用是全球气候变化研究中的一个重要的科学问题。众所周知，大气中温室气体浓度变化对全球气温变化有重要影响。地球大气中温室气体浓度不仅与人类活动有关，如工业生产排放，也与生物圈有密切联系。生物圈既可以排放温室气体，也可以吸收温室气体。农业生产中氮肥使用的增加使得大气中氨浓度增加。不仅如此，生物圈与气候变化的相互作用是复杂的。①生物圈可以通过碳循环作用对气候变化产生影响，如植物通过吸收温室气体，从而降低大气中温室气体浓度。另外，生物圈可通过对地表反照率、陆气之间热量、水汽和能量交换等的调节从而影响气候变化。②气候变化也对生物圈有重要的调节作用。气候变化对大气温度、阳光、土壤及大气湿度等产生影响，这些因子是生物赖以生存的三大基本条件。通过对这些因子的影响，从而调节生物圈。由于涉及生物过程，生物圈与气候变化的相互作用变得尤其复杂。为此，20 世纪 90 年代实施了国际地圈-生物圈研究计划（IGBP），以及目前正在实施的未来地球计划等，促进了大气科学与生物学的交叉。

4. 与社会经济学的交叉

除了自然因素以外，人类的社会经济活动也能对全球的气候变化产生重要影响。众所周知，大气中的温室气体能够吸收大量长波辐射而使地球表面增暖。而人类活动则能通过两种途径来直接或间接地影响温室气体（二氧化碳、甲烷、臭氧、一氧化二氮等）的浓度。一方面，人类的工业生产和生活消耗的大量矿物燃料，农作物残梗等的焚烧都直接向大气排放大量二氧化碳，而在农业生产中也有大量的甲烷生成，这些活动最终导致大气中温室气体含量不断增加，增温效应不断增强；另一方面，出于工农业生产和生活的需要，人类又在不断砍伐森林和破坏植被，致使吸收二氧化碳的能力减弱，这也使得大气中温室气体含量不断增加。温室气体的增加引起的气候变化会导致极冰融化、海平面上升、区域气候格局变化等，从而影响人类活动和社会经济的可持续发展，这就必然要求加强气候与社会经济学相互作用的交叉研究。

5. 与计算机科学的交叉

数值模型的发展经历了从数值天气预报模式到大气环流模式、海-气耦合模式、物理气候系统模式、地球系统模式等各个不同阶段。这些模式都是在一定的初值和边界条件下，利用超大型计算机，应用地球流体动力学方程和相应的物理、化学、生物等原理，对未来一定时段的天气和气候进行定量预报，以及对地球系统状况和演变进行再现和预测。随着模式复杂程度的不断提高和时空分辨率的增加，模式的发展与计算机科学的发展密不可分。要发展性能优良的数值模式，必须发展高精度的数值计算方法，提高大规模并行计算效率，提升大数据传输与处理的能力等。因此，超高速、高性能的超级计算系统是研究地球气候系统数值模拟不可或缺的重要工具。为此，国际上研制了高性能的超级计算机。例如，日本在 2012 年使用第二代地球模拟器的高性能超级计算系统，其峰值计算速度为 1.128 亿亿次/秒；中国于 2013 年在广州安装"天河 2 号"超级计算机，其峰值计算速度达到 5.49 亿亿次/秒。这些超大型高性能计算系统为地球系统数值模式提供了重要的运行平台。可见，大气科学与计算机科学相互促进、共同发展。

第四节　大气科学成果转移态势

大气科学研究大气的各种现象及其演变规律，以及如何利用这些规律为人类服务，是应用性很强的学科，成果也一直不断地向业务部门转移。大气科学的成果转移主要体现在对天气、气候预报预测的改进和对未来全球和区域气候变化进行预估上。当前全球气候变暖，天气气候灾害加重，为提高对灾害性天气、气候预报的水平，了解人类活动对气候影响的可能后果，对大气科学研究成果的需求更加强烈。

一、大气科学成果在天气、气候预报预测中的应用

如本章第二节所述，大气科学发展的动力是人类对自然现象的兴趣和社会经济的需求。气象事业发展取得的每一次重大进步都与大气科学的重大突破密切相关。大气科学的重要成果主要如下。

（1）叶笃正先生：创立了东亚大气环流和季节突变理论、大气长波能量频散等理论，为现代大气长波的预报提供了理论基础；创立了大气运动的适应理论，在天气预报业务上有重要的应用；提出的东亚大气环流的理论至今还是天气气候预测的理论基础。

（2）陶诗言先生：为我国现代天气预报业务的建立和"两弹"试验的气象预报保障做出了杰出贡献；在我国天气学和卫星气象学的创立和发展方面的系统性重要成就，为中国天气预报业务的建立和发展做出了重要贡献；关于中国暴雨的研究成果不但深刻地影响过去和当代的暴雨研究和业务发展，而且也将继续指导天气预报；解释灾害性天气系统快速发展的倾斜涡度发展理论在业务部门的应用，提高了天气灾害的预测水平；夏季风爆发分三个阶段的研究为影响我国天气气候的南海季风爆发的预报提供了科学支撑。

二、大气科学成果在全球变化中的应用

全球变化是研究地球系统整体行为的一门科学。它把地球的各个层圈作为一个整体，研究地球系统过去、现在和未来的变化规律，以及控制这些变化的原因和机制，从而建立全球变化预测的科学基础，并为地球系统的管理提供科学依据。大气科学所揭示的观测事实和对未来气候变化的研究成果成为各国可持续发展战略和气候与环境变化国际公约谈判的基础。基于大气科学的成果所发展的气候系统模式是地球系统模式的核心部分，体现了大气科学成果的直接转移和应用，同时也促进了模式的进一步发展。

第五节 大气科学人才培养特点

一、学科特点

大气科学的研究对象是覆盖整个地球的大气圈及其他行星的大气，目的是了解掌握大气中的物理、化学过程和各种大气现象变化的规律，并用于预

测未来的变化状况，以便能为人类活动提供更好的服务，以及能更好地保护环境。大气科学的学科特点总结如下。

1. 以观测为基础，以预测为目标

大气科学发展的基础和重要途径是观测。大气观测网是每个国家天气预报和气候预测的基础，而且为大气科学和全球气候变化研究提供所必需的资料。当前，观测已向综合性、自动化、网络化发展，观测与模拟相结合开展的研究已极大地促进了大气科学的发展。对未来的预报、预测、预估是大气科学发展的最终目的。天气变化、气候异常及大气质量变化同人类的生活和生产活动息息相关，正确的天气预报、气候预测及改善大气污染情况对社会经济具有极大的迫切性，使大气科学研究成为人类紧迫所需的学科。

2. 学科活跃度高

目前，大气科学已经成为地学领域最为活跃的学科，大气科学的发展也呈现出以下几方面的新趋势：全球变暖与气候变化给大气科学发展带来新挑战；高新技术的快速发展和应用给大气科学发展带来新机遇；学科间深层次的交叉融合成为大气科学发展的新动力；各类合作的广泛开展为大气科学的发展注入了新活力。大气科学需要拥有持续的创新能力和大量高素质人储备，才能应对学科发展的新趋势。

3. 多学科交叉

大气科学的发展与其他多种学科的发展密不可分。首先，大气科学离不开物理学和数学。这是因为一切大气现象及其变化莫不服从于物理和化学规律，需要各种数学工具作为研究手段。其次，大气科学还与海洋学、化学、生物学、计算机科学、水文学、天文学、社会科学等多种学科密切相关。现代技术，比如信息技术（遥感技术、通信技术）的迅速发展，并不断引入大气科学领域中，已经使大气科学的技术面貌和科研水平发生了根本性的变革。当前，亚洲环境存在大的问题，气候变化和人类活动对气候的影响已引起世界性的关注。这不仅对大气科学提出了更为迫切的要求，而且给大气科学又进一步注入了加强社会经济发展方面的研究内容，表明了大气科学已经步入自然科学和社会科学相融合、天地生与人合一的综合性学科之列。

4. 社会服务需求度高

随着社会经济发展和科学进步，人们越来越了解和重视气象服务的经济价值和社会效益。首先，人们对气象服务产品的需求日趋多元化和专业化；其次，气象服务的领域不断拓宽，除了为社会公众在日常安全和生活质量等方面提供信息保障，为政府机关在灾害防御和经济发展等方面提供决策依据的传统功能以外，气象服务开始承载越来越多的专业化职能，原来单一的公益性气象服务产品很难满足社会各方面日益增长的需求。现在已增加了雾霾的实时观测和预报、预警等。在世界经济、社会和气象科学技术不断发展的背景下，气象服务的商品性越来越强，气象服务产业也迅速发展。

5. 国际合作性强

大气运动无国界。大气科学研究需用全球共享的、统一标准的观测资料，必然要求国际合作。全球气候变化对区域气候会产生重要影响，同时区域的气候和人类活动对全球气候变化也有重要的反馈作用。一个国家和地区的建设和开发活动，以及各种自然和人为灾害，通过大气运动，对周边国家和地区甚至使整个地球的环境都会造成影响。因此，对大气等自然现象的研究与认识需要各国大气科学家的共同努力。伴随着政治、经济和科技的全球化，大气科学研究也步入了一个新的时代——全球化时代。

二、人才培养特点

对应上述大气科学的学科特点，大气科学人才培养类型大致包括研究型、复合型、应用型等。研究型人才培养的主要任务是探索、发现大气科学规律；复合型人才就是擅长大气科学类的某一领域，同时在广度上了解几个不同的学科，具备多学科交叉融合的特点；应用型人才培养的主要任务是在气象服务的实践领域，把设计、规划方案付诸实施，并具备应用研究能力。

1. 研究型人才

对大气科学研究型人才，要求其具有深厚的数理化基础，对大气科学的前沿知识有广泛的了解，并具有独立科研能力，为高层次人才培养奠定基础。创新型科技人才培养的目标是：围绕提高自主创新能力、建设创新型国家，以高层次创新型科技人才为重点，努力造就一批世界水平的科学家、科技领军人才、工程师和高水平创新团队，注重培养一线创新人才和青年科技人才，建设宏大的创新型科技人才队伍。研究型人才素质结构特点：理论基础深厚、研究能力强和具有创新思维。这种人才素质结构特点要求：其一要夯实基础，及时更新知识体系，对学科前沿充分了解，实行宽口径、厚基础、多学科复合教育；其二要着力培养学生的研究能力，强调发现和创造知识；其三要重视创新思维开发，掌握创新思维法则，养成发散思维，提高思维品质。

2. 复合型人才

开展学科交叉，以不同学科背景的气象人才为对象，联合气象高等院校、科研院所，以复合型气象人才培养为目标，开展交叉培养。突出人才知识的"专"与"博"，增强大气科学与地理学、生态学、水文学、海洋学、环境科学等领域的交叉融合。适应大气科学新的发展需要，注重地球科学，卫星、雷达气象学，水文与水资源，生态学，城市环境与空气污染预报，地质气象灾害预报等专业领域的培训与应用，造就一批素质高、知识广、能力强的复合型气象人才。实施复合型青年人才开发工程，多层次、全方位加大复合型气象青年人才引进、培养和使用，完善人才库建设，丰富人才资源储备。复合型人才的素质结构特点：掌握综合知识，具有复合能力和创业精神。这种人才素质结构特点要求高校和科研院所以培养创新精神为核心，鼓励学生自主探索和个性发展；以提高专业知识、技能和管理的复合能力为重点，鼓励学生提升复合能力；拓宽基础科学知识领域，在掌握气象专业知识之外拓展知识面；注重科学精神、方法和态度的培养；注重社会实践，增强社会活动能力。在人才培养计划中，一方面要加强现代大气科学基础理论课程；另一方面必须拓宽知识面，加强地球系统科学、可持续发展理论等方面的学习。

3. 应用型人才

对于大气科学应用型人才，要求其具有较强的工作实践能力，能熟练应用专业基础知识和计算机技术，分析和研究气象业务问题，掌握现代气象业务自动化技术，为业务部门输送合格的人才。应用型大气科学人才是国家急需的人才类型，当前和今后社会要求高校和科研院所培养大量的高素质应用型人才，以保证我国提高气象现代化水平，增强气象服务在国际市场的竞争力。应用型人才素质结构特点：掌握专业知识，具有应用技能和实践能力。这种人才素质结构特点要求知识、技能和能力的紧密结合。学生在拓宽知识面的同时，还要进行专业知识教育，使学生随时掌握最新现代科技成果，实现理论教学与实践应用渗透和融合。此外，还要特别注意实践能力的培养和训练，渗透教学全过程，强化动手和应用能力培养。产学合作教育和培训实践环节是培养高素质应用型人才的重要条件。在人才培养计划中，努力构建气象行业部门与高校和科研院所联合培养人才的模式，合作建立大气科学教学科研实习基地，联合培养应用型人才。

第六节　学科研究组织形式和资助管理模式

一、学科研究组织形式

目前，我国的学科研究组织形式还处在发展完善过程中。根据学科发展的时代特点，制定与科学技术活动发展特征相适应的学科研究组织形式，不仅有利于更好地进行学科研究，而且能够充分地促进学科发展与经济社会发展的结合，从而更好地实现科技服务于社会需求的目标。学科研究组织形式包括两方面，一是研究机构，二是研究项目。当前，我国存在的主要大气科学学科研究机构包括：中科院、高等院校和地方研究院（所）等；研究活动主要通过国家科研项目（如已开展的"973"计划、"863"计划，国家自然科学基金委员会和中科院等的项目）进行。随着大科学时代的到来，要求科学研究的组织朝协同化、集成化、以服务社会经济目标为导向的方向发展，我国正在实施的"高等学校创新能力提升计划"（"2011计划"），以协同创新中心建设为载体，围绕国家急需的战略性问题，以协同创新模式为合作纽带，建立适应于不同需求、形式多样的协同创新模式，促进校（院）校、校所、校地及国际的深度融合。

然而，由于大气科学大尺度、综合性的特点，一些重大的大气科学研究的突破，需要多个分支学科、多个科学团体，甚至多个国家共同攻关，所以出现了大气科学新的组织形式，即建立国际性研究计划。例如，世界气候研究计划由世界气象组织与国际科学联合会联合主持。此计划从20世纪80年代开始执行，是全球变化研究中开展较早的一个计划。此计划主要研究地球系统中有关气候的物理过程，涉及整个气候系统，关心的时间尺度为从数周到数十年。再如旨在通过改进天气预报的准确性、提前时间和利用水平，提高社会应对灾害性天气能力的世界天气研究计划，这些国际合作计划的开展和实施，有效地利用了现有资源，推动了相关领域的发展，为提高对相关科学问题的认识水平等发挥了重要作用。

二、资助管理模式

由于大气科学学科属于基础应用性研究，目前国内对大气科学学科研究的资助主要来源于国家，即以纵向课题为主。以往主要资助形式包括：自然科学基金、"863"计划、"973"计划及科技部重大专项、公益性行业科研专项等。从 2016 年起，"863"计划、"973"计划等国家计划合并为国家重点研发计划。

1. 自然科学基金

自然科学基金包括国家自然科学基金，以及各省、自治区、直辖市自然科学基金。从资助类别上形成了研究项目基金、对外合作交流基金、专著出版基金、会长基金等形式的资助格局，以及重大项目、重点项目、面上项目、预探索项目的项目结构；初步建立了以竞争性支持为主的资助模式；确立了"依靠专家、发扬民主、择优支持、公正合理"的评审原则和"宏观引导、自主申请、平等竞争、同行评审、择优支持"的运行机制。

2. "863" 计划

"863"计划旨在提高我国自主创新能力，坚持战略性、前沿性和前瞻性，以前沿技术研究为重点，统筹部署高技术的集成应用和产业化示范，充分发挥高技术引领未来发展的先导作用。

3. "973" 计划

"973"计划是具有明确国家目标、对国家的发展和科学技术的进步具有全局性和带动性的基础研究发展计划，旨在解决国家战略需求中的重大科学问题，以及对人类认识世界将会起到重要作用的科学前沿问题，提升我国基础研究自主创新能力，为国民经济和社会可持续发展提供科学基础，为未来高新技术的形成提供源头创新。

4. 国家科技重大专项

国家科技重大专项是为了实现国家目标，通过核心技术突破和资源集成，在一定时限内完成的重大战略产品、关键共性技术和重大工程。

5. 中国科学院、国家气象局、国家海洋局、各级政府等设立的专项

结合实际的科研发展热点、难点等重要科学问题，中国科学院将设置专项基金，如新近设立的战略性先导科技专项（碳专项）等。另外，根据实际的业务需求及日益增加的民众需要，国家气象局、国家海洋局配有公益性行

业专项基金，着重解决现代业务发展中的关键科技问题，从而开展应急性、培育性、基础性的科研工作，实现科研成果向业务应用转化的目标。同时，由于我国显著的地域、地理差异，各级政府为了解决所属行政区域的特定问题，均设有专门基金用于支持当地相应的科研业务发展。

6. 国家重点研发计划

目前，我国政府将国家科技计划整合为五大类：①面向基础研究和科学前沿探索部署国家自然科学基金；②聚焦国家重大战略产品和产业化目标，部署国家科技重大专项；③针对事关国计民生的重大社会公益性研究，以及事关产业核心竞争力、整体自主创新能力和国家安全的重大科学技术问题，部署国家重点研发计划；④发挥财政资金引导作用，安排技术创新引导专项（基金），促进科技成果转移转化和资本化、产业化；⑤安排基地和人才专项，提升我国科技创新的基础能力。

参 考 文 献

黄荣辉，李维京 . 1988. 夏季热带西太平洋上空的热源异常对东亚上空副热带高压的影响及其物理机制 . 大气科学，12（s1）：107-116.

黄荣辉，曾庆存，杨大升 . 1984. 几十年来大气环流与大尺度动力学的研究进展及 2000 年研究展望 . 气象科技，（5）：1-7.

李崇银 . 1985. 近几年来国外有关大气环流及动力学理论的研究 . 气象科技，（1）：3-11.

吕达仁，王普才，邱金桓，等 . 2003. 大气遥感与卫星气象学研究的进展与回顾 . 大气科学，27（4）：552-566.

吴国雄，张永生 . 1998. 青藏高原的热力和机械强迫作用以及亚洲季风的爆发 I. 爆发地点 . 大气科学，22（6）：825-838.

许建民 . 2000. 2000 年后气象卫星的发展趋势 // 国家自然科学基金委员会地球科学学部等 . 21 世纪初大气科学前沿与展望 . 北京：气象出版社：165-171.

叶笃正，高由禧 . 1979. 青藏高原气象学 . 北京：科学出版社：279.

曾庆存 . 1963. 大气运动的特征参数和动力学方程 . 气象学报，33（4）：472-483.

Andrews D G, McIntyre M E. 1978. An exact theory of nonlinear waves on a Lagrangian-mean flow. J. Fluid Mech，89：609-646.

Bjerknes J. 1969. Atmospheric teleconnections from the equatorial Pacific. Mon. Wea. Rev. , 97：163-172.

Bjerknes J. 1919. On the structure of moving cyclones. Mon. Wea. Rev. , 47：95-99.

Bjerknes J, Solberg H. 1922. Life cycle of cyclones and polar front theory of atmospheric circulation. Geofys. Publ. , 3（1）：1-18.

Bjerknes J, Solberg H. 1921. Meteorological conditions for the formation of rain. Geophys. Publ. , 2: 1-69.

Charney J G, Drazin P G. 1961. Propagation of planetary-scale disturbances from the lower into the upper atmosphere. J. Geophys. Res. , 66 (1): 83-109.

Charney J G, Eliassen A. 1949. A Numerical Method for Predicting the Perturbations of the Middle Latitude Westerlies. Tellus, 1: 38-54.

Charney J G. 1947. The dynamics of long waves in a baroclinic westerly current. J. Meteor. , 4: 136-162.

Eady E T. 1949. Long Waves and Cyclone Waves. Tellus, 1: 33 – 52.

Edmon M J, Hoskins B J, McIntyre M E. 1980. Eliassen-Plam section for the troposphere. J. Atmos Sci. , 37: 2600-2617.

Horel J, Wallace J. 1981. Planetary-scale atmospheric phenomena associated with the Southern Oscillation. Mon. Wea. Rev. , 109: 813-829.

Hoskins B J, Karoly D J. 1981. The steady linear response of a spherical atmosphere to thermal and orographic forcing. J. Atmos. Sci. , 38: 1179-1196.

Huang R H, Gambo K. 1981. The response of a model atmosphere in middle latitude to forcing by topography and stationary heat sources. J. Meteor. Soc. Japan, 59: 220-237.

Huang R H, Sun F Y. 1992. Impact of the tropical western Pacific on the East Asian summer monsoon. J. Meteor. Soc. Japan, 70 (1B): 243-256.

Kuo Hsiao-lan. 1949. Dynamic instability of two-dimensional nondivergent flow in a barotropic atmosphere. J. Meteor. , 6: 105-122.

Lorenz E N. 1967. The nature and theory of the general circulation of the atmosphere. World Meteorological Organization, No. 218, TP 115: 161.

Lorenz E N. 1963. The predictability of hydrodynamic flow. Trans. New York Acad. Sci. , 2 (25): 409-432.

Madden R A, Julian P R. 1972. Description of global-scale circulation cells in the tropics with a 40 – 50 day period. J. At-mos. Sci. , 29: 1109-1123.

Matsuno T. 1966. Quasi-geostrophic motions in the equatorial area. J. Meteor. Soc. Japan, 44: 25-42.

Namias J. 1972. Influence of northern hemisphere general circulation on drought in NortheastBrazil. Tellus, 24: 336-42.

Nitta T. 1987. Convective activities in the tropical western Pacific and their impact on the northern hemisphere summer circulation. J. Meteor Soc. Japan, 65: 373-390.

Rossby C G, et al. 1939. Relations between variations in the intensity of the zonal circulation of the atmosphere and the displacements of the semipermanent centers of action. J. Mar. Res. , 2: 38-55.

Rossby C G. 1938. On the mutual adjustment of pressure and velocity distributions in certain simple current systems: II, J. Mar. Res. , 2: 239-263.

Rossby C G. 1937. On the mutual adjustment of pressure and velocity distributions in certain simple current systems: I, J. Mar. Res. , 1: 15-28.

Smagorinsky J. 1953. The dynamical influence of large-scale heat sources and sinks on the quasi-stationary mean motions of the atmosphere. Q. J. Roy. Meteor. Soc. , 79: 342-366.

Wallace J M, Gutzler D S. 1981. Teleconnections in the Geopotential Height Field during the Northern Hemisphere Winter. Mon. Wea. Rev. , 109: 784-812.

Wang B, Ding Q, Fu X, et al. 2005. Fundamental challenge in simulation and prediction of summer monsoon rainfall. Geophys. Res. Lett. , 32: L15711.

Wu G X, Liu H Z. 1998. Vertical vorticitg development owing to down-sliding at slantwise isentropic surface. Dyn. Atmos. Oce. 27: 715-743.

Xie S P, Philander S G H. 1994. A coupled ocean-atmosphere model of relevance to the ITCZ in the eastern Pacific. Tellus, 46A: 340-350.

Yeh T, Lo S, Chu P. 1957. The wind structure and heat balance in the lower troposphere over Tibetan Plateau and its surrounding. Acta Meteorol. Sin. , 28: 108-121.

Yeh T. 1949. On energy dispersion in the atmosphere. J. Meteor. , 6: 1-16.

Yeh T, Tao S, Li M. 1959. The abrupt change of circulation over Northern Hemisphere during June and October//The Atmosphere and Sea in Motion. New York: Rockefeller Institute Press: 249-267.

第三章
发展现状与发展态势

　　由于大气观测技术的不断完善，特别是空基和地基遥感技术的发展和应用，以及计算机技术的迅速发展，大气科学已成为一门拥有众多分支领域的综合性的现代科学。近百年来，大气科学在大气环流与大尺度动力学、数值天气预报与数值试验、中小尺度气象学、大气探测学、大气物理学、大气环境与大气化学、中层大气、气候系统动力学与气候预测、全球气候变化等领域都取得了重大进展。在前面的章节中已经从大气科学的学科地位和作用，对实施《国家中长期科学和技术发展规划纲要（2006—2020 年）》、国家其他科技政策目标的支撑作用，以及满足国民经济社会发展与国防安全的需要方面阐述了大气科学学科发展的战略意义和战略价值，并系统分析和总结了大气科学学科的发展规律和特点。本章重点阐述国内外大气科学学科的发展态势，并结合典型案例分析我国大气科学学科发展状况，还分析了我国大气科学学科总体经费投入与平台建设情况、人才队伍情况，最后，从推动大气科学学科发展、促进人才培养、营造创新环境等方面提出了一些建议。

第一节　国际上大气科学学科的发展状况与趋势

　　下面从大气科学的主要分支——天气学和大气动力学、气候变化和气候系统动力学、大气物理学和大气探测学、大气化学和大气环境等四个方面分别阐述大气科学在国际上的发展状况与趋势。

一、天气学和大气动力学

　　大气环流与大尺度动力学研究是 20 世纪大气科学理论研究发展的核心部

分，它带动了大气科学其他分支领域的发展。大气长波理论的创立不仅奠定了大气环流的波动理论体系和天气预报的理论基础，直接导致大气环流异常遥相关和行星波动力学的研究和发展，而且也使得后来的数值天气预报和大气环流数值试验成为可能。热带大气环流与波动的研究为热带平流层动力学、热带太平洋 ENSO 循环动力学、低频振荡，特别是 MJO 动力学、近来兴起的热带气旋和台风生成的波动论提供理论基础。此外，洛伦兹基于大气运动方程组的解中存在着混沌及奇异吸引子的现象，提出了在自然科学界产生重大影响的非线性动力学。洛伦兹提出的确定论与随机论不能截然分开，有序的运动在一定条件下可以演变成无序运动，是科学认识的一次重大突破，有"科学第三次革命"之称。

近几十年来，高影响天气动力学的研究也日益受到重视。世界气象组织和世界天气研究计划于 2003 年建立了"全球观测系统研究与可预报性试验"（THORPEX）计划，目的是加快改善从一天到两周的高影响天气过程的预报精度，满足社会、经济和环境各方面利益的需求。THORPEX 提出的目标观测的新概念，将目标观测和数值预报模式本身的动力学信息结合起来，可以确定何时、何处和何种观测类型可以获得特定的天气预报的最大改进。对于造成严重天气灾害的中小尺度天气系统，一个突出的研究进展就是不仅认识到这些中小尺度天气系统的形成机制，而且可以在一定程度上进行模拟和预测。如何提高中小尺度天气系统的监测和预测预警水平，减轻灾害造成的损失是目前关注的重要问题。世界上许多国家非常重视研制高分辨率有限区域的中小尺度天气系统数值模式，利用这些数值模式来模拟和预报中小尺度天气系统的发生、发展。特别是从 20 世纪 80 年代起，不仅能模拟积云的发展，而且能模拟中尺度飑线和中尺度对流复合体。并且，由于超高速计算机的发展和卫星资料四维同化的应用，近年来高分辨率区域中尺度模式已在许多发达国家用于中尺度系统的数值业务预报，以及台风和暴雨的临近预报。

由于天气学和大气动力学理论的发展，以及计算机技术的迅速发展，近几十年来，国际上不仅发展了全球大气环流和气候的数值模式，而且发展了区域高分辨率大气环流和气候的数值模式。目前，数值模拟不仅应用于大气动力、热力过程的研究，而且广泛应用于大气的化学过程及陆面过程，生物圈的生物过程，海洋的动力、热力过程，以及海洋和陆面生物地球化学过程等，甚至人类活动对气候的影响过程。因此，数值模拟已成为大气科学和全球气候变化研究各领域有效的研究手段。正是数值模拟的应用促进了这些领域研究的迅速发展，当今的天气学和大气动力学与大气科学的其他分支有了紧密的交叉，也极大地促进了其他分支学科的发展。

二、气候变化和气候系统动力学

从 20 世纪 70 年代后期起，大气科学研究取得一个突破性进展是人们从大气内部的动力、热力过程到研究大气圈、水圈、生物圈、冰雪圈和岩石圈所构成的气候系统中各圈层相互作用，这也是大气科学研究认识上的一个飞跃。1980 年，世界气象组织和国际科学理事会设立了"世界气候研究计划"，其总目标是要确定气候变率的可预报性，以及人类活动对气候影响的可能程度。为实现该目标，相继在全球范围内进行了一系列重大国际科学试验研究计划，如"全球能量和水循环试验"计划、"平流层过程及其在气候中的作用"计划、"气候与冰冻圈"计划及"气候变动与可预报性研究"计划。这些重大试验研究计划的实施已经和正在为揭示气候变化规律和机理，为气候变化的可预报性做出贡献。

随着计算机计算速度和容量的迅速发展，以及卫星遥感技术的发展，加上对气候系统圈层相互作用认识的提高，已有可能把气候系统中各子系统用较详细的数学模型来描述，并把它变成数值模式，从而在某种程度上描述季度、年际的气候变化，以及温室气体浓度增加的气候效应。因此，从 20 世纪 90 年代起国际上为了开展气候系统动力学与气候预测研究，世界各地相继成立了许多研究中心，如国际气候预测研究所（IRI），专门研究几个月至几年的气候预测；并且许多区域和国家相继建立了区域性研究中心。大气科学家利用这些气候系统模式完全有可能更深入地理解控制气候变化的各子系统的相互作用，并在此基础上再增加物理气候系统与生物圈、人类活动相互作用的物理、水文、化学和生物过程，从而为当今地球气候系统数值模式的构建提供模式基础。

目前，尽管预报 10 天以下的天气演变已成为可能，但在业务预报上还不能利用有效的方法来预报月以上时间尺度的短期气候变化。研究季度、年际时间尺度的气候变化在什么空间尺度是可预测的，是自 20 世纪 90 年代以来国际大气科学界重要的研究课题。目前，国际上若干气候研究中心都在努力发展动力过程和热力过程协调一致的全球大气-海洋-冰面-陆面-生态系统耦合模式，研究时间尺度从季度到年、空间尺度从区域到全球的短期气候变化的预测理论和方法。因此，大气科学一个显著的进展就是月-季度时间尺度的短期气候变化的预测在许多先进国家开展试验，并能对 ENSO 事件的发生及其所影响的年际气候变化做出有一定准确度的预测。

由于全球变暖且引起地球环境的变化，这个问题不仅引起科学界的极大关注，而且也引起世界各国民众和政府的重视，并成为国际上外交关注的问题之一。全球气候变化及其对环境影响的研究迅速开展，已成为大气科学的一个重要分支领域。1988年，世界气象组织和联合国环境规划署建立了政府间气候变化专门委员会，其主要任务是定期对气候变化的现状、气候变化对社会和经济的潜在影响，以及适应和减缓气候变化的可能对策等进行科学评估，为各国政府和国际社会提供气候变化的信息。政府间气候变化专门委员会自成立以来，已在1990年、1995年、2001年和2007年先后四次提出了评估报告及综合报告，最新出版的第五次报告进一步强调了人类活动对全球增暖的影响。

此外，气候变化也是全球环境变化的一部分，是国际科学联合理事会长期关注的问题。目前，ICSU关注重点正从着重理解人类对地球系统的影响转变到更广泛的领域，包括理解和预测全球环境变化的后果，以及人类应对全球环境变化的方法和策略。"未来地球"计划是刚刚由ICSU、国际社会科学联盟发起，联合国教科文组织、联合国环境规划署、联合国大学（UNU）和国际全球变化研究资助机构等组织牵头的大型科学计划，为期十年（2013～2022年）。"未来地球"计划旨在应对全球环境变化给各区域、国家和社会带来的挑战，加强自然科学与社会科学的沟通与合作，为全球可持续发展提供必要的理论知识、研究手段和方法。这些都表明，气候变化问题不仅成为各国政府促进社会和经济可持续发展必须考虑的一个重要问题，而且已成为国际上外交斗争的焦点之一。

三、大气物理学和大气探测学

大气物理学是大气科学中比较古老而基础的一门分支学科，而大气探测学更是大气科学的基础，只有充分的观测资料，大气科学的各分支领域才有可能得到发展。经过百年的努力，全球已建立了多层次、多尺度的可定时观测的三维大气观测网，它不仅包括常规观测网，而且还包括空基遥感和地基遥感等非常规观测网。其中，大气辐射的测量成为大气和地球系统天基遥感的重要手段，是20世纪大气物理学和大气探测学研究的重要进展之一。大气中温室气体增加的气候效应使得大气辐射物理过程与大气动力过程研究紧密结合，也促进了大气物理学研究的深入。作为大气物理最早研究的重要课题——雷电物理，20世纪在避雷和雷电定位方面的研究取得重大进展，人工引发雷电技术不断得到发展与完善，并具有广泛的应用前景。此外，随着飞机飞行高度的增加，空间遥感和日-地关系研究的发展，中层大气的研究得到国际科学界的日益重视，已成为大气科学与空间科学交叉的热门研究课题之一。

大气湍流和边界层物理在理论和大气环境应用上取得重大进展。大气湍流运动在近地面的大气边界层具有十分复杂的行为，而这一层大气担负地表与自由大气之间的能量、动量和物质输送交换，又是人类直接生活的空间，其重要性是显而易见的。近几十年来，大气湍流和边界层物理支持的大气扩散理论和应用方案已经在城市规划、工业区布局、环境评估等多方面获得应用；而且，大气边界层研究正与海-气、陆-气相互作用密切结合，在陆面、海面与大气中的水汽、能量、微量气体交换过程研究中进一步深入。

大气中云的形成和降水的物理过程是大气物理学中一个关键的科学问题。通过观测和数值模拟研究，云降水物理学研究发展迅速。这主要表现在从物理学和化学的相变理论到与大气动力过程相互作用的动力理论，从风暴云动力与物理学及其在风暴雪灾预测、人工消雹中的应用到云和降水的物理过程和化学过程研究的兴起，特别是云与气溶胶的辐射气候效应，涉及高、中、低各类云的微物理特征，全球分布变化及引起的辐射强迫作用等，相对成熟的云物理学又面临着多领域的相互结合和更深入的研究问题。

四、大气环境学和大气化学

大气环境学主要研究大气边界层的物理过程、污染物的扩散过程、大气质量演变和预报，而大气化学主要研究大气中气体成分的变化及其化学过程，特别是研究温室气体和痕量气体浓度变化、酸雨形成过程、气溶胶化学过程、大气与海洋中物质的循环，以及它们的气候效应。近几十年，大气环境科学和大气化学不仅成为民众和政府关注的一个重要的大气科学的分支领域，而且也是人类改善生存环境质量的一个重要的科学基础。与大气污染有关的大气环境研究，带动了大气化学和天气气候的研究，大气污染研究与天气气候研究紧密地结合在一起，这应该是 20 世纪大气科学的重要进展之一。

从 20 世纪 80 年代以后，在全球开展了一系列有关大气环境和大气化学研究的大型试验和研究计划，如研究超大城市群污染的国际全球大气化学计划（International Global Atmospheric Chemistry，IGAC）的 Mega-cites 计划，平流层气溶胶试验（SAGE）和为期 15 年的"全球对流层化学计划"（GTCP），以及研究气溶胶气候效应的大型气溶胶特性观测试验（ACE-Asia）、印度洋试验（INDOEX）和大气棕色云研究计划（ABC）。鉴于大气成分变化对气候的重要性，2007 年 WCRP、SPARC、IGBP、IGAC 联合启动了"大气化学和气候"大型国际研究计划。随后，为推动气溶胶间接气候效应研究，WCRP/IGBP 又启动了"气溶胶、云、降水和气候"（ACPC）研究计划。这些大型试验和研究计划极大地促进了大气环境学和大气化学研究。

同时，边界层大气污染的区域输送和模拟、大气污染的预测和调控机制的研究得到很大发展，边界层物理学应用到大气环境的分析、模拟、预测和调控中是 20 世纪大气科学的一个重要应用研究成就。并且，由于大气气溶胶浓度直接影响气候，特别是如 PM2.5 微细颗粒粒子浓度的增加引起雾霾天气天数剧增，直接危害人们身体健康，所以气溶胶的谱结构、辐射和光化学特性、气候效应等问题的研究发展迅速。新一代大气化学模块已成为各国发展的地球系统模式中的重要部分，中小尺度上的新一代天气-大气化学模式，如 WRF-Chem 模式的发展，以及模式中大气化学与气象参数的双向耦合也成为研究重点。

虽然大气中光化学烟雾和大多数气溶胶的形成机理目前已比较成熟，但对二次有机气溶胶的形成及其环境气候效应还缺乏了解，有待于从实验室机理、外场观测、数值模拟等方面进一步深入研究。与气溶胶直接气候效应的研究相比，间接气候效应的研究还较少，也具有更大的不确定性。此外，其他一些研究如大气成分的源与浓度变化、均相与异相化学转化过程、大气成分变化对全球气候和生态环境的相互影响等发展迅速。

总之，随着地球气候系统和圈层相互作用概念的提出，国际上大气科学研究进入了一个崭新的历史发展时期。大气圈是地球气候系统中一个最活跃的圈层，其变化受到其他圈层和太阳等天体的控制和影响，而大气本身反过来又对海洋、陆面、冰雪和生态系统产生直接和重要影响。大气科学正走向全方位的交叉与开放，跨学科的协调研究成为主流。大气科学重视各种过程的综合、集成和系统化、模式化研究，强调观测、分析、理论、模拟和预测等研究方法的有机联系和结合，重视全球气候和环境变化及其影响、预测和控制问题；重视人类自身生存环境的优化和对自然灾害在一定范围内的人为调控；重视为人类社会和经济可持续发展提供有力的科学支持。

第二节 大气科学学科在国际上的地位

将我国大气科学从业人员与美国进行比较也许是合适的。美国从事气象业务的联邦雇员约有 1.6 万人，我国气象与大气科学总从业人员数远较美国多，但研究人员数量则明显少于美国。1959 年成立的美国大学大气科学研究协会（UCAR，Universities Cooperation of Atmospheric Research）目前共由 66 所大学和 20 个研究机构组成，其成员均是大气科学和相关学科具有博士培养能力的机构。而我国仅有 8 所大学和 2 个国家级研究所（院）具有博士培养能力，与之相比，目前我国相应的大学和研究所的数量还不到其 1/6。值得一提的是，以往我国大气科学研究机构人员绝大多数为大气科学专业出身，知识背景单一，如今一些其他学科，如物理、数学、化学等背景转而从事气象业务和研究的人才不断增加，这将有利于我国大气科学研究的创新。

在人才培养方面，据统计，2008～2011 年，我国大气科学硕士研究生招生人数合计 2824 人，其中，2008 年为 619 人，2009 年为 751 人，2010 年为 729 人，2011 年为 725 人，招生人数总体平缓，变幅不大。这期间我国大气科学博士研究生招生人数合计 897 人，其中，2008 年为 225 人，2009 年为 225 人，2010 年为 218 人，2011 年为 229 人，招生人数也大致平稳。当前我国大气科学在读博士生人数已接近美国的两倍。但是，我国高校尚未建立国家级科研平台和实验室，大气科学研究力量较为分散，组织较为松散，协作缺乏力度，资源和资料的共享程度差，特别是大气科学分支学科布局很不平衡，高层次人才培养还不能满足经济社会发展的迫切要求。

从发表论文的情况来看，据统计，目前与国际先进水平相比，大气科学学科国际化程度有待进一步提高，高水平成果有待进一步加强。我国主要高校和科研院所人均每年科研产出 SCI 论文 0.6 篇，核心期刊论文 1 篇，人均 1.6 篇。与国际一流规模的大气科学系相比，我国主要高校每年发表 SCI 论文的数量仅有 1/3，论文质量差距可能更大；与国际中等偏上的大气科学系相比，也有一定的差距，发表的 SCI 论文数量仅为其 1/2。

基于 Web of Science 核心合集数据库，依据期刊的影响因子，挑选出 15 种国际知名的气象学和大气科学 SCI 期刊，检索出国际主流期刊上由中国大气科学家参与发表的论文（段安民，2014）。其中，第一作者（含通讯作者）单位为中国地区的论文被认为是由中国科学家主导的论文。2009～2013 年，中国科学家在国际主流期刊上发表的论文总数呈明显上升趋势，其中由中国学者主导（第一作者或通讯作者）的论文所占比例由 49.7% 提高至 62.9%，标志着近年来中国科学家的国际影响力在逐年上升。这些都表明，大气科学学科的人才和论文产出都在不断改善，并在国际上产生重要影响。

事实上，根据统计（参见后面第五章），我国的大气科学本科生和研究生招生数量、自然科学基金及 SCI 论文的数量等差不多从 21 世纪初开始有了快速的增长。论文数量的增长当然与自然科学基金的增长有密切的关系；人才培养的增长与国家教育投入的增长有很大的关系，尤其是本科生数量的增长应主要是由教育经费投入的增长造成的，但研究生数量的增长在某种程度上也与科研经费的增长有很大的关系。可以预期，未来 5～10 年将是我国大气科学发展的重要战略机遇期，我们有必要坚持以创新能力建设为主线，以培养和造就大批创新人才为核心，以创新环境建设为重点，以机制和体制创新为保障，不断完善和发展科学基金制度，解决制约大气科学发展的问题。同样，可以相信在科研经费分配改革、人才培养国际化等措施下，我国大气科学研究的地位和影响一定会更加显著，我国大气科学研究的自主创新能力和科研水平会有全面的提高，从而为从大气科学大国走向强国奠定基础。

第三节　我国大气科学学科的发展状况

我国地处东亚季风区，东临太平洋，西有世界上最高的高原——青藏高原。受季风、海洋、高原地理位置、地形地貌等因素的影响，我国气象灾害不仅频繁发生，而且灾害种类多、影响严重，有干旱洪涝、高温酷暑、低温雨雪冰冻等气候灾害，并有台风、暴雨、寒潮、冰雹等天气灾害等。这些频发多种的气象灾害给我国人民生命财产安全、国家经济建设和社会发展带来了严重影响。为了防灾减灾，国家特别重视大气科学和全球气候变化研究，在过去的几十年里，我国大气科学和全球气候变化的研究与国际同步，也取得很大进展，特别在大气探测网的建设、东亚大气环流理论体系、青藏高原气象学、数值天气预报、暴雨和中小尺度气象学、大气物理学、大气环境和大气化学、气候动力学和预测、全球气候变化等研究取得重要进展。本节主要以典型案例分析我国在大气科学领域的优势学科、薄弱学科和交叉学科的发展状况。

一、东亚大气环流和季风研究是我国大气科学的优势学科

在过去 20 多年里，我国实施了一系列大型联合科学试验，不仅推动了天气系统研究，并形成了一些具有独特优势的领域。"九五"期间，在科技部、国家自然科学基金委员会等部门的支持下，我国陆续开展南海季风试验

（SCSMEX）、青藏高原大气科学试验（TIPEX）、淮河流域能量和水分循环观测试验（HUBEX）、华南暴雨试验（HUAMAX）和内蒙古半干旱草原土壤植被大气相互作用（IMGRASS）。国家自然科学基金委员会启动和持续支持了"天气、气候系统的物理动力学"研究工作。"九五"、"十五"和"十一五"期间，在"973"计划的支持下，我国开展了"我国重大天气灾害形成机理及预测理论研究""我国南方致洪暴雨监测与预测的理论和方法研究"等项目的研究工作。这些工作推动了我国大气环流与季风的研究取得许多重大研究成果，建立了东亚大气环流理论体系和东亚季风变异的机理，不少研究成果为国际气象界所重视。

事实上，从 20 世纪 50 年代起，我国在大气环流变化方面就进行了许多国际领先的研究。叶笃正等（Yeh et al.，1959）分析了大量东亚大气环流演变的事实，提出东亚大气环流季节转换是突变的，这个看法比 80 年代国际学者提出的大气环流的非线性突变要早 20 年之多。叶笃正还完善和发展了 Rossby 的大气运动的地转适应理论，指出是风场向气压场调整还是气压场向风场调整是一个运动尺度问题。后来，曾庆存（1963）严格证明了这个论断。我国学者还发展了半地转适应、球面大气适应和有外源的地转适应等理论。

从 20 世纪 80 年代起，气候研究的蓬勃开展促进了东亚季风的研究。Tao 和 Chen（1987）首先指出东亚季风与南亚季风是既有联系又有区别、相对独立的一个季风系统，并提出东亚季风系统的概念。我国学者进一步指出东亚季风在风场结构、冬夏季风年循环和水汽输送特征等方面都明显不同于南亚和北澳季风，并提出东亚季风气候系统的概念。东亚季风系统不仅仅只是一个东亚上空随季节有明显变化的环流系统，还是一个海-陆-气相互作用的耦合系统，其变化与海-陆-气耦合系统的变化有关，并在我国大气科学学科逐渐形成了西太平洋暖池和 ENSO 与东亚季风相互作用，以及青藏高原的热力和动力作用对东亚季风的影响的优势学科。

我国学者从 20 世纪 80 年代开始，系统研究了热带西太平洋暖池热力状态对东亚夏季风系统变异的影响和机理。这包括暖池热力状态对南海季风爆发、东亚季风向北推进过程及东亚季风系统年际变异的影响，并从观测事实、动力理论和数值模拟方面系统地研究了夏季菲律宾周围对流活动异常所引起的北半球夏季大气环流异常和 Rossby 波列的传播特征，提出东亚/太平洋（EAP）型遥相关。这些研究奠定了我国夏季气候短期预测的物理基础。此外，大量我国学者针对热带太平洋 ENSO 循环，以及热带印度洋热力状态对东亚季风的影响和机制开展了研究，使得在该领域一直处于国际领先的地位。

青藏高原面积约占中国领土面积的四分之一,平均海拔超过 4000 米。青藏高原陆面热状况对东亚季风系统有重要影响,叶笃正和高由禧(1979)首先指出了青藏高原对亚洲季风的热力作用。目前,以青藏高原的机械和热力强迫作用为核心的青藏高原气象学已成为重要的气候研究领域之一。我国学者从 20 世纪 90 年代起的系列研究提出了"青藏高原感热气泵"的概念以及青藏高原侧边界的加热在影响亚洲季风环流中的关键作用;指出青藏高原和海陆分布等不同尺度强迫的共同作用才导致副热带"季风-沙漠"共存;阐明亚洲夏季风由热力强迫形成,并揭示青藏高原强迫导致对流层低层与高层环流,以及热带与副热带季风环流的耦合增强。这些研究是青藏高原气候动力学研究原创性的成果。

二、大气探测学是我国大气科学的薄弱学科

近代大气科学的进步在很大程度上得益于包括地基、天基和空基在内的地球系统观测技术的进步,大气科学学科一直重视观测系统的建设和新观测技术的应用。从 21 世纪开始,国际上几个大型研究计划,如 CLIVAR、GEWEX、WWRP、COPES、THORPEX 等都把观测系统的发展放在了十分重要的位置上,不断提出和发展大气探测的新原理和新技术,以及在此基础上的大型观测系统的建设和综合野外观测试验已成为国际大气科学发展的重要途径。在国际重大科学计划科学目标的指导下,几十年来,世界各国建立的大气物理和大气环境等多种监测站也逐步连成网络,如全球大气观测网络、全球气溶胶观测网络、全球雷电监测网络等。这些网络的建立,不仅保证了大空间范围内长期观测数据的获取和积累,也促进了观测数据的规范化和系统化,为地球系统科学的研究和深入奠定了重要的数据基础。

空间对地观测技术是地球系统观测的核心组成部分,特别是卫星对地观测取得了迅猛的发展,如 TRMM 卫星实现了对全球热带和亚热带地区降水系统多传感器的同步综合观测;卫星队列(A-Train)作为"地球科学事业计划"的顶层组成部分,以多颗卫星编队组合方式飞行,实现多平台、多传感器、多谱段的协同对地观测;合成孔径雷达遥感技术(SAR)、成像光谱仪、多模态微波遥感器等先进技术,具有提供云顶温度、闪电、整层水汽和三维风场的分布的能力,能跟踪多种灾害性天气系统的演变。

我国的大气科学界对国际上提出的核心研究计划积极响应,开展了多项有重要影响的科学试验,如"黑河外场试验计划"(HEIFE)、"青藏高原地-

气系统物理过程及其对全球气候和中国灾害性天气影响的观测研究"（TI-PEX）、"内蒙古半干旱草原土壤–植被–大气相互作用"（IMGRASS）和"我国西北干旱区陆–气相互作用观测试验"（NWC-LAIEX）等。这些试验的实施和获取的宝贵资料为促进我国大气科学的发展做出了重大贡献。同时，中国的卫星观测和应用也一直受到高度重视。目前我国的卫星包括极轨和地球同步卫星系列，由气象卫星获取的地球大气信息已经广泛地应用于大气科学的许多领域，并在灾害性天气监测中发挥了重要作用。

但与国际相比，大气探测学科仍然是我国的薄弱学科。这主要表现在三个方面。①自主设计、研发的试验方法和仪器设备不足，一些重要仪器设备主要依靠从国外购买，使得试验手段多重复，影响了原创性成果的获得；②我国高校的大气探测领域明显薄弱，同时保障高水平技术支撑系统的体制不健全，导致有效支撑我国大气科学发展需要的高水平技术人才缺乏，特别是具有高技术研发能力的人才匮乏；③进行综合观测和技术创新的大型试验基地不足，导致高质量的长期持续监测数据缺乏，观测数据不完整、不系统，影响了科研水平和对科学问题的深入认识。其他相关的一些问题，如数据共享、资料应用方面的不足，也都造成与大气探测有关的大气物理领域研究相对薄弱，是今后大气科学学科需要系统加强的重点领域。

三、地球气候系统研究是最重要的交叉学科

当今的大气科学和全球气候变化研究的一个显著特点就是突出学科交叉。由于提出了全球气候系统的概念和地球系统科学的概念，大气科学学科中的地球气候系统研究就是从大气圈、水圈、冰雪圈、岩石圈和生物圈的相互作用来理解全球气候的变化，理解发生在大气中的各种运动和过程（包括物理的、化学的和生物的过程），并且把这些复杂的动力的、物理的、化学的、生物的过程变成数值模式，即地球系统模式，从而可以在计算机上模拟和预测不同时空尺度下大气状态的变化。利用地球系统模式，不仅可以开展环境与灾害的定量客观预测，而且可以为国家温室气体管理和应对气候变化奠定科学基础。

因此，地球气候系统研究重视不同地球系统的子系统之间的相互作用，跨学科的协调研究成为主流。不但要应用先进的数学、物理、化学和生物等学科成果和方法，而且要利用卫星遥感等现代化探测手段、超大型计算机系统等先进的计算工具、先进的信息网络通信工具、GPS技术等，这些都使得地球气候系统研究成为大气科学学科最重要的交叉学科。

第四节 我国大气科学学科总体经费投入与平台建设情况

我国大气科学的研究经费投入主要有三块：国家自然科学基金、中国气象局气象行业专项和科技部重大研究计划。近5年来，国家对大气科学类研究经费的总投入约为28亿元（含学科交叉投入），其中国家自然科学基金投入约7.2亿元，占总投入的25.84％；中国气象局气象行业专项投入约7.9亿元，占总投入的28.15％；科技部重大研究计划投入约12.8亿元，占总投入的46.02％（含学科交叉投入）。总体而言，国家自然科学基金的投入呈增长趋势，中国气象局行业专项投入则较为平稳，而科技部重大研究计划投入则趋于减少。

在"211"工程、"985"工程及各类科研项目的支持下，相关高校的观测试验和实验室分析与计算条件大大增强了，高校大气科学学科在主持国家重大科研项目方面的能力明显增强。其中，近5年来，高校主持国家"973"项目和全球变化重大计划项目8项。据初步统计，我国10所主要高校大气科学学科（不包括中国人民解放军理工大学）科研经费整体呈逐步上升趋势，2014年超过1亿元。

目前，全国高校大气科学学科发展拥有良好的科研平台，其中，省部级重点实验室有中尺度灾害性天气教育部重点实验室（南京大学）、江苏省气象灾害省部共建重点实验室（南京信息工程大学）、物理海洋教育部重点实验室（中国海洋大学）、半干旱气候变化教育部重点实验室（兰州大学）、高原大气与环境四川省重点实验室（成都信息工程大学）等。另外，南京大学、北京师范大学、清华大学、复旦大学、中山大学等设立的关于地球系统科学与全球变化交叉科学研究院，将发展成我国气候与全球变化重大问题研究的重要实体，成为交叉性高层次创新人才培养重要基地和与国外一流科研机构国际学术交流合作的平台。此外，中国科学院大气物理研究所有10个研究室，特别是大气科学和地球流体力学数值模拟国家重点实验室、大气边界层物理和大气化学国家重点实验室，以及中国气象科学研究院灾害天气国家重点实验室为我国大气科学高层次人才的培养提供各方面优越条件的基地。

在教学平台方面，几乎所有高等院校大气科学类专业都有自己的教学平台。其中，北京大学的大气科学综合实验室被评为国家级地球科学教学实验中心；南京大学建有具有省级业务水平的现代化气象台、地球系统区域过程综合观测基地和江苏省实验教学示范中心等；南京信息工程大学的教学平台有大气科学实验教学中心气象台、中国气象局国家级农业气象试验站、中国气象局南京大气综合观测试验基地、江苏省实验教学示范中心（4个）、国家自然科学基金委员会地球科学部南京气象学大气资料服务中心等。此外，中国科学院大学也有大气科学学科教学基地等。

观测平台包括：南京大学的地球系统区域过程国际综合观测站、以雷达探测为核心的灾害性中尺度天气综合移动探测系统；南京信息工程大学的中国气象局-南京大气综合观测试验基地；兰州大学的半干旱气候与环境观测站、榆中综合观测站、兰州城市观测站、野外移动观测站；中山大学的华南气候环境与全球变化综合观测试验基地等。此外，还有中国科学院大气物理研究所的边界层观测铁塔、香河中层大气雷达、淮南气候环境综合观测试验站、吉林通榆半干旱区观测站、敦煌干旱区观测站，以及寒区旱区环境与工程研究所的玛曲黄河源区气候与环境综合观测站、那曲高寒气候环境观测站等。这些观测平台为我国大气科学高层次人才的培养和大气科学研究提供了观测试验平台。

第五节　我国大气科学学科人才队伍情况

目前，拥有大气科学学科的高校主要有北京大学、南京大学、南京信息工程大学、兰州大学、中山大学、中国科学技术大学、解放军理工大学、中国海洋大学、成都信息工程大学、云南大学、浙江大学、中国农业大学、中国地质大学（武汉）等。与大气科学和全球气候变化研究相关的研究机构主要有中国科学院大气物理研究所、中国气象科学研究院和中国科学院寒区旱区环境与工程研究所，以及近年来在一些高校新成立的全球气候变化研究院等。目前设有大气科学博士点的学校和研究机构有中国科学院大气物理研究所、北京大学、南京大学、南京信息工程大学、兰州大学、解放军理工大学、中山大学、云南大学、中国海洋大学及中国科学院寒区旱区环境研究所。

从相关大气科学学科的研究力量来看，根据对11所主要高校和两个国家级科研机构的数据统计，目前主要的高校和国家级科研院所直接参与大气科学研究的人才队伍约1100人，其中高级职称600余人。全国高校每年培养的大气科学本科及以上人才总数为1800名左右，其中，硕士生大约700名，博士生大约 250 名。本科和硕士数量总体保持平衡，博士数量略呈逐渐上升趋势。总的来看，在国际大气科学发展的主流下，在国家和社会的大力支持下，我国大气科学学科也得到迅速发展，并在充分结合中国地域和环境特点的基础上，创建出一批各具特色且在国内外有重要影响的科研团体。

近年来，由于国内外就业环境的变化，建有大气科学学科的"985"高校与科研院所加大了海外人才的引进力度。据统计，共引进中组部长期与短期"千人计划"人才 15 名，青年"千人计划"人才近 10 名。此外，还以中科院"百人计划"或各高校"百人计划"引进了一批有海外学术背景的青年学术骨干，大大加强了大气科学研究的人才队伍建设。总体而言，大气科学学科教学队伍整体知识结构和年龄结构比较合理，且具有较高学术水平。并且，我国大气科学研究机构人员已经开始重视培养具有物理、数学、化学或其他学科学习和工作背景的人才，如今也有不少研究人员从其他学科转而从事气象业务和大气科学研究，显然这样的交叉是有利于我国大气科学研究的创新和整个行业的发展的。

第六节　推动大气科学学科发展的举措

我国大气科学学科建设和人才培养虽取得很大成绩，但与发达国家相比，还有一定差距。比如，全国拥有大气科学学科的高校偏少，目前全国只有 7 所高校拥有大气科学人才包括本科、硕士和博士教育的完整培养体系，而美国有 46 所高校拥有大气科学完整的培养体系；大气科学学科设置偏窄，国家重点学科偏少，目前大气科学一级学科只包含气象学、大气物理学与大气环境两个二级学科，全国高校只有北京大学、南京大学和南京信息工程大学拥有国家重点学科，这与当代大气科学研究的交叉和发展趋势严重不符；大气科学分支学科布局还很不平衡，大气探测分支学科非常薄弱，中层大气、大气辐射、风能等分支学科人才异常缺乏；高层次人才培养数量偏少，质量有待提高，这使得我国大气科学高层次人才还无法满足国家经济建设和社会发展的需求；各高校大气科学学科发展的特色不突出，国际化程度还不高，并且高水平科研成果有待进一步加强。此外，我国高校尚未建立国家级科研平台和实验室，目前我国大气科学三个国家重点实验室都设在国家有关研究机构中，并且高校中大气科学研究力量较为分散，组织也较为松散，协作缺乏力度，资源和资料的共享程度差。

鉴于上述问题，建议应尽量鼓励我国有条件的高校大力发展大气科学学科，加强大气科学学科建设；在当前应尽量增加大气科学二级学科的设置，如气候学、大气化学、地球系统探测等都应尽快成为大气科学的二级学科；建议在我国高校有关大气科学院系中突破大气科学只有理科没有工科的培养格局，尽快设置气象工程、探测技术等工学学科，培养专业学位研究生等应用型人才；建议在有条件的高校应尽力争取创建国家重点实验室，以便提升高校在解决国家大气科学重大科学技术问题上的科研创新能力和大气科学高层次人才的培养能力，尤其是博士的培养质量，这也是中国从气象大国向强国发展的重要战略举措；进一步推进我国高校大气科学学科的国际化，有重点地引进特殊人才，培养更多高层次大气科学创新人才。此外，加强大气科学学科建设，今后应加强和重视的具体措施主要有如下几项。

一、加强高层次人才培养和团队建设

要使我国从大气科学的研究大国向强国发展，首先就要求我国从大气科学研究的人才大国向强国发展。当前，为减轻天气和气候灾害造成的损失及应对全球气候变暖，国家和一些部门已出台了很多科技研究计划，并在许多院校成立了全球气候变化研究院。这不仅对大气科学的高层次人才培养提出更高的需求，而且为我国成为大气科学研究人才强国提供了机遇。

并且，基础研究的突破有赖于成果不断积累，需要稳定的研究队伍，因此非常有必要稳定支持在高校和研究所的若干从事基础研究的团队，这不但可以使每个领域的研究队伍在较长时间内保持适当的规模，开展持续的研究，而且可以促进不同研究团队之间的合作和良性竞争，有利于人才的成长。

二、重视大气观测试验基地建设

开展海-气相互作用及不同下垫面陆-气相互作用的观测试验是当今国际大气科学研究的发展动向。同时，大气科学是试验性研究，包括外场观测、实验室实验等能力建设需要得到相应的加强，同时需要研发先进的综合观测技术、新的资料分析技术，以及多源信息的资料融合理论和方法。大气探测是大气科学研究的重要基础之一，因此，在未来还应重视大气科学技术人才队伍的建设和发展。

三、建设地球系统模拟的高性能超级计算机系统

地球系统模拟需要高性能的超级计算机。在今后的10～20年中，我国大

气科学研究中应拥有计算速度为千万亿次/秒至万万亿次/秒的高性能超级计算机，并把此规划尽早纳入国家信息技术中长期发展规划中。目前，大气科学研究结构中应尽快落实"地球系统数值模拟装置"。

四、大力鼓励交叉领域研究

当今的大气科学研究特别注重交叉领域研究，天气和气候、大气物理和大气化学、气候系统多圈层相互作用、全球变化的交叉研究都需要不同学科领域的科研人员的协同创新。因此，建议在科技部和国家自然科学基金委员会资助项目中增加交叉领域研究项目资助的数目和强度，鼓励交叉领域研究相关项目的申请。

总之，本章首先从大气科学的主要分支，即天气学和大气动力学、气候变化和气候系统动力学、大气物理学和大气探测学、大气化学和大气环境等四个方面分别重点阐述了国内外大气科学学科的发展态势，并从科研人数、人才培养及论文发表等几个方面论述了大气科学学科在国际上的地位。特别以典型案例分析的方法说明东亚大气环流和季风研究是我国大气科学的优势学科，而大气探测学是我国大气科学的薄弱学科；地球气候系统研究则是最重要的交叉学科。进一步，还分析了我国大气科学学科总体经费投入与平台建设情况、人才队伍情况。最后，在上述分析基础上从推动大气科学学科发展、促进人才培养、营造创新环境等方面提出了一些建议。

参 考 文 献

黄荣辉，周德刚，武亮，等．2014．大气科学和全球气候变化研究的发展及重大科学问题//黄荣辉，吴国雄，陈文，等．大气科学和全球气候变化研究进展与前沿．北京：科学出版社：3-44.

李建平，陈文，陆日宇．2014．季风、天气气候灾害及其动力学若干前沿问题//黄荣辉，吴国雄，陈文，等．大气科学和全球气候变化研究进展与前沿．北京：科学出版社：143-173.

刘屹岷．2014．陆-气相互作用与青藏高原的气候效应及其观测//黄荣辉，吴国雄，陈文，等．大气科学和全球气候变化研究进展与前沿．北京：科学出版社：197-211.

吕达仁．2000．大气物理学20世纪成就与21世纪展望//国家自然科学基金委员会地球科学学部，等．21世纪初大气科学回顾与展望．北京：气象出版社：159-164.

浦一芬，周晓平．2015．总论//浦一芬，戴新刚，张人禾，等．大气科学研究方法．北京：科学出版社：1-21.

王会军．2014．地球系统模式//黄荣辉，吴国雄，陈文，等．大气科学和全球气候变化研究进展与前沿. 北京：科学出版社：174-177.

郄秀书，王普才，李万莉，等. 2014. 地球系统观测与大型观测试验基地建设//黄荣辉，吴国雄，陈文，等. 大气科学和全球气候变化研究进展与前沿. 北京：科学出版社：354-364.

徐永福. 2014. 大气化学与气候变化//黄荣辉，吴国雄，陈文，等. 大气科学和全球气候变化研究进展与前沿. 北京：科学出版社：275-289.

杨修群，胡永云，管兆勇，等. 2014. 我国高校大气科学学科建设和人才培养现状、问题及建设//黄荣辉，吴国雄，陈文，等. 大气科学和全球气候变化研究进展与前沿. 北京：科学出版社：370-379.

曾庆存. 1963. 大气适应与演变过程. I. 气象学报，33：163-173.

张人禾，杨修群，陆日宇，等. 2014. 海洋热力异常对中国气候的影响//黄荣辉，吴国雄，陈文，等. 大气科学和全球气候变化研究进展与前沿. 北京：科学出版社：212-228.

Tao S Y, Chen L X. 1987. A review of recent research on the East Asian summer monsoon in China//Chang C P, Krishnamurti T N. Monsoon Meteorology. Oxford：Oxford University Press.

Yeh T C, Tao S Y, Li M C. 1959. The abrupt change of circulation over the northern hemisphere during June and October//The atomsphere and sea in Motion, Scientific, Contribution to Rossby Volume. New York：The Rockefellers Press：249-267.

第四章
发展思路与发展方向

第一节　引　　言

　　大气科学不仅研究发生在地球大气圈中的各种大气运动、物理和化学现象、过程及其成因，而且研究大气与海洋、陆面、冰雪、生态系统、人类活动相互作用的动力、物理、生物、化学过程及其机理。由于人类的生产和生活活动离不开大气，天气气候灾害严重影响各国工农业生产和经济的发展，所以大气科学在自然科学中具有重要的科学地位；并且随着全球工农业生产的迅速发展，人类活动排放到地球大气中的温室气体不断增加，致使全球气候变暖，对全球生态、环境、水资源、粮食生产等都产生了严重影响，全球气候变化及其应对已成为各国民众和政府关切的重要科学问题。因此，当今大气科学不仅对自然科学的发展具有重要的促进作用，而且在世界各国的经济建设、防灾减灾、应对气候变化、环境保护和国防安全等领域都具有广泛的应用。

　　随着社会的发展和科学技术水平的提高，特别是电子计算机、气象卫星及太空遥感遥测大气技术的迅速发展，大气科学已取得重大进展，它已成为拥有诸多分支领域的先进综合性学科。在 20 世纪，大气科学在大气探测技术、大尺度环流与大尺度动力学、数值天气预报和大气环流数值试验、大气物理学、中小尺度气象学、大气环境和大气化学、中层大气物理和遥感、气候系统动力学和气候预测等领域的研究取得了重大进展。这些进展不仅使人们认识了大气状态、成分和构造变化的规律及成因，而且可以用计算机来预报大气状态数天的变化，甚至在一定程度上可以预测一个季度大气状态的变化，以及在局部小区域改变大气的状态。并且，20世纪大气科学的重要进展之一是各国科学家和政府都认识到全球气温在升高且引起地球环境的变化。这个问题不仅引起科学界的极大关注，而且也引起了世界各国民众和政府的重视，并成为当今国际上外交关注的问题之一。因此，有关全球气候变化及其对环境影响的研究迅速在全球展开，现在它也成为大气科学的一个重要分支领域。

我国地处亚洲季风区，亚洲季风给我国带来严重的天气气候灾害。随着全球气候变化，这些灾害变得更加严重，并且季风涉及海-陆-气相互作用过程，其异常与全球气候的异常密切相关。我国夏季旱涝酷暑和冬季低温冰冻雨雪等灾害性气候的发生和未来变化趋势不仅受到海洋-陆面-大气耦合的气候系统变异的严重影响，而且受到生态系统和人类活动等因素的复杂作用。因此，只有加深对这些相互作用过程和变化规律的认识，加深对发生在大气中的各种运动，以及物理、化学和生物过程的理解，才能建立和完善具有坚实科学基础和良好效果的天气气候灾害的预报预测理论和模型。

今后5～10年是我国经济、社会和科技迅速发展的时期，也是我国大气科学发展的战略机遇期。为了提出今后我国大气科学的发展思路、发展方向及关键科学问题，我们不仅要了解国际大气科学研究发展的成就、动向和趋势，而且必须了解我国今后经济、社会和科技发展对大气科学研究提出的重大需求及人才队伍建设需求。为此，本章首先简单回顾国际近百年来大气科学研究的重大成就，分析当前的发展趋势和动向，并简单综述我国近几十年来大气科学成就，以及我国经济、社会和科技发展对大气科学发展和人才队伍建设的需求，并在这些分析的基础上提出未来5～10年推动我国大气科学发展的关键科学问题、发展思路、目标和重要研究方向。

第二节　国内外大气科学发展成就和趋势

了解国内外大气科学发展成就和趋势对提出今后我国大气科学发展的思路和方向是非常重要的，为此，本节简要地回顾国内外大气科学近百年的发展成就和发展趋势。

在20世纪，随着自然科学的发展，大气科学研究也不断发展和深入，并且由于大气观测技术的不断完善，特别是空基和地基遥感技术的发展和应用，以及计算机技术的迅速发展，大气科学得到了非常迅速的发展，成为一门拥有众多分支领域的综合性现代科学。在这近百年中，国内外大气科学取得如下重大进展和成就。

一、国内外大气科学的发展成就

1. 全球多层次、多尺度的三维大气观测网的建立

经过近百年的努力，大气科学已拥有多层次、多尺度的全球大气定时观测网，这个全球观测网不仅为全球天气预报和气候预测提供资料，而且为大气科学各分支学科提供了大量观测数据。并且，近年来，全球空基大气遥感观测、地基大气遥感探测、大气辐射的测量也已成为地球系统观测的重要手段。

近几十年来，我国已建成门类齐全的多尺度三维综合气象观测网。这个观测网不仅为天气气候预测提供实时观测资料，而且也为大气科学各领域的研究奠定观测基础；并且，我国气象卫星遥感观测发展迅速，已成为我国气象业务和大气科学研究不可或缺的手段。此外，气象雷达探测资料也已成为我国短时天气预报中重要的科学依据。

2. 大气环流波动理论体系和天气预报理论的创立

大气环流波动理论体系的创立是大气科学近百年来最大的研究成就。在20世纪10年代末，挪威学派提出锋面和气旋学说，这个学说一直是近百年来天气预报的理论依据；并且，在20世纪30年代以罗斯贝为首的芝加哥学派创立了大气长波理论，为大气环流波动理论体系奠定了理论基础，使气象学成为严密的数理科学。之后，关于大气环流形成机理的研究，以及热带大气波动和低频振荡的发现、关于大气环流异常遥相关的提出、行星波动力学研究及发展、关于大气中波-流相互作用的研究等使大气环流波动理论体系不断完善。特别是洛伦兹提出了非线性大气动力学，在自然科学界中产生了重大影响。大气环流波动理论体系的创立和不断完善不仅带动了大气科学各分支领域研究的发展，而且为天气气候预报预测提供了理论依据。

由于我国天气气候灾害的严重性，从20世纪30年代起，特别是从50年代之后我国气象学家就致力于对东亚大气环流、天气气候变化特征和成因的研究：①建立了东亚大气环流理论体系，提出了东亚大气环流季节转换的突变理论，创立了青藏高原气象学，提出了青藏高原对亚洲季风和全球气候变异的动力和热力作用及其理论；②大气环流动力理论取得很大进展，我国气

象学家提出和证明了地转适应过程的尺度问题、北半球定常槽脊形成问题，以及行星波演变和传播理论等；③深入研究了台风、暴雨和东亚重要天气系统动力过程。这些研究为我国天气气候预报预测和大气科学研究的发展奠定了理论基础。

3. 大气环流演变数值预报和数值实验的发展

芝加哥学派创立了大气波动理论体系，使得大气环流可以用数学物理方程来描述；并且，在40年代后期发明了计算机，这使得大气科学可以在大型计算机上进行数天的天气预报。随着计算技术的迅速发展、大气环流和气候变异过程和成因研究的不断深入，大气环流和气候数值模式迅速发展，从而使得大气环流和气候变化不仅可以在超大型计算机上进行各种数值实验，而且可以在大型计算机上进行数天定量、客观的天气预报，甚至是季度气候变异的预测。当前，数值天气预报已成为世界各国天气预报的重要手段，并且数值模拟也已成为大气科学各领域有效的研究手段。

从20世纪50年代起，我国气象学家就努力研究数值天气预报，并建立了我国数值天气预报模式和业务系统，从80年代起数值天气预报迅速发展，目前数值天气预报已成为我国短期和中期天气预报主要手段之一；并且，我国气象学家努力研究大气环流数值模式的构建及有关理论，提出了在数值天气预报模式计算中广泛应用的计算格式和算法。此外，近年来资料同化方法的研究也取得明显进展。

4. 大气物理学迅速发展

大气物理学是大气科学中很早就发展起来的一个分支领域。它研究大气中声、光、电等物理现象及其机理，从20世纪60年代之后，随着气象卫星遥感遥测原理研究的发展，大气的辐射和传输特性的研究发展迅速；并且，大气辐射在气候系统中的作用使得大气辐射学研究迅速发展，大气辐射学已成为大气遥感和气候研究的一个重要领域。此外，近年来鉴于雷电造成灾害的严重性，雷电物理学的研究发展迅速。

20世纪50~60年代，我国云雾物理的研究迅速发展，提出暖云降水理论和积云发展的动力理论；并且，在70~80年代以后，由于气象卫星遥感和气候数值模式的需要，我国大气科学很重视大气辐射学的研究，特别是深入开展了大气辐射传输的研究。此外，近年来气溶胶-云-辐射相互作用的研究不断发展、大气边界层物理过程的观测和理论研究，以及大气电学与雷电物理研究也取得重要进展。

5. 中小尺度天气系统研究深入发展

由于暴雨、台风等灾害与大气中的中小尺度天气系统密切相关，所以大气科学非常重视中小尺度天气系统的研究。经过几十年的研究，大气科学家不仅认识到中小尺度天气系统的形成机理，而且可以在某种程度上模拟和预测它；并且，通过观测和数值模拟研究，云降水物理学研究发展迅速。此外，出于防灾的需要，大气科学对人为影响局部小尺度天气系统的变化做了不少研究，当前可以局部影响小尺度天气系统，如人工增雨等。

由于我国暴雨和台风造成灾害的严重性，我国气象学家在台风和暴雨等中、小尺度天气系统动力学做出系统研究，提出了我国暴雨特征和形成机理；并且，对西北太平洋和南海台风路径、强度变化等天气学和气候学特征以及动力学进行了深入研究；此外，云降水物理的研究取得明显进展，近年来，人工影响天气的业务和研究发展迅速。

6. 大气环境学与大气化学的发展

从20世纪50年代起，世界各地工业迅速发展，使大气环境严重恶化，因此大气环境与大气化学研究兴起并不断发展，大气污染与边界层物理研究也随之发展，温室气体及其气候效应，以及臭氧的光化学研究成为热门的研究课题；并且，由于酸雨的严重性，降水化学与气溶胶化学研究迅速发展。当前，由于工业和汽车尾气的排放，气溶胶已成为影响气候的一个重要因子，气溶胶与气候的相互作用已成为大气科学的一个前沿研究问题。

我国工业迅速发展、城市化进程加快，使大气环境保护成为我国重要的科学问题。从20世纪60年代起，我国气象学家对大气污染物的演变、扩散和输送做了系统的观测研究；并且，近年来我国大气化学的研究发展迅速，不仅开展了一系列观测研究，而且对大气中各种污染物的化学反应机制也有一定的研究。此外，空气质量模式研制发展迅速，气溶胶与季风相互作用的观测和模拟研究也已取得一定进展。当前，大气环境与大气化学已成为政府和民众十分关心的大气科学研究领域。

7. 中层大气科学的研究取得重要进展

由于大气探测技术的发展及近空间科学的需求，20千米以上中层大气科学的研究迅速发展，特别是中层大气行星波动力学及其对爆发性增温作用的研究，中层大气重力波动力学及其对准两年振荡作用的研究，臭氧在中层大气的输运过程和气候效应，以及平流层与对流层相互作用等的研究都取得很大进展。

我国大气科学非常重视中层大气物理的观测研究及中层大气行星波动力学的研究，并取得很多研究成果；近年来，对流层与平流层物质交换及其过程的研究也取得了很好的成果，特别是青藏高原上空夏季"臭氧洞"的形成研究具有重要的科学意义。

8. 气候系统动力学和数值模拟与预测的研究蓬勃发展

由于气候灾害的严重性，自 20 世纪 80 年代起国际上实施世界气候研究计划（WCRP），气候系统动力学研究得到很大发展，特别是气候系统的数值模式和数值模拟研究在世界各地掀起热潮。并且，由于短期气候变化的物理和化学过程研究不断深入，以及气候系统数值模型不断发展，近年来短期气候变异在某种程度上可以预测。

由于我国气候灾害的严重性，我国气象学家从 20 世纪 30 年代起就对东亚季风进行了系统研究。从 20 世纪 80 年代起对气候动力学和气候预测做了许多研究：提出东亚夏季风环流系统及导致我国冬、夏两季极端气候发生的东亚气候系统的概念；提出青藏高原对亚洲季风和东亚天气气候的影响及其机理，以及西太平洋暖池对热带太平洋 ENSO 循环、东亚季风系统和西北太平洋台风活动的影响过程及其机理；揭示了热带低频振荡机理及其对亚洲季风的影响等。我国短期气候数值预测模型和短期气候预测系统的研究发展迅速，不仅研制了原始方程格点大气环流模式、大气环流的谱模式和高分辨率海洋环流模式，而且研发了多种陆面过程模式及发展了耦合气候系统模式，并对东亚季风和气候变化做出许多数值模拟。此外，我国自主研发了短期气候业务数值预测系统，提高了我国短期气候变异预测的准确率。

9. 全球气候增暖及其对环境影响的研究兴起

由于人类活动排放二氧化碳引起全球气候变化的严重性，全球气候增暖及其对环境影响的研究和评估已成为地球科学研究的热点。经过多年的研究，科学家已认识到气候变化与生物圈变化有很大关系，特别是认识到人类活动对气候变化有很大影响。当前全球和区域气候变化问题不仅成为各国政府为促进社会和经济可持续发展必须考虑的一个重要科学问题，而且成为国际外交斗争的焦点之一。

由于全球气候变化对环境、水资源、农业等影响的严重性，国际上组织了许多科学家对全球气候变化的特征及趋势、影响和对策进行科学的评估（即 IPCC 评估报告）。我国大气科学的许多专家对 IPCC 评估报告做出了重要贡献。我国大气科学非常重视全球气候变化的基础性研究，加强了减缓气候变化的对策研究，特别是重视东亚气候变化影响、适应及脆弱性的研究。此外，全球气候系统数值模式的研制取得显著效果，并在 IPCC 历次评估中起到一定作用。

二、大气科学的发展趋势

从 20 世纪和 21 世纪初大气科学研究进展可以看出，当前大气科学研究有如下发展趋势。

1. 大气科学研究朝综合的地球系统研究发展

回顾 20 世纪大气科学的发展成就及其特点，大气科学已经历了两个发展阶段：第一个阶段是从 20 世纪 20 年代到 70 年代中期，人们主要从大气内部的动力、热力过程来研究天气和大气环流的变化；第二个阶段是从 20 世纪 70 年代后期到 21 世纪初，人们已认识到大气环流和气候的变化不仅仅是由大气内部的动力、热力变化所形成，更重要的是大气、海洋、冰雪和陆面相互作用的结果。当前大气科学的发展已进入第三个阶段，人们认识到大气环流和气候及环境的变化是地球系统的气圈、水圈、冰雪圈、岩石圈、生物圈和人类活动等五个圈层相互作用的结果，地球系统的气候、水循环、环境和生态是互相影响的。因此，当前大气科学研究的重点从全球气候系统研究向地球系统研究转移。为此，国际上所制订的 21 世纪大气科学研究发展规划都呈现出综合发展趋势，都选择了地球系统各圈层相互作用为框架的发展战略，并制订了与不同重大科学计划相协调的伙伴计划。

2. 突出学科交叉

在 21 世纪初，大气科学研究发展的一个显著趋势是突出学科交叉。当今大气科学的研究不仅从气圈、水圈、冰雪圈和岩石圈相互作用的物理过程来理解在大气中发生的各种运动和全球气候的变化，而且正在从这些圈层与生物圈和人类活动相互作用的化学和生物过程来理解大气运动和全球气候的变化，即从地球系统的变化来研究大气科学，从而赋予大气科学研究新的概念。然而，要利用数学来描述这些复杂的动力、物理、化学和生物过程，并变成数值模式，从而可以在计算机上模拟和预测这些不同时空尺度大气状态和气候的变化，这要涉及许多学科。因此，为了研究如此复杂的学科，大气科学的研究必须充分利用现代的各种学科成就及先进技术手段，不但要应用先进的数学、物理、化学、生物等学科成果和方法，而且要利用卫星遥感等现代化探测手段、超大型计算机系统等先进的计算工具及先进的信息网络通信技术等。

3. 观测系统的建设和新观测技术的应用

大气科学研究的发展离不开观测网和观测技术的发展。全球已建立的多层次、多尺度的大气立体观测网为研究大气科学各分支学科，以及天气预报、短期气候变异预测、气候变化趋势预估提供了基础，从而使大气科学和全球气候变化研究有了今天的发展。

在21世纪初，大气科学特别重视观测试验系统的建设和新观测技术的应用。目前，国际上几个大型研究计划都是把观测试验系统的建设放在首位。特别是为了改进对陆面过程的了解，在全球不同的气候区域进行全面、系统的陆面过程观测试验。这样，在全球气候数值模式或地球系统数值模式有较好的地球生物化学过程的描述及陆面过程参数化方案。

由于对地观测卫星将具有连续光谱信息的探测能力，除了探测大气外，还能获取水圈、岩石圈、冰雪圈、生物圈等多种遥感信息，所以如何充分利用这些空基遥感信息在大气科学各领域进行科学研究，如何使气象综合探测获得的各种资料得到最佳应用，也是今后大气科学研究发展所急需解决的科学问题。

4. 地球/气候系统数值模式及其专用超级计算系统迅速发展

为了更全面地研究大气科学和全球气候变化，国际上许多先进国家都在发展包括大气圈、水圈、岩石圈、冰雪圈、生物圈和人类活动等在内的多圈层相互作用的物理、化学和生物过程的数值模型，即地球系统数值模型。这是一个庞大的复杂系统。经过近几年的努力，一些先进国家已相继研制了地球系统数值模式，并正在不断完善。

电子计算机的发明，大型、超大型计算机的发展，以及最近超级计算系统的出现大大促进了大气环流、气候系统及地球系统的数值模式的建立和数值模拟的发展。当前，超级计算机系统的发展对于包括大气、海洋、陆地和冰雪耦合在内的气候系统数值模式的研究，全球和区域年际、年代际气候变化的数值模拟，以及在各种温室气体排放下未来 100 年的气候变化趋势预估的发展起到重大作用；并且，这些超级计算系统也为世界各地的短期（季节～年度）气候变异的数值预测的发展起到重要作用。当今超高速高性能的超级计算系统使地球/气候系统数值模拟成为可能，因此，许多先进国家都在发展与地球/气候系统数值模式相配套的超级计算机系统。

从上述内容可以看出：当今大气科学研究的发展趋势是重视地球系统不同圈层之间相互作用的研究，加强地球系统不同圈层的观测，不同学科交叉的协调研究逐渐成为大气科学新的学科生长点。

第三节 国家科技发展需求和人才队伍建设需求分析

几十年来，我国大气科学研究、人才培养及队伍建设取得很大成绩，发展迅速。今后，国家经济建设和社会的发展，对大气科学研究和人才队伍建设的需求将更加迫切。

一、我国科技发展对大气科学研究的需求分析

我国科技发展对大气科学研究有着重大的国家需求，今后随着我国经济和社会的发展，特别是国家防灾减灾和应对全球气候变化对大气科学研究的需求将越来越高。未来 5～10 年是我国经济、社会和科技迅速发展的时期，也是我国大气科学发展的战略机遇期，此时期对大气科学研究发展可能有如下需求。

1. 我国天气气候灾害的发生机理与预测理论、模型及方法

我国处于东亚季风区，受季风年际、年代际变化的影响，我国夏季旱涝、酷暑等气候灾害和台风、暴雨等天气灾害频繁发生，在冬季时常遭受低温雨雪冰冻等灾害，并且春季沙尘暴时常发生。这些天气气候灾害给我国带来严重的经济损失和重大人员伤亡，我国每年因天气气候灾害造成的损失可占到我国自然灾害总损失的 71% 以上，而且，随着全球气候变暖，天气气候灾害有加剧的趋势。今后 5～10 年，国家为减轻这些灾害造成的损失，急需提高灾害性天气气候的预报预测准确率。因此，深入认识我国灾害性天气气候的发生特征、规律、成因，以及提出更好的预测理论、模型和方法仍是国家今后 5～10 年对大气科学研究的重大需求。

2. 全球和东亚气候变化趋势及预估

我国是世界上最大的发展中国家，也是自然灾害频发的国家，受全球气候变化的影响，我国天气气候灾害有加剧的趋势。因此，如何科学地应对全球和我国的气候变化，争取在国际气候变化大会上有更多的话语权，这是未来5～10年国家对大气科学研究的一个重大需求。这要求我国大气科学研究不仅要研究全球气候变化的现状、特征、成因、趋势和影响，而且要研究东亚和我国气候变化的基本情况、主要特征、成因和机理，并预估今后我国和全球气候可能的变化趋势及其对环境、生态、水资源、农业和人民健康的影响，以便为国家制定应对气候变化的措施提供科学依据，并为在国际气候谈判中争取更多的话语权提供可靠的科学依据。

3. 大气环境变化成因、机理、预报和调控

由于工业的迅速发展，以及城市化进程的加快和汽车尾气排放量大幅增加，我国大气环境没有根本好转，局部地区环境日益恶化。在我国，不仅南方酸雨频繁发生，而且在华北、华东、华中和华南地区大气中PM2.5等微细颗粒含量不断上升，从而致使这些地区出现雾和霾天气的天数不断增多、范围不断扩大，严重影响交通和人民身体健康；突发性环境灾害事件也时有发生。因此，环境保护和空气质量的预报、预警和调控对大气环境变化的成因、机理，以及预报模型和调控的研究需求越来越迫切，这也是今后5～10年国家科技发展对大气科学研究的重大需求。

4. 气溶胶与季风相互作用过程及其机理

气候与环境相互作用是当今大气科学和全球气候变化研究中具有挑战性的一个重大科学问题。由于工业发展，我国工业排放的气溶胶不断增多，特别是汽车拥有量急速上升及城镇化进程加快所带来的施工扬尘不断加剧等造成了大气中气溶胶特别是PM2.5粒子浓度剧增，并引起雾霾天气频繁出现。气溶胶浓度剧增不仅影响大气能见度和人民身体健康，而且还通过影响到达地表的太阳辐射和作为云雾的凝结核而影响季风。一方面，季风通过气流的辐散、辐合来影响气溶胶在大气中的分布；另一方面，大气中气溶胶又影响季风降水。然而，当前气溶胶与季风相互作用的过程还很不清楚，特别是气溶胶在多大程度上影响季风的减弱既是一个很不确定的问题，又是一个很难说清楚的问题。因此，大气中气溶胶与季风相互作用，特别是气溶胶-云-辐

射-季风相互作用是我国大气科学今后 5～10 年急需研究的一个重要科学问题。

5. 人工影响天气机理和方法

出于防灾的需要，大气科学对人为影响局部小尺度天气系统的变化做了不少研究，当前可以局部影响局地小尺度天气系统。近年来，我国人工影响天气的实验和作业迅速发展，特别是人工增雨作业蓬勃发展。然而，目前人工影响天气作业的效率和一些机理还没有完全搞清楚，这些都是今后 5～10 年急需进一步研究的科学问题。

6. 中层大气动力学及遥感探测

国家安全及和平利用空间不断对大气科学研究提出更高的要求。然而，目前我国对平流层上层至热层的临近空间的大气状况了解甚少，并缺乏 30 多千米以上的平流层高空风和温度的观测资料，对平流层、中间层大气环流和波动情况的认识远远满足不了国家有关部门的需求，因此，平流层和中间层的风、温度及有关要素的观测资料的获取和整编是当前国家所急需的；并且，气象和资源卫星发射都要经过地球大气的平流层和中间层，因此进一步深入认识这两层大气环流和波动的变化特征、数值模式无论对于今后气候研究还是对于和平利用空间都是非常重要的。

总之，未来 5～10 是我国经济、社会和科技迅速发展的时期，也是我国大气科学发展的战略机遇期。在此时期，我国经济、社会和科技发展对大气科学研究提出更重大的需求。因此，我国大气科学发展应依据今后国家经济和社会发展对大气科学研究的重大需求，以及我国大气科学研究与国际先进水平的差距来制定我国今后 5～10 年大气科学研究的发展战略。

二、我国科技发展对大气科学人才队伍建设的需求分析

人才是强国的根本，要使我国从大气科学研究大国水平向强国水平发展，首先要求我国大气科学的研究人才从大国水平向强国水平发展。当前为减轻天气和气候灾害造成的损失及应对全球气候变化，国家和一些部门已出台了很多科技研究计划，并在许多院校兴办了全球气候变化研究院。这不仅对大气科学的高层次人才培养提出更多需求，而且也为我国成为大气科学和全球气候变化研究人才强国提供了机遇。

1. 我国大气科学人才培养还不能完全适应国家科技发展的需求

当前我国大气科学教育无论是学科建设还是人才培养还有许多不能适应国家社会和经济发展的需求，以及国际大气科学研究的发展的地方。在有关院校，大气科学的分支学科布局并不是很合理、专业设置缺少特色，探测技术和观测方法的研发人才严重缺乏，高层次人才不足，博士学位论文的前沿性和创新性不够等，这些使得大气科学的人才队伍还不能完全适应国家科技发展的需求。

2. 今后5～10年国家科技发展对大气科学人才需求分析

作为一个大国，目前全国只有7所高校拥有大气科学人才（包括学士、硕士和博士教育）的完整培养体系，还有几所大学只有大气科学的学士和硕士教育，还没有博士教育，而博士教育有50％的学生集中在中国科学院大气物理研究所，全国高校培养的大气科学博士生人数占全国不到50％，而美国有46所高校拥有大气科学完整的培养体系。今后5～10年，国家经济和社会发展迅速，特别是减轻气象灾害、应对全球气候变化、太阳能和风能利用、环境保护需要大批大气科学人才，我国大气科学人才队伍规模还不能适应国家科技发展的需求，因此，今后我国大气科学人才的培养应扩展规模。

根据教育部学科的设置目录，目前大气科学一级学科只包含气象学、大气物理学与大气环境两个二级学科。这样的二级学科设置与当代大气科学和全球气候变化研究的内容和发展趋势严重不符。当代大气科学在气候学、大气化学、地球系统综合探测等领域已经得到很大的拓展，但目前在我国大气科学的二级学科没有这些领域的二级学科，远不能适应我国经济建设和社会发展对大气科学各方面人才的需求。我国大气科学分支学科布局很不合理，气候和天气动力学专业几乎涵盖所有与大气科学有关的院系，培养的学生占所有大气科学本科、硕士和博士研究生的大部分，而大气探测学分支学科非常薄弱，大气化学分支学科人才也异常缺乏；气象工程和应用人才培养不成体系，目前在我国大气科学教学体系中还没有气象工程教育。然而，随着全球气候变化研究的开展，许多有关研究机构都在开展陆-气相互作用和海-气相互作用的观测试验，为了应对全球气候变化，开展清洁能源研究，开发太阳能和风能，国家有关部门急需气象工程人才。因此，在今后5～10年，我国大气科学不仅要扩展二级学科，而且应重视各种人才的培养。

总之，人才是学科发展最重要的因素，要使我国从大气科学研究大国变为强国，首先就要求我国要从大气科学研究人才大国向强国发展。未来5～10年是我国大气科学发展的战略机遇期，在此时期，对大气科学人才队伍建设和培养提出更高要求，因此，加强大气科学人才队伍建设和创新人才的培养应是今后5～10年我国发展大气科学研究急需采取的重大措施之一。

第四节 推动和制约大气科学发展的关键科学问题

为了适应国际大气科学和全球气候变化研究发展中所提出的具有挑战性的重大科学问题的研究，并根据今后5～10年国家对大气科学研究的需求，提出在国家社会和经济发展中具有重要影响的综合性、前瞻性大气科学的重大科学问题是很重要的，以便使我国大气科学尽快缩小与国际先进水平的差距，从大气科学和全球气候变化研究的大国发展成为国际大气科学和全球气候变化研究的强国。当前，推动和制约我国大气科学发展的关键科学问题有以下五个方面。

一、我国灾害性天气和气候发生机理及其预报预测

1. 我国灾害性天气气候发生机理及其预测方法

我国地处东亚季风区，东临太平洋，西有世界上最高的高原。受东亚季风、西太平洋暖池和青藏高原等的影响，我国天气气候灾害不仅种类多，而且发生频率高，是国际上气象灾害最严重的国家之一。气象灾害每年给我国造成严重的经济损失和重大人员伤亡，气象灾害造成的经济损失约占我国自然灾害总损失的71％。近年来，随着全球气候变暖，我国不仅夏季旱涝、酷暑，冬季低温雨雪冰冻等气候灾害在加剧，而且台风、暴雨等突发性天气灾害也频繁发生，这些天气气候灾害给经济和社会发展带来更严重的损失。

然而，受东亚季风气候系统的影响，我国灾害性天气气候发生过程及机理还不十分清楚，当前我国对这些灾害性天气气候的预报水平还不高，特别是对台风、暴雨、冰雹、强雷暴等灾害性天气发生机理尚不清楚，且对这些灾害的短时预报还缺乏比较准确的数值模式，对一些突发性气象灾害的预警系统还没有普遍开展且缺乏必要的技术支持；我国对一些气候灾害的发生机理还研究不多，短期气候预测准确率尚不稳定，离国家需求还有一定的差距，我国汛期（6～8月）降水预测的评分还很不稳定，特别对于严重洪涝还不能

很准确预测。因此，灾害性天气气候发生机理及其预测是当前我国大气科学首先需要研究的关键科学问题。

2. 青藏高原地-气耦合过程及其气候效应

青藏高原面积约占中国领土面积的四分之一，它不仅海拔高，而且在夏季是大气热源，且此热源所在位置的高度高，故它对周围大气环流和气候的形成与变化有重大影响。因此，它不仅对亚洲夏季风爆发起很大的动力和热力作用，而且对我国天气气候灾害的发生也有很重要的影响。高原下垫面极其复杂，存在森林、草甸、荒漠、冰川、湖泊、冻土等，植被在高原的西部和东部地区之间存在强烈对比；并且，此区域的陆面过程是十分复杂的，特别是能量和水分循环更是复杂。因此，青藏高原地-气耦合过程将严重影响着高原及周围的气候，并影响东亚、南亚和东南亚的水资源。可见，开展青藏高原地-气耦合过程及其气候效应研究不仅对研究全球气候变化和亚洲区域水循环具有重要的科学意义，而且对提高我国天气气候灾害的预报预测水平也有重要的应用价值。

3. 西太平洋暖池对东亚季风系统和西北太平洋台风的影响及其机理

热带西太平洋海域是全球海面温度最高的区域，在次表层以上存在着全球最暖的暖水团，称为"西太平洋暖池"（warm pool，以下简称暖池）。暖池常年的海面温度大于 $28℃$，表层海水热含量也很大。由于此海域海温很高，故在此海域的海-气相互作用相当剧烈，在其上空有很强的上升气流，造成了大量水汽在这里辐合上升，从而产生很强的对流活动和强降水，形成了全球最强大的热源。这个强大热源不仅对热带大气环流和海-气相互作用产生重大的影响，而且对副热带和中高纬度地区的大气环流变化也起着重要的作用，特别是对东亚夏季风及中国夏季旱涝等重大气候灾害的发生和西北太平洋台风活动有严重影响。因此，开展西太平洋暖池对东亚季风系统、西北太平洋台风活动的影响及其过程和机理的研究对于提高东亚季风系统变化和西北太平洋台风活动的变异成因具有十分重要的科学意义。

4. 灾害性天气气候预报预测模式和方法

当前，国际上很重视灾害性天气气候发生机理及其预测的研究，实施了许多国际大型研究计划，以便深入认识灾害性天气气候发生成因，提高预报预测水平。为提高气候变异的预测水平，国际上开展了气候数值模式的比较，大量预测试验证明了海-陆-气耦合气候模式对气候变异季度预测的有效性；此外，还采用观测-预报相结合及超级集合预报技术来提高高影响天气气候的预报水平，并发展"无缝隙"天气气候预报新概念。通过这些研究，可以大大提高灾害性天气气候的预测水平。因此，开展灾害性天气气候数值预报预测模式和方法研究也是很重要的。

二、大气环境变化的过程、机理、预报理论及其与气候相互作用

1. 大气环境变化过程和机理

工业革命以来，特别是在过去的 50 多年期间，世界各地工业化迅速发展，人口急剧增加。随着工业化的发展和人口增加，由工业生产和人民生活所产生的污染物的排放及汽车尾气大幅度增加，导致了空气质量下降及酸雨发生频率上升。在现代化的进程中，人类活动向大气排放了以颗粒物、二氧化硫、二氧化碳、氮氧化物等为主的一次污染物，同样也向河流排放了大量包括重金属的污染物。这些污染物在大气、水体和土壤中除了部分清除和净化外，还会进一步发生化学反应及生化的转化，可能产生更严重的二级污染物。由于大气污染不仅严重影响人类身体健康，而且还影响气候变化，所以国际上一直很重视大气环境变化过程、机理及其预报的研究。

当前国际上很关注大气环境变化的发生过程和机理，以及预报理论的研究，特别是关注大气光化学烟雾型污染、霾雾天气的发生过程，酸雨的发生过程及机理，沙尘暴的发生过程及机理，重金属和持久性有机污染物（POPs）的产生成因及危害，污染物在大气中的扩散和输运过程、数值模拟和预报，以及突发性大气污染事件发生的应对等的研究。

2. 我国大气环境变化过程、机理、预报与调控

近年来，我国工业迅速发展，城镇化进展加快，汽车拥有量急剧增加，这些导致了大气环境质量存在不同程度的下降，许多地区存在着光化学烟雾、霾（特别是 PM2.5 微细颗粒质量浓度的增加）、浓雾、酸雨、沙尘暴、POPs（持久性有机污染物）、痕量金属等不同种类的大气污染，这些大气污染的发生过程及机理尚不十分清楚，并且，这些大气污染发生的数值模型还很不完善，特别是近年来雾霾天气发生频率增加，急需准确率较高的数值模式。因此，系统研究我国大气环境变化的发生过程、机理与预报模型和调控是非常

必要的，这也是国家经济和社会发展的迫切需求。

3. 环境与气候相互作用

人类活动一方面造成全球气候变暖；另一方面造成环境变化，特别是大气污染加剧。气候变化与环境污染发生相互作用，还可能带来更严重的影响，并给我们赖以生存的地球带来更大的环境压力，甚至变成环境灾害，从而给农业、生物多样性及人类身体健康带来更严重的影响。近年来环境变化与气候变化相互作用过程的研究已引起很多国家的重视，因此，我国大气科学今后应加强环境变化与气候变化相互作用过程的研究，特别是加强气溶胶与季风相互作用的研究。

三、东亚气候对全球气候变化的影响、响应、机理和应对

20 世纪，大气科学的重要进展之一是各国科学家和政府认识到全球在变暖且引起天气气候灾害的加剧和地球环境的变化，这个问题不仅引起国际科学界的极大关注，而且也引起了世界各国民众和政府的重视。全球增暖及其影响不仅成为世界科学研究的热点，而且成为国际外交关注的焦点，因而全球气候变化及其影响的研究迅速在全球展开，现在它已成为大气科学研究的一个重要分支领域。

1. 全球气候变化对东亚季风系统的影响

全球气候变化对东亚气候有很大影响。东亚地区的气候是典型的季风气候，随着全球气候变化，东亚季风变异而变得更剧烈，导致各种天气气候灾害造成的损失更加严重。季风不仅是一种大气环流系统，而且是一种海-陆-气相互作用的耦合系统。东亚季风也不只是一个东亚上空随季节有明显变化的环流系统，还是受海洋、陆面、冰雪和高原影响的一个区域气候系统。这些不同圈层的相互作用对东亚季风气候的季节内、年际和年代际变异有重要影响，因此，研究在全球变暖背景下这些圈层的变异及其相互作用对东亚季风气候的影响是很重要的。

2. 东亚季风系统变化对全球气候变化的反馈作用

东亚季风气候系统是全球气候系统中重要的成员，东亚季风系统的变化对全球气候变化也有很大的反馈作用。因此，我国大气科学不仅要研究东亚季风系统对全球气候变化的响应，而且要研究东亚气候对全球气候变化的影

响。这对于今后我国大气科学的发展是很重要的。

3. 全球气候变化对区域气候和环境影响及其评估

当前，全球气候变化及其对区域气候和环境影响的研究和评估已成为世界科学研究的热点，全球气候变化对区域气候和环境变化的影响问题已成为各国政府为促进社会和经济可持续发展必须考虑的一个重要问题；并且，全球气候变暖的区域响应理论研究正受到重视。我国在全球气候变化及其对区域气候和环境影响方面的研究也正在迅速发展，在此基础上，我国大气科学不仅要开展全球气候变化的特征、成因的研究及今后演变趋势的评估，而且有必要加强全球气候变化对东亚季风气候和环境变化的影响过程及其机理的研究，以及全球气候变化对我国农业、水资源、环境和人民健康等影响的评估。

四、地球/气候系统各圈层相互作用过程及数值模型

1. 地球/气候系统各圈层相互作用过程及数值建模

由于地球气候和环境变化是地球系统五大圈层相互作用的结果，所以要正确认识气候系统的变化规律，就必须深入了解地球系统各圈层之间相互作用的物理、化学和生物过程。地球系统模式是基于地球系统中的物理、化学和生物过程建立起来的数学方程组（包括动力学方程组和参数化方案）来确定这个系统各个分量（大气圈、水圈、冰雪圈、岩石圈、生物圈）的性状，由此构成地球系统的数学物理模型，然后用数值的方法进行求解，并在计算机上付诸实现的一种综合性系统数值模型。这样，各圈层耦合的地球系统数值模型就成了理解地球气候系统中气候变化的规律、特征和趋势的研究平台，也是预估未来气候变化趋势最重要的甚至是不可替代的研究工具。

2. 地球/气候系统数值模型

地球/气候系统数值模型不仅是地球/气候系统中物理、化学、生物过程的研究平台，而且还是气候模拟、预测和预估的重要平台，多学科交叉的平台，地球系统观测资料整合、同化的平台。因此，发展地球/气候系统数值模型不仅对于研究地球系统中各圈层相互作用过程和机理具有重大科学意义，而且在气候变异预测和未来全球气候变化趋势预估方面也有重大应用价值。鉴于地球/气候系统数值模型如此重要，先进国家正在努力发展地球/气候系

统数值模型，特别是深入研究在地球/气候系统数值模型中大气化学过程、陆地和海洋生物地球化学过程的描述。因此，今后我国大气科学不仅要研究地球系统各圈层相互作用的物理、化学和生物过程，而且应尽快加强地球/气候系统数值模型的研究。

3. 日地关系、平流层物理和化学过程，以及数值模式

地球系统的气候变化是气候系统中大气圈、海洋圈、岩石圈和生物圈等共同作用的结果。然而，太阳是这个系统的根本能量来源，地球上的天气气候变化明显地反映出与太阳活动有一定的关系。人们对太阳活动影响地球气候变化的过程尚缺乏深入认识；并且对平流层大气异常及其对对流层大气的影响过程及行星大气环流特征也不清楚。这些过程的数值模式和数值模拟已是当今国际大气科学研究的前沿。由于我国过去在这方面投入研究力量相对较弱，科学积累也较少，对影响我国气候和环境变化的平流层关键物理、化学过程及其效应，以及日地关系认识不足，模拟研究不多、模式的性能不高，为此，当前我国大气科学研究迫切需要为这一新兴的国家重大需求提供基础理论、观测数据和数值模式；加强平流层和中间层过程和日地关系在气候变化中的作用研究，以及行星大气环流的数值模拟也是我国大气科学和空间科学中一项重要任务。为此，我国在研究地球/气候系统数值模型时应该重视平流层物理和化学过程及其气候效应、日地关系，以及行星大气环流数值模型的研究。

五、大气探测的新原理和前沿技术

1. 大气探测对大气科学发展的重要作用

观测资料是大气科学研究发展的基石，纵观大气科学的发展史，无疑都是各种观测资料的积累达到一定程度才使得理论前进一步并带动了学科的发展，因此，观测资料对大气科学研究发展具有决定性意义。近代随着欧洲气象观测仪器等的发明，获取精确描述天气和气候变化等资料成为可能，世界上大部分有悠久历史的城市和周围都建立了自己的观测网，这些资料为后人对大气环流和气候变化等的深入理解奠定了坚实的基础。地面和探空技术的发展，以及地面和高空天气图的绘制和现代动力气象理论的提出等，奠定了现代天气预报的基础；雷达探测技术的发展，使得临近天气预报变得更加准确，并且，随着全球大气常规资料网的建立，特别是气象卫星遥感大气体系

的发展，使人们能够更加精确、更加全面地掌握大气中天气和气候变化。

20 世纪 60 年代以后，卫星对大气遥感观测技术的引入，对于大量无法建站观测的高山、海洋等区域也能够获得三维立体的观测资料，使得天气预报的准确性大大提高；并且，雷达、卫星，多种资料的引入和数据处理技术的大发展，以及四维同化技术的发展，使得一周左右的天气预报变得更加准确。这些事实都表明，观测数据资料在大气科学研究中具有不言而喻的重要性，大气科学研究的发展与各种观测资料的积累密不可分。因此，为了更好地推动大气科学研究的发展，就必须重视大气探测的新原理和前沿技术的研究，特别是针对我国的国家需求进行有特色的大气探测新技术的开发和创新原理的研究是很重要的。

2. 大气探测的新原理和前沿技术

对大气遥感新原理的研究和卫星前沿技术的研发已成为当前国际大气科学研究的一个重要课题。随着空基和地基大气遥感新原理和前沿技术的研究不断发展，人类能够更充分、更全面、更深入地进行地球气候和环境变化的研究。一个能动态、快速、多平台、多时相、高分辨率地提供对地观测数据的新阶段将很快到来，这将增进人类对地球系统五大圈层间相互作用和全球气候变化的认识。鉴于国际上大气观测前沿技术和新原理研究不断创新、观测试验的迅速发展及我国科技发展的需求，今后我国应加强大气探测的新原理和前沿技术的研究。

上述五个关键科学问题不仅是根据国家今后 5～10 年经济、社会和科技发展的需求而提出来的，而且也是与当前国际大气科学所面临的具有挑战性重大科学问题相适应的。这些科学问题是今后我国大气科学发展中应特别重视的重大而关键的问题，因此，今后在我国大气科学的发展中应采取有效措施来加强这五大关键科学问题的研究，以便为我国大气科学研究从大国发展成强国奠定基础。

第五节　我国大气科学发展的总体思路

鉴于今后国际大气科学的发展动向和趋势，以及国家经济和社会发展对大气科学发展的需求，并考虑我国在大气科学研究与国际先进水平的差距，我国今后 5～10 年大气科学研究发展的总体思路应是：要适应国际大气科学研究发展的动向和所提出的具有挑战性的重大科学问题的研究，特别是从地球系统各圈层相互作用来研究我国大气科学的重大而关键的科学问题，使我国大气科学研究朝更综合、更广泛方向发展；今后 5～10 年是我国大气科学发展的战略机遇期，要根据国家的需求，抓住机遇，制订在国家社会和经济发展中具有重要影响的综合性、前瞻性大气科学的重大研究计划，以便使我国大气科学尽快缩小与国际先进水平的差距，为从大气科学研究大国变成大气科学研究强国奠定基础。

一、今后我国大气科学发展应采取的思路

依据 20～21 世纪初大气科学的研究进展及当今国际大气科学研究的发展动向，今后我国大气科学发展应遵循如下思路。

1. 从地球系统各圈层相互作用来研究大气科学的重大科学问题

从 20 世纪至今，大气科学的发展根据其成就和特点，经历了从大气内部的动力和热力过程研究天气和大气环流的阶段，从大气、海洋、冰雪和陆面相互作用认识大气环流和气候变化的阶段。当前大气科学的发展将进入第三个阶段，人们从地球系统的气圈、水圈、冰雪圈、岩石圈、生物圈和人类活动等圈层的相互作用认识地球气候的变化。因此，当前国际大气科学研究的一个重点是从全球气候系统研究向地球系统研究转移，这也表明今后我们应从地球系统各圈层相互作用来研究我国大气科学的关键科学问题。

为促进国际大气科学和全球气候变化研究更快发展，国际上有关组织在全球已实施了一系列大型研究计划：从 20 世纪 80 年代到 21 世纪初在世界气候研究计划的框架下实施了全球能量水分循环试验（GEWEX）、气候变动及其可预测性研究计划（CLIVAR），在 2004 年，这两个计划联合进行了加强期试验（CEOP）。此外，还实施了平流层大气及其在气候中作用研究计划（SPARC）、气候变动与冰冻圈研究计划（CLiC）等。这些计划的实施使气候系统动力学研究和预测迅速发展，使得气候学家不仅有可能构成一个较完善的海-陆-气耦合气候系统模式来模拟年际和年代际的气候变化，以及模拟气候系统对外界强迫因子的响应，而且有可能为气候系统与生物圈、人类活动相互作用的研究提供模式基础。这样，大气科学家在此基础上完全有可能更深入地理解控制气候变化的地球系统各圈层相互作用的物理、化学和生物过程。因此，今后我国大气科学发展应重视地球/气候系统各圈层相互作用过程、数值模式和数值模拟的研究。

鉴于科学家对气候预测和监测相协调的重要性和必要性的认识，以及气候变化对社会和经济发展的严重影响，在 WCRP 实施的基础上国际上又实施了一个新的战略行动规划，即地球系统观测和预测协调研究计划。这个"协调"是对地球气候、环境、生态和水资源可定量的预测，以及对关键的重要气候过程的了解等大气科学最本质研究要与地球各圈层的"监测"协调。当前一些发达国家正在积极实施和发展地球/气候系统的模拟和观测的研究计划。因此，在今后我国大气科学研究的发展中不仅要重视地球系统各圈层相互作用过程的研究，而且要重视观测系统的建设。

2. 应特别重视灾害性天气气候形成的成因和预测研究

提高气候和中小尺度天气系统的监测和预测预警水平，减轻天气气候灾害造成的损失是各国政府特别关注的问题。在 21 世纪，国际上除了重视制订上述大型研究计划外，还特别重视天气气候灾害发生成因和预测研究。目前各国为了提高灾害气候预测和台风、暴雨等的天气灾害的预报水平，不仅重视高影响天气气候动力学的影响，而且重视发展超高分辨率的数值模式及研制计算速度为每秒千万亿至万万亿次的高性能计算机。可以相信，在 21 世纪 20～30 年代，在灾害气候和台风、暴雨等高影响天气的定量预报预测方面将可能有新的突破。并且，由于气候灾害的严重性，年际和年代际气候变异（variability）成因和机理的研究显得很重要，各国大气科学家都在关注这个科学问题的研究。因此，我国大气科学发展不仅要特别重视台风、暴雨等灾害性天气系统的成因和预报理论的研究，而且要加强气候灾害的发生成因和预测的研究。

当前，国际大气科学研究的一个重要科学目标是：能够对天气气候变化做出无缝隙预报，从而适应自然界不间断的天气和气候的连续变化，以便提高天气气候预测在社会和经济发展中的作用。为此，国际上实施全球观测系统研究与可预报性试验，其目的就是要把中期天气预报与短期气候预测相衔接。因此，今后在对我国大气科学关键科学问题进行研究时应把天气系统研究与气候系统研究相结合。

3. 要更加重视全球和区域气候与环境相互作用过程及其机理的研究

当前全球和区域环境的恶化不仅关系到人类未来的生存环境，而且对经济和社会可持续发展的各个方面都具有潜在的重大影响，它是各国社会和经济可持续发展中最关键的科学问题之一。然而，环境影响着气候变化，而气候变化将影响环境，因此在 21 世纪，气候与环境的相互作用将更加受到各国政府和科学家的重视。

为了应对气候变化，在 21 世纪，全球将更重视温室气体的监测，特别是全球陆地和海洋的碳循环观测；由于气溶胶对气候变化的重要作用，特别是东亚和南亚气溶胶与季风相互作用更加受到国际大气科学界的重视，气溶胶与气候变化的相互作用等科学问题的研究将促进大气科学和全球气候变化研究向更高水平发展。因此，今后我国大气科学发展应更加重视环境与气候相互作用的研究，特别是气溶胶与季风相互作用的研究。

4. 应加强关于大气探测的新原理和前沿技术的研究

对大气各种要素的观测是大气科学发展的基础，大气科学的每一个重大研究成就与大气探测新原理的提出和前沿技术的应用分不开，因此，许多先进国家非常重视大气探测新原理的研究和前沿技术的研制。由于卫星对大气遥感原理研究的不断发展，当前已进入一个能动态、快速、多平台、多时相、高分辨提供大气观测数据的新时代，这将促进大气科学的快速发展。

与国际上大气探测研究相比，我国在大气探测新原理和前沿技术研究方面相对较弱，不仅投入少，研究人员少，而且研究水平相对不高，因此，今后我国大气科学发展应加强大气探测新原理的研究和前沿技术的研发。

5. 应把气候变化研究与社会可持续发展研究相结合

当前国际上正在实施"未来地球"研究计划，这个研究计划反映了国际科联理事会（ICSU）当前所关注全球气候变化的重点要从认识人类活动对地球系统的影响转变到更广泛的领域，即转变到认识和预测全球气候和环境变化所带来的后果，以及人类应对全球气候和环境变化的方法和策略。"未来地球"研究计划将加强自然科学与社会科学的沟通与合作，为全球可持续发展提供必要的理论知识。经过"未来地球"国际性大型科学计划的实施，国际上关于地球观测系统的建立、地球系统的数值模式和数值模拟、地球科学理论的研究与各国经济和社会可持续发展相结合将可能得到迅速发展。因此，今后我国大气科学研究应向更综合、更广泛的重大科学问题研究发展，使大气科学的发展能更好地服务于我国经济和社会的可持续发展。

二、根据国家对大气科学研究的重大需求制订重大研究计划

依据 21 世纪初国际大气科学的发展趋势、动向和一些先进国家所制订的

今后 5～10 年大气科学的发展规划，特别是根据在第三节所分析的今后我国经济、社会和科技发展对大气科学研究的需求，今后 5～10 年我国大气科学研究应该对如下具有挑战性的几个重大科学问题制订重大研究计划。

1. 我国灾害性天气气候发生的机理及其预报预测

旱涝、酷暑和低温冰冻雨雪等极端气候，以及台风、暴雨等极端天气每年给我国带来数千亿元的经济损失和大量人员伤亡。为此，在 21 世纪，我国大气科学研究不仅应重视极端天气气候发生特征、成因和机理的研究，而且要发展准确的天气预报模式和方法，以及研究季节和年际气候预测模式和方法，并努力发展无缝隙天气预报和气候预测的研究；并且，应重视把这些预报、预测产品应用到交通、能源管理、农业和水产养殖系统，以及国家安全计划中。

当前，针对灾害性天气气候发生的机理及其预报预测，国际上许多研究中心都在发展高分辨率天气预报模式和气候预测数值模式，特别是发展高分辨率海-气耦合的气候数值模式并对季度气候异常进行预测，并发展气候系统模式集成，发展多种模式的"超级"集成。我国在关于极端天气气候发生过程和机理，以及数值预测研究方面有一定基础，今后若有重大研究计划支持，对某些问题的研究将可能取得重大进展。

2. 大气环境变化与气候变化相互作用

随着各国工业的发展，工业和汽车尾气排放使得世界许多地方空气受到严重污染，特别是大气中 PM2.5 微细颗粒质量浓度的升高，这致使诸如霾、城市光化学雾等严重环境灾害频繁发生。这些大气污染不仅对人类的生存环境产生越来越严重的影响，而且对气候变化也有重要影响，世界各国越来越重视大气环境变化的发生成因、机理及其与气候相互作用过程的研究。因此，大气环境变化的机理、预报及其与气候变化相互作用已成为国际上许多国家大气科学重要的研究课题。

随着全球气候变暖，东亚气溶胶浓度不断升高，不仅对雾霾天气有严重影响，而且对气候变化已产生一定影响，特别对季风变化有明显的影响。因此，今后我国大气科学发展中应制订大气环境变化与气候变化相互作用的重大研究计划。

3. 全球和东亚气候变化的应对和适应的有关理论

全球气候变化及其影响不仅成为国际上重要的科学研究课题，而且已成为各国政府在制定政策与进行经济建设决策时必须考虑的一个重要问题。为此，从 20 世纪 90 年代起，全球气候变化及其影响不仅仅只停留在研究和评估上，而且已成为近年来制定相关的国际条约和外交活动的重要内容。为了应对气候变化，各国政府都在采取各种措施降低温室气体的排放，并且，从 21 世纪初起国际更重视地球系统中大气、海洋及陆地的碳、氮、磷等化学循环过程对气候和环境影响的研究。当前，一些先进国家都在制订大气和海洋中碳、氮、磷等化学循环过程及其对气候影响的研究计划。

由于东亚气候呈现强季风气候特征，全球气候变化对东亚季风气候系统有重要影响，东亚气候系统对全球气候变化也有反馈作用。全球气候变化对我国农业、水资源、环境、天气气候灾害会带来严重影响，气候变化已成为制定社会和经济可持续发展政策必须要考虑的一个重要问题。为了适应全球气候变化，我国大气科学不仅急需研究东亚区域对全球气候变化的响应及其机理，而且还急需研究为适应全球气候变化在制定社会和经济可持续发展政策时应采取的重大措施。因此，今后在我国大气科学发展中应制订关于全球和东亚气候变化的应对和适应的重大研究计划。

4. 地球系统各圈层相互作用的物理、化学和生物等过程，以及地球系统数值模式

当今国际大气科学研究发展的一个特点就是发展带有全球性重大综合科学问题，加强地球系统数值模型的构建，重视不同地球系统各圈层之间相互作用过程及其机理的研究。地球系统数值模式不仅有可能对气候系统和生物圈相互作用过程及其机理做更深入的了解，而且能够把物理气候系统、生物圈、人类活动作为一个整体，利用数学模型来描述地球系统的物理、化学和生物过程。因此，地球系统数值模型的构建是当前国际地球科学研究中的一个重大科学问题。为此，当前一些先进国家正在积极研制地球系统模式（ESM），它包括气圈、水圈、冰雪圈、岩石圈、生物圈和人类活动各圈层相互作用的物理（包括动力和热力）、化学、生物和水文过程。地球/气候系统模式需要计算速度为千万亿次/秒～万万亿次/秒的高性能超级计算系统，为此，一些先进国家在发展地球/气候数值模式的同时，积极发展高性能超级计算系统，并实施相应的研究计划。因此，当今国际上高性能超级计算系统的发展是很快的，它们的发展大大促进了地球/气候系统的数值模拟的发展。

鉴于我国在地球系统各圈层的物理、化学和生物过程，以及数值模式研究方面较弱，应制订有关地球系统各圈层相互作用物理、化学和生物过程，

以及地球系统数值模式的重大研究计划（包括地球系统模拟装置）。

当前，国际上大气科学研究正在向更综合、更广泛的研究发展，为了更好地服务于国家经济和社会的发展，大气科学研究正面临许多具有挑战性的重大科学问题。因此，今后我国大气科学发展要适应国际大气科学的发展动向，在研究上应重视从地球系统各圈层相互作用，来研究大气科学，加强天气系统的研究与气候系统的研究相结合，重视环境变化与气候相互作用，以及气候变化与社会发展相互关联的研究，并且要根据国家经济和社会发展对大气科学发展的需求，抓住当前大气科学发展的战略机遇，制订我国大气科学发展中具有综合性、前瞻性的重大研究计划。

第六节　我国大气科学的发展目标

为促进我国大气科学新的分支学科生长点的形成及服务于国家科技发展需求，今后5～10年我国大气科学的发展目标应是：我国大气科学研究朝更综合、更广泛方向发展，在国际大气科学前沿领域做出创新研究，为我国从大气科学研究大国变成强国奠定基础；我国大气科学发展要适应国际大气科学发展趋势，并根据国家经济、社会和科技发展的需求提出新的分支学科生长点，以便更好地服务于国家减轻灾害损失及应对气候变化对大气科学发展的需求；努力建设我国大气科学人才队伍，特别是培养更多的高层次人才，为我国从大气科学人才大国变成大气科学人才强国奠定基础。具体发展目标如下。

一、尽快使我国从大气科学研究大国发展成为大气科学研究强国

当前，国际大气科学已从研究气候系统各圈层相互作用向研究地球系统各圈层相互作用的物理、化学和生物过程转移。因此，我国大气科学要从地球系统各圈层相互作用的各种过程来研究重大而关键的科学问题，使我国大气科学研究朝更广泛、更综合方向发展，在国际大气科学具有挑战性重大科学问题做出有特色而创新的研究；并且，在一些大气科学的分支学科要尽快缩小与国际先进水平的差距，在主要分支学科要达到国际大气科学的先进水平，在某些领域（如东亚季风、高原气象）研究处于国际领先水平。这样，为我国成为国际大气科学研究强国奠定基础。

二、培育和提出 2～3 个新的分支学科生长点

依据国际大气科学的发展动向和趋势，并考虑今后国家经济、社会和科技发展对大气科学发展的需求，今后我国大气科学的发展要重视以下几个分支学科生长点的培育和发展。

1. 地球/气候系统数值模型和模拟

地球/气候系统数值模型不仅是气候系统的物理过程、气候变化模拟、预测和预估的研究平台，而且也是地球系统气圈、水圈、冰雪圈、岩石圈、生物圈及人类活动相互作用过程的研究平台。它的研究不仅是地球科学中的大气科学、海洋科学、水文科学、冰川学、生态学、地质科学、地理科学、环境科学等领域多学科的交叉研究，而且也与计算数学、物理学和计算机技术密切相关。因此，地球/气候系统数值模型和模拟是今后我国大气科学发展一个新的分支学科。

2. 区域气候变化与环境相互作用

几十年的研究表明，全球气候变暖主要由人类活动产生的温室气体加剧所造成。但是，由于各区域自然环境和人类活动情况不同，所以对全球气候变化响应也不同。东亚是强季风区，它对全球气候变化的响应不同于其他地区，因而东亚气候对全球气候变化的响应也不同于其他地区，并且，气候变化对区域环境有重要影响，全球气候变化对东亚地区的土地利用、植被、大气中的气溶胶和污染物有很大影响，而土地利用、气溶胶对区域气候变化也有重要影响，特别是东亚季风与气溶胶相互作用将成为大气科学一个重要研究领域。因此，区域气候变化与环境相互作用应是今后我国大气科学一个新的分支学科。

3. 未来地球大气与可持续发展

国际上正在实施"未来地球"研究计划。这个计划的目的是从认识人类活动对地球系统的影响转变到认识和预测全球气候和环境变化的后果，应对全球气候及环境变化的策略和方法。未来地球大气的研究是这个计划很关键的部分，它是利用地球系统观测资料，研究和预测未来地球各圈层相互作用所导致地球大气的变化特征，以及应对气候变化的策略和措施。它不仅是自然科学的研究，而且也是自然科学与社会科学相结合的研究。未来地球大气

的研究将为国家经济和社会的可持续发展提供必要的科学依据。因此，通过此领域的研究，今后我国大气科学的发展更能服务于我国经济和社会的可持续发展。

三、更好地服务于国家经济和社会发展的需求

鉴于我国天气气候灾害的严重性及对灾害性天气气候发生的预报预测水平有待于进一步提高，认识和揭示我国灾害性天气气候发生特征、成因和机理，提高灾害性天气气候的预报预测水平一直是我国大气科学发展的主要目标之一。在今后，大气科学研究要加强我国灾害性天气气候发生成因、机理及其预报预测方法、模型的研究，以便提高灾害性天气气候预报预测水平，从而减轻灾害造成的损失；并且，要重视我国大气环境变化的过程、机理及其预报和调控机理的研究，从而更好地服务于国家经济和社会发展的需求，此外，还应加强关于东亚气候对全球气候变化的影响、响应及其应对措施，以及地球/气候系统的数值模型和模拟的研究，从而能够为国家应对全球气候变化提供科学依据。

四、成为国际大气科学人才强国

人才是学科发展最重要的因素，要使我国成为大气科学研究强国，首先要求我国从大气科学人才大国变为国际大气科学人才强国。当前我国大气科学人才培养，无论是在数量还是质量方面都处于国际大气科学人才大国层面，博士生在学人数达 800 名左右，与美国大气科学在学博士生人数相当。但是，应该看到，我国大气科学高层次人才缺乏，与先进国家相比，我国大气科学高层次人才偏少，特别是大气探测学和大气化学研究的高层次人才更加缺乏。因此，在今后 5~10 年，我国大气科学的发展要特别重视人才队伍建设和高层次创新人才的培养，为我国成为国际大气科学人才强国奠定基础。

总之，今后 5~10 年是我国大气科学发展的战略机遇期，我国大气科学的发展不仅要更好地服务于国家经济、社会和科技发展的需求，而且要适应国际大气科学的发展趋势，尽快从大气科学研究大国发展成为大气科学研究强国。为此，我们应采取有效措施，加大大气科学研究的投入，开展更多与大气科学发展有关的综合性大型科学试验，尽快落实地球系统的数值模拟装置的研制和建设，努力培养大气科学的高层次优秀人才。

第七节　我国大气科学发展的重要研究方向

为了更好地服务于国家经济和社会发展的需求，以及适应国际大气科学的发展，并依据在本章所述的我国大气科学发展的关键科学问题、发展思路和目标，今后5～10年我国大气科学发展应有如下四方面重要研究方向。

一、地球/气候系统各圈层相互作用过程及数值模型与模拟

地球/气候系统各圈层相互作用过程和数值模型与模拟研究不仅是国际先进国家大气科学研究的重要方向，也是今后我国防灾减灾、应对气候变化所迫切需求研究的大气科学重大科学问题，因此，它是今后我国大气科学发展的重要研究方向。在此重要研究方向有如下研究领域。

1. 地球系统各圈层相互作用过程

在此重要研究领域应注重地球系统各圈层相互作用的物理、化学和生物过程的观测、分析和数值模型等的研究。

2. 地球/气候系统数值模型和模拟

在此重要研究领域应注重气候系统物理过程数值模型的改进、地球系统数值模型的构建，特别是大气化学、陆地和海洋生物化学过程数值模型的发展，陆地生态数值模型的发展，水文过程与水循环在地球系统模式中的表述等的研究，以及上述这些模式的耦合技术和全球气候模拟。

3. 高分辨率区域气候数值模型与数值模拟

在此重要研究领域，应注重东亚地区高分辨率区域气候数值模型、高分辨率模型的物理过程参数化方案及集合方案、区域气候的高分辨率数值模拟等的研究。

4. 平流层过程的数值模型和数值模拟

在此重要研究领域应注重对流层与平流层和中间层耦合的动力过程及物质输运过程的数值模型和数值模拟、平流层气溶胶和光化学过程的数值模型和数值模拟、平流层臭氧变化及其气候效应的数值模拟等的研究。

5. 地球气候变化与太阳活动关联的数值模拟

在此重要研究领域，应注重太阳活动与地球气候变化的关联过程及其数值模型和模拟、东亚气候系统对太阳活动的响应过程及其数值模拟、行星大气的数值模拟等的研究。

二、全球气候变化背景下我国灾害性天气气候发生机理及其预报预测

鉴于我国天气气候灾害的严重性，且在全球气候变化影响下有加剧的趋势，在全球气候变化背景下，我国灾害性天气气候发生机理及其预报预测是今后我国大气科学发展的重要研究方向。在此重要研究方向有如下研究领域。

1. 全球气候变化背景下我国灾害性天气气候发生的特征、成因及其机理

在此重要研究领域应注重我国灾害性天气气候的变化特征及其机理、全球气候变化背景下东亚气候系统变异与我国重大天气气候灾害发生的关系、海-气和陆-气相互作用对我国重大天气气候灾害发生的影响及其过程、东亚季风暴雨发生的频发性与突发性成因、台风和强风暴等强对流天气发生的动力过程和机理等的研究。

2. 青藏高原地-气耦合过程及其天气气候效应

在此重要研究领域，应注重高原多尺度地形作用下的大气动力过程、高原复杂下垫面的陆-气相互作用及其过程、高原上空云-对流过程及其对气候的影响机理、高原地区陆-气相互作用对干旱的放大作用及其机理、高原对我国灾害性天气的影响机理及预报模型和方法、高原对亚洲季风爆发的影响及其机理、高原遥影响的过程和机理、高原对亚洲大气环境的影响等的研究。

3. 西太平洋暖池海-气相互作用及其天气气候效应

在此重要研究领域，应注重西太平洋暖池海-气相互作用过程及其对EN-SO循环和亚澳季风系统的影响，西太平洋暖池热状况影响东亚季风系统和中国极端气候的过程及其机理，西太平洋暖池强对流的变异过程、成因及模拟，西太平洋暖池对西北太平洋台风活动的影响及其过程，暖池-ENSO循环-印度洋相互作用过程，全球变暖背景下西太平洋暖池热力变化趋势的预估等的研究。

4. 我国灾害性天气气候预报预测理论

在此重要研究领域，应注重我国灾害性天气气候的可预报性，灾害性天气气候的数值模式、模拟和预报预测理论和方法，我国天气气候灾害无缝隙预报的有关理论等的研究。

5. 全球气候变化对东亚季风气候的影响、机理及其应对

在此重要研究领域，应注重全球气候变化的区域响应机理，全球气候变暖背景下东亚冬、夏季季风年代际变化特征、趋势及其机理，东亚能量和水分循环变化对中国极端气候的影响及其机理，我国近海和邻近海对全球气候变化的响应，东亚农业和水资源对全球气候变化的适应，全球气候变化的应对策略和措施等的研究。

三、未来我国大气环境变化过程、机理及其与气候相互作用

未来的环境变化和环境保护是我国今后经济和社会发展急需研究的重要科学问题，也是国际大气科学研究的热门课题之一，特别是环境与气候相互作用更是国际很关注的科学问题。因此，未来大气环境变化及其与气候相互作用应是今后我国大气科学发展的重要研究方向。在此重要研究方向有如下研究领域。

1. 我国雾霾天气形成过程、成因、调控机理

在此重要研究领域，应注重我国城市光化学烟雾形成过程及成因与危害、雾霾天气的形成过程及成因与调控机理和对策、突发性大气污染事故的发生原因及应急对策等的研究。

2. 大气复合型污染的形成过程、机理及危害

在此重要研究领域，应注重大气污染物输送过程、大气化学反应机制、复合污染的形成过程、大气微量金属与持久性有机污染物（POPs）的产生原因及变化与危害等的研究。

3. 大气环境与天气气候相互作用的机理及过程

在此重要研究领域，应注重东亚大气气溶胶的变化特征及过程与趋势、气溶胶与东亚季风相互作用过程、气溶胶-云-辐射-天气气候相互作用过程及

机理、酸雨和沙尘暴的形成过程及成因与未来变化趋势等的研究。

4. 我国大气环境变化数值模型、模拟及预报

在此重要研究领域，应注重复杂地形边界层物理过程及数值模式与模拟、空气质量变化和气溶胶粒子浓度变化等数值模型及模拟，我国大气环境变化的预报理论、模型和调控机理等的研究。

5. 未来大气环境变化与可持续发展

在此重要研究领域，应注重未来碳循环过程及数值模式与数值模拟、人类活动所引起的大气环境变化趋势预估、应对环境变化的策略和方法、未来大气环境变化与经济和社会的可持续发展等的研究。

四、大气探测的新原理和前沿技术

大气探测是大气科学发展的基础。当前，国际上非常重视大气探测新原理的研究和前沿技术的研发，这也是今后我国大气科学急需发展的重要研究方向。在此重要研究方向有如下研究领域。

1. 大气环境的地基和空基遥感新原理和前沿技术

在此重要研究领域，应注重地基全大气全要素的探测原理和前沿技术、大气中气溶胶、水汽及大气成分与温室气体的空基高光谱遥感技术，以及反演方法等的研究。

2. 大气辐射遥感新原理和前沿技术

在此重要研究领域，应注重大气辐射新的遥感原理、新的辐射传输计算模式、新传感器技术、太阳能利用新技术等的研究。

3. 大气探测前沿技术和天地一体化的探测系统

在此重要研究领域，应注重云微物理结构的观测技术、双偏振雷达精确观测技术、雷电定位技术、海-气和陆-气交换通量观测新技术、蒸发精确观测新技术及天地一体化探测系统等的研究。

4. 临近空间大气遥感前沿技术

在此重要研究领域，应注重中层大气风场、臭氧浓度观测新技术、重力

波的遥测技术等的研究。

5. 流动式大气探测前沿技术

在此重要研究领域，应注重飞机探测实验室与无人飞机探测技术、平流层试验气球探测等前沿技术的研发。

上述这些我国大气科学今后的重要研究方向不仅是国际上大气科学今后的研究重要方向，而且是今后我国经济、社会和科技发展的迫切需求。因此，这些重要研究方向在今后5～10年我国大气科学的发展规划或有关研究计划和重大研究项目中应得到加强和重视。

总之，本章首先简单回顾了国际近百年来大气科学研究的重大成就和近几十年来我国大气科学的发展成就，分析了当前国际大气科学的发展趋势和动向，特别是分析了今后我国经济、社会和科技发展对大气科学发展和人才队伍建设的需求，指出未来5～10年是我国经济、社会和科技迅速发展的时期，也是我国大气科学发展的战略机遇期，在此时期，我国经济、社会和科技发展对大气科学研究和人才培养提出更重要的需求；并且为了尽快成为大气科学研究的强国，本章在上述分析的基础上提出在未来5～10年推动我国大气科学发展的关键科学问题、发展思路、发展目标和重要研究方向。

参 考 文 献

黄荣辉. 2001. 大气科学发展的回顾与展望. 地球科学进展, 16: 643-657.

刘屹岷. 2014. 陆-气相互作用与青藏高原的气候效应及其观测//黄荣辉, 吴国雄, 陈文, 等. 大气科学和全球气候变化研究进展与前沿. 北京：科学出版社: 197-211.

王会军. 2014. 地球系统模式//黄荣辉, 吴国雄, 陈文, 等. 大气科学和全球气候变化研究进展与前沿. 北京：科学出版社: 174-177.

吴国雄, 刘屹岷. 2014. 未来地球//黄荣辉, 吴国雄, 陈文, 等. 大气科学和全球气候变化研究进展与前沿, 北京：科学出版社: 45-49.

郄秀书, 王普才, 李万莉, 等. 2014. 地球系统观测与大型观测试验基地建设//黄荣辉, 吴国雄, 陈文, 等. 大气科学和全球气候变化研究进展与前沿. 北京：科学出版社: 354-364.

徐永福. 2014. 大气化学与气候变化//黄荣辉, 吴国雄, 陈文, 等. 大气科学和全球气候变化研究进展与前沿. 北京：科学出版社: 275-289.

杨修群, 胡勇云, 管兆勇, 等. 2014. 我国高校大气科学学科建设和人才培养现状、问题及建设//黄荣辉, 吴国雄, 陈文, 等. 大气科学和全球气候变化研究进展与前沿. 北京：科学出版社: 370-379.

叶笃正. 1996. 关于全球变化的若干科学问题//国家自然科学基金委员会地球科学学部,

等.现代大气科学前沿与展望.北京：科学出版社：17-22.

曾庆存，周广庆，浦一芬，等．2008.地球系统动力学模式及模拟研究．大气科学，32：653-690.

中国气象学会．2010.大气科学学科发展——回顾与展望.北京：气象出版社．

Huang R H，Chen J，Huang G. 2007. Characteristics and variations of the East Asian monsoon system and its impacts on climate disasters in China. Adv. Atmos. Sci. ，24：993-1023.

Webster P J，Magana V O，Palmer T B，et al. 1998. Monsoon：Processes，Predictability，and the prospects for prediction. J. Geophys. Res. ，103：14451-14510.

第五章

关于自然科学基金资助机制
与政策的建议

第一节　引　　言

　　过去的 30 年，是我国自然科学研究规模不断发展壮大、科研水平追赶世界前沿的 30 年，也是我国经济迅速发展的 30 年。随着国家财政对基础研究投入的不断增长，国家自然科学基金从 1986 年的 8000 万元已增长到 2014 年的 200 亿元，这大大地改善了基础研究的资助环境，提高了项目资助强度。近 30 年来，自然科学基金在推动我国自然科学基础研究的发展，促进基础学科建设，发现、培养优秀科技人才等方面取得了巨大成绩；为提升基础研究创新能力进行了有益的探索，积累了宝贵的经验，为我国基础研究的发展和整体水平的提高做出了积极贡献。国家自然科学基金委员会自 1986 年成立近 30 年来，在"支持基础研究，坚持自由探索，发挥导向作用"方针的指导下，在实施国家创新体系中的战略，以及支持基础前沿研究中发挥了不可替代的作用。

　　与其他学科一样，大气科学学科在过去的 30 年也经历了巨大的发展，在自然科学基金的支持下，基础研究队伍不断壮大，科研水平不断提高，一些研究方向已达到了国际先进水平。可以说，过去的 30 年是大气学科发展最快的阶段，高速的经济发展为大气学科研究的快速发展提供了非常重要的保障。另外，近 30 年来，大气科学学科的研究内涵和覆盖范围都有了很大的变化，除了传统的研究领域，如大气动力学、大气物理学、大气探测学和天气学等，全球气候变化已成为大气科学最主流的研究内容之一，它进而演变成强调与地球科学其他分支学科相互交叉渗透的地球气候系统，因此，交叉和综合是大气科学学科未来发展的趋势。近30年来，大气学科取得的突破性进展之一就是人们认识到气候变化不仅仅是由发生在大气内部的动力、热力过程所形成的，更重要的是地球大气、海洋、冰雪和陆面相互作用的结果。在这一阶段，大气科学发展具有如下特点：①发展具有全球性重大综合科学问题，并实施全球性的研究计划；②大气科学和全球气候变化研究呈现综合发展趋势；③突出学科交叉；④大气科学重视观测系统的建设和新技术的应用；⑤超高速大型计算机系统的发展促进了气候系统的模拟和预测，使得气候系统的数值模拟更快发展（黄荣辉等，2014）。总之，学科的发展越来越重视学科交叉、人才培养与国际合作。大气科学学科研究的这些变化特点相应地对自然科学基金的资助政策和机制也提出了新的要求和挑战，需要我们思考和提出与时俱进的措施。

未来10年是我国大气科学发展的重要战略机遇期，随着我国经济的快速发展，国家投向基础研究的经费也必将不断增加。我们仍需要坚持以创新能力建设为主线，以培养和造就大批创新人才为核心，以创新环境建设为重点，以机制和体制创新为保障，不断完善和发展科学基金制度，解决制约大气科学发展的问题，从而迅速和全面地提高我国大气科学研究的自主创新能力和科研水平，早日使我国的科研水平达到国际一流水平。本章将结合制约本学科发展的关键政策问题，从能力建设、队伍建设、人才培养、制度建设、法规建设、环境建设、国际合作政策、组织保障等方面出发，提出有利于大气科学学科发展的有效资助机制与政策建议，特别是通过学科交叉、人才培养、国际合作、设施建设等综合途径推动学科发展的政策建议。为此，我们将首先通过对过去30年基金资助数据的分析，结合国内外大气科学领域的现状，提出一些资助建议。

第二节　近30年来科研产出和自然科学基金资助情况

一、发表的SCI论文

SCI论文是比较我们与国际同行科研产出的指标之一。图5-1所示的是根据SCI数据库分析得到的2004～2013年国际大气科学学科所发表的论文统计结果。可以看出，美国所发表的论文数量仍占有主导地位，远超出其他国家，甚至相当于其他国家的总和，并保持稳定的增长趋势。美国的论文总量从 2004 年的 3000 多篇增长到 2013 年的 4600 篇。我国在这 10 年期间发表的 SCI 论文数量从 300～400 篇增长到 2200 篇，年均增长率为 22.46%，远超过国际平均的年增长率 6.47%。在 2004 年，我国发表 SCI 论文的篇数只相当于一些欧洲国家的水平，但经过 10 年的发展，我们年均发表论文的数量已仅次于美国，尤其是 2009 年以来，我国论文数量的增长速度明显加快。与此同时，欧洲国家的年均论文数量虽然也呈增长趋势，但增长较为缓慢。就过去 10 年总的论文发表数量来看，我国共发表论文 9984 篇，约占全球发表论文总量的 11%。中国论文总被引次数达 47 936 次，居国际第五位。在我国发表的 9984 篇论文中，中国科学院发表论文 4058 篇，在世界发表论文前 15 位的机构中居首位，篇均被引频次为 11.81 次，居第 14 位；被引频次≥20 次的论文有 621 篇，在发表论文前 15 位的机构中排在第五位；被引频次≥50 次的高被引论文比例为 4.12%，排第 14 位。虽然中国发表论文总量和被引次数在国际上所占份额整体均呈上升趋势，但篇均被引和高被引论文的比例与发达国家相比仍存在比较明显的差距。如果我们把论文的引用次数作为研究成果创新性和引领性的一个指标的话，我们研究成果的创新性和引领大气科学研究前沿方面还有很大的差距。

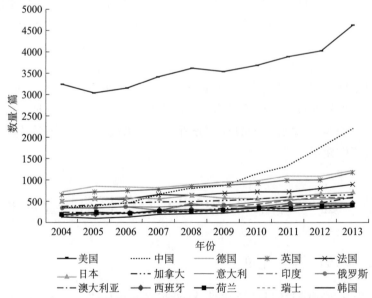

图 5-1　2004～2013 年 SCIE 数据库中各主要国家大气科学研究发文量变化

资料来源：王会军，谭哲敏，张人禾，等 . 2014. 大气科学学科篇（调研报告，由中国科学院兰州文献情报中心提供）

除中国科学院之外,中国发表 SCI 论文数量较多的 15 个机构分别是中国气象局、北京大学、中国气象科学院、南京信息工程大学、南京大学、北京师范大学、清华大学、兰州大学、香港城市大学、中国海洋大学、武汉大学、香港科技大学、重庆大学、中国矿业大学和复旦大学。这些机构所发表论文的引用情况还需要进一步的分析。

在国内外研究热点方面,2013 年所检索文献出现频次较高的关键词有气候变化、降水、遥感、气候模式、电离层、气候波动性、厄尔尼诺、气溶胶、臭氧层、模式评估、数值天气预报、预测、温度、热带气旋、卫星观测、可吸入颗粒物等。更具体地来讲,文献检索发现气候变化、气溶胶、臭氧层和降水等是大气科学研究的长期热点。另外,与以往相比,目前国际上更加关注大气模式等的应用研究,研究方法也已从依靠仪器发展到依据数学模式。

通过大气科学论文的分析和国内外对比分析研究,可以看出我国近 10 年来在该大气科学领域的研究具有以下特点:①我国大气科学研究成果呈快速增长趋势,中国大气科学研究的 SCI 发文量增长速度居世界首位,具有追赶美国的趋势,我国已在气候变化、降水、数值模拟、热带气旋、气溶胶、电离层、厄尔尼诺等方面有比较多的研究成果;②与美国相比,差距还是明显的,尤其是具有原创性的高水平和高影响论文差距较大,我国在篇均被引和高被引论文比例指标上与欧美发达国家相比尚有比较明显的差距;③我国在高影响期刊上发表论文的数量还比较少;④我国一些研究机构近年来有大量论文产出,但其国际学术影响力还有待时间检验。

二、自然科学基金资助统计

我们给出近 30 年来国家自然科学基金投入在大气科学学科经费的统计结果。图 5-2 为国家自然科学基金委员会地学部大气科学处统计的大气科学学科的经费自 1986 年以来的逐年资助额度。近 30 年,经费增长了近 100 倍,近 10 年的经费增加了近 10 倍,在 2013 年达到近 1.7 亿元。如果我们把图 5-2 与图 5-1 对比,可以看出,SCI 论文数量的增长与自然科学基金的增长有密切的关系,差不多都是在 2000 年之后开始了快速的增长。考虑到科研产出会落后经费的投入几年,我们预期在未来几年的 SCI 论文数量会有更大的增长。所以说,这些快速增加的投入为实施大气科学的基础研究提供了非常重要的保障。人才培养的增长与国家的教育投入增长有很大的关系,尤其是本科生数量的增长应主要是由教育经费投入的增长造成的。但是研究生数量的增长在某种程度上也与科研经费的增长有很大的关系。

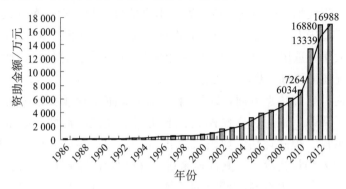

图 5-2　1986～2013 年面上项目资助金额

资料来源：国家自然科学基金委员会地学部大气科学处资料

整体来讲，国家自然科学基金委员会对各类项目的资助强度稳步上升。图 5-3 给出的是面上、地区和青年项目平均单个项目资助额度的逐年变化。可以看到，三类项目在 1986～2006 年基本都保持了稳定上升，青年和地区项目在 2006～2010 年有些停滞，而面上项目继续上升；面上和地区项目在 2010 年有一个快速的上升（面上和地区项目执行的时间也从 3 年延长到 4 年），青年项目的资助额度基本没变。

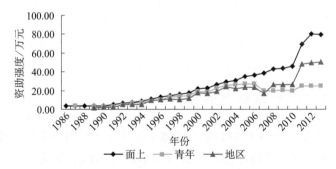

图 5-3　1986～2013 年面上、青年、地区项目资助强度

资料来源：国家自然科学基金委员会地学部大气科学处资料

图 5-4 给出的是面上、青年和地区项目的自 1986 年以来的资助率的逐年变化情况。在 20 世纪 80 年代后期至 90 年代早期各类项目的资助率由于申请人数的增加而降低之外，面上项目基本保持在 20%～30%，青年项目保持在 30% 左右，地区项目有较大的波动。虽然在过去的 30 年科研人员队伍不断扩大，但资助率保持稳定，这对保证科研队伍的发展非常重要，尤其是青年项目的资助率高于面上项目，有利于青年学者开始他们的学术生涯。

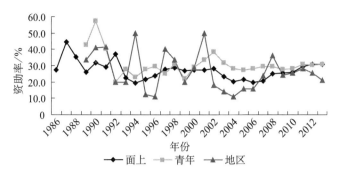

图 5-4　1986～2013 年面上、青年、地区项目资助率

资料来源：国家自然科学基金委员会地学部大气科学处资料

　　图 5-5 是面上、青年和地区项目数的逐年变化情况。我们可以看到，面上和青年项目的数量在 2002 年之后都保持增长，但地区项目数没有显著的增加。我们知道，地区项目是国家自然科学基金委员会与地方政府联合资助的项目，尤其是与边远省份的联合资助项目，所以，申请项目数量的增长缓慢很可能与这些地区的科研队伍体量增长缓慢有关。

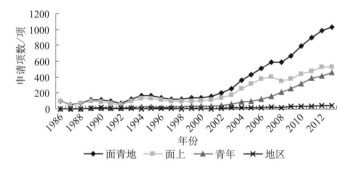

图 5-5　1986～2013 年大气科学面上、青年、地区项目申请数年变化情况

资料来源：国家自然科学基金委员会地学部大气科学处资料

　　图 5-6 给出的是大气科学各分支学科在 2013 年的申报项目数，申报项目数大致反映了各分支学科的科研队伍规模和科研活跃程度[①]。其中，三个申报项目最多的分支学科分别是大气遥感与大气探测学、气候学与气候系统、大气环境与全球气候变化。这 3 个分支学科也是国际研究的热点领域，说明我们在国际热点研究方向上与国际是保持一致的。申报项目最少的是中层与行星大气物理学，这与该研究领域的队伍规模较小有关。另外 3 个申报项目较少的分支学科是对流层大气物理学、云雾物理化学与人工影响天气和气象

———————

① 图 5-6 和表 5-1、表 5-2 中的数据都是根据 2013 年数据，用多年平均的结果会更有代表性。

观测原理。这一方面与图 5-6 中的分类有关，另一方面与研究队伍的规模较小有关。例如，这三个方向都属于大气物理的范畴。但大家一致认为，我们在大气探测原理和设备研发方面的研究人员较少（注：估计图 5-6 中的大气遥感和大气探测一项中，很多是卫星遥感的，其他大气探测或遥感方向的项目应比较少）。大气探测和相关设备的研发是大气科学的基础，该研究方向的薄弱将势必影响热点研究方向的深入发展。

表 5-1 给出的数据是 2012 年各分支学科的申报项目数和资助率。可以发现，其结果基本与图 5-6 一致，申报项目最少的仍是中层与行星大气物理学，而最多的三个方向也与图 5-6 中的相同。资助率最少的是气象观测原理方法及数据分析和应用气象学，分别为 9.4% 和 15.9%。这很可能与这些领域的研究更偏向于应用，基础研究分量不够而影响了函评和专家评审的结果。

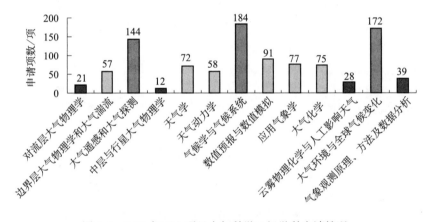

图 5-6　2013 年面上项目大气科学 2 级学科申请情况

资料来源：国家自然科学基金委员会地学部大气科学处资料

表 5-1　2012 年大气科学各分支学科项目申请、送审情况

学科代码	分支学科名称	申请项数/项	占总项数比例/%	送审项数/项	送审率/%	资助项数/项	资助率/%
D0501	对流层大气物理学	20	2.02	13	65.00	10	50.00
D0502	边界层大气物理学和大气湍流	60	6.07	34	56.67	25	41.67
D0503	大气遥感和大气探测学	126	12.74	58	46.03	33	26.19
D0504	中层与行星大气物理学	7	0.71	4	57.14	3	42.86

续表

学科代码	分支学科名称	申请项数/项	占总项数比例/%	送审项数/项	送审率/%	资助项数/项	资助率/%
D0505	天气学	56	5.67	18	32.14	13	23.21
D0506	天气动力学	50	5.06	28	56.00	20	40.00
D0507	气候学与气候系统	182	18.40	90	49.45	65	35.71
D0508	数值预报与数值模拟	92	9.30	43	46.74	29	31.52
D0509	应用气象学	82	8.29	29	35.37	13	15.85
D0510	大气化学	87	8.80	45	51.72	32	36.78
D0511	云雾物理化学与人工影响天气	34	3.44	15	44.12	14	41.18
D0512	大气环境与全球气候变化	161	16.28	71	44.10	43	26.71
D0513	气象观测原理方法及数据分析	32	3.24	7	21.88	3	9.38
合计		989		455	46.01	303	30.43

资料来源：国家自然科学基金委员会地学部大气科学处资料

表 5-2 给出的是 2012 年各科研单位的申报项目和资助率。中科院大气物理研究所和南京信息工程大学是两家主要的申报机构，他们的申报项目数占表 5-2 中总项目数的 36.6%，两家获资助项目数 78 项，占总资助项目数的 36.1%。获资助率最高的 3 家单位是兰州大学、南京大学和中国环境科学研究院。获资助率最低的两家单位是中国气象局沈阳大气环境研究所和兰州干旱气象研究所。表 5-2 还揭示了如下信息：①各高校、研究院所的科研队伍规模差异较大，相差在 10 倍以上，这与杨修群等（2014）对各研究机构的统计结果一致，其实还有一些申报项目不足 10 项的单位没有列在表 5-2 中，如北京大学、浙江大学和中国科技大学等；②资助率之间的差异一方面是由研究方向造成的，如一些单位的研究方向与国家自然科学基金委员会所强调的基础研究不完全一致；另一方面，毋庸讳言的是一些单位还缺乏足够竞争力的科研人才。总的来讲，这些不均衡不利于学科的发展。

表 5-2　2012 年大气科学部门项目申请、送审和资助率

部门类别	申请项数/项	占总项数比例/%	送审项数/项	送审率/%	资助项数/项	资助率/%
中国科学院大气物理研究所	113	11.43	71	62.83	48	42.48
南京信息工程大学	110	11.12	42	38.18	30	27.27
中国气象科学研究院	58	5.86	32	55.17	22	37.93
中国科学院合肥物质科学研究院	30	3.03	17	56.67	12	40.00

续表

部门类别	申请项数/项	占总项数比例/%	送审项数/项	送审率/%	资助项数/项	资助率/%
国家气候中心	29	2.93	16	55.17	11	37.93
南京大学	25	2.53	18	72.00	15	60.00
中国人民解放军理工大学	25	2.53	12	48.00	11	44.00
国家气象中心	23	2.33	6	26.09	5	21.74
国家卫星气象中心	23	2.33	13	56.52	4	17.39
中国科学院寒区旱区环境与工程研究所	21	2.12	8	38.10	8	38.10
成都信息工程学院	19	1.92	4	21.05	3	15.79
兰州大学	18	1.82	12	66.67	11	61.11
中国气象局广州热带海洋气象研究所	15	1.52	7	46.67	5	33.33
中国气象局成都高原研究所	13	1.31	6	46.15	4	30.77
中国气象局武汉暴雨研究所	13	1.31	6	46.15	3	23.08
北京师范大学	13	1.31	6	46.15	4	30.77
中山大学	11	1.11	7	63.64	6	54.55
中国气象局乌鲁木齐沙漠气象研究所	11	1.11	6	54.55	4 *	36.36
中国环境科学研究院	10	1.01	7	70.00	6	60.00
云南大学	10	1.01	4	40.00	3	30.00
中国气象局兰州干旱气象研究所	10	1.01	2	20.00	1	10.00
中国气象局沈阳大气环境研究所	10	1.01	1	10.00	0	0
合计	610				216	35.4

注：本表只列出了申请项目数大于 10 项的申报单位

资料来源：国家自然科学基金委员会地学部大气科学处资料

三、人才培养及其与美国的对比

大气科学人才培养在过去的 30 年也经历了快速的增长，我们在这里为了与美国的相关数据进行对比，仅使用其中的一些主要结果。据统计，1990～2003 年，我国高校共培养本科生 8600 名，平均每年 600 余人，1991 年最多达 750 人；2008～2011 年，每年招生分别为 1901 人、1878 人、1876 人和 1759 人，差不多是 2000 年前的 3 倍。硕士毕业生在 1990～2003 年共 1600 人，平均每年毕业 110 人；2008～2011 年，招生人数分别为 619 人、751 人、729 人和 725 人，是前期的 6.5 倍。博士毕业生在 1990～2003 年平均每年近

50 人，在 2008～2011 年，招生人数分别是 225 人、225 人、218 人、229 人，是前期的近 5 倍。虽然人才培养的人数有很大的增长，但人才质量，尤其是博士生的科研水平还有待提高。

我国目前设有大气科学学科的高校共 18 所，分别为北京大学物理学院大气与海洋科学系、南京大学大气科学学院、南京信息工程大学（大气科学学院、大气物理学院、应用气象学院、水文气象学院等）、兰州大学大气科学学院、中国人民解放军理工大学气象海洋学院、中山大学环境科学与工程学院大气科学系、中国海洋大学海洋环境学院海洋气象系、云南大学资源环境与地球科学学院大气科学系、中国科学技术大学地球与空间科学学院大气科学专业、浙江大学地球科学系大气科学专业、成都信息工程大学大气科学学院、中国农业大学资源环境学院农业气象系、沈阳农业大学农学院大气科学学科、广东海洋大学海洋气象学院大气科学系、复旦大学环境科学与工程系大气化学研究中心、清华大学地球科学中心大气科学学科、北京师范大学全球变化与地球系统科学研究院、中国地质大学（武汉）环境学院大气科学系（筹建）。

在这 18 所高校中，只有 8 所高校拥有博士点（前 8 所高校，云南大学只有气象学博士点）。加上中国科学院大气物理研究所，一共只有 9 个单位具有博士学位授予权。上面所列的最后 3 所高校暂时还没有招收本科生。

为了与美国的大气科学人才培养情况进行对比，我们在这里使用美国科学院国家研究顾问委员会的调查和统计数据，该数据是针对美国拥有博士学位授予权的 212 所大学、62 个学科、5004 个专业在 2005～2006 年的统计结果（RDP，2011）。在美国 212 所具有博士学位授予权的高校中，设有大气科学专业的大学共有 46 所。我们把这 46 所高校分为三个档次：第一档基本是美国一流水平的 13 所学校；第二档基本是美国较好的州立大学，共 22 所学校；第三档也是州立大学，但其综合排名稍微靠后一些，共 11 所学校。

表 5-3 给出的是第一档美国大学的统计结果。我们首先可以发现，在美国的一流大学中，大气科学一般都是与地球科学其他学科在一起的，而非单独的系或学院（加利福尼亚大学洛杉矶分校除外），这是因为美国一流大学的学科相对集中，每个学科都不太大，教授人数也不是很多。在这 13 所大学中，大气科学专业的教授人数都不太多，一般不超过 10 人，平均为 8.85 人。其中，哥伦比亚大学大气科学的教授人数最多，有 20 人。实际上真正属于哥伦比亚大学的只有 2 人，其他都是 NASA 戈达德空间研究院的正式雇员，他

们仅在哥伦比亚大学兼职，每年讲授一门课而已。同样，普林斯顿大学的 12 人大多数是美国国家海洋大气管理局的地球物理流体动力学实验室（NOAA-GFDL）的雇员。其次，我们可以看到，每个教授平均每年发表论文约 2.2 篇，每篇论文平均每年被引用大约 3 次，教授主持科研项目的比例近 90%，大约有四分之一的教授从事交叉领域研究，而不是仅在自己的主要研究领域。

第二、第三档美国大学的教授平均每年发表论文数较第一档稍微少一些，论文引用次数也稍微低一些，拥有科研项目的教授比例大致相当，每个系或者专业拥有教授的人数稍多一些，第二档大学平均每个学校教授人数大约 15 人，第三档大学的教授人数大约 12 人，这也是美国各个学校大气科学系/专业教师队伍的大致规模。

表 5-3～表 5-5 中也给出了关于博士生培养的统计结果。美国大学的国际化程度非常高，在第一、第二档大学里，国际博士生的比例大约是 36%，第三档更高，达到 46%。平均来讲，在第一档大学里，大气科学博士生在 6 年内完成论文的比例是 52%，比例最高的是哥伦比亚大学（79%），比例最低的是加利福尼亚大学洛杉矶分校（32.5%）（杜克大学的结果没有代表意义，因为只有一个数据）。完成学位的平均时间是 5.7 年。需要指出的是，美国相当一部分学生中途退学，最终没有完成博士学位，所以，造成 6 年内完成的博士论文的比例偏低。博士生毕业后从事学术研究的比例平均为 70%，这个比例包括博士后和研究岗位，非完全是教师岗位。

在表 5-6 中，我们从美国三个档次学校的平均结果可以看出，发表论文数和论文引用数从第一档到第三档逐渐降低，拥有科研项目的教授比例相差不大，具有交叉研究方向的教授比例也逐次降低。在博士生方面，第三档高校的国际生比例较高，大约为 46.38%，6 年内完成学位的比例以第二档最低，只有 35.54%，平均完成学位的时间都在 5.5 年左右，毕业后从事学术工作的比例逐次降低，第三档高校只有 55.89%。

表 5-7 给出的是中美高校教师、博士生和发表论文的对比。如上所述，我国能够授予博士学位的高校只有 8 所，表 5-7 给出的 10 所高校包括 4 所培养大气科学博士生但不授予大气科学学位的高校。另外，该表中的教师和毕业博士生人数没有包括中科院大气物理研究所和中国气象科学研究院，如果把这两个单位的博士生人数也计算在内，2008～2011 年平均每年毕业博士生 224 人。根据表 5-7，我们发现中美之间在博士生培养方面的差异包括如下几个方面。

表5-3 美国第一档13所学校统计结果

大学	哈佛大学	约翰·霍普金斯大学	加州理工学院	哥伦比亚大学	杜克大学	麻省理工学院	加利福尼亚大学伯克利分校	芝加哥大学	耶鲁大学	普林斯顿大学	加利福尼亚大学洛杉矶分校	密歇根大学	康奈尔大学	平均
系	地球行星科学	地球行星科学	环境科学与工程	地球环境科学	地球海洋科学	大气海洋气候	地球行星科学	地球物理科学	地理地球物理	大气海洋科学	大气海洋科学	大气海洋空间科学	地球大气科学	
平均每位教授发表论文数/篇	1.974	1.303	4.340	2.182	0.965	1.611	3.462	1.465	1.729	1.531	2.712	2.764	2.161	2.169
论文的引用次数/次	4.227	2.123	3.749	3.602	2.568	2.983	2.963	2.531	3.157	3.201	2.832	2.014	2.282	2.941
拥有科研项目教授的比例/%	83.06	81.38	100	96.73	99.68	94.74	89.87	79.40	82.35	64.10	100.0	83.13	80.26	87.28
从事交叉领域研究的教授比例/%	25.81	11.77	57.90	31.75	26.32	0	14.82	32.43	3.85	17.65	27.78	53.57	8.70	24.02
国际博士生比例/%	32.69	35.00	32.00	28.05	21.05	24.11	19.67	29.41	27.03	81.82	51.35	58.07	25.00	35.79
6年完成学位的比例/%	68.98	50.44	50.95	79.2	25.00	57.12	34.86	42.98	35.95	77.50	32.50	67.62	53.76	52.07
完成学位的时间/年	6.00	5.40	5.00	6.00	5.60	6.10	5.70	5.92	5.40	5.90	6.30	5.70	5.00	5.69
毕业生从事学术的比例/%	67.70	85.70	66.70	61.50	71.40	50.00	72.90	86.70	58.30	75.00	63.60	76.90	66.70	69.47
大气科学教授人数/人*	8	6	9	20	9	9	5	6	5	12	13	14	7	8.85

* 大气科学教授人数数据根据2012年在职人数统计

表 5-4　美国第二档 22 所学校统计结果

学校	佐治亚理工学院	宾夕法尼亚州立大学	普渡大学	加利福尼亚大学额尔文	加利福尼亚大学圣克鲁兹分校	特拉华大学	亚利桑那大学	密苏里大学哥伦比亚分校	内布拉斯加大学林肯分校	弗吉尼亚大学	北卡罗来纳州立大学	俄亥俄州立大学	纽约州立大学石溪分校	德州农工大学	阿拉巴马汉斯维尔大学	科罗拉多大学博尔德分校	伊利诺伊大学厄巴纳-香槟分校	马里兰大学	迈阿密大学	华盛顿大学	威斯康星大学麦迪逊分校	平均
系	地球大气	地球环境气象	大气	地球科学	地球	气候	大气	土壤环境大气	地球环境地球	环境	海洋地球大气	大气	海洋大气	大气	大气	大气海洋	大气	大气海洋	海洋大气	大气大气海洋	大气大气海洋	大气海洋
平均每位教授每年发表论文数/篇	2.325	1.229	1.469	3.025	2.514	1.036	1.621	1.198	1.130	1.540	0.805	2.580	1.448	1.494	0.576	2.091	1.839	1.697	1.377	2.199	1.326	1.678
每篇论文引用数/次	2.707	2.368	1.754	4.490	2.410	3.249	2.217	1.080	1.595	2.864	1.968	2.883	2.657	2.962	1.859	2.382	2.036	3.340	2.579	4.028	2.037	2.542
拥有科研项目教授的比例/%	89.38	84.62	80.60	100.0	100.0	86.67	87.82	100.0	78.76	87.69	83.38	79.71	94.52	80.43	99.42	88.81	76.22	82.38	94.02	99.88	91.70	89.12
从事交叉领域研究的教授比例/%	29.41	0	47.83	18.18	16.67	30.30	11.11	30.00	33.33	20.00	37.50	0	0	0	75.00	35.71	31.58	26.83	21.43	13.33	0	21.86
国际学生比例/%	53.52	25.00	38.46	36.84	6.67	22.22	46.15	30.00	20.00	14.89	33.33	33.33	50.00	60.00	27.03	11.91	81.25	47.92	36.13	22.95	48.65	35.54
6年完成学位的比例/%	35.85	53.33	62.50	70.00	64.10	60.00	15.00	65.00	49.05	21.73	25.62	25.00	46.44	94.29	30.67	42.27	18.71	27.21	23.78	32.17	47.66	43.56
完成学位年数/年	5.30	5.00	5.84	5.20	5.00	6.00	5.50	3.50	4.67	6.00	5.80	6.63	5.60	5.00	7.00	4.97	5.96	5.50	6.75	6.25	6.67	5.61
毕业生从事学术的比例/%	20.00	66.70	60.00	100.0	63.60	40.00	66.70	16.70	71.40	42.90	38.10	67.70	48.60	80.00	71.90	66.70	66.70	79.30	66.70	77.10	65.00	57.99
大气科学教授人数/人*	14	25	20	16	2	7	9	7	9	11	16	7	8	22	11	12	28	41	20	15	2	14.38

* 大气科学教授人数根据 2012 年在职人数统计

表 5-5　美国第三档 11 所学校统计结果

学校	佛罗里达国际大学	休斯敦大学	新罕布什尔大学	新墨西哥大学	科罗拉多州立大学	佛罗里达州立大学	纽约奥班尼	夏威夷大学	内华达大学雷诺分校	俄克拉荷马大学	犹他大学	平均
系	地球	地球	地球环境	地球行星	大气	气象	大气	气象	大气	气象	气象	
平均每位教授每年发表论文数/篇	0.674	0.494	1.890	1.458	2.930	1.920	1.657	1.831	0.738	1.267	1.122	1.453
每篇论文引用数/次	2.924	1.523	3.175	1.641	3.109	1.981	1.990	2.768	2.183	1.488	2.586	2.306
拥有科研项目教授的比例/%	65.06	73.33	99.65	90.37	87.94	93.33	79.22	100.00	76.52	78.55	100.0	85.81
从事交叉领域研究的教授比例/%	7.14	0	8.11	0	0	0	0	16.67	93.10	50.00	30.77	18.71
国际学生比例/%	73.68	75.00	24.14	7.69	22.92	41.38	59.09	75.00	53.33	46.67	31.25	46.38
6 年完成学位的比例/%	77.50	8.00	55.00	68.75	31.29	57.21	42.00	55.00	60.00	54.50	100.00	54.48
完成学位年数/年	5.00	5.00	5.00	5.50	5.00	6.00	5.75	6.00	6.00	4.75	5.00	5.36
毕业生从事学术的比例/%	75.00	30.00	16.70	73.30	77.30	47.40	66.70	60.00	53.30	52.60	62.50	55.89
大气科学教授人数/人 *	2	9	4	2	14	15	22	12	18	26	9	12.09

* 大气科学教授人数根据 2012 年在职人数统计

表 5-6　美国三个档次高校 2005～2006 年度的平均结果

	第一档学校（13 所）	第二档学校（22 所）	第三档学校（11 所）
每位教授每年发表的论文数/篇	2.169	1.678	1.453
发表文章引用数/次	2.941	2.542	2.306
拥有科研项目的教授比例/%	87.28	89.12	85.81
从事交叉领域研究的教授比例/%	24.02	21.86	18.71
国际博士生比例/%	35.79	35.54	46.38
6 年内完成博士学位的比例/%	52.07	43.56	54.48
完成博士学位的时间/年	5.69	5.61	5.36
博士毕业生从事学术研究的比例/%	69.47	57.99	55.89
每所大学大气科学教师人数/人（2012 年）	8.85	14.38	12.09

表 5-7　培养博士的中、美高校情况对比

	美国	中国
学校数/所	46（2012 年）	10（2011 年）
全部教师数/人	564（2012 年，包括正、副和助理教授）	552（2011 年，包括教授、副教授，讲师及以下）
平均每年博士毕业人数/人	96.0（2002～2006 年）	136.25（2008～2011 年）
平均每所学校大气科学教师人数/人	12.27（2012 年）	55.20（2011 年）
平均每年每位教师发表文章数/篇	1.453～2.169（2002～2006 年）	0.279（2006～2010 年平均SCI 论文）

资料来源：中国方面的数据来自杨修群等（2014）

（1）我国设有大气科学学科的高校太少。据不完全统计，美国实际设有大气科学学科的高校有 60 多所，而我国即使把几所实际培养大气科学博士生但没有博士点的高校也计算在内，也不超出 15 所，所有设有大气科学学科的高校也只有前面所列出的 18 所。

（2）我国博士生导师队伍规模较小。虽然从队伍的总量来看，中美相差不是很大，都是 550 人左右。但美国 550 人的队伍都是博士生导师，而我们的教师队伍中，教授只有 160 位，加上大气物理研究所和中国气象科学院的研究员也只有 271 人。平均而言，美国每所学校的教授人数为 12 人，这和我国的综合性大学的情况差不多。

（3）我国师生比例与美国有很大差异。美国 550 位博士生导师，每年毕业博士生约 100 人，比例是：5.5：1。而我国高校博士生导师（教授）有 160人，每年毕业博士生 136 人，比例为 1.18：1。如果加上大气物理研究所和气科院，比例为 1.2：1（271：224），基本上每位博士生导师每年毕业一名博士。这直接会影响到博士生的培养质量。尤其是一些单位博士生主要集中在个别导师那里，肯定会造成博士生的科研水平不高。

（4）教师队伍的学术水平。美国教授平均每人每年发表论文约 1.8 篇，我国教师平均每人每年发表论文约 0.28 篇，这个平均只包括了所有教师，教授发表的论文数应该高一些。如前所述，论文的质量也有差距。这些说明了我们的师资质量亟待提高，这是最为根本的问题。美国教授具有交叉学术背景的约为 22%，这为培养具有宽广知识背景的博士生提供了保障，我们在这一方面还差强人意。

（5）目前，我国高校每年培养的大气科学博士生大约是美国的两倍，但在质量上与欧美等先进国家相比，还有一定距离，特别在研究的创新性及前沿性等方面还相差较远。

（6）我国的博士生培养过程与美国有很大差异。国内培养过的时间为 3

年（取得硕士学位后读博士）和 5 年（直博生），5 年内绝大多数的人都能获得博士学位，被淘汰的很少。从美国的情况来看，6 年内完成博士论文的比例仅仅不到 55%，其余的一部分被淘汰了，另一部分需要超过 6 年的时间。这说明我们对博士生的要求不够高。

（7）博士后以培养高水平研究型人才的重要阶段。美国培养的博士大部分要做一段时间的博士后研究，才进入正式的研究岗位，而我们缺乏这一阶段。

第三节　对学科发展的资助机制与政策建议

一、坚持基础研究和自由探索的导向

虽然国家自然科学基金委员会已明确指出其资助方针是"支持基础研究，坚持自由探索，发挥导向作用"，但在我国目前的科研环境中，这一导向需要进一步强调。我国目前基本形成了国家自然科学基金委员会支持基础研究、科技部面向国家需求和公益行业专项主要解决业务和应用问题的科研格局。但许多政府部门和科研机构似乎更多地强调国家需求和解决应用问题，其他各种行政干预都会有意和无意地影响到自然科学基金的资助导向。国家需求和应用毫无疑问是非常重要的，但如果没有强大的基础研究队伍和基础研究成果的积累，解决国家需求和应用问题就会因缺乏基础研究的支撑而乏力，其结果将造成基础研究水平落后于其他发达国家，也无法很好地解决国家的需求。其实，不仅在我国，即使在欧美等发达国家，科研究经费是向基础研究还是应用研究倾斜也同样是一个经常引起争论的问题。但由于欧美等国家的科研体制已较为成熟，争论并不会对科研经费的分配产生很大的影响。相对来讲，我们的科研体制还在发展过程中，许多方面的因素都会影响到自然科学基金的分配。例如，职称晋升需要自然科学基金项目，单位之间的评比需要基金项目作为指标等，这些都会对自然科学基金的资助产生影响。因此，在未来相当长一段时间内，坚持基础研究和自由探索的导向还是必需的。

二、重视高层次人才培养

人才培养是大气科学发展的根本。但是，当前我国大气科学人才培养还有许多不足之处，如在有关大气科学院校的分支学科布局并不是很合理、专业设置缺少特色、探测技术和观测方法的研发人才严重缺乏、高层次人才不足、博士学位论文的前沿性、原创性不够等。因此，自然科学基金的资助要发挥导向作用，促进大气科学高层次人才的培养。

国家自然科学基金委员会在支持高水平博士生培养方面如何发挥作用是一个值得探讨的问题。一个成功的例子可供参考，美国海洋大气管理局的地球流体动力学实验室每年会从美国自然科学基金得到一笔经费用于资助大气科学的博士生，这些学生在普林斯顿大学注册和上课。众所周知，地球流体动力学实验室和普林斯顿大学培养的博士生水平很高，有很好的学术声誉。

与国际先进水平相比，特别是美国的情况相比，我国大气科学学科国际化程度有待进一步提高。在美国，各高校招收的国际博士生平均在35%～46%，普林斯顿大学招收的国际留学生比例更是超过80%，这种国际化的博士生培养有助于国际化的交流。所以，随着我国经济的快速发展和学术水平的提高，我们应特别注重博士生培养的国际化。一方面，我们应在国家自然科学基金委员会的支持下，增加招收国际学生；另一方面，我们需要加强与发达国家大气科学界的交流、合作研究，从而提高我们的博士生的国际视野和学术水平。建议国家自然科学基金委员会采取一些措施支持高校的学术交流，如资助国际博士生参加的暑期学校、论坛等，考虑设立专项经费，资助我国博士生参加国际学术会议。

大气科学领域对人才的需求量很大，博士生毕业即就业，博士生基本没有博士后的研究经历，他们的独立科研能力没能得到很好的培养，这是我国大气科学领域高水平青年科研人才缺乏的一个重要原因。

我国的博士培养有50%左右的学生集中在中国科学院大气物理研究所与中国气象科学研究院，全国高校培养的大气科学博士人数仅占全国的50%左右。因此，基金支持应适当地考虑向一些研究力量不够强和不够大的学校倾斜，支持这些高校发展大气科学学科及高层次人才培养，有目的地扶持相关高校发展博士点，尽量鼓励我国有条件的高校大力发展大气科学学科和加强大气科学学科建设。

目前，我国大气科学三个国家重点实验室都设在中国科学院大气物理研究所和中国气象局，而高校大气科学学科中还没有一个国家重点实验室，只有三个院校大气科学是有重点学科；并且，高校中大气科学研究力量较为分散、组织也较为松散、协作缺乏力度、资源和资料的共享程度差。国家自然科学基金委员会可考虑在支持高校建立科研平台方面给予资助。

大气科学分支学科布局还很不平衡。我国大气科学分支学科的布局不够合理，气候和天气动力学专业几乎涵盖所有与大气科学有关的院系，培养的学生占所有大气科学本科、硕士和博士研究生的一大部分，而其他分支学科相对比较薄弱，尤其是现代大气探测学非常薄弱，人才异常缺乏。国家自然科学基金委员会应有倾向性地资助一些薄弱学科，如大气探测、行星大气的发展和人才培养。国家自然科学基金委员会也应有倾向性地支持一些新成立的大气科学院系、专业〔如中国地质大学（武汉）大气科学系〕。

三、尝试专家推荐机制

在国家自然科学基金委员会现有评审规则下，可考虑通过专家团体对一些重要项目进行推荐。该措施的目的是健全函评作为第一轮评审的唯一途径。专家推荐机制仅适用于如杰出青年、创新群体、重点等项目。为了做到客观、公开、公正和透明，推荐专家团队规模不宜太小，也不可能太大，可考虑限定在已获得杰出青年资助的群体（包括院士、国家自然科学基金委员会评审专家等）中。

四、转变科研评价体系

我国现行科研评价体系普遍存在着重数量、轻质量的严重问题。尽管该问题受到了国内外学者的广泛批评，但仍没有很大的改观。以 SCI 论文数为例，强调 SCI 论文发表篇数曾是激励我国学者走向国际的一个重要举措，但现在已严重地制约了我国包括大气科学在内的各学科创新性。量化的评价指标在一定意义上确实是客观地评价科研产出的一个指标。可是，如果走向极端，则不利于鼓励科研的原创性，原创性是不能够以数量来衡量的。在欧美等科研发达国家，科研成果的重要性（merit）是一个最根本的评价指标，各种量化的指标（metrics）（SCI 论文篇数、期刊的影响因子、SCI 引用次数、H 指数）仅是辅助性的。在我国，这两者正好颠倒过来，其结果造成大家拼论文数、引用数等。国家自然科学基金委员会应率先采取有效的措施，引导我国科研评价体系的改变。

五、支持观测设备研发和资料共享平台

大气科学研究是以大量的观测为基础的，纵观大气科学的发展史，一些重大突破都是在各种观测积累到一定程度后才取得的。目前，全球大部分陆地地区都建立了常规观测网，为我们研究大气环流和气候变化等奠定了坚实

的基础。探空技术的发展,以及地面和高空天气图的绘制、现代动力气象理论的提出等,奠定了现代天气预报的基础;雷达技术的发展,使得临近天气预报变得更加准确;高速计算机的发展使得原来经验性的天气学等向着更为精确的数值化发展,它通过动力学理论和数据资料的完美结合,使数值化的天气预报变成了现实;并且,随着全球常规资料网的建立,特别是探空网的建立,以及气象卫星遥感大气体系的发展,人们能够更加精确、更加立体地掌握大气中天气和气候变化。

我国经过几十年的努力,不仅建成了地面和高空常规观测网,还针对各分支学科,还实施了许多陆面过程大型科学实验。此外,自 20 世纪 70 年代以来,中国的卫星观测和应用就受到了高度重视,并取得了重大进展。这些常规观测网、卫星遥感观测系统和大型野外观测试验基地的建立获取了长期、连续、系统的综合观测数据,为地球系统科学的认识提供了重要的数据基础。尽管我国在大气观测取得了很大的成就,但与国外相关的大气和地球系统观测技术和大型科学试验相比,我们还在下列几方面存在较大差距。

1. 观测仪器自主研发不足

我国自主设计、研发的实验方法和仪器设备不足,一些重要仪器设备主要依靠从欧美、日本等国家和地区购买。由于依赖购买仪器设备和国外现成技术方法进行科学研究,不可避免地沿用国外的实验手段,甚至重复国外的研究工作,这也必然影响我国取得原创性的科学成果。

2. 高水平大气探测人才缺乏

我国大气科学高水平技术支撑系统的保障体制和机制不健全,导致我国具有大气观测方面高技术研发能力的人才严重匮乏。

3. 大型综合观测基地不足

进行综合观测和大型试验基地不足,导致一些区域的陆-气相互作用和海-气相互作用长期持续监测的高质量观测数据缺乏,从而影响我国大气科学研究水平的提高和对一些科学问题的深入认识。

4. 资料整编不及时、共享机制不健全

我国现在普遍对观测资料的获取比较重视,但对数据的后期整编、质量控制等重视不够,造成很多观测资料不能及时整编和汇总,使得观测的资料不能很好地利用；由于各种因素，资料共享机制不健全，所以大量的资料无法得到充分的利用。

针对以上问题，建议国家自然科学基金委员会采取以下几方面资助措施。

1. 支持有关探测理论的研究和探测设备的研发

当前我国大气科学研究所使用的重要观测设备主要依靠进口，自主研发能力薄弱，因此，要改变这一现状，应该着重支持新的大气探测理论研究及新探测原理设备的研发，强调大气探测系统的网络化与集成，通过长时间的努力，逐步建立以新探测原理的探索、新探测仪器的设计开发和技术集成为基础的大气科学综合高技术研究体系。

2. 支持多学科交叉的先进观测平台的建设

我国应重视大气物理、大气环境、天气气候等多学科交叉的先进观测平台的建设，特别是注重建立卫星、飞机、气球、地基探测平台、全球大气/环境的立体监测网络，获取长期连续高质量数据，从而为新观测事实的揭示、地球/气候系统数值模式中有关参数化方案的建立奠定基础。

3. 支持建设观测资料整编和共享的平台

加强对观测资料的后期整编和质量控制，提高数据质量；规范数据格式，加强观测信息系统的集成与应用，促进观测数据的共享。

4. 加强对大气探测技术研发经费的投入和队伍建设

目前，大气探测技术研发人才严重不足，研发队伍规模偏小，这些都急需加大对大气探测技术人员的培养力度，增加探测技术的研发经费，扩大大气探测队伍的建设，支持高校开设这方面的课程和研究生培养。总之，大气观测需要两方面的支撑——观测设备的研发和观测资料的共享。

六、建设大气科学计算和模拟平台

近几十年来，全球气候变化成为大气科学研究的重点，学术界在此基础上提出了"气候系统"，进入 21 世纪，气候系统进一步发展为"地球系统"，它是通过研究圈层之间的能量、动量和物质交换来了解地球系统的物理、化学和生物过程，特别是碳、氮循环等生物地球化学耦合过程在气候系统中的作用、人类活动对这些循环过程的影响及其气候效应等。地球系统科学的研究离不开两大基础试验手段——观测和数值模拟。过去对地球系统规律的理解和认识更多地是依赖于观测。随着计算机和通信技术的发展，数值模拟实验在地球系统科学研究中变得越来越重要。它不仅能够大大提高对地球系统演变规律的深入认识，而且还使得对未来气候演变的预测和预估成为可能。因此，地球系统数值模拟装置是我国发展大气科学和全球气候变化研究不可缺少的科学支撑。

由于地球系统数值模拟装置对于研究地球气候系统是不可或缺的重要科学支撑，国际上一些先进国家都在争先恐后地发展这一装置及其相应的研究计划。美国国家大气研究中心（NCAR）于 2000 年提出"联合气候系统模式发展计划"（CCSM）（2001～2005 年）。该计划得到美国国家自然科学基金会资助，美国各主要大学和研究机构都参与了该计划。2001 年，美国在 NASA、国防部和国家自然科学基金会的共同资助下又启动了"地球系统模拟框架"（ESMF）。与此同时，欧洲各国共同提出了"欧洲地球系统模拟网络"（ENES）计划，它下属"地球系统模拟集成"（PRISM）和"气候资料存储与分发"两个子计划。PRISM 于 2001 年年底启动，欧洲已有 22 个研究机构投入了该计划的研究和实施。这个计划的目标是：建立一个高效的欧洲地球系统数值模拟和气候预测系统，并建立超级计算机设备的网络。该计划的经费预算为 2 亿～3 亿欧元。早在 20 世纪 90 年代，日本的科学技术厅等单位就提出了两个重大气候研究计划：一个是从 1997 年开始的"全球变化前沿研究系统"（FRSGC）计划，目标是进行异常气候的预测、全球变暖的预估和生态破坏等灾害的预测；与此同时，还启动了"地球模拟器"（Earth-Simulator）研发计划，并于 2002 年研制成功当时世界上最快的超级计算机系统，即计算速度为 34 亿万次/秒的地球模拟器。利用地球模拟器，日本率先开展了超高分辨率的全球气候系统模式的发展和数值模拟研究。2012 年，日本又发展了第二代"地球模拟器"，其计算速度达到 1 万万亿次/秒，成为 2012 年国际上计算速度最快的超级计算系统。澳大利亚气象局与澳大利亚联邦科学与工业研究组织（CSIRO）联合澳大利亚境内大学共同发起了澳大利亚气候与地球系统模拟器计划（ACCESS）。此外，美国地球流体动力学实验室（GFDL）、英国 Hadley 气候中心、德国普朗克气象研究所（MPI），以及法国、韩国、挪威等国家的研究机构也都提出了各自的模式发展计划。

我国的气候模式是自 20 世纪 80 年代开始发展的，已有多年的经验和积累，在模式发展过程中培养了大量的模式专家，形成了多支模式发展的研究团队。但是，与国际发达国家相比，我国地球系统模拟方面的研究和应用工作都还有许多不足之处，这也使得我国大气科学和全球气候变化研究对社会和经济发展的贡献相对较少。特别是在地球系统数值模拟的装置建设方面与国际水平存在很大差距，对比国外地球气候系统模拟用的超级计算机的计算性能，国内地球/气候系统模拟专用的高性能超级计算机的计算速度偏慢至少1个数量级甚至2个数量级。根据 IPCC 第四和第五次评估报告的发展动向，我国现有用于地球/气候系统模拟的计算系统的计算能力是远远不能满足地球系统数值模式研发的需要。因此，建立地球数值模拟装置建设是非常必要的。建立地球科学模拟装置是一项大的工程，不可能单靠国家自然科学基金委员会的资助，但毫无疑问，自然科学基金的专项经费资助将是地球科学模拟装置推动力。

第四节　小　　结

对近 30 年来国家自然科学基金委员会在大气科学学科科研经费增长、各分支方向经费分布、现有科研状况、人才培养、科研平台等现状进行了分析，并在此基础上为如何更有效地资助大气科学的基础研究提出了一些建议。对大气科学领域近几十年，尤其是近 10 年的大气科学学科所发表的 SCI 论文、国家自然科学基金委员会资助情况和人才培养状况进行了统计分析。这些数据表明国家自然科学基金委员会的资助对大气科学基础研究的发展和人才培养发挥了极为重要的作用。近 10 年是我国大气科学迅速发展的 10 年，这与基金资助力度在近 10 年的大幅度增加有着密切的关系。

与美欧科研水平较高的国家相比，我国大气科学的研究水准、成果质量及人才素质还存在一定的差距，我国成果数量和高水平科研人才数量也都与我们的大国身份不匹配。这就需要在新的形势下，不断地改进我国的资助机制，更有效地使用科研经费，从而更好地促进我国大气科学基础研究的发展。为此，提出了五个方面的建议：①排除行政干预及其他因素的干扰，坚持基础研究和自由探索的导向；②大力支持大气科学高水平人才培养，扶持比较弱小的分支学科，有倾向性地支持新成立的大气科学院系，优先支持需求迫切但目前比较缺乏人才的学科，如大气探测新理论和设备研发；③建议针对杰出青年、创新群体、重点等项目增加专家推荐机制；④支持国家层面的观测设备研发和资料共享平台；⑤支持国家层面的地球科学大型计算装置。期望通过这些措施能够更有效地发挥自然科学基金的功能，使我国大气科学基础研究早日达到国际一流水平，并使我国尽快成为大气科学的强国。

参 考 文 献

黄荣辉，吴国雄，陈文，等．2014．大气科学和全球气候变化研究进展与前沿．北京：科学出版社．

浦一芬，朱江．2014．地球系统数值模拟装置//黄荣辉，吴国雄，陈文，等．大气科学和全球气候变化研究进展与前沿．北京：科学出版社：338-353．

郄秀书，王普才，李万莉，等．2014．地球系统观测与大型观测试验基地建设//黄荣辉，吴国雄，陈文，等．大气科学和全球气候变化研究进展与前沿．北京：科学出版社：354-364．

杨修群，胡永云，管兆勇，等．2014．我国高校大气科学学科建设和人才培养现状、问题及建议//黄荣辉，吴国雄，陈文，等．大气科学和全球气候变化研究进展与前沿．北京：科学出版社：370-379．

RDP. 2011. A Data－Based Assessment of Research－Doctorate Programs in the United States (2011) //Ostriker J P，Kuh C V，Voytuk J A. Committee to Assess Research－Doctorate Programs. National Research Council. Washington：the National Academies Press：322．

附　录

附录一　从论文发表情况和办刊水平看中国大气科学研究的国际影响力*

本文首先基于 18 种国际知名的气象学和大气科学类 SCI 期刊的统计数据，分析了中国气象学者近 5 年（2010～2014 年）的论文发表情况，再结合国内大气科学类 SCI 期刊 *Advances in Atmospheric Sciences* 近 5 年的发展状况，综合体现近期中国大气科学研究的国际影响力。

一、表征我国大气科学研究国际影响力的方法

1. 期刊的选取

利用 Web of Science 核心合集数据库，根据期刊的影响因子，从国际 SCI 期刊中挑选了 18 种知名的气象学和大气科学类（包含某些综合类）刊物（附表 1-1），再从中挑选出与中国学者有关的论文进行分析，以此作为中国气象学者论文发表情况的客观指标。

所选刊物都来自美国和欧洲，涉及大气科学的诸多领域，包括大气物理学、大气化学、大气动力学、气候变化、大气环境等学科分支，故其收录的论文能够较全面地反映国际大气科学研究的综合影响力。

---

* 根据各学科报告的具体情况，选列直接服务于报告正文并且对读者有重要参考价值的相关材料。

国内大气科学 SCI 期刊选取的是由中国科学院大气物理研究所主办的 *Advances in Atmospheric Sciences*，这是目前国内乃至亚洲地区影响因子最高的大气科学类学术期刊，其近 5 年的发展历程能够从办刊水平方面反映中国大气科学研究的国际影响力。

附表 1-1　18 种知名国际 SCI 期刊简介

期刊名称	出版商（发行国）	影响因子
Nature Climate Change	Nature Publishing Group（England）	14.47
Proceedings of the National Academy of Sciences of the United States of America	Natl. Acad. Sciences（US）	9.737
Bulletin of the American Meteorological Society	Amer. Meteorological Soc.（US）	6.59
Atmospheric Chemistry and Physics	Copernicus Gesellschaft MBH（Germany）	5.51
Journal of Climate	Amer. Meteorological Soc.（US）	4.36
Climate Dynamics	Springer（US）	4.23
Journal of Advances in Modeling Earth Systems	Amer. Geophysical Union（US）	4.11
Geophysical Research Letters	Amer. Geophysical Union（US）	3.982
Climatic Change	Springer（Netherlands）	3.63
Quarterly Journal of the Royal Meteorological Society	Wiley—Blackwell（England）	3.33
Journal of Hydrometeorology	Amer. Meteorological Soc.（US）	3.27
Journal of Geophysical Research	Amer. Geophysical Uuion（US）	3.174
Atmospheric Environment	Pergamon — Elsevier Science LTD（England）	3.062
International Journal of Climatology	Wiley—Blackwell（England）	2.89
Monthly Weather Review	Amer. Meteorological Soc.（US）	2.76
Journal of the Atmospheric Sciences	Amer. Meteorological Soc.（US）	2.672
Boundary—Layer Meteorology	Springer（Netherlands）	2.525
Atmospheric Science Letters	Wiley—Blackwell（England）	1.876

2. 分析方法说明

（1）利用 Web of Sciences 学术引擎设定以下检索条件：

　　"出版物名称" ＝表 1 的 18 种期刊

　　.AND. "年份" ＝2010 － 2014

.AND."地址"＝China

.AND."研究方向"＝Meteorology atmospheric sciences

根据上述条件获得与中国学者有关的文章信息，定义为"有中国学者参与"的论文。

（2）从上述与中国气象学者有关的文章中挑选出第一作者（含通讯作者）为中国学者的文章，定义为"由中国学者主导"的论文。

（3）在"由中国学者主导"的论文中，按照中国科学院、气象局和高校三类机构进一步细分，以分析国内不同部门对中国大气科学研究国际影响力的相对贡献。

二、近 5 年中国大气科学研究的国际影响力

1. 论文发表情况

1）总体情况

附图 1-1 是近 5 年有中国学者参与的论文发表情况。近 5 年，就论文数量而言（附图 1-1（a）），无论是"有中国学者参与"的论文还是"由中国学者主导"的论文都逐年增加，值得注意的是，"由中国学者主导"的发表论文比例在不断升高。就论文质量而言（附图 1-1（b）），与中国学者有关的大气科学类论文被引频次始终保持在较高水平，同时"由中国学者主导"的论文被引频次占总被引频次的比例也在逐年增加。这说明在国际大气科学研究中，中国学者由"参与"逐渐变为"主导"，标志着中国大气科学研究的国际影响力明显提高。

2）不同期刊之间的对比分析

不同的期刊代表了不同的大气科学学科分支。例如，*Nature Climate Change*、*Climatic Change* 主要发表气候变化方面的论文，*Climate Dynamics*、*Journal of the Atmospheric Sciences* 主要发表大气动力学方面的论文。因此，为了分析中国大气科学研究在某些具体学科分支上的国际影响力，需要进一步分析中国大气科学研究在不同期刊上的论文发表情况（附图 1-2）。

附图 1-2（a）说明近 5 年中国气象学者的论文大都发表在 *Atmospheric Environment*、*Journal of Geophysical Research*、*Atmospheric Chemistry and Physics*、*Geophysical Research Letters*、*Journal of Climate* 和 *Climate Dynamics* 上，同时在上述期刊上发表论文的被引频次也最高（附图 2（b））。这说明近 5 年中国大气科学研究的国际影响力主要集中在大气环境、大气化

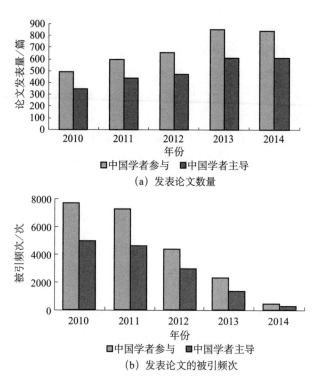

（a）发表论文数量

（b）发表论文的被引频次

附图 1-1　近 5 年与中国学者有关的论文发表情况

学、气候变化、大气动力学和多圈层相互作用方面。事实上，上述学科分支也是目前全球大气科学研究的热点，说明近 5 年中国气象学者紧跟甚至引领国际大气科学的研究步伐，在大气科学的不同领域显示出卓越的国际影响力。

3）国内不同机构之间的对比分析

中国科学院、高校和气象局作为国内大气科学研究的主要机构，对提升中国大气科学研究的国际影响力有着不可忽视的作用。附图 1-3 反映了上述三家机构近 5 年在国际知名气象学和大气科学类期刊上发表论文的数量和质量。就发表论文数量而言（附图 1-3（a）），中国科学院和高校占总发表论文数的约 90%，说明它们主导了中国大气科学研究的国际影响力。这是因为中国科学院和高校拥有国内最丰富的科研资源和最庞大的科研队伍，而气象局需要兼顾业务工作和科学研究，因此直接参与科研工作的人员相对较少。但是近 5 年气象局发表的论文质量较高（附图 1-3（b）），体现了科学研究和业务工作相结合的重要性，这也是未来大气科学研究的新方向。

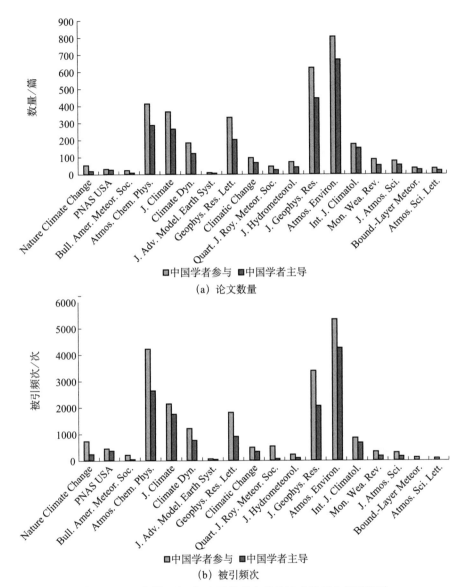

附图 1-2　不同期刊上与中国学者有关的论文数量和被引频次

　　此外，国内三家大气科学研究机构所偏向的学科分支也很不相同（附图 1-4）。在大气环境和大气化学方面，中国科学院具有较高的国际影响力，高校的研究成果多集中在大气动力学方面，而气象局的研究成果则偏向于气候变化。在多圈层相互作用方面，中国科学院和高校发表的论文数量相当。可见，中国科学院、气象局和高校的研究领域虽各有交叉，但又各自具有鲜明的特色，这为中国大气科学未来的发展和战略规划提供了重要依据。

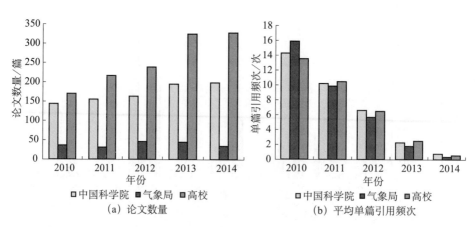

（a）论文数量

（b）平均单篇引用频次

附图 1-3　中国科学院、气象局和高校近 5 年发表论文数量和平均单篇引用率

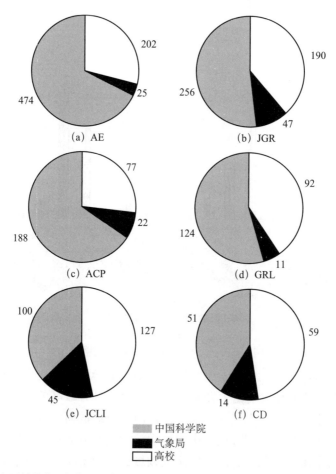

（a）AE

（b）JGR

（c）ACP

（d）GRL

（e）JCLI

（f）CD

　中国科学院

　气象局

　高校

附图 1-4　中国科学院、气象局和高校在主要大气科学类期刊上发表的论文数量（单位：篇）

2. *Advances in Atmospheric Sciences* 的发展历程

作为国内顶级的大气科学类 SCI 期刊，*Advances in Atmospheric Sciences* 创刊于 1984 年，是一份英文学术期刊，由国际气象学和大气科学协会中国国家委员会和中国科学院大气物理研究所共同主办，由中国科学院大气物理研究所、科学出版社、德国斯普林格出版社共同出版，主要报道国内外大气科学领域的最新研究进展，范围涉及天气系统、数值天气预报、气候动力学和气候变化、卫星气象学、遥感、大气化学和边界层、云和天气的人工影响等，包括学术论文、综述、快讯、专题评述等。回顾近 5 年 *Advances in Atmospheric Sciences* 的发展历程，能够从办刊水平的角度反映中国大气科学研究的国际影响力。

Advances in Atmospheric Sciences 自 2009 年被 SCI 收录，是国内气象类唯一被 SCI 收录的期刊。2012 年，*Advances in Atmospheric Sciences* 在"中国最具国际影响力"学术期刊的评选中排名第 36 位（总共 175 家期刊），在气象类期刊中名列第一，同年其影响因子达到 1.338，成为全亚洲影响因子最高的气象类期刊，2013 年其影响因子进一步上升至 1.459（附图 1-5）。2014 年，*Advances in Atmospheric Sciences* 在"中国最具国际影响力"学术期刊的评选中的排名上升至第 29 位（总共 176 家期刊），并入选 F5000（领跑者 5000——中国精品科技期刊顶尖学术论文），是当年首次入选的 15 种英文刊物之一。从论文的被引频次上看，*Advances in Atmospheric Sciences* 的被引频次逐年迅速攀升（附图 1-6），在最新发布的 IPCC 第五次气候变化评估报告第一工作组报告中，该期刊有 29 篇文章被引用。

在论文推广方面，*Advances in Atmospheric Sciences* 编辑部通过新浪微博、twitter、Youtube、百度名片等各种社交媒体积极宣传推广期刊和文章，取得显著成效。在 SpringerLink 的文章下载量年年递增（附图 1-7），下载主要来自亚太和北美地区，说明读者群主要集中于这两个地区。而在最能体现期刊国际化的稿源统计方面，*Advances in Atmospheric Sciences* 坚持责编负责制、科学家办刊的原则，努力吸引国际稿源，国际来稿和合作稿件逐年增加（附图 1-8），说明其正在由地区性期刊向国际化期刊转变，这充分体现了近 5 年中国大气科学研究国际影响力的逐步提高。

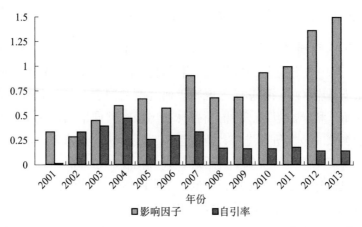

附图 1-5　2001～2013 年 *Advances in Atmospheric Sciences* 影响因子和自引率
的逐年变化

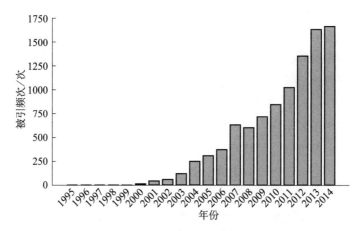

附图 1-6　*Advances in Atmospheric Sciences* 被引频次的逐年变化

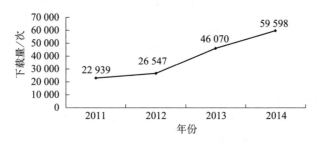

附图 1-7　*Advances in Atmospheric Sciences* 论文通过 SpringerLink 下载量的逐年变化

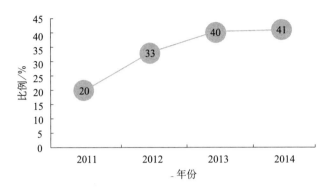

附图 1-8　*Advances in Atmospheric Sciences* 国际来稿比例的逐
年变化

三、结论

近 5 年（2010～2014 年）中国气象学者在国际主流 SCI 期刊上发表论文数逐年增加，其中由中国学者主导的论文所占比例提升明显，标志着中国大气科学界国际影响力的不断提升。

中国科学院、气象局和高校是我国大气科学研究领域的主要部门。其中，中国科学院和高校所发表的论文数占论文总数的 90％以上。三家机构发表论文的质量大致相当。

中国气象学者的研究结果大都发表在以下国际学术期刊：*Atmospheric Environment*、*Journal of Geophysical Research*、*Atmospheric Chemistry and Physics*、*Geophysical Research Letters*、*Journal of Climate* 和 *Climate Dynamics*。其中，*Atmospheric Environment* 和 *Journal of Geophysical Research* 是近 5 年发表中国气象学者论文最多的两种刊物，说明中国气象学者在大气环境和多圈层相互作用方面取得的成果最具有国际影响力。

Advances in Atmospheric Sciences 作为国内气象类顶级 SCI 期刊，其稿件数量和被引频次在近 5 年显著增加，其国际稿源比例也在明显提高，说明该期刊在近 5 年正由地区性期刊向国际化期刊转变，这也体现了中国大气科学研究国际影响力的迅速提升。

附录二　近五年来我国大气科学研究的经费投入分析*

　　基于科技部、中国气象局和国家自然科学基金委员会的数据，统计出最近五年来（2010～2014年）我国大气科学研究的总经费投入为27.8亿元，其中科技部、中国气象局和国家自然科学基金委员会的贡献分别约为45.84%、28.24%和25.93%。逐年比较，国家自然科学基金资助总额呈现出逐年稳定增长的特点，中国气象局行业专项稳中有降，科技部的经费资助总量则是逐年下降。基于自然科学研究需要持续和稳定投入的特点，国家自然科学基金是支撑我国大气科学基础研究的最为重要的经费来源。

一、引言

　　我国大气科学研究的经费来源呈现出多样化的特征，既包括国家科技主管部门（科技部和国家自然科学基金委员会），又包括行业主管部门（中国气象局），还有科研院所的自主投入（中国科学院等）、国际金融组织和外国政府贷款赠款项目（如中-英-瑞《中国适应气候变化项目——气候科学》），以及各式各样的横向研究项目（如来自国电公司的风能评估项目，来自三峡总公司、中国水电集团的水利工程气候评价）等。这种投入的多样性，使得准确统计我国大气科学研究的总经费在技术上极为困难。与此同时，当今大气科学研究的一个显著特点就是跨学科，大气科学的研究范畴已经从单纯的大气圈延伸至气候系统的各个圈层；与之对应，来自交叉学科的研究经费已经构成大气科学研究的重要经费来源，而针对这一部分经费的投入统计，由于涉及多个非传统的大气科学行业部门，要获得准确的统计数据更为困难。

　　不过，我国大气科学研究最为主要的经费投入渠道，还是科技部、国家自然科学基金委员会和中国气象局。因此，本文基于上述三家机构的资助数据，统计出最近五年来（2010～2014年）我国大气科学研究的经费投入情况，分析其特点，以期为大气学科与全球气候变化重大科学问题的发展战略研究提供有益的参考。

---

　　* 数据由国家自然科学基金委员会张朝林研究员、中国气象局科技司罗云峰研究员、科技部基础研究中心张峰博士提供。

二、数据来源

本文关于大气科学研究经费来源的统计数据，主要来自以下三家机构。

（1）科技部，包括全球变化国家重大科学研究计划、国家重点基础研究发展计划项目（即"973"项目）在 2010～2014 年资助的项目。

（2）国家自然科学基金委员会，包括大气处在 2010～2014 年资助的基金重点项目、面上项目、青年项目等。

（3）中国气象局，包括公益性行业（气象）科研专项在 2010～2014 年资助的各类项目。

三、结果分析

近五年来，我国大气科学研究的经费投入逐年数据如附表 2-1 所示，三家机构的累积总投入达到 27.8 亿元。若按照部门来划分，如附图 2-1 所示，科技部为我国大气科学研究的第一大资金来源部门，总量达到 12.7 亿元；其次是中国气象局，总量达到 7.9 亿元；第三是国家自然科学基金委员会，总量达到 7.2 亿元。

附表 2-1　近五年来我国大气科学研究的经费投入（单位：万元）

年度	科技部	国家自然科学基金委员会	中国气象局	共计
2010	50 361	7 280	16 646	74 287
2011	8 236	13 339	14 150	35 725
2012	34 736	17 285	16 038	68 059
2013	22 389	17 016	17 463	58 079
2014	11 743	17 176	14 234	42 870
合计	127 465	72 096	78 531	278 092

进一步分析各部门对大气科学经费的投入占总经费的比例，结果如附图 2-2 所示，科技部的投入约占总经费的 45.84%，中国气象局约占 28.24%，国家自然科学基金委员会约占 25.93%。

需要指出的是，三家机构的经费资助特点有所不同，科技部重点支持的是需要组织团队开展研究的基础研究前沿项目，其特点是单项资助力度大而五年间的总项目数量并非在三家机构中最多；中国气象局重点支持支撑气象业务建设的应用基础研究项目，侧重基础研究成果向业务应用的转化。而国家自然科学基金委员会则重点支持自由探索类的科学前沿性项目，尽管总经

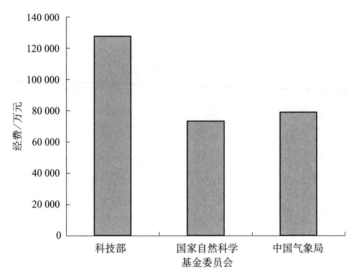

附图 2-1　2010～2014 年各部门大气科学类经费的总投入情况

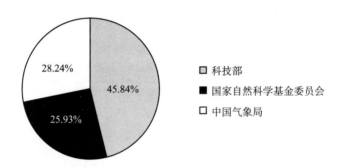

附图 2-2　2010～2014 年各部门对大气学科经费投入占总经费比例

费不是最多，但是所资助的项目总数却是最多的，是支撑我国大气科学基础研究的最为重要的经费来源部门。

以上给出的是五年经费总数的分析。附图 2-3 进一步比较了各部门大气科学类经费的逐年投入情况。国家自然科学基金资助资金总量的一个显著特点是逐年稳定增长，而中国气象局行业专项的特点则是稳中有降；科技部的经费投入总量则是逐年下降，2014 年只有 2010 年的约 20％。自然科学研究的一个显著特点是，不管是研究队伍的稳定，还是科研水平的提高，都需要持续、稳定的经费投入支持。因此，从这一角度来看，国家自然科学基金当之无愧地是支撑我国大气科学基础研究的最为重要的经费来源。

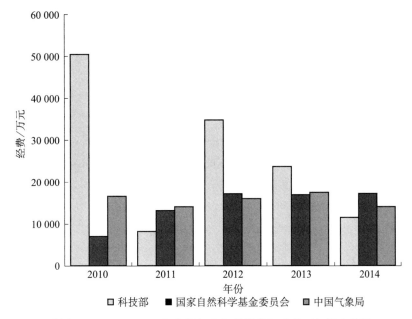

附图 2-3　2010～2014 年各部门大气科学类经费的逐年投入情况

四、结语

最近五年来（2010～2014 年），我国大气科学研究的总经费投入达到
27.8 亿元，其中科技部、中国气象局和国家自然科学基金委员会的贡献分别
约为 45.84%、28.24% 和 25.93%。逐年比较发现，国家自然科学基金资助
总额呈现出逐年稳定增长的特点，而中国气象局行业专项则是稳中有降，科
技部的经费资助总量则是逐年下降。基于自然科学研究需要持续、稳定投入
支持的特点，国家自然科学基金是支撑我国大气科学基础研究的最为重要的
经费来源。

以上统计结果，尚存在以下不确定性。

一是关于科技部的经费，尚缺人才类、国家高技术研究发展计划类和国
际合作项目的统计数据，国家重点实验室研究基金也未统计在内（我国大气
科学领域有三个国家重点实验室）。

二是关于国家自然科学基金委员会的数据，尚缺人才类项目（杰青、优
青）、国际合作、群体项目、设备研制、重大计划、交叉学科等的数据。

三是缺乏来自中国科学院的官方数据，如中国科学院知识创新工程项目、
中国科学院战略性先导科技专项项目、中国科学院创新团队国际合作伙伴计

划项目等，它们都是支撑中国科学院系统大气科学研究的重要经费渠道。

四是本文关于科技部项目的统计，涵盖了部分交叉学科，这些项目的承担单位（如附表 2-2 所示）不是来自传统的大气科学研究机构，研究内容涉及大气科学和海洋、水文、农业、经济等多学科领域的交叉，涵盖了大气科学和气候变化科学。这样的项目在 2010～2014 年科技部总计资助了 21 项（附表 2-2 给出其中的 11 项），总经费为 56 301 万元。若去掉这部分交叉学科的项目，则近五年来我国大气科学（不含学科交叉）的科研经费总投入约为 221 791 万元。按照部门来划分，如附图 2-4 所示，中国气象局的经费投入约占 35.41%，国家自然科学基金委员会的经费投入约占 32.51%，而科技部的经费投入则下降至约 32.09%。

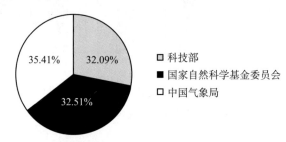

附图 2-4 去掉交叉学科后 2010～2014 年各部门对大气学科经费投入占总经费比例

附表 2-2 部门交叉学科项目一览

项目编号	项目名称	首席	所在单位	经费/万元
2010CB428400	气候变化对我国东部季风区陆地水循环与水资源安全的影响及适应对策	夏军	中国科学院地理科学与资源研究所	3297
2010CB950100	过去 2000 年全球典型暖期的形成机制及其影响研究	葛全胜	中国科学院地理科学与资源研究所	2793
2010CB950200	末次盛冰期以来我国气候环境变化及干旱－半干旱区人类的影响与适应	郭正堂	中国科学院地质与地球物理研究所	3333
2010CB950300	南大洋－印度洋海气过程对东亚及全球气候变化的影响	乔方利	国家海洋局第一海洋研究所	2730
2010CB950800	多尺度气溶胶综合观测和时空分布规律研究	顾行发	中国科学院遥感应用研究所	3137
2010CB951000	气候变化对西北干旱区水循环影响机理与水资源安全研究	陈亚宁	中国科学院新疆生态与地理研究所	2741
2010CB951100	气候变化对黄淮海地区水循环的影响机理和水资源安全评估	张建云	水利部交通运输部国家能源局南京水利科学研究院	3269

项目编号	项目名称	首席	所在单位	经费/万元
2010CB951200	我国典型海岸带系统对气候变化的响应机制及脆弱性评估研究	丁平兴	华东师范大学	2953
2010CB951400	北半球冰冻圈变化及其对气候环境的影响与适应对策	王宁练	中国科学院寒区旱区环境与工程研究所	2743
2010CB951500	气候变化对我国粮食生产系统的影响机理及适应机制研究	唐华俊	中国农业科学院农业资源与农业区划研究所	2969
2011CB403500	南海海气相互作用与海洋环流和涡旋演变规律	王东晓	中国科学院南海海洋研究所	2793

索引